国家社科基金重大项目"语录类文献整理与儒家话语体系
建构及传承的研究"（20&ZD265）阶段性成果

儒家语录类文献研究丛刊

壹

儒家语录类文献论丛

于雪棠 主编

人民东方出版传媒
People's Oriental Publishing & Media
东方出版社
The Oriental Press

图书在版编目（CIP）数据

儒家语录类文献论丛 / 于雪棠 主编 . — 北京：东方出版社，2023.10
（儒家语录类文献研究丛刊）
ISBN 978-7-5207-3566-7

Ⅰ. ①儒… Ⅱ . ①于… Ⅲ . ①儒家—语录—文集 Ⅳ . ① B222.01-53

中国国家版本馆 CIP 数据核字（2023）第 132897 号

儒家语录类文献论丛

（ RUJIA YULULEIWENXIAN LUNCONG ）

主　　编：于雪棠
策　　划：李伟楠
责任编辑：李伟楠
责任审校：金学勇
出　　版：东方出版社
发　　行：人民东方出版传媒有限公司
地　　址：北京市东城区朝阳门内大街 166 号
邮　　编：100010
印　　刷：北京明恒达印务有限公司
版　　次：2023 年 10 月第 1 版
印　　次：2023 年 10 月第 1 次印刷
开　　本：710 毫米 ×1000 毫米　1/16
印　　张：24.5
字　　数：413 千字
书　　号：ISBN 978-7-5207-3566-7
定　　价：88.00 元
发行电话：（010）85924663　85924644　85924641

目　录

《论语》以三为纪表述单元的形态、思维、逻辑和结构

李炳海

中国古代存在几种以数字作为名称的文体，早期出现的有七体、九体。七体，每篇文章由七段组成。九体，每篇文章由九段组成。至于明清时期的八股文，则是由八段组成。所谓的七、八、九，都是针对每篇文章的段落数量而言，可以说是对一篇文章的宏观审视。如果深入每篇文章的具体段落，即进入中观层面，还会发现多种多样的结构模式，有的以三为纪，有的四句为一节，还有的六位成章，这是较为常见的几种。《论语》是语录体散文，通常把一个相对独立的表述单元称为一章，从古到今的《论语》注本基本如此。所谓的表述单元多数是一段完整的语录，还有的是对某个事件的文字书写。《论语》每个相对独立的表述单元称为章，许多章可以划为三节，这种结构模式属于以三为纪，即把三作为计量节数的基本单位。这种结构模式最初生成于《周易》本经。《周易》本经每个单卦三爻，有三条爻辞，六十四卦的许多爻辞是单卦三爻作为相对独立的结构单元，可视为中国古代文章以三为纪的滥觞。

《周易》是群经之首，而《论语》则是儒学的奠基之作。以语录体为主的《论语》，不但思想上对《周易》本经多有继承，而且在以三为纪的文章结构模式方面，亦与《周易》本经一脉相承。《论语》一书共二十篇，除了《乡党》外，其余十九篇都是以记载孔子及其弟子的语录为主，总计四百八十五章。据初步统计，其中出现以三为纪表述单元的有一百二十章左右，约占总章数的四分之一。也就是每四章就有一个以三为纪的表述单元，出现频率还是比较高的。因此，有必要对此深入探讨，用以揭示语录体文章运用以三为纪结构模式的特点，及其体现的带有普遍性的规律。

一、以三为纪表述单元的形态类型

《论语》以三为纪的表述单元，呈现出多种形态。从句子长度到句子数量，各个表述单元不是整齐一致、固定不变，而是变化多端、不拘一格，可以划分出多种类型。

（一）纯粹型与错杂型

《论语》纯粹型以三为纪的表述单元，严格遵循三节成章的规则。或是三个单句相组合，或是三个复句相搭配，还有的兼用单句和复句。尽管存在这些差异，但是，每个表述单元出现的句子，都能分别归入三节之内，没有游离在三节以外者。如《为政》篇记载："子曰：'临之以庄，则敬；孝慈，则忠；举善而教不能，则劝。'"①孔子是针对季康子的询问而作出回答，讲述的是治国理政之道。孔子语录由三个单句组成，构成并列关系的结构形态，是典型的以三为纪。再如《颜渊》篇记载："颜渊问仁，子曰：'克己复礼为仁。一日克己复礼，天下归仁焉。为仁由己，而由乎人哉！'"②对此，宋人陆九渊称："吾尝谓此三节，乃三鞭也。"③这是把孔子论仁的上述话语划分为三节，认为是从三个角度对颜渊加以鞭策，故称三鞭。孔子的上述话语明显分为三个层面，属于三节成章。除此之外，没有其他附加成分。

错杂型以三为纪表述单元则不同，它除了三节正文之外，还有其他附加、连带成分，它们或置于正文之前，或放在正文后边。《学而》篇记载："子曰：'道千乘之国，敬事而信，节用而爱人，使民以时。'"④这段语录共四句，其中后三句是三节成章的结构模式，指出治国理政的基本方略。而首句则是针对后三句而言，限定后三句所涉及的范围，是在三节之外的附加成分。《学而》篇还有如下记载："子曰：'君子食无求饱、居无求安，敏于事而慎于言，就有道而正焉，可谓好学也已。'"⑤这则语录前三句是一个相对独立的单元，指出君子应遵循的三条准则，属于以三为纪的言说方式。而第四句则属于连带成分，邢昺称："'可谓好学也已'者，总结之也。言能行在上诸事，则可谓之为好学也。"⑥所下的断语是正确的，第四句对前三句确实是发挥总结作用，属

---

① 杨伯峻：《论语译注》，中华书局1980年版，第20页。

② 杨伯峻：《论语译注》，第123页。

③ 陆九渊：《象山语录》，载《象山语录阳明传习录》合刊本，上海古籍出版社2000年版，第21页。

④ 杨伯峻：《论语译注》，第4页。

⑤ 杨伯峻：《论语译注》，第9页。

⑥ 何晏集解，邢昺疏：《论语注疏》，中华书局1980年版，阮元领校《十三经注疏》，第2502页。

于前三句的连带成分。综观《论语》一书以三为纪的表述单元，它的附加、连带成分所起的作用，或是提示领起，或是概括总结，还有的交待具体语境，均与三节正文存在密切关联。因为这类以三为纪的表述单元，在三节正文之外还有附加、连带成分，因此，在具体形态上就不再具有纯粹性，而是三节正文与其他成分错杂共存。

（二）显豁型与隐晦型

《论语》以三为纪的表述单元，有的明确地以三加以标示，属于显豁型的以三为纪。这种体例在《季氏》中多次出现，从第四章到第八章记载的孔子语录，开头依次如下："益者三友，损者三友。""益者三乐，损者三乐。""侍于君子有三愆""君子有三戒"①"君子有三畏"②。连续五章的开头语都用三加以标示，明显是以三为纪的表述单元。除此之外，《阳货》篇记载孔子提到"古者民有三疾"③，《泰伯》篇曾子称"君子所贵乎道者三"④。这些以三相标示的条目，属于显豁型的以三为纪表述单元，只要从首句的提示语就可以看得很清楚，可谓一目了然。

《论语》绝大多数以三为纪的表述单元，并没有以三相标示，再加上有些章的段落不是很分明，后人往往产生误读，从而使得这些章以三为纪的表述方式被遮掩，处于隐蔽状态。

《论语·子罕》首章如下："子罕言利与命与仁。"⑤这是常见的句读，把它作为一个单句加以处理，似乎与以三为纪的表述模式不存在关联。杨伯峻先生赞成并采用这种句读，同时又提到另一种方式的断句：

> 金人王若虚《谬误杂辨》、清人史绳祖《学斋占毕》都以为这句应如此读："子罕言利，与命、与仁。""与"，许也。意思是"孔子很少谈到利，却赞成命，赞成仁。"⑥

从《论语》所反映的孔子思想实际考察，王若虚、史绳祖所作的断句是正确的，合乎孔子思想的本来面目。这个条目由三个单句组成，第一个单句是主、

---

① 杨伯峻：《论语译注》，第176页。
② 杨伯峻：《论语译注》，第177页。
③ 杨伯峻：《论语译注》，第187页。
④ 杨伯峻：《论语译注》，第79页。
⑤ 杨伯峻：《论语译注》，第86页。
⑥ 杨伯峻：《论语译注》，第86页。

谓、宾语俱全，后两个单句是无主句，系动宾结构短句。三个单句构成以三为纪的一章，第一句与后两句是转折关系。由于绝大多数《论语》读本把这个条目作一句连读，遂使以三为纪的表述模式无法显现出来。

《论语·子罕》第十一章如下：

> 颜渊喟然叹曰：“仰之弥高，钻之弥坚。瞻之在前，忽焉在后。夫子循循然善诱人，博我以文，约我以礼，欲罢不能。既竭吾才，如有所立卓尔。虽欲从之，末由也已①。”

颜渊的话语可划分为三层。首先是从总体上对孔子加以赞美，指出他的崇高伟大。第二节叙述孔子对自己的教诲，突出导师的循循善诱，诲人不倦。第三节则是抒发自己师从孔子的感受，表达的是孔子不可企及之感。整段话语一气呵成，前后贯通，如果不深入阅读、细心品味，很难发现这段话语以三为纪的表述方式。程颢对该章有如下评论：

> 颜子曰：“仰之弥高，钻之弥坚”，则是深知道之无穷也；“瞻之在前，忽焉在后”，他人见孔子甚远，颜子瞻之，只在前后，但只未在中间尔。若孔子，乃在其中焉，此未达一间者也②。

程颢只是对颜渊大段话语的前四句加以解释发挥，涉及这个以三为纪表述单元的第一节，其余两节没有涉及。程颐也对颜渊的上述话语作出过解说：

> 问：“博我以文，约我以礼。”曰：“此是颜子称圣人最切当处。圣人教人，只是如此，既博之以文，而后约之以礼，所谓‘博学而详说之，将以反说约也’。博与约相对，圣人教人，只此两字。博是博学多识，多闻多见之谓。约只是使之知要也。”③

这是专门对“博我以文，约我以礼”加以解说，所涉内容系颜渊上述话语的第二节。程颢、程颐对颜渊上述以三为纪的话语单元均有阐释，并且颇为精

---

① 杨伯峻：《论语译注》，第90页。

② 程颢、程颐：《二程遗书·明道先生语二》，上海古籍出版社2000年版，第183页。

③ 程颢、程颐：《二程遗书·伊川先生语四》，第259页。

当。但是，二程是在与弟子交谈过程中作出上述解说，而且分置两处，没有整合在一起。他们是对颜渊上述话语第一、二节进行阐释，未涉及第三节。因比，颜渊话语以三为纪的结构形态，很大程度上仍然处于隐蔽状态。

（三）整齐型与非均衡型

《论语》以三为纪表述单元的形态，还存在整齐型与非均衡型的差异。所谓整齐型，指组成表述单元的句子，其长短相同或相近，进行有序排列，并且三节的句子分布大体相当。而非均衡型表述单元，所用句子长短不一，各节的长度往往有较大差异，甚至悬殊。

整齐型的以三为纪表述单元，许多是格言警句或经典性的命题。如《泰伯》篇的"兴于《诗》，立于礼，成于乐"[①]，《子罕》篇的"知者不惑，仁者不忧，勇者不惧"[②]，以及《季氏》篇以三相标示的五个条目，都属于整齐型以三为纪的表述单元。格言警句、经典性的命题都是言简义深，易于记诵，由此而来，所用的句子也就比较整齐。格言警句、经典性的命题，通常多用短句。除此之外，有些不属于上述两类的以三为纪表述单元，不乏由长句排比进行组合，如《阳货》篇所载孔子如下语录："恶紫之夺朱也，恶郑声之乱雅乐也，恶利口之覆邦家者。"[③]三个句子指向三种批判对象，各个句子的长度较大，并且基本一致，给人以整齐感。

《论语》非均衡型以三为纪表述单元，主要有两种形态。一是其一节系嵌套型结构，而其他两节并非如此，从而使得三节之间出现长短悬殊的现象。二是表述单元三节属于分与合的关系，也使各节句子的长度无法保持平衡。

《八佾》有如下记载："子语鲁大师乐，曰：'乐其可知也：始作，翕如也；从之，纯如也，皦如也，绎如也；以成。'"朱熹注："成，乐之一终也。"[④]孔子把乐章的演奏划分为三个阶段，第一、二阶段依次用"始作""从之"领起。"以成"是第三阶段，以，因而之义，用于表示结果。成，指一个乐章的结束、完成。这是以三为纪对乐章演奏阶段进行划分，而在三个阶段中，对第二阶段所作的描述最为充分，连续用"纯如，皦如，绎如"进行摹声拟态，也是以三为纪，是在整个以三为纪的表述单元之中，嵌套一个以三为纪的子系统，因此，第二节的句子长度超过一、三节的总和，呈现的是非均衡状态。

---

① 杨伯峻：《论语译注》，第 81 页。

② 杨伯峻：《论语译注》，第 95 页。

③ 杨伯峻：《论语译注》，第 187 页。

④ 朱熹：《四书章句集注》，上海古籍出版社、安徽教育出版社 2001 年版，第 79 页。

《论语》中以三为纪的表述单元，有的三节之间存在合与分的关联。《颜渊》篇记载，季康子问政于孔子，围绕是否采用杀戮手段的问题进行讨论，对此，孔子所作的回答如下："子为政，焉用杀？子欲善而民善矣。君子之德风，小人之德草；草上之风，必偃。"[①] 这段话也是由三节组成。"子为政，焉用杀"是第一节，属于总论。后边两节是分论。"君子之德风"以下是第三节，计三个句子，而前两节各一个句子。通常情况下，以分合关系构成的以三为纪表述单元，合论简要概括而分论具体陈述，二者有繁简之分，因此，三节之间呈现的是非均衡状态。

（四）简约型与舒张型

《论语》以三为纪的表述单元，在形态上还存在简约与舒张之别。所谓简约型，指每个表述单元由三节构成，每节一个单句，而且句子较短。那些带有哲理的格言警句，以及经典性的命题，都属于这种类型，数量颇多。所谓的舒张型，指每个表述单元的三节或是由复句构成，或是兼有单句和复句，并且句子长度较大。如《子罕》如下段落：

> 子畏于匡，曰："文王既没，文不在兹乎？天之将丧斯文也，后死者不得与于斯文也；天之未丧斯文也，匡人其如予何[②]？

孔子的这段话语由三节组成，每节都是一个假设关系的复句，包括两个单句。所作的表述以长句为主，最长的一句多达十个字。这是一个舒张型的以三为纪表述单元，把孔子的情志表达得极其充分。而且由于第二、三节之间是转折关系，形成跌荡起伏的格调。《孟子》散文以充沛气势取胜的特点，在这里已经初见端倪。

就《论语》一书而言，从总体上看，孔子语录兼有简约和舒张两种类型。孔门弟子的语录，则以舒张型居多。子张、曾参、子夏、有若，都是孔门登堂入室的弟子，与孔子的年龄差均在四十岁以上，属于两代人，乃至隔代人。《论语》的《子张》《泰伯》《颜渊》《学而》，收录了这四位孔门弟子的语录，基本上都是舒张型的以三为纪表述单元。这个事实表明，随着时间的推移，早期儒家以三为纪的语录体的形态，也在悄然发生变化，开始具有战国文风的特点。

---

① 杨伯峻：《论语译注》，第 129 页。

② 杨伯峻：《论语译注》，第 88 页。

二、以三为纪表述单元的思维和逻辑

人的语言表达受思维的统辖，并由思维模式而形成相应的逻辑运演规则。《论语》以三为纪的表述单元也是如此，有它本身的思维模式和逻辑运演规则。它的思维模式、逻辑运演规则不限于一种，而是多种多样，具有丰富性、包容性。

（一）以三为度的切分方式

《论语》以三为纪表述单元，在对同一个陈述对象进行切分时，采用的是三分法，即以三为度进行切分，把一个事物分成三部分。《为政》篇有如下记载："子曰：'殷因于夏礼，所损益，可知也；周因于殷礼，所损益，可知也。其或继周者，虽百世，可知也。'"[①]这是对从夏代到未来百世的时间以三为度进行切分，划为三个阶段。"殷因于夏礼"，指的是过去。"周因于殷礼"，对孔子而言是当下、现在。至于所谓的继周者，指的则是未来。过去、现在、未来，是构成时间链条的三个环节。就此而论，孔子对时间采用三分切割的方式，运用的是除法，是按照除法的基本规则进行推演。这段语录可以说是演绎推理，由殷因于夏礼、周因于殷礼推导出百世之后继周者可知的结论。这段论述也可视为分析与综合相兼，分析在前，综合在后。对于礼的历史继承从个别到一般进行描述，最后得出带有普遍性的结论。

《论语·季氏》第七章如下："孔子曰：'君子有三戒：少之时，血气未定，戒之在色；及其壮也，血气方刚，戒之在斗；及其老也，血气既衰，戒之在得。'"[②]孔子根据人的自然生命力状况，把人的生命周期划分为三个阶段，分别指出应该加以警戒的行为。从人的生命历程考察，确实可以划分为少年、壮年、老年三个阶段，这种以三为度的切分方式，符合人的生理和心理实际。这种切分与把时间分为过去、现在、未来一样，实现了合规律性与合目的性的统一。

时间和空间密不可分，二者相互依存。《论语》以三为纪的表述单元所采用的三分法，有的章同时涉及时间和空间。《卫灵公》篇有如下记载："师冕见，及阶，子曰：'阶也。'及席，子曰：'席也。'皆坐，子告之曰：'某在斯，某在斯。'"[③]师冕是盲人乐师，孔子为他做向导。上述叙事分三节，按照时间

---

① 杨伯峻：《论语译注》，第 91 页。

② 杨伯峻：《论语译注》，第 176 页。

③ 杨伯峻：《论语译注》，第 170 页。

和空间顺序依次展开。从及阶到入座，是整个时间流程，分为三个阶段。而所涉及的空间则有高出地面的台阶、铺在地面的席子，以及参与集会人员各自所处的位置。空间有三个维度，即长、宽、高，长、宽属于平面维度，高则是立体维度。这段叙事对平面和立体均有涉及，三节与空间的三个维度相对应，与时间的推移及孔子的话语相对应。随着时空的推移，展示出孔子仁爱之心留下的轨迹。

《论语》以三为纪表述单元对所涉对象采用三分法，除了针对时空顺序，还有的按照类别、层次进行划分，这类案例颇多。总之，以三为度进行切分，是《论语》以三为纪表述单元的思维模式之一，这种切分是以除法加以运演。

（二）以三为满的单项叠加

《国语·周语上》有如下记载："夫兽三为群，人三为众，女三为粲。"① 这三个带有经典性的命题出自密康公母亲之口，密国姬姓，反映的是周族传统观念，即以三为多，以三为满，当单项叠加的数量达到三，就被视为盈满状态，已经是上限。周代的三揖三让之礼，乐章演奏的以三终为限，都是受这种思维方式的统辖。孔子是周代传统思想的继承者，所持的也是以三为满的思维方式。他对圆满状态所作的描述，往往采用三节相叠的结构。

《泰伯》篇记载孔子如下话语："大哉尧之为君也！巍巍乎！唯天为大，唯尧则之。荡荡乎，民无能名焉。巍巍乎其有成功也，焕乎其有文章！"② 孔子对尧的赞扬分三个层面进行，三节依次以"巍巍乎""荡荡乎""巍巍乎"领起，意谓崇高伟大已经达到顶点，是位功德圆满的圣主。《泰伯》篇还载孔子如下话语："禹，吾无间然矣。菲饮食而致孝乎鬼神，恶衣服而致美乎黻冕，卑宫室而尽力乎沟洫。禹，吾无间然矣。"③ 这里所谓的无间然，指的是尽善尽美，无可挑剔。孔子对禹的赞美，也是分三节进行。禹的衣、食、住都很节俭，却能够尊鬼神、修礼仪、兴水利，把三方面美德功劳的叠加视为圆满状态。

《论语》以三为纪表述单元，把单项叠加到三视为完美境界，逻辑运演采用的是加法。有些以三为纪表述单元，留下了这种单项叠加的运演轨迹。《子路》篇第八、九章，就属于这种类型：

---

① 韦昭注：《国语》，上海古籍出版社 1998 年版，第 8 页。

② 杨伯峻：《论语译注》，第 83 页。

③ 杨伯峻：《论语译注》，第 84 页。

> 　　子谓卫公子荆善居室。始有，曰："苟合矣。"少有，曰："苟完矣。"富有，曰："苟美矣。"
>
> 　　子适卫，冉有仆。子曰：'庶矣哉！'冉有曰："既庶矣，又何加焉？"曰："富之。"曰："既富矣，又何加焉？"曰："教之。"①

　　第八章叙述孔子称赞卫公子荆善于料理居住场所，并且很节俭。先是有房可住，给人以舒适感，合指适宜；然后是房屋配套，各种设施完备；最后是房屋美观，令人愉悦。这是采用单项叠加的方式进行运演，到第三项达到完美状态。第九章表达的是孔子治国理政方略，分三步进行：先是人口众多，其次是百姓富裕，第三步是实施教化。这也是把单项叠加至于三而作为圆满境界。这两个以三为纪的表述单元，前后节之间构成的是递进关系，呈现的是逐步盘升的态势。

　　（三）去多选三的支撑架构

　　根据几何学原理，最少需要三个点才能构成一个平面。根据力学原理，悬空物品至少有三根支柱才能牢固竖立。《论语》许多以三为纪的表述单元，其中出现的物类事象，就是以三项加以支撑，仿佛是三根支柱。以三相支撑而保持稳固，这种思维模式既体现在治学修身，也体现在治国理政等领域，覆盖面颇为广阔。

　　《子罕》篇记载："子曰：'知者不惑，仁者不忧；勇者不惧。"②儒家提崇高的美德很多，经常提到的有仁、义、礼、智、信等。可是，孔子在这里只提到仁、智、勇三项。《宪问》篇亦有类似记载："子曰：'君子道者三，我无能焉：仁者不忧，知者不惑，勇者不惧。'这里强调的也是仁、智、勇三项，只是三者排列的顺序与《子罕》篇稍有差异。对此，程颢、程颐作了如下解说："凡名其德，千百皆然，但此三者，达道之大也。"③在他们看来，数量众多的美德之中，仁、智、勇是最根本的三项，明乎这三者就可以达于大道。王夫之亦称："故知斯三者，则所以修身、治人、治天下国家以此矣。"④这也是充分肯定仁、智、勇在修身和治国理政方面的决定性作用，把它们视为人安身立命的三根支柱。

---

① 杨伯峻：《论语译注》，第 136 页。
② 杨伯峻：《论语译注》，第 95 页。
③ 程颢、程颐：《二程遗书·二先生语一》，第 52 页。
④ 王夫之：《船山思问录》，上海古籍出版社 2000 年版，第 32 页。

《学而》篇记载："子曰：'道千乘之国，敬事而信，节用而爱人，使民以时。'"朱熹注引程氏说："此言至浅，然当时诸侯果能此，亦足以治其国矣。圣人言虽至近，上下皆通。此三言者，若推其极，尧、舜之治亦不过此。"① 治国理政需要众多的方略措施，而孔子只是简要地列出三项，把它们视为国家得以长治久安的三根政策支柱。

《季氏》篇有一系列以三相标示的条目。益者三友，是在众多可以成为朋友的人群中选择三类人。益者三乐，是在众多的人生欢乐中选择三种欢乐。至于君子三戒，则是在人生众多禁忌、畏惧之中选择三种言之。以上所选择的项目，都是作为人生的三根支柱看待，并且是多个类别各自的三根支柱。

从以上案例可以看出，《论语》以三为纪表述单元把事物的支柱确定为三项，是对众多同类因素进行筛选和过滤的结果，其操作方式是去除次要因素而保留三项起决定作用者，运用的是减法，可称为去多选三。类似做法在《颜渊》篇的下述记载中可以见到：

> 子贡问政。子曰："足食，足兵，民信之矣。"子贡曰："必不得已而去，于斯三者何先？"曰："去兵。"子贡曰："必不得已而去，于斯二者何先？"曰："去食。自古皆有死，民无信不立。"②

这是一个以三为纪的表述单元，由孔子和子贡的三轮对话组成。孔子把治国理政的关键归结为三项，即兵、食、信。如果迫不得已对项目类别进行削减，依次减掉的是食和兵，最后只剩下信，是一个递减的过程。《论语》以三为纪表述单元所确立的三根支柱，也是经过类似途径而得出的，只不过在语录中没有公开展示而已，作为潜话语而处于隐蔽状态。这种运演方式在筛选、过滤之后所保留的三项，是支撑事物得以牢固树立的基本架构，也成为以三为纪表述单元的结构框架。这种去多选三的运作方式，与以三为满的单项叠加呈现为相反的两种规则，一是减法，一是加法。

（四）三与三相偶的二元组合

通常情况下，《论语》以三为纪表述单元出现的物类事象，每个单元基本是同一系列的事物，类别归属比较单一。除此之外，还有一种值得注意的情况，即同一个表述单元所出现的事物不是同类，而是相异的类别，并且属性

---

① 朱熹：《四书章句集注》，第 57 页。
② 杨伯峻：《论语译注》，第 126 页。

相反。《雍也》篇第二十三章属于这种类型："子曰：'知者乐水，仁者乐山。知者动，仁者静。知者乐，仁者寿。'"① 这是一个以三为纪的表述单元，共三节，每节两句。而在每节两句中，都是知的系列与仁的系列相对应，知与仁相偶，动与静相偶，乐与寿相偶，构成的是三三相偶的格局，双方是相济互补的关系，都是作为孔子所肯定的对象出现。

三与三相偶的二元组合还有另外一种方式。《季氏》第四章如下："孔子曰：'益者三友，损者三友。友直，友谅，友多闻，益矣。友便辟，友善柔，友便佞，损矣。'"② 从总体上看，该章是一个以三为纪的表述单元，共三节，第一节是总论，第二、三节是分论。如果进一步进行层次划分，第二、三节又各是一个以三为纪的表述单元，每节三句，全章属于嵌套式结构的以三为纪表述单元，该章采用的也是二元组合的结构模式，是两个相反因素相偶，即益与损相偶。第一节总论把益与损作为对立的双方加以列举，第二、三节则是分别属于益和损的三类人分别相对应，直与便辟相对，谅与善柔相对，多闻与便佞相对。益的系列是创造性的，损的系列则是破坏性的，是两个属性相反系列的三与三相偶的二元组合。

《季氏》第八章记载："孔子曰：'君子有三畏：畏天命，畏大人，畏圣人之言。小人不知天命而不畏也，狎大人，侮圣人之言。'"③ 这是由两个以三为纪结构单元组成的专章，与前引第四章后两节相似。该章前后两个结构单元彼此相偶，意义指向相反，它与第五章同属相反因素的两个系列三与三相偶，双方是相互对立、彼此排斥的关系。

上述三章表明，孔子所作的表述在遵循以三为准则过程中，把它纳入了二元分立的思维模式，并且在这个框架之内进行逻辑运演，是以三为纪与二元分立两种思维的有机结合。至于表述中提到的知、仁及其相对的动与静、乐与寿，还有所谓的三友、三畏等，乃是经过筛选、过滤之后留下的因素，它们被孔子视为人的安身立命之本。三与三相偶的二元相对，是在去多选三基础上进行两个系列的整合。这种三与三相偶的二元组合思维模式，其逻辑运演先是去多选三，用的是减法；而两个系列的三与三相偶，运用的则是加法或乘法。

---

① 杨伯峻：《论语译注》，第 62 页。

② 杨伯峻：《论语译注》，第 175 页。

③ 杨伯峻：《论语译注》，第 177 页。

（五）中庸、过犹不及与以三为纪的表述单元

《论语》记载，孔子提出了两个相互关联的经典命题：一是《雍也》篇的"中庸之为德也，其至矣乎"①，一是《先进》篇的"过犹不及"②之论。对于前者，朱熹注："中者，无过无不及之名也。"③这两命题表达的是持中、以中为用的理念，同时也是一种思维方式，是把持中作为判断是非善恶的标准。

崇尚中庸，是中国古代儒学的基本特征，在这方面与古希腊有相通之处。亚里士多德称："人们都认为万事都是过犹不及，我们应该遵循两个极端之间的'中庸之道'。"④就此而言，这与孔子把中庸视为至德如出一辙。这里需要指出的是，孔子以中为用的思维方式，直接派生出以三为纪的表述单元，这在古希腊哲学中是颇为罕见的。

《先进》篇第十六章如下："子贡问：'师与商也孰贤？'子曰：'师也过，商也不及。'曰：'然则师愈与？'子曰：'过犹不及。'"⑤该章叙述了"过犹不及"命题生成的具体语境，是孔子针对子贡提问而作出的回答。孔子在提出"过犹不及"命题之前，首先点明过和不及的践行者，分别是子张和子夏，采用的是先分论后总论的方式。分论可划为两节，每节一句，总论为一节，总共为三节。可以说是以三为纪表述单元的雏形。孔子在论述过犹不及的过程中，伴随生成了以三为纪的表述单元。

《卫灵公》第八章如下："子曰：'可与言而不与之言，失人；不可与言而与之言，失言。知者不失人，亦不失言。'"⑥这段语录首先指出两种偏颇倾向："可与言而不与之言"，属于不及；"不可与言而与之言"，属于过，超过限度。二者造成的后果是失人、失言。语录第三节得出的结语属于持中之论，是对第一、二节所作的总结。这章语录采用的也是先分论后总论的方式，在纠正过、不及的偏向之后提出持中之论，是标准的以三为纪的表述单元。

《子路》第二十一章如下："子曰：'不得中行而与之，必也狂狷乎！狂者进取，狷者有所不为也。'"⑦这里所说的中行，指践履中庸之道，狂指的是过、超过限度，狷指不及。该章采用先总论后分论的方式，也是由三节组成，是

① 杨伯峻：《论语译注》，第 64 页。

② 杨伯峻：《论语译注》，第 114 页。

③ 朱熹：《四书章句集注》，第 102 页。

④ 亚里士多德著，吴寿彭译：《政治学》，商务印书馆 1983 年版，第 433 页。

⑤ 杨伯峻：《论语译注》，第 114 页。

⑥ 杨伯峻：《论语译注》，第 163 页。

⑦ 杨伯峻：《论语译注》，第 141 页。

典型的以三为纪表述单元。

《雍也》篇第十八章如下："子曰：'质胜文则野，文胜质则史。文质彬彬，然后君子。'"①这是孔子提出的经典命题，围绕文和质的关系立论。如果从修饰的角度审视，史属于过，野属于不及。这段语录由三个相互关联的命题组成，前两个命题是分论，指出两种偏颇倾向，第三个命题是概括总结，正面提出自己的主张，而所谓的文质彬彬，指的是文质搭配适中。这段语录还是阐述以中为用的过程中，自然而然生成以三为纪的表述方式，可以说是水到渠成，顺理成章。

综上所述，孔子对中庸思维方式的运用，采用的是叩其两端、允执其中的运演方式。所谓的叩其两端，就是纠正过与不及两种偏向，构成语录的分论。而所谓的允执其中，就是正面提出持中之论，作为语录的开头或总结。由此而来，由三节构成的表述单元而生成以三为纪的结构模式，也就具有必然性、合理性。

孔子主张中庸，认为过与不及都属于偏颇。所谓的中，指的是适中、适宜，对此，朱熹所作的解释颇为准确："中，只是个恰好道理。"②对于他所说的恰好，朱熹又作了具体阐述："两端如厚薄轻重。'执其两端，用其中于民'，非谓只于二者之间取中。当厚而厚，即厚上是中；当薄而薄，即薄上是中。轻重亦然。"③朱熹把道理讲得很透彻。所谓的中，不是在正反两端之内取其中间部位，不是把两端对折取其中线，而是寻找两端之间的最合适部位。由此看来，中庸，以中为用，与数学的黄金分割有相似之处。然而，黄金分割的最佳节点是固定的，而中庸所说的中则是因事因物而异，带有变动不居的性质。所谓的中指适宜，是对限度的准确把握。限度，又称尺度，黑格尔指出："'一'，尺度就本身而论是一彻头彻尾不确定的东西。"④事实的确如此，孔子所主张的中庸，指的是一个标准，而不是具体的量化结果。正因为如此，《论语》在中庸思维方式统辖下而生成的以三为纪的表述单元，它所包的对象具有多变性，中庸所呈现的形态也是多种多样。

---

① 杨伯峻：《论语译注》，第 61 页。

② 李道传编，徐时仪、潘牧天整理：《朱子语录》，上海古籍出版社 2016 年版，第 425 页。

③ 《朱子语录》，第 124 页。

④ 黑格尔著，杨祖陶译：《耶拿体系 1804—1805：逻辑学和形而上学》，人民出版社 2012 年版，第 32-33 页。

三、以三为纪表述单元的形式结构、意义结构

探讨《论语》以三为纪表述单元的结构，古代就已经开始。《朱子语录》有如下记载：

> 问："《学而》首章，把作始、中、终之序看时，如何？"先生曰："道理也，是恁地，然也不消恁地说。而今且去看'学而时习之'是如何？，'有朋自远方来'是如何。若把始、中、终三个字括了时便是了，更读个什么！"[1]

提问的人是朱熹弟子陈安卿，他把《论语·学而》首章划分为始、中、终三节，实际上承认这是一个以三为纪的表述单元。朱熹不否定这种划分的合理性，同时又指出不能停留于简单的段落划分层面，而要深入探讨孔子语录的内涵，即深入到意义结构层面。这就涉及《论语》以三为纪表述单元形式结构与意义结构之间的关联。

（一）形式结构的平列与意义结构的纵向延伸

古代学人对《学而》首章予以特殊关注，固然由于它是《论语》的开篇之作，在全书处于显赫位置，同时也必须承认，这个以三为纪的表述单元，它的结构较为复杂，因此格外引人注目。

《学而》首章如下："子曰：'学而时习之，不亦说乎？有朋自远方来，不亦乐乎？人不知而不愠，不亦君子乎？'"[2]从总体上看，这个表述单元共三节，呈现的是并列关系，所用句式大体相同。这是它的形式结构给人留下的直观印象，它们处在同一个平面上。可是，如果仔细加以推敲，深入到意义结构层面，就会发现整体的平列关系下面还有所包孕，并且三节不尽相同。第一、二节各两句，每节构成的是因果关系的复句，是在平列之下包孕因果关系。第三节也是一个因果关系复句，被平列关系所包孕，但是，第三节的首句"人不知而不愠"，与第一、二节的首句"学而时习之""有朋自远方来"明显不同，存在复句与单句的差异。"人不知而不愠"是一个紧缩型的转折关系复句，意谓别人不了解我，而我并不怨恨。正因为第三节的结构方式与前两节不同，因此，表达的意义就与前两节存在差异。清人王夫之称："时习而

---

① 《朱子语录》，第 424 页。

② 杨伯峻：《论语译注》，第 1 页。

说，朋来而乐，动也。人不知而不愠，动之静也。"①王夫之从人的心灵状态动与静切入，指出第三节与前两节的差异。就《学而》全章而言，三节的句型和长度大体相似，三节的形式结构基本是平列状态。可是，如果深入到意义层面，就会发现它逐层包孕地纵向下伸，第一、二节两个层次，第三节三个层次。而第三节的第三层次，是形式结构和意义结构的最深层次，并且在这层次出现不同于前两节的微妙变化。

《泰伯》第八章如下："子曰：'兴于《诗》，立于礼，成于乐。'"②这是一个简约型的以三为纪表述单元，孔子把人的成长所依托的对象归为三类，没有再作具体深入的论述。从形式结构考察，这是由三个单句组成的表述单元，每句三言，而且都是动词领起，名词缀后，形成整齐的平面排列。可是，如果从意义层面进行考察，就不会对这三节同样看待。程颢、程颐对该章有如下评论："'兴于《诗》'，便须见有著力处；'立于礼'，便须见有得力处；'成于乐'，便须见无所用力处。"③二程所说的著力、得力、无所用力，是人生的三种境界，彼此之间是依次盘升的关系，无所用力是最高境界。从著力、得力，再到无所用力，是从必然王国向自由王国的提升。由此看来，孔子的这则三句语录，表示的是递进盘升之义，三个单句不是平面并列的意义结构。对于孔子的这则语录，朱熹称："则此三者，非小学传授之次，乃大学终身所得之难易、先后、浅深也。"④在朱熹看来，孔子这则语录提到的三项内容，不是指知识传授的次序，而是针对人格修养而言，三者存在难与易、先与后、浅与深方面的差异。朱熹所作的解释与前引二程之说有相通之义，都是从意义结构层面去理解孔子的这则语录。朱熹认为孔子提到的三项内容，构成的是前后承接的关系，同时，在承接过程中所呈现的是逐步盘升的趋势。孔子这则语录也是形式结构层次给人的直观印象是平面并列，而意义结构层次则是前后承接而又依次盘升，有纵向延伸的内涵。

（二）形式结构的顺承与意义结构的逆接

《论语》同一个以三为纪表述单元，它的形式结构和语义结构还存在顺承与逆接的差异。《雍也》篇第二十三章如下："子曰：'知者乐水，仁者乐山；知者动，仁者静；知者乐，仁者寿。'"邢昺称："此章初明知、仁之性，次明

---

① 《船山思问录》，第33页。

② 杨伯峻：《论语译注》，第81页。

③ 程颢、程颐：《二程遗书·二先生语一》，第55页。

④ 朱熹：《四书章句集注》，第121页。

知、仁之用，三明知、仁之功。"① 这是把该章分为三节，视作以三为纪的表述单元，并对各节的内容作了概括。该章三节，每节两句，每句或四言，或三言，在形式上呈现的是顺势承接的结构形态。邢昺对三节内容所作的概括是可取的，三节之间的意义关联，也属于顺势承接的结构，由智、仁之性而及用处，再到功效。如果再以节为单位，对意义结构作第二个层次的划分，就会发现各节前后两句之间不是顺接，而是异承或逆承。水与山异，动与静相反，乐与寿异。由此可以看出，该章的形式结构与第二层意义结构之间，存在顺接与逆承的差异。

《季氏》第四章如下："孔子曰：'益者三友，损者三友。友直，友谅，友多闻，益矣。友便辟，友善柔，友便佞，损矣。'"② 这个以三为纪表述单元共三节，首节是把益者与损者进行对比，意义指向相反。可是，对益者和损者所作的概括，用的是结构相同的句子。意义结构的逆接与形式结构的顺承在一节之内交织在一起。第二、三节各自属于子系统的以三为纪表述单元，两节的意义指向相反，所用的句型却完全相同，意义结构的逆接与形式结构的顺承，呈现的是二律背反的格局。《季氏》第五章、第八章，也属于这种类型。

《论语》以三为纪表述单元，往往出现形式结构与意义结构的分道扬镳，乃至背道而驰的现象。可是，由于后人在解读过程中产生的疏忽和误解，形式结构与意义结构的相悖有时被忽略或遮蔽，《学而》第十二章即是其例。该章如下：

> 有子曰："礼之用，和为贵。先王之道，斯为美；小大由之。有所不行，知和而和，不以礼节之，亦不可行也。"③

对于该章所作的句读，古今多有歧异，症结在于未能准确把握各节之间的意义关联。该章分为三节，第一节论述"礼之用，和为贵"，第二节论述"先王之道，斯为美"，第三节指出"知和而和，不以礼节之，亦不可行也"，是针对第一节"礼之用，和为贵"而言。这是一个以三为纪的表述单元，脉络是清晰的。

"礼之用，和为贵；先王之道，斯为美"，这两个句子的形式结构非常相

---

① 何晏集解，邢昺疏：《论语注疏》，第 2479 页。

② 杨伯峻：《论语译注》，第 175 页。

③ 杨伯峻：《论语译注》，第 8 页。

似，通常作为顺承关系加以处理。杨伯峻先生所作的今译如下："礼的作用，以遇事都做得恰当为可贵。过去圣明君王治理国家，可贵的地方就在这里。"①按照这种今译进行理解，该章第一、二节的意义结构也是顺承关系，与形式结构是一致的。"斯"字被视为指示代词。可是，如果结合原文的语境仔细加以品味，会发现这种今译有失稳妥。在这两个句子中，"礼之用"与"先王之道"相应，"和为贵"与"斯为美"相对应。再进一步析分，和与斯相对，贵与美相对。其中的和，指调合、会合。至于文中的斯字，用的则是它的原始本义。《说文解字·斤部》："斯，析也。从斤，其声。《诗》曰：'斧以斯之。'"段玉裁注："以叠韵为训。《陈风》曰：'墓门有棘，斧以斯之。'传曰：'斯，析也。'假借训为此，亦叠韵也。"②斯字的本义是用斧子劈物，使之解体，因此有析分之义。"先王之道，斯为美"，斯字所表示的正是析分之义。意谓先王之道在具体运用过程中要加以分析，才有可能取得美好的效果。原因在于运用先王之道所针对的事物不同，因此，对先生之道加以析分，就能"小大由之"，使事物的小大各得其所。由此看来，"礼之用，和为贵；先王之道，斯为美"，这两个单句的形式结构是顺承关系，意义结构则属于逆接型。和，指会合、调合，是不同的因素聚集在一起；而斯则是进行析分，使之分开。二者的意义指向相反。以往由于人们按照思维惯性对这两句进行解读，遂使形式结构与意义结构之间的相悖关系被隐没。

结　语

《论语》以三为纪的表述单元，绝大多数以专章的形态出现，相对于篇目而言，属于中观层面，每个表述单元体量不大，文字不多。对《论语》以三为纪表述单元所作的研究，带有解剖麻雀的性质。麻雀虽小，五脏俱全，《论语》以三为记表述单元也是如此。它作为儒学的奠基之作和语录体散文的滥觞，在许多方面体现出中国古代散文的基本属性和民族特征，对当下的文章学研究亦有意义。

什么是文学，这是近代以来中外学者反复探讨的热点问题，给出的答案多种多样，众说纷纭。勒内·韦勒克、奥斯汀·沃伦在对文学本质的众多说法进行梳理之后，得出如下结论："一部文学作品，不是一件简单的东西，而

① 杨伯峻：《论语译注》，第 8 页。

② 许慎撰，段玉裁注：《说文解字注》，上海古籍出版社 1981 年版，第 717 页。

是交织着多层意义和关联的极其复杂的组合体。"①这是强调文学作品是丰富性、多样性的组合，其中包括多层意义的关联，以及组合方式的复杂。其实，类似说法在中国古代早已有之。《国语·郑语》称"物一无文"，韦昭注："五色杂，然后成文。"②这个论题出自西周朝廷任太史之职的史伯之口，当时是周幽王在位期间。史伯所说的"物一无文"，强调文是多种因素的组合，而不能成分单一。《周易·系辞下》称："物相杂，故曰文。"高亨先生注："阴阳两类爻相杂以成《易》卦之文，乃象阴阳两类物相杂以成自然界或社会之文，故《易》卦亦谓之文。"③《系辞》所说的"物相杂，故曰文"，史伯所说的"物一无文"，都是带有普遍意义的经典命题。其中所说的文，其覆盖面包括自然界和人类社会，而作为中国古代文章学的文，就是从以上两个命题中衍生出来的，它所强调的是多种因素的组合。

　　《论语》以三为纪表述单元，正是多种因素的组合体。《论语》中这类表述单元多达一百二十则左右，其内容涉及劝学、修身、处世、交友、治国理政等众多内容，确实是"交织着多层意义"，有极丰富的意蕴。《论语》以三为纪表述单元具有多种形态、多种思维模式和逻辑运演规则，形式结构与意义结构存在多种关联，确实是"极其复杂的组合体"。清人阮元作《文言说》，文中称："孔子于《乾》《坤》之言，自名曰'文'，此千古文章之祖也。"④阮元认为《乾》《坤》两卦的《文言》出自孔子之手，把它说成是千古文章之祖。《论语》以三为纪的表述单元，在中国古代文章发展史上同样具有里程碑意义。这种以三为纪表述单元的结构模式源于《周易》本经，《周易》六十四卦，其中二十卦的爻辞以单卦为相对独立的条块，所占比例颇为可观。不过，《周易》本经这类条块，限于按照时空顺序进行叙事的爻辞，结构方式限于单一。而《论语》以三为纪的表述单元，则是既有按照时空顺序的叙事，又有大量的议论，还有许多经典性的命题和哲理名言，表述方式丰富多彩。就此而论，《论语》以三为纪的表述单元，这种结构模式在诸子散文和语录体著作中开风气之先，并且使这种结构式在《周易》本经的基础上变得更加复杂，显示出它的丰富性。

① 勒内·韦勒克、奥斯汀·沃伦著，刘象愚、邢培明、陈圣生、李哲明译：《文学理论》，江苏教育出版社 2005 年版，第 18 页。
② 《国语》，第 518 页。
③ 高亨：《周易大传今注》，齐鲁书社 1998 年版，第 443 页。
④ 阮元：《揅经室三集》卷二，道光文选楼本。

　　《论语》以三为纪表述单元体量较小，文字量不多，回旋空间有限。《论语》作为语录体散文能够成功地运用这种结构模式，很大程度上得益于对数字的有效掌控。对于所谓的数，恩斯特·卡西尔有如下论述：

　　　　数的本质永远是相对的，而不是绝对的，一个单一的数，只是处在一个一般系统秩序之中的一个单一地位而已！它并没有自己的存在，或者自己包含的存在。它的意义，为它在整个数的系统中占据的地位所界定。……但我们在这里所发现的，乃是一种由于内在的逻辑原理所赋予的限制。所有的项都为一个共同的约束所系缚在一起[①]。

　　《论语》以三为纪的表述单元确实是一个有秩序的系统，有它内在的逻辑和限制，从而形成自身排列组合的方式和规则。在这种表述单元中，所有因素的共同约束就是以三为纪，把三作为进行计量的基本数字和最高限额，在这个框架之内对一、二、三这三个数字进行调遣，并形成相应的规则：有的以三为度进行切分，有的以三为满进行单项叠加，还有的是去多而选三，或是三与三相偶，或是叩其两端，允执其中。所有这些逻辑运演所使用的加、减、乘、除法，都服从于以三为纪表述单元的构建。根据现代汉语所作的语法划分，复句有单重复句与多重复句两种类型，而在单重复句中，又有联合复句与偏正复句两个系列，每个系列都包含多种关系的复句。《论语》以三为纪表述单元出现的复句，其类型覆盖现代汉语语法理论提到的上述各项，除此之外，还有并未纳入现代汉语体系的分合型、回环反复型等复句。所谓的复句，是按照各种逻辑关系进行组合的结果。《论语》以三为纪表述单元对各类复句的运用，使得它对一、二、三这几个数字的调遣有了语句上的依托，使得所涉数字有了它的实际意义和存在价值。数字调遣、复句配置，都在以三为纪框架内有序进行，遵循既定的规则。而对于文章而言，秩序、规则乃是不可或缺的骨架、脉络。《论语》以三为纪表述单元的文章学价值，很大程度上得益于此。

（作者单位：中国人民大学文学院）

---

① 　恩斯特·卡西尔著，刘述先译：《论人·人类文化哲学导论》，广西师范大学出版社2006年版，第301页。

论《孟子》的书写体例与结构体制

——兼论其编纂原则

侯文华

引　言

　　中国早期文体基本上都是功能型文体，采用何种书写体例，以何种方式安排结构体制，是当时文化阶层思想或观念的直接体现。因此，中国早期文体形态研究本身也是思想史研究的一部分，是研究中国早期思想发展状况的一个重要切入点。《孟子》是中国早期儒家思想传承过程中最重要的文献之一，然而学界对其文体形态的研究却较为薄弱。相对于《论语》《老子》《庄子》《荀子》等文献而言，学界对《孟子》的文体形态尚未给予应有的重视。

　　目前学界对《孟子》文体形态的研究之所以如此寥落，主要原因在于《孟子》这部文献，无论是其书写体例，还是其篇章结构的安排，都显得有点"乱"。它既不像《论语》那样主要采用语录的形式来表达孔子思想，也不像《荀子》那样着重以专题论文的形式来畅快淋漓地表达自己的思想，它很难让人一下子就准确完整地概括出它的书写体例，更不容易让人摸清七篇之间内在的逻辑联系。总之，从表面上看，《孟子》在体例上不够统一，结构上也不够清晰，是一部在文体形态方面不太容易让人把握的文献。本文将在对《孟子》各篇的体例和内容进行细致分析、归类和统计的基础上，探索《孟子》主要的书写体例、书写体例之间的关系及其文化渊源，并对《孟子》七篇的结构体制和编纂原则进行阐发。

一、《孟子》书写主体问题的辩证分析与补充论证

　　探讨《孟子》的文体形态，我们首先要解决的一个问题是:《孟子》一书成于何人之手?

　　关于《孟子》的书写主体问题，目前学界主要存在三种观点:(一)认

为《孟子》一书为孟子自著。东汉赵岐："此书孟子之所作也，故总谓之《孟子》……于是退而论集所与高第弟子公孙丑、万章之徒难疑答问，又自撰其法度之言，著书七篇。"①（二）认为《孟子》是由孟子与其弟子共同编定，组织者为孟子本人。司马迁："（孟子）退而与万章之徒序诗书，述仲尼之意，作《孟子》七篇。"②（三）认为《孟子》是孟子去世后，由其弟子万章、公孙丑等根据孟子生前的经历和言论辑录而成。韩愈云："孟轲之书，非轲自著。轲既殁，其徒万章、公孙丑相与记轲所言焉耳。"③

以上三种观点，前两种观点或认为孟子是《孟子》一书的手著者，或认为《孟子》一书是孟子组织门人弟子共同编纂，都倾向于认为孟子是《孟子》成书的主导者，《孟子》一书是在孟子的直接主导下完成的。这到底是否符合《孟子》成书的历史事实呢？清人崔述通过对《孟子》文本中对历史传说的称述、君主谥号以及门人弟子称谓等方面的分析，认为："谓《孟子》一书为公孙丑、万章所纂述者，近是；谓孟子与之同撰，或孟子所自撰，则非也。《孟子》七篇之文往往有可议者。如'禹决汝、汉，排淮、泗，而注之江'，'伊尹五就汤，五就桀'之属皆于事理未合。果孟子自著，不应疏略如是，一也。七篇中，称时君皆举其谥，如梁惠王、襄王、齐宣王、鲁平公、邹穆公皆然，乃至滕文公之年少亦如是。其人未必皆先孟子而卒，何以皆称其谥，二也。七篇中，于孟子门人多以子称之，如乐正子、公都子、屋庐子、徐子、陈子皆然；不称子者无几。果孟子所自著，恐未必自称其门人皆曰子，三也。细玩此书，盖孟子之门人万章、公孙丑等所追述，故二子问答之言在七篇中为最多，而二子书中亦皆不以子称也。'"④崔氏之论，切中肯綮。孟子熟悉历史，对大禹、伊尹故事不会轻易臆改；《孟子》行文中对梁惠王、齐宣王、滕文公等诸侯王皆称谥号，显然是事后的追记；对乐正子、公都子等弟子门人皆称"子"，如果是孟子手笔，怎会对门人弟子以"子"相称？

探讨《孟子》是否为孟子自著或组织门人弟子集体编纂，我们还需考虑到孟子本人的著述观念。如果孟子从理念层面延续孔子"述而不作"的著述观，那《孟子》一书就不太可能是孟子手著或亲自组织门人弟子集体编纂；反之，如果孟子在观念层面已经改变了孔子"述而不作"的著述观，弃"述"

---

① 阮元校刻：《十三经注疏·孟子注疏》，中华书局 1980 年版，第 2661—2662 页。

② 司马迁：《史记》卷七十四《孟子荀卿列传》，中华书局 1959 年版，第 7 册，第 2343 页。

③ 韩愈：《韩愈文集汇校笺注》卷十四《答张籍书》，中华书局 2010 年版，第 553 页。

④ 崔述：《孟子事实录》，中华书局 1985 年，第 38—39 页。

转"作"，那《孟子》一书就有可能是孟子手著或组织弟子集体编纂。孟子的著述观到底是怎样的呢? 司马迁记载孟子的学术渊源，云其"受业子思之门人"①，是子思门人之弟子。《中庸》为子思所记，绍述孔子思想以及子思的相关思考，而《中庸》的写作方式一般是先引述孔子言论，然后再加以阐发，这种写作方式实质上就是孔子"述而不作"著述观念的延续。

春秋时期，知识阶层存在一个普遍观念，即只有圣人才有资格和能力进行创作。《左传·昭公六年》记载晋国大夫叔向引《尚书》之语曰："圣作则。"② 意即只有圣人才能创立规范。《礼记·礼运》："圣人作则。"③《礼记·乐记》："知礼乐之情者能作，识礼乐之文者能述。作者之谓圣，述者之谓明; 明圣者，述作之谓也。"④ 孔子认为自己并非"圣人"⑤，也就认为自己不具备"作"的资质。"作"的前提是"有位"。"有位"的极致状态就是天下共主，其次是诸侯王，再次就是卿大夫，总之得在职官系统当中拥有一定的权位。《中庸》第二十八章："非天子，不议礼，不制度，不考文。……虽有其德，苟无其位，亦不敢作礼乐焉。"⑥ 三十一章："唯天下至圣，……见而民莫不敬，言而民莫不信，行而民莫不说。"⑦ 第二十九章："君子动而世为天下道，行而世为天下法，言而世为天下则。"⑧ 这里的天子、至圣、君子都是就"有位"者而言的。孟子对从孔子一直延续到子思的"述而不作"观念实际上是遵从的。孟子曰："徒善不足以为政。"朱子注曰："有其心，无其政，是谓徒善。"⑨ 徒有德智而无权位，不能为政，是为"徒善"。孔子即"徒善"之人。"徒善"之人而"作"，是身份的越位。"孟子曰:'孔子尝为委吏矣，曰:'会计当而已矣。'尝为乘田矣，曰:'牛羊茁壮长而已矣。'位卑而言高，罪也。'"⑩ 孟子认为无位之人"立言"发论，是身份对权位的僭越，是一种过失行为。因此，他跟孔子一样，在著述观念上遵从"述而不作"，在思想表达的形式上也坚持

① 《史记》卷七十四《孟子荀卿列传》，第 7 册，第 2343 页。

② 杨伯峻:《春秋左传注》(修订本)，中华书局 1990 年版，第 4 册，第 1279 页。

③ 《十三经注疏·礼记注疏》，中华书局 1980 年版，第 1424 页。

④ 《十三经注疏·礼记注疏》，第 1530 页。

⑤ 《论语·述而》:"子曰:'若圣与仁，则吾岂敢? 抑为之不厌，诲人不倦，则可谓云尔已矣。'"

⑥ 朱熹:《四书章句集注》，中华书局 1983 年版，第 36 页。

⑦ 朱熹:《四书章句集注》，第 38 页。

⑧ 朱熹:《四书章句集注》，第 37 页。

⑨ 朱熹:《四书章句集注》，第 280 页。

⑩ 朱熹:《四书章句集注》，第 321 页。

只"述"不"作"。

《孟子》一书并非孟子手著，而是门人弟子根据孟子生前游说、辩论、讲学过程中弟子们当时所记而追述、纂集而成的文献。《孟子》传达的是孟子的言论和思想，但它并非成于孟子之手，而是由其门人弟子纂集而成。

二、《孟子》两种书写体例及其内在关联

据朱熹《孟子集注》所载《孟子》章数（《梁惠王》23 章，《公孙丑》23 章，《滕文公》15 章，《离娄》61 章，《万章》18 章，《告子》36 章，《尽心》84 章，共计 260 章）分析，《孟子》主要采用了两种书写体例来完成思想的表达，即对话和语录①。

对话体是一种通过人物之间的对话来进行思想传达的书写体例。《孟子》260 章，其中有 115 章是对话体，《梁惠王上》7 章，《梁惠王下》15 章，《公孙丑上》2 章，《公孙丑下》13 章，《滕文公上》5 章，《滕文公下》10 章，《离娄上》3 章，《离娄下》8 章，《万章上》9 章，《万章下》7 章，《告子上》7 章，《告子下》11 章，《尽心上》9 章，《尽心下》9 章。《孟子》中的对话体记载了孟子与诸侯王、弟子以及时人的对话，通过若干回合的对话来传达出孟子的政治思想、伦理观念和人生态度。孟子周游列国期间，有随行弟子若干，"后车数十乘，从者数百人，以传食于诸侯"②。游说过程中，弟子陪同在侧，对于孟子与诸侯王之间的对话多有察闻，并及时进行记载；及至孟子结束周游列国之时，门人弟子们已经累积了大量的笔记资料。孟子与时人（各诸侯国大夫、持不同学说者）之间所展开的有意义的对话，随行弟子也会进行记载。至于孟子与万章、公孙丑等门人弟子之间的对话，因为对话中承载着孟子治国安邦、修身养性的主张，思想价值高妙，弟子们自然也会进行记载和整理。

"语录"是孟门弟子记载孟子思想的又一重要书写体例。《孟子》以语录形式来表达思想，是延续了《论语》以来的思想表达传统。在《论语》中，

---

① 《孟子》中除了对话和语录外，还有一则故事，即《离娄下》"齐人有一妻一妾而处室者"。此章体例极为特异，既非对话，亦非语录，而是一则叙议结合的独立故事。可能是孟子在与弟子门人们论道时穿插所讲的一则故事，作为例证辅助说理之用，与《告子上》第九章中所举"弈秋诲二人弈"故事功能相同。朱子推断"章首当有'孟子曰'字，阙文也"，当是。《孟子》通书所传达的都是孟子的思想，此篇应该也不例外。篇首如若冠之以"孟子曰"，就是一则完整的语录。此章应以语录来看待。

② 《四书章句集注》，第 267 页。

孔门弟子以"子曰：……"形式记录孔子的嘉言善语，以此完成对孔子思想的传达。《孟子》260 章，其中记载孟子语录 145 章：《梁惠王下》1 章，《公孙丑上》7 章，《公孙丑下》1 章，《离娄上》25 章，《离娄下》25 章，《万章下》2 章，《告子上》13 章，《告子下》5 章，《尽心上》37 章，《尽心下》29 章。《孟子》中的语录主要有两种类型：

第一种是纯粹的语录。以"孟子曰"发端，直接记录孟子的言论。如《离娄上》：

> 孟子曰："有不虞之誉，有求全之毁。"
> 孟子曰："人之易其言也，无责耳矣。"
> 孟子曰："人之患在好为人师。"①

这种纯粹的语录没有任何关于具体语境的交待，只是单纯地记录孟子的言论。虽然缺乏语境记载，但由于语录本身的思想价值自足丰沛，丝毫不影响读者对语录内涵的理解。这些语录以最简约凝练的形式传达丰足饱满的思想内涵，类似于后世的格言警句。

第二种是补充了具体语境的语录。如《离娄下》：

> 子产听郑国之政，以其乘舆济人于溱洧。孟子曰："惠而不知为政。岁十一月徒杠成，十二月舆梁成，民未病涉也。君子平其政，行辟人可也，焉得人人而济之？故为政者，每人而悦之，日亦不足矣。"②

本章开头首先交待了孟子语录出现的背景条件，即"子产听郑国之政，以其乘舆济人于溱洧"。子产生活在春秋时期，此事在当时大概是广为人知，流传到战国之后，孟子与弟子们就此事也展开了讨论，并表达了自己的见解，认为子产此举只是局部的小恩小惠，不具有普遍性。真正的执政者应该通过合宜的政治举措来普惠众生。孟子这则语录，应该出自与门人之间的对话晤谈，而非孟子的自言自语。门人弟子后来在编纂过程中，只择要记录了孟子的言说内容，门人们的言谈则略去不记。之所以在开头补充背景条件，是为了呈现孟子语录出现的具体语境，这个背景条件同时也是孟子语录具体的评判对

---

① 《四书章句集注》，第 286 页。
② 《四书章句集注》，第 289—290 页。

象。如果缺少了这一背景条件，就不能准确知晓孟子语录所针对的对象，也就不能完整把握孟子语录的深刻内涵。

其实，无论是纯粹的语录，还是补充了背景条件的语录，都是来自对话，都是从对话中析出的。孟子无论是讲学，还是游说诸侯国君，或是与时人对话，都有各自的言说对象。与言说对象交谈过程中，不可能是孟子自言自语，也不可能是孟子的一言堂，言说对象也会参与到对话中来。只不过后来门人弟子在编纂《孟子》时，只要不影响理解，便将来自言说对象的话语隐而不记，只留下孟子的嘉言善语。《孟子》中语录的这一生成方式与《论语》一脉相承。《论语》中的语录也是来自对话。陈桐生教授通过将传世本《论语》与上博简等相关出土文献进行对勘，指出了《论语》中的语录与对话之间的源流关系："出土竹书表明，孔子其实是一个知无不言、言无不尽的人，他与弟子时人的对话，谈得都非常尽兴，非常到位，篇幅往往比我们原来所想象的要长很多。今本《论语》所载孔子与弟子时人对话之短，其实已经不是当年孔子谈话的原貌，而是编纂者从孔门子弟记录的孔子言行素材中精选出来的。"①语录来自对话，由对话概括、提炼而成，是众多回合的对话的浓缩形式。

我们认为《孟子》中的语录出于对话，还有一个原因：《孟子》中有一些语录往往是孟子围绕同一话题发表言论，语录与语录之间彼此紧密关联，构成一个聚焦于同一主题的语录群落。这些彼此关联的语录很有可能是由同一场对话拆分、提炼而来的。典型的如《离娄上》前四章：

> 孟子曰："离娄之明，公输子之巧，不以规矩，不能成方圆；师旷之聪，不以六律，不能正五音；尧、舜之道，不以仁政，不能平治天下。今有仁心仁闻而民不被其泽，不可法于后世者，不行先王之道也。……"②
> 孟子曰："规矩，方圆之至也；圣人，人伦之至也。欲为君尽君道，欲为臣尽臣道。二者皆法尧舜而已矣。不以舜之所以事尧事君，不敬其君者也；不以尧之所以治民治民，贼其民者也。孔子曰：'道二：仁与不仁而已矣。'暴其民甚，则身弑国亡；不甚，则身危国削，名之曰'幽厉'，虽孝子慈孙，百世不能改也。《诗》云'殷鉴不远，在夏后之世'，此之谓也。"③

---

① 陈桐生：《商周史官文化向战国士文化的转变及其对说理散文的影响》，《文史哲》2008 年第 3 期。
② 《四书章句集注》，第 275 页。
③ 《四书章句集注》，第 277 页。

　　孟子曰："三代之得天下也以仁，其失天下也以不仁。国之所以废兴存亡者亦然。天子不仁，不保四海；诸侯不仁，不保社稷；卿大夫不仁，不保宗庙；士庶人不仁，不保四体。今恶死亡而乐不仁，是犹恶醉而强酒。"①

　　孟子曰："爱人不亲反其仁，治人不治反其智，礼人不答反其敬。行有不得者，皆反求诸己，其身正而天下归之。《诗》云：'永言配命，自求多福。'"②

第一章语录，孟子将"离娄之明，公输子之巧，不以规矩，不能成方圆"、"师旷之聪，不以六律，不能正五音"与"尧、舜之道，不以仁政，不能平治天下"作类比，指出"仁政"之于"平治天下"的作用正如"规矩"之于"成方圆"、"六律"之于"正五音"的作用是一样的，强调"仁政"对于治国安邦的重要意义，并提出了"仁政"的具体路径，即"行先王之道"；第二章，孟子再次以"规矩"作类比，指出"规矩尽所以为方圆之理，犹圣人尽所以为人之道"③；第三章"承上章之意而推言之"④，逆向指出天子、诸侯、卿大夫、士如若不仁的后果；第四章"亦承上章而言"⑤，提醒各级执政者如果仁政效果不理想，应当"反求诸己"，从自身寻求原因。四章之间密切联系，前两章重在正向强调"仁政"的意义及做法，后两章则反向提醒不行"仁政"或"仁政"不到位的恶果和补救方法。四章始终围绕同一话题从正反两个方面反复申说，应该是从同一对话环境中来，后来门人弟子将对话进行拆分、概括、提炼，成为各自独立的单章语录。

　　由此而见，《孟子》两种主要的书写体例——对话体和语录体之间是存在源流关系的。对话体来自现实生活中的对话晤谈，语录体则是由对话中析出，二者存在同源关系。

---

① 《四书章句集注》，第 277—278 页。

② 《四书章句集注》，第 278 页。

③ 《四书章句集注》，第 277 页。

④ 《四书章句集注》，第 278 页。

⑤ 《四书章句集注》，第 278 页。

三、史官传统与"实录"精神：
《孟子》两种书写体例的文化根源

门人弟子选择以对话、语录的形式记录孟子言论，以完成对孟子思想的传达，所秉持的是一种"实录"精神。这种"实录"精神来自一个古老但对孟门弟子而言却并不陌生的书写传统，即西周春秋以来的史官传统。

西周春秋时期，史官阶层是最主要的文献书写主体，是历史文献的记录者和传承者。《汉书·艺文志》："古之王者世有史官，君举必书，所以慎言行，昭法式也。左史记言，右史记事，事为《春秋》，言为《尚书》，帝王靡不同之。"[1]史官自建职之初就有记言的职能，《尚书》即为史官记言职能的直接成果。史职的出现源于巫觋，鲁迅对此有一段精辟的论述："原始社会里，大约先前只有巫，待到渐次进化，事情繁复了，有些事情，如祭祀、狩猎、战争……之类，渐有记住的必要，巫就只好在他那本职的'降神'之外，一面也想法子来记事，这就是'史'的开头。"[2]史职是随着人类历史的发展逐渐从巫觋当中分化出来的，它将原本应该由巫觋来承担的书写功能担负起来，使得巫觋可以专职从事巫术、祭祀等本职工作。史官在分担了巫觋集团书写功能的同时，也将巫觋集团的宗教背景延续下来，这对其书写精神产生了直接且深远的影响。过常宝教授分析道："史官实际上是巫师中从事载录和文献保存的人员，因此，史官同样具有宗教背景，并随着文献的累积，渐渐由天命神意的见证者、阐释者，而拥有了意识形态话语权力，并且得到社会的认可。他们虽然在王朝居官，但多为兄终弟及，父子相传，依道而行，不唯君王马首是瞻。也就是说，史官的职业行为和文化精神都依赖一个遥远的巫史传统，而相对独立于治统之外。"[3]载录工作的日常化和制度化，使得史官的职业意识明显增强，并形成了忠于职守的品德。在记载历史的过程中，史官可以摆脱世俗权力的约束和干涉，坚持"秉笔直书"的书写原则，以"再现"的方式还原历史原貌，完成对历史事件的真实记载和传承。《左传·襄公二十五年》："大史书曰：'崔杼弑其君。'崔子杀之。其弟嗣书，而死者二人。其弟又书，乃舍之。南史氏闻大史尽死，执简以往。闻既书矣，乃还。"[4]《左传》所记载

---

① 班固：《汉书》，中华书局 1975 年版，第 6 册，第 1715 页。

② 鲁迅：《鲁迅全集》第六卷《且介亭杂文》，人民文学出版社 1981 年版，第 86 页。

③ 过常宝：《原史文化及文献研究》，北京大学出版社 2008 年版，绪论第 1 页。

④ 《春秋左传注》（修订本），第 1099 页。

的这则齐国史官前仆后继如实记载齐大夫崔杼弑君作乱的故事，是史官"秉笔直书"书写原则的典型体现。

由西周春秋史官文化渐次过渡到战国士文化，"秉笔直书"、坚持"实录"的书写传统已然形成一种文化惯性，持续存在于战国士文化的书写习惯中。对战国士人而言，西周春秋以来的史官书写传统是唯一可以被继承和值得被继承的书写传统。史官群体对历史的书写，追求"德"与"礼"的价值评判原则和实践行为准则，看重良知、正义等宝贵价值观念的传达，这一书写特点使得战国士阶层在寻求自己的书写方式时很乐于对其进行继承和发扬。这就是以儒家为代表的战国士人群体在选择本学派思想表达的方式时普遍乐于采用再现"对话""语录"形式的重要原因。孟子的门人弟子在记录孟子思想时，虽然不会像春秋史官那样遭遇来自世俗权力的威慑和干扰，但春秋史官那种求真、实录的精神追求却保存下来了。

孟子的门人弟子们选择以对话和语录来完成对孟子思想的传达，自有其思想史意义和文体学意义。从思想史的角度而言，选择以对话和语录来进行思想传达，是对孔子以来一直延续到孟子的"述而不作"著述观念的继承和弘扬。著述观念本质上是价值观在著述问题上的反映。孔子"信而好古""祖述尧舜、宪章文武"，孟子"述唐、虞、三代之德"，都是法"先王"，追求礼义忠信的传统价值观念。在对待传统文化和文献的态度上，孔子坚持"述而不作"，重视汲取传统文化中的思想营养。他反对摈弃传统文化和文献、盲目发挥主观能动性的"不知而作"。孟子弟子们在硝烟弥漫、列国争雄、重利轻义的战国时期依然坚持"述而不作"，以对话和语录进行思想表达，本身就是对孔子所认定的传统价值观念的进一步确认和竭力弘扬。在百家争鸣的时代，孟子弟子们代表儒家学派树立起仁义的大旗，肩负起传递道统的时代重任。

从文体的角度来看，对话和语录是最接近实录的一种书写形式。战国时期，儒家学派之外的墨家、道家、法家都曾采用直接立论的方式来阐发思想。孟门弟子没有采用直接立论的方式来阐发思想，并非逻辑思维能力和论辩技巧不够（相反，他们应该从孟子那里学习并掌握了许多过人的论辩技巧），而是经过慎重考虑和甄选之后的主动选择。在诸多文体形态中，对话和语录是最接近"镜像"效果的。它们最大限度地保存了孟子当年游说、论辩、讲学过程中的音容情态，以最逼真的形式再现了孟子当年的话语魅力，是孟子学派最宝贵的原始资料。语录和对话在增强学派内部凝聚力方面具有独特的文体优势。它们使得即使在孟子去世多年后，不能亲炙孟子的再传弟子和后学也可以通过阅读《孟子》想见孟子风貌，从而获得"如见其人"的即视效果。因此，对话和语录也就成为极富生命力的文体形态。这两种文体形式，在理学昌隆的宋明时期得到了充分的运用。《朱子语类》是一部记载朱子与门人弟子问答之语的文献。朱子讲学，当时的门人弟子如廖德明、黄榦、杨方等人各有所记。后人经过多方搜寻将门人弟子所记汇集成编，即《朱子语类》。《传习录》是王阳明的问答、语录以及论学书信集，由门人弟子徐爱、薛侃等陆续整理汇编而成。对话和语录是呈现师者思想最直观、最可靠的书写形式，它们在学术昌盛的先秦诸子时代和宋明理学时代得到了最充分的运用，在传承思想方面发挥了极其重要的作用。

四、《孟子》七篇的结构体制

上文中我们分析了《孟子》主要的书写体例及其成因和意义。对中国早期文体的考察，除了书写体例之外，文献的结构体制也是一个重要向度。以何种体制来安排文献的内在结构，往往是早期知识阶层思想观念的反映。

《孟子》七篇看似松散，实则有较为严密的结构体系。七篇的结构安排，在战国时期孟门弟子们编纂成书时已经定型。司马迁《史记·孟子荀卿列传》云"（孟子）退而与万章之徒序诗书，述仲尼之意，作《孟子》七篇"，可见七篇是门人弟子其时固有之设计。

门人弟子在编纂《孟子》一书时，坚持两大原则：一是类聚原则，二是均衡原则。所谓类聚原则，指的是孟子弟子在编书时坚持以类相从，将内容相关联的材料尽量集聚在一起来呈现。根据孟子行迹之不同，七篇主要分为两个板块：其一是《梁惠王》《公孙丑》《滕文公》前三篇，其二是《离娄》《万章》《告子》《尽心》后四篇。前三篇主记孟子游说王侯、推扬儒家学说的功业，侧重于具体实践。三篇所记各有侧重，具体而言：

《梁惠王》记录孟子对梁惠王、齐宣王、滕文公、鲁平公、邹穆公等诸侯的游说之辞，是孟子一生事功的最集中体现。孟子弟子们在编纂此篇时，力图将孟子的现实功业在一篇之中集中展现出来。

《公孙丑》是孟子游说诸侯时期与诸弟子们的私下交流。孟子周游列国、游说王侯期间，随行弟子众多。周游之暇，孟子与随行弟子之间必然也有许多切磋交流。《公孙丑》即游说诸侯期间孟子与随行弟子之间展开的对话和提炼的语录。

《滕文公》是孟子推行王道政治的实践记录。滕文公为世子期间即服膺孟子思想，即位以后在滕国国内切实践行了孟子的仁政思想。这是孟子思想在现实政治领域最闪亮的绽放。虽然时间短暂，效果有限，但对孟子学派而言意义重大，所以，有必要单独成篇着重记载。

与前三篇侧重于记录政治实践不同，《离娄》《万章》《告子》《尽心》后四篇更加侧重于理论探讨：

《离娄》是孟子对仁政学说具体内涵的若干表述。全篇主要由语录构成，孟门弟子在编纂过程中遵循类聚原则，将关乎仁政的相关论述汇聚于此篇进行集中论述。

《万章》主要由孟子与弟子万章之间的对话组成。万章针对儒家思想体系中某些疑难问题向孟子求教。在儒家的思想体系中，有一些问题如舜不告而娶、尧以天下与舜、禹不传于贤而传于子、伊尹以割烹要汤、不见诸侯之义等，即使对如万章一样的孟门高足而言，理解起来也有些困难。因此，编纂者将孟子对这些疑难问题的解答和澄清汇聚起来，都为《万章》一篇。

《告子》是孟子与告子、曹交、宋牼、淳于髡、白圭等时人之间的对话以及孟子对一些时政问题的评论。告子是战国时期与儒家思想比较接近，但又存在一定程度仳离的学者。告子认为性无善无不善，仁内义外，与孟子的性善、仁义皆内不是完全一致，却又有交叠；宋牼与孟子就义利问题展开讨论；曹交倾慕尧舜之道，愿受业于孟子之门；淳于髡虽然质疑孟子“在三卿之中，名实未加于上下而去之”，但其本质上也同样主张举贤授能、利国益民；作为魏国之相，白圭“欲二十而取一”，减轻赋税。孟子虽不同意其“二十取一”的税制，但以民为本却是相通的。以上诸子，虽然与孟子思想在某些方面存在隔阂，但皆非针锋相对、截然对立，而是同中有异，异中有同。余嘉锡先生云：“古书既多后人所编定，故于其最有关系之议论，并载同时人之辩驳，以著其学之废兴，说之行否，亦使读者互相印证，因以考见其生平，即后世文集中附录往还书札赠答诗文之例也。”①编纂者将孟子与这些时人君子们的辩论、对话辑录下来，通过彼此之间的碰撞使得儒家思想更加边界清晰，棱角分明，更富有可辨识性。

《尽心》是对仁政的思想基础——心性论的探讨。全篇主要由语录构成，包含少量对话，围绕心、性、命等思孟学派核心概念进行阐述，探索心灵的自主、自由与强大。心性论是孟子整个思想体系的哲学根基，开创儒学“内

---

① 余嘉锡：《古书通例》，上海古籍出版社2007年，第125页。

圣"一脉,为宋明理学之渊源。

孟门弟子在编纂《孟子》时坚持类聚原则,有其哲学方法论上的思想基础。"类"是孟子思维方式中一个非常重要的方面。《孟子·告子上》:

> 孟子曰:"今有无名之指,屈而不信,非疾痛害事也,如有能信之者,则不远秦楚之路,为指之不若人也。指不若人,则知恶之;心不若人,则不知恶,此之谓不知类也。"①

事物与事物之间如果存在某一方面的相似性,那么这些相关联的事物就可以构成"类"。成"类"的事物之间往往能够聚集或构成逻辑上的互相推演。"指不若人"与"心不若人"同样都是"不若人","指不若人,则知恶之",以此类推,"心不若人"也应当"恶之",因为二者在"不若人"这一点上是同质的。孟子曾将"知类"思想传授于门人弟子,门人弟子自然也会以"类"的方式处理问题。在编纂孟子的对话和语录时,根据具体内容的不同将相关联的对话和语录汇聚于一篇。因此,刘培桂指出《孟子》七篇"篇中内容相对集中于某一个论题"②,是非常准确的。各篇主题相对集中,篇内各章以类相从,是《孟子》编纂者"知类"思想的直接体现。

《孟子》七篇,前三篇侧重于实践,它指向外在的客观世界;后四篇侧重于理论,它指向内在的心性思考。《孟子》七篇构成了一个从实践探索到理论解析、知行合一的较为完整的思想体系。

孟门弟子在编纂《孟子》时,除了坚持类聚原则,也遵循均衡原则,即在安排篇章时,要考虑各篇字数的均衡,使得编辑成册时各篇卷大小均衡。刘培桂依据杨伯峻《孟子译注》对各篇字数做过详细统计:

> 《梁惠王》上,七章,两千四百四十二字;下,十六章,两千九百二十七字。共二十三章,五千三百六十七字。
>
> 《公孙丑》上,九章,两千六百八十八字;下,十四章,两千四百五十四字。共二十三章,五千一百四十二字。
>
> 《滕文公》上,五章,两千四百九十五字;下,十章,两千五百五十字。共十五章,五千零四十五字。

---

① 《四书章句集注》,第334页。

② 刘培桂:《孟子大略》,泰山出版社2007年版,第100页。

　　《离娄》上，二十八章，两千三百九十四字；下，三十三章，两千三
百五十六字。共六十一章，四千七百五十字。

　　《万章》上，九章，两千六百七十六字；下，九章，两千四百五十三
字。共十八章，五千一百二十九字。

　　《告子》上，二十章，两千六百二十四字；下，十六章，两千六百一
十二字。共三十六章，五千二百五十四字；

　　《尽心》上，四十六章，两千四百一十九字；下，三十八章，两千二
百七十六字。共八十四章，四千六百九十五字[①]。

　　根据以上统计结果，我们可以明显看出，七篇的字数都在五千言上下，基本
持平。东汉赵岐做《孟子章句》时又将七篇各自分为上、下篇，各篇内上、
下篇的字数基本上也是持平的。也就是说，孟子门人弟子在编纂《孟子》、规
划其篇章结构时，其实是考虑到均衡原则的。即使是到了东汉时期，赵岐做
《孟子》章句，将各篇拆分为上下篇时，也同样考虑到了均衡原则。各篇均
衡，置于几案，小大才显得整齐。此外，我们从《滕文公》篇的安排上也能
看出孟门弟子在设计篇章长短时的均衡原则。《滕文公》篇，本质上属于孟子
游说诸侯之事功，且是最有成效的事功，但是在安排具体行文时，孟门弟子
并没有将此篇内容置于集中展现孟子政治功绩的《梁惠王》篇中，而是将其
单列一篇，独立展现。个中原因，除了上文我们所说的《滕文公》篇着重记
载孟子思想在滕国的具体实践之外，也有篇幅均衡方面的考虑。如果将《滕
文公》篇也放入《梁惠王》篇，虽然内容性质看起来会更加统一，但未免显
得单篇篇幅过大。书于简牍之后，体量大小悬殊，也影响读者的阅读体验。

结　语

　　孟子并没有改变自孔子起一直延续下来的著述观念，在"述""作"问题
上，孟子坚持的依然是"述而不作"，这就使得孟子不可能亲自去手著《孟
子》。孟子的思想在游说君主、讲学、与时人的交谈和论辩过程中通过口说的
方式表达出来，此后又通过门人弟子们的纂辑成书，得以传承下来。由西周
春秋以来的史官文化过渡到战国士文化，史官文化中的一些优秀传统如"实
录"精神也会很自然地传承到士文化的精神血液中。孟子的门人弟子选择以

---

① 《孟子大略》，第103—104页。

对话和语录来完成对孟子思想的记录和传承，是史官文化中"实录"精神直接影响下的产物。对话和语录拥有共同的现实基础，即孟子的游说、讲学、交谈、论辩等实际行动，其文体功能就是将孟子通过言谈传达出来的思想记录和传承下来，同时，这两种文体形式也是当时众多文体形式中最为本真地再现孟子思想原貌、最接近"镜像"效果的文体形式。语录来自对话，是对话的拆解、提炼和概括，二者形态不同。但我们需要注意的是，语录和对话本身并不是《孟子》编纂者安排篇章结构体制的标准。也就是说，《孟子》编纂者在铺排篇章结构时，首先考虑的因素不是书写形态，而是思想内容。《孟子》七篇，除《滕文公》均由对话构成之外，其余六篇皆是语录与对话杂糅。《孟子》编纂者在编纂材料时，首先考虑的原则是内容上的类聚，将思想内容相对集中的材料汇聚于一体；同时，也兼顾篇幅上的均衡。如果某一主题材料多、篇幅大，就会基于某种新的考虑将其相对均匀地分散到邻近的篇章。这样既不破坏主题的集中性，也使得简牍篇幅大小相对均匀，易于摆放和搬运。《孟子》七篇，各篇都有一个相对集中的主题，七篇之间也存在一定的逻辑联系，构成了一个从实践到理论、知行合一的相对完整的思想体系。《孟子》编纂者对文献书写体例的选择以及对篇章之间结构体系的安排，本身也是孟子学派思想主张的外现。厘清《孟子》的书写体例和结构体系对于理解战国中期儒家思想的发展状况以及当时的文献编纂理念具有重要意义。

［作者单位：北京语言大学文学院 /
中国石油大学（北京）克拉玛依校区文理学院］

似语录而非语录

——论扬雄《法言》设论体的文体属性与文体特征

赵德波

　　《法言》是扬雄学术思想的集大成之作，历代拥趸不乏其人。当代学人对《法言》的文学研究多侧重于其中所载之文学思想，而较少关注其文本的文学性。近年来伴随着中国古代文体研究的兴盛和中国古代文体学学科范式的确立，《法言》的文体属性和文体风格也受到诸多学人的关注，而讨论的重点聚焦于《法言》是不是语录体散文。对这一问题，学界大致有肯定、否定、存而不论三种态度。肯定者认为，既然《法言》"仿《论语》"且"象《论语》"，那么其理所当然为语录体散文。否定者认为，《法言》虽然以问答的形式编撰，但其问答采用设问的形式，与语录体有着本质区别，故其不属于语录体散文。存而不论者则因其文体难辨对该问题有意回避之。文体辨析是文学研究的基础性工作，文体不明则很难准确描述其文体风格，评价其文学价值，《法言》的研究亦是如此。因此，本文主要围绕扬雄为何要仿《论语》作《法言》，《法言》是语录体还是其他文体，其文体特征如何，有何文体学价值等问题展开。通过对以上问题的讨论，辨明《法言》的文体属性，揭示其文体特征及文体学价值。

一、扬雄仿《论语》作《法言》的学术背景

　　关于《法言》的成书，《汉书·扬雄传》有如下记载："雄见诸子各以其知舛驰，大氐诋訾圣人，即为怪迂，析辩诡辞，以挠世事，虽小辩，终破大道而或众，使溺于所闻而不自知其非也。及太史公记六国，历楚、汉，讫麟止，不与圣人同，是非颇谬于经。故人时有问雄者，常用法应之，撰以为十三卷，象《论语》，号曰《法言》。"[①]这是扬雄自述的内容，其中除了介绍《法言》的成书背景外，还承认了《法言》和《论语》在形式上存在相似之处。

---

① 班固：《汉书》，中华书局 1962 年版，第 3580 页。

至于为何要仿《论语》而作《法言》，扬雄没有说明。反倒是班固在赞论中作了解释，认为这是由于扬雄"实好古而乐道，其意欲求文章成名于后世"①的文人心态使然。《论语》和《孝经》在汉代被称为"传"，是五经之外最重要的经学典籍。"二传"之中《论语》的地位高于《孝经》，赵岐在《孟子题辞》中称《论语》是"五经之鎋镖，六艺之喉衿"②。因此，班固认为，"传莫大于《论语》"是扬雄仿《论语》作《法言》的主要原因。不可否认，模拟经典是扬雄常用的创作手法，《论语》在汉代的经学地位也举足轻重，但这不是扬雄仿《论语》作《法言》的主要原因。扬雄仿《论语》作《法言》与其自身的学术身份、学术立场密切相关。

（一）固守先秦儒家诸子传统

汉代经学由先秦儒学发展而来，但是汉代经学与先秦儒学有着巨大差异。按照钱穆的观点，古代学术有王官与家言之别，而六艺与诸子之区别也在于官学与私学之分。由于经学的产生与汉武帝"罢黜百家，独尊儒术"密切相关，后人多将六艺之学与诸子儒学混为一谈。"然则武帝立五经博士，若就当时语说之，谓其尊六艺则然，谓其尊儒则未尽然也……特六艺多传于儒生，故后人遂混而勿辨耳。"③但是"武帝此一举措的本意不一定在崇儒而更可能在尊王。因为武帝罢黜百家，同样罢黜属于儒家的《孟子》博士。"④对于先秦儒学和汉代经学之间的区别，西汉学者有着清醒的认识，刘向、刘歆父子所编《七略》中已将六艺与儒家分流。作为西汉后期的鸿儒硕学，扬雄不仅对此二者之差异有着清晰的认识，而且其本人对汉代经学和先秦儒学所持立场不同。固守先秦诸子儒学传统是扬雄基本的学术立场。

扬雄对于先秦诸子儒学传统的坚守，首先体现在他对经学所持的疏离态度上。扬雄所处时代是经学极盛的时代，在经学思潮制导之下朝廷所拔擢的都是有师法传承的经学之士。"西汉元、成以后用人政策已经发生了根本性的转向，即从早期的重用功臣及功臣子弟一变而为重用掾史文吏再变而为重用经学之士，知识分子的作用已经从武、宣时期的以文学夸饰转变为元、成以后的以经学为政。"⑤此时，经学成为士人的利禄之阶，明经出仕是当时绝大多

① 班固：《汉书》卷八十七《扬雄传》，第3583页。

② 严可均：《全上古三代秦汉三国六朝文》，中华书局1958年版，第815页。

③ 钱穆：《两汉经学今古文平议》，商务印书馆2001年版，第200页。

④ 王青：《扬雄评传》，南京大学出版社2000年版，第25页。

⑤ 《扬雄评传》第三章《扬雄的经学传承、人生态度与政治态度》，第113页。

数读书人趋之若鹜的人生选择。对此，扬雄了然于心，但是他没有去投奔经学大师，加入当时的经士群体，而是选择了主动疏离。这是扬雄理智而清醒的自觉选择，因为他对于自己非经学之士的身份从不讳言。他在《剧秦美新》中称"臣雄经术浅薄"，在《与刘歆书》亦言"雄少不师章句，亦于五经之训所不解"。其次，扬雄对先秦儒家诸子传统的坚守还表现在，其学术著作在五经经义的自由取用上，不受汉代经学师法和家法的约束。胡玉缙《法言义疏序》指出："《吾子》之'虎别'及'纻絮'，《问道》之'尧爵'，《五百》之'载魄'，《重黎》之'无妄'，明其为用京房《易》；《渊骞》之'侠介'，《孝至》之'螭虎'，明其为用欧阳《书》；《学行》之'螟蛉'及'考甫'，《吾子》之'夏屋'，《修身》之'圃田'，《先知》之'东征'及'述职'，《孝至》之'关雎'，明其为用《鲁诗》；《先知》之'实予'，《孝至》之'邵陵'，明其为用《公羊传》。"①可见，扬雄著述时是根据行文需要择取各家经义，不受西汉师法和家法的约束。基于此也就不难看出，扬雄自述"象《论语》，号《法言》"，不仅仅是在强调《论语》和《法言》在体式上的相似之处，也不是急功近利地以《法言》来附会《论语》，而是以此来宣示自身的儒家诸子身份以及《法言》儒家诸子文献的文本属性。

（二）对西汉经学的批判

扬雄疏离经学而坚守诸子传统的学术立场，缘于他对西汉经学弊端的深刻认识。汉武帝"罢黜百家，独尊儒术"之后，经学成为官方意识形态。与先期儒学相比较，作为西汉官学的经学在学术趋向、人格素养上呈现出新的特点，具体表现为思想理论上的神学化、人格素养上的庸俗化和学术作风上的固陋化②。汉代经学家改造天人感应观念，将天塑造为有意志、有目的的人格神，还利用阴阳五行将经学方术化。这也是西汉阴阳灾异之说流行和西汉后期谶纬符命之说流行的主要原因。汉代经学取士制度建立后，经学成为经学之士的利禄之阶。邹鲁有谚曰："遗子黄金满籯，不如一经。"③夏侯胜每讲授，常谓诸生曰："士病不明经术；经术苟明，其取青紫如俯拾地芥耳。"④《汉书·儒林传》称："自武帝立《五经》博士，开弟子员，设科射策，劝以官禄，讫于元始，百有余年，传业者浸盛，支叶蕃滋，一经说至百余万言，大师众

---

① 汪荣宝：《法言义疏》，《法言义疏序》，中华书局 1987 年版，第 1 页。

② 《扬雄评传》第一章《扬雄生活的时代背景》，第 27—28 页。

③ 《汉书》卷七十三《韦贤传》，第 3107 页。

④ 《汉书》卷七十五《眭两夏侯京翼李传》，第 3159 页。

至千余人，盖禄利之路然也。"① 经学取士使得经学群体形成苟合取容、曲学阿世的庸俗化人格特征。经学之士的庸俗化则导致了经学在学术作风上的固陋化。汉宣帝以后盛行以离章辨句为务的章句之学。对于此种学术风气，班固批判道："古之学者耕且养，三年而通一艺，存其大体，玩经文而已，是故用日少而畜德多，三十而五经立也。后世经传既已乖离，博学者又不思多闻阙疑之义，而务碎义逃难，便辞巧说，破坏形体；说五字之文，至于二三万言。后进弥以驰逐，故幼童而守一艺，白首而后能言；安其所习，毁所不见，终以自蔽。此学者之大患也。"② 扬雄自觉疏远经学，以儒家诸子自居，"罕言性与天道"，但是对于经学对先秦儒学传统的破坏与销蚀，又不能置若罔闻。其在自述《法言》撰述目的时称"诸子各以其知舛驰，大氐诋訾圣人，即为怪迂，析辩诡辞，以挠世事，虽小辩，终破大道而或众，使溺于所闻而不自知其非也"③，其中"诸子"即包括经学之士在内。此外，《法言·吾子》篇称："古者杨、墨塞路，孟子辞而辟之，廓如也。后之塞路者有矣，窃自比于孟子。"④ 孟子是战国中后期的儒学大师，以好辩著称。孟子好辩是在霸道盛行、诸子驰说时代背景之下的无奈之举。此处是扬雄基于西汉时期经学流弊而发，其自比于孟子，是对孟子"予岂好辩哉？予不得已"的理解之同情。由此可知，对西汉经学的批判既是扬雄作《法言》的目的之一，也是《法言》批判性文体风格形成的主因。

二、《法言》似语录而实设论的文体属性

《汉书·扬雄传》所载"故人时有问雄者，常用法应之，撰以为十三卷，象《论语》，号曰《法言》"⑤ 以及班固赞论所云"（雄）实好古而乐道，其意欲求文章成名于后世，以为经莫大于《易》，故作《太玄》；传莫大于《论语》，作《法言》"⑥ 为后人认识和理解《法言》提供了历史根据，但也成为一种认知障碍。受其影响，后世学者也多以此为据将《法言》的文体定为语

① 《汉书》卷八十八《儒林传》，第 3620 页。
② 《汉书》卷三十《艺文志》，第 1723 页。
③ 《汉书》卷八十七《扬雄传》，第 3580 页。
④ 《法言义疏》卷二《吾子》，第 81 页。
⑤ 《汉书》卷八十七《扬雄传》，第 3580 页。
⑥ 《汉书》卷八十七《扬雄传》，第 3583 页。

录体，而忽视了对《法言》文体的具体考察。何谓语录体？褚斌杰先生如是界定："语录体，是指直接记录讲学、论政，以及传教者的言谈口语的一种文体。"①对照上述定义来反观《法言》，其体例至少在两方面与《论语》不类：第一，扬雄《法言》虽然同样是以问答的形式结撰全篇，但并不是对讲学过程中言谈内容的真实记录，其中所有的问题都是以"或问""或曰"的形式提出，即如今日所言"某人问道""某人说道"。文本重在对"问"与"答"内容的记述，至于提问者是谁并不重要，更无须指明。以此而言，二者所记述的对话性质存在很大差异。有学者指出，《论语》之"语"和《法言》之"言"，代表着不同的文体风格，"'言'这一文体中，一般只出现言谈主体的话语……扬雄将自己效仿《论语》的著作取名为《法言》显然是经过慎重考虑的，并且这个命名也符合其文体要求，即通篇只是扬雄一个人在言说"②。第二，《法言》与《论语》在篇章结构上也存在较大差异。今本《论语》是东汉郑玄杂录《古论语》《齐论语》《鲁论语》而成，共二十篇。虽然每篇都有篇题，但每篇内容并非严格围绕篇题展开，故篇题并非每篇明确的中心议题。其篇题的命名遵循"古书多摘首句二字以题篇，书只一篇者，即以篇名为书名"③的古书通例。虽然《法言》每篇皆有篇题，篇题亦是取自首句二字，但《法言》每篇基本围绕篇题展开，故篇题即议题，而且每篇的讨论内容是预设的。显然，二者在篇章结构上也存在很大差异。

　　基于此，褚斌杰先生指出，《法言》虽然"基本采取问答形式，但其性质只是作者有意采用的设问手法而已"④。褚先生仅指出了《法言》的非语录体性质，没有对《法言》的文体属性作最终界定，但是指明了考辨《法言》文体的方向。既然《法言》中的问答不是对话内容的记录，而只是一种设问的手法，那么在先秦两汉的诸种文体中，最具这类形式特征的不是语录体而是设论体。设论体指的是假设问答以阐明意旨的一种文体形式。设论起源很早，这与人类早期"问"和"答"的对话交流方式密切相关。作为文章的结构体例，其最早运用于辞赋的创作之中，宋玉《对楚王问》等作品是其渊薮。设论体作为独立的文体分类始于萧统《文选》，其中收录东方朔《答客难》、扬

① 褚斌杰：《中国古代文体概论》（增订本），北京大学出版社1990年版，第468页。

② 夏德靠：《论〈法言〉的制作及文体特质》，《河北师范大学学报》（哲学社会科学版）2021年第1期。

③ 余嘉锡：《目录学发微（含〈古书通例〉）》，中国人民大学出版社2004年版，第198页。

④ 《中国古代文体概论》（增订本）第十二章《古代文章的其他文体》，第471页。

雄《解嘲》和班固《答宾戏》三篇作品。由此可知，设论作为一种文章结构形式形成于汉代，东方朔《答客难》具有创体之功，扬雄和班固将其进一步发展定型，萧统最终认定其独立的文体价值。明代吴讷《文章辨体序说》对"问对"体有如下评说："问对者，载昔人一时问答之辞，或设客难以著其意者也。《文选》所录宋玉之于楚王，相如之于蜀父老，是所谓问对之辞。至若《答客难》《解嘲》《宾戏》等作，则皆设辞以自慰者焉。"[①] 由此可见，虽然同源于"问"和"答"言说方式，但是设论体与问对体、语录体等文体形式存在较大差异。因为问对体与语录体中"问对"的场景和内容虽然未必全部为事实，但未必全部为虚构，而设论体中"一'设'字，就有了虚构假托的性质，并非真实事件的复述和描写，又有一'论'字，则突出了双方往复辩难的性质"[②]。班固之后，设论体继作者络绎不绝，蔚然成风。挚虞《文章流别论》称："若《解嘲》之弘缓优大，《应宾》之渊懿温雅，《连旨》之壮厉忼慨，《应间》之绸缪契阔，郁郁彬彬，靡有不长焉矣。"[③] 据《隋书·经籍志》所载，东晋人还撰有《设论集》三卷。可见，萧统将设论单设一体，当是以汉魏六朝设论体创作的实际情况为据。通过设论体形成与发展的历史不难看出，扬雄是较早创作设论并且达到较高文学造诣的汉代文人，其对设论的撰述方式自然非常熟悉。那么，《法言》有没有可能是扬雄借鉴设论的写作方式结撰而成的呢？从扬雄的性格特征、生平经历与创作风格方面来看，这种可能性不仅存在而且还非常高。

首先，扬雄"少而好学，不为章句，训诂通而已，博览无所不见。为人简易佚荡，口吃不能剧谈，默而好深湛之思，清静亡为，少耆欲，不汲汲于富贵，不戚戚于贫贱，不修廉隅以徼名当世。"[④] 口吃的先天缺陷，导致了扬雄孤僻的性格特征，而这又进一步促成了扬雄"默而好深湛之思"学术风格。口吃且静默寡言的扬雄自然不会主动与他人攀谈辩难，也更不会围绕具体问题与他人唇枪舌剑往复辩论。其次，扬雄与当时以经学为利禄之阶的经学之士的人生旨趣不同，他"不汲汲于富贵，不戚戚于贫贱"。这种人生旨趣和处世风格决定了扬雄既不可能成为平步青云的达官显宦，也不可能成为生徒

---

① 吴讷：《文章辨体序说》，人民文学出版社 1962 年版，第 49 页。

② 孙津华：《文体学视野中的"对问"、"设论"体》，《聊城大学学报》（社会科学版）2014 年第 3 期。

③ 《全上古三代秦汉三国六朝文》，《全晋文》，第 1906 页。

④ 《汉书》卷八十七《扬雄传》，第 3514 页。

众多的经学大师。"家素贫，耆酒，人希至其门"①，是其人生境况的真实写照。即便是与其在学术上交流颇多的刘歆、桓谭等人，他们之间的正面交集史书上也罕有记载。以此而言，扬雄《法言》中所载之问答出于真实历史场景的可能性也就微乎其微。再次，扬雄善于模仿，但不止于模仿，而是在模仿的基础上实现了对模仿对象的超越。对此，郭预衡先生曾言："扬雄的学术思想和论说杂文也都是有特点的。表面看来，他的著作往往模拟前人，但模拟只是形式，内容实质并不雷同。例如《太玄》是模拟《周易》的，《法言》是模拟《论语》的；但是，对于这一点必须具体分析。首先要知道，在扬雄那个时代，一些儒生、博士，对于儒家的经典，正象刘歆所指责的，都是'烦言碎词'，'保残守阙'，老于章句之学，毫无个人创见；而扬雄，竟然抛开章句不讲，而仿照《周易》和《论语》，自成一家。这在当时实在是标新立异。"②可见，对于扬雄而言，模仿只是手段不是目的。以赋为例，扬雄模仿司马相如《子虚赋》和《上林赋》创作了《甘泉赋》《长杨赋》《羽猎赋》《河东赋》四赋，但在写作模式与内容的编排设计上实现对司马相如赋的超越。同样，扬雄认为屈原文过相如，但不认同屈原投江而死的人生选择，故其所作《反离骚》"往往摭《离骚》文而反之"，不仅在主题立意上自成一格，更在文体上作了大量创新，具有"开创'反体文'之功，开创了辞赋创作的新形式"③。至于模仿《周易》而作的《太玄》，虽然在形式上借鉴了《周易》的卦爻辞模式和经传结构，但是在内容上不止于对《周易》思想理念的简单因袭，而是"吸收了西汉天文历法的科学成果，建立了一个以玄为最高范畴的哲学体系"④。以此而言，扬雄编撰《法言》也自然不会简单机械地模仿《论语》的语录体形式，他将当时刚刚兴起，且其本人已经有过创作经验的设论手法运用于《法言》的创作之中，并实现了对《论语》体式的超越。至于扬雄自称《法言》"象《论语》"，如前所言，一方面源于其征圣、宗经的思想观念，另一方面也是在宣示其儒家诸子身份及《法言》的诸子文献性质。综上所论，《法言》不是语录体诸子散文而是设论体诸子散文。扬雄采用设论体编撰《法言》，并以此实现了对《论语》散文体式的超越，而以设论为文也使得《法言》具有了独特的文体特征。

---

① 《汉书》卷八十七《扬雄传》，第 3585 页。
② 郭预衡：《中国散文史》，上海古籍出版社 2000 年版，第 271 页。
③ 朱慧：《试论"反体"——以扬雄〈反离骚〉为例》，《蜀学》2021 年第 2 期。
④ 黄开国：《〈太玄〉与西汉天文历法》，《江淮论坛》1990 年第 2 期。

三、《法言》设论体的文体特征

扬雄不慕名利淡泊自守，与当时士人交集不多，但是其在当时的学术威望很高，《法言》《太玄》等学术著作更是备受学者推崇。与其同时的刘歆虽不认同扬雄的处事风格，但对其道德学问非常敬重，并令其子刘棻拜扬雄为师。扬雄好友桓谭对他的推崇更是到了无以复加的程度。然而由于扬雄事莽的人生"污点"以及学术著作的艰涩文风，学者对他多是毁誉参半，以至于扬之者举之至青云，抑之者委之至沟渠。以宋代学者而论，司马光仰慕扬雄，曾为《法言》《太玄》作注，其在《注扬子〈法言〉序》中说："扬子之文，简而奥。"①宋咸亦为《法言》作注，其在《进重广注扬子〈法言〉表》中称："惟彼《法言》，准夫《论语》，文高而绝，义秘而渊。"②苏轼不喜欢扬雄故作艰深的文风，称其"好为艰深之词，以文浅易之说，若正言之，则人人知之矣"③。晁公武也认为"雄之学，自得者少，其言务拟圣人，斩斩然若影之守形，既鲜所发明，又往往违其本指，正古人所谓画者谨毛而失貌者也"④。总体而言，古代学者对于包括《法言》在内的扬雄著述文体文风的评价，无论褒贬往往具有很强的主观性和个体差异性，喜欢扬雄理论和为人的，视扬雄文章为珍宝，不喜欢扬雄理论和为人的，视扬雄文章如敝屣。因此，对《法言》文体特征的分析须摒弃主观成见，客观分析其设论体的编撰体例以及因之而形成的文体风格。

（一）设为问答的结撰方式

《法言》在形式上模仿《论语》，但在具体操作上选择了以设为问答的方式结撰全篇。与语录体的《论语》不同，《法言》所载的问答都是自问自答，即所问问题是扬雄根据各篇讨论的主题来结撰的，而回答则是为问作结。回答的内容既要符合各篇主题，又要符合孔子之思想与五经之要旨。这种根据行文需要来设置的自问自答，是为结撰全篇服务的。如学者所揭：《论语》的体例虽然以对话体为主要，但还有很大部分是语录体、记叙体；即使是对话体，也是现实生活中的真实存在。而《法言》全部是汉赋似的问答体，虽然是一问一答，却并不存在于现实生活中，它只是扬雄为行文方便而采取自

① 扬雄撰，李轨等注：《宋本扬子法言》，国家图书馆出版社 2017 年版，第 5 页。

② 《宋本扬子法言》，第 5 页。

③ 苏轼著，李之亮笺注：《苏轼文集编年笺注》，巴蜀书社 2011 年版，第 6 册，第 335 页。

④ 晁公武：《郡斋读书志》，上海古籍出版社 2011 年版，第 434 页。

问自答的方式阐述其思想。"①对于"言"和"语",许慎《说文解字》解释道:"言,直言曰言,论难曰语。"同为表达,言在表达风格上更为直截了当,带有总结性。语在表达风格上则为温婉,带有交互性。《法言》设论体性质也决定了其与《论语》不同的语言风格。《论语》中对孔子及其弟子对话的记录,不仅录其言还录其行,并以此塑造出孔子及其弟子的栩栩如生的人物群像,读者通过相关记载很容易联想到孔子与弟子以及弟子之间相互辩难的场景。然而,《法言》不仅没有对人物形貌的展现,甚至连提问者的身份都没有标示,据此读者脑海中浮现的是一位自问自答的苦思冥想思想家。如前所述,扬雄选择以"言"而非"语"的设论形式结撰全篇与其性格特征、处事方式以及创作风格有关。诚如王青先生所言:"扬雄终身困守书斋,他是用冷静理智的眼光观察时代与生活,而非用全部的生命体验生活,所以,在他的理论中,自始至终缺少一种因生命体验而产生的深邃的洞察力和因热血情感的涌动所带来的强烈的感染力。读扬雄的作品,我们很少会有拍案叫绝的惊叹,很少有醍醐灌顶的猛醒,很少有发自心胸的共鸣,更没有令人动情的感动……疏离现实政治、默默追求知识这一人生态度造就了扬雄,也限制了扬雄。"②

(二)独特的结构形态

扬雄《法言》对《论语》的超越不仅体现在其以"问"与"答"的设论形式结撰全篇,还体现其在结构上独特的思考与布局。这主要体现在以下两个方面:首先,《法言》呈现为以类相从的结构单元,篇题即议题,每篇围绕特定主题来组织"问"与"答"的内容。对于各篇讨论的主题,扬雄在《法言序》中有着明确的界定:

> 天降生民,倥侗颛蒙,恣乎情性,聪明不开,训诸理,撰《学行》。
> 降周迄孔,成于王道,终后诞章乖离,诸子图徽,撰《吾子》。
> 事有本真,陈施于意,动不克咸,本诸身,撰《修身》。
> 芒芒天道,昔在圣考,过则失中,不及则不至,不可奸罔,撰《问道》。
> 神心忽恍,经纬万方,事系诸道、德、仁、义、礼,撰《问神》。
> 明哲煌煌,旁烛无疆,逊于不虞,以保天命,撰《问明》。

---

① 李殿元:《论〈法言〉像〈论语〉不是仿〈论语〉》,《蜀学》第15辑。
② 《扬雄评传》第八章《扬雄的影响》,第342页。

　　佷言周于天地，赞于神明，幽弘横广，绝于迩言，撰《寡见》。

　　圣人聪明渊懿，继天测灵，冠乎群伦，经诸范，撰《五百》。

　　立政鼓众，动化天下，莫尚于中和。中和之发，在于哲民情，撰《先知》。

　　仲尼以来，国君将相，卿士名臣，参差不齐，一概诸圣，撰《重黎》、《渊骞》。

　　君子纯终领闻，蠢迪捡柙，旁开圣则，撰《君子》。

　　孝莫大于宁亲，宁亲莫大于宁神，宁神莫大于四表之欢心，撰《孝至》①。

对此，李轨注曰："子云历自序其篇中之大略耳。"以《吾子》为例，该篇主要论述了扬雄征圣、宗经的文学观。故在结构上，本篇先批判了汉赋堆砌辞藻"劝百讽一"的写作风格，进而提出了"《诗》人之赋丽以则，辞人之赋丽以淫"的观点，而"《诗》人"所守的"丽以则"的创作原则与儒家文质观相符。故后文或是列举历史典故，或是列举当时事实，从多个角度对儒家文质观进行申说，而最后得出的结论是——行文著述应以圣人之言和五经之书为标准，因为"万物纷错则悬诸天，众言淆乱则折诸圣。……在则人，亡则书，其统一也。"②可见，征圣和宗经是扬雄在本篇力图证明的行文著述的最高标准。

　　其次，《法言》呈现出经传并存的宏观结构形态。如前所言，《法言》在书末有序，对十三篇专论分别加以解说。历史上对扬雄自撰《法言序》有两种不同的处理方式，一种是将其置于卷末，一种是将其置于每篇专论的卷首。对此，汪荣祖有如下考辨："古书序录皆缀篇末，或自为一卷，如《史记》、《汉书》、《潜夫论》、《说文》之属并是，《淮南·要略》亦即其类，子云此序总列《孝至》之后，其例正同。以之分冠各篇者，乃宋咸所移，而温公从之，非其旧。《四库全书总目》云：'《法言》十卷，司马光集注。'时惟李轨、柳宗元、宋咸、吴秘之注尚存，故光裒合四家，增以己意，各以其姓别之。旧本十三篇之序列于书后，盖自《书序》、《诗序》以来，体例如是。宋咸不知《书序》为伪孔所移，《诗序》为毛公所移，乃谓子云亲旨反列卷末，甚非圣贤之

① 《法言义疏》，第565—573页。

② 《法言义疏》，第82页。

法，今升之章首，取合经义。其说殊谬。"①可见，将书序置于篇末是《法言》的最初的编撰体例，而这一体例正是对《书序》和《诗序》经传编撰体例的取法。

（三）隶事用典的表述方式

《法言》的文体风格还体现在其隶事用典的表述方式上，其中的隶事用典有语典和事典之分。所谓语典，指的是《法言》对《周易》《论语》等儒家经典及诸子经典中哲理性命题和名言警句的取用。所谓事典，指的是《法言》对历史典故的选择和运用。

第一，《法言》中的语典。引经据典之风在先秦诸子文献中已经形成。如《老子》第 41 章写道："故《建言》有之：明道若昧，进道若退，夷道若类，上德若谷，大白若辱，广德若不足，建德若偷，质真若渝，大方无隅，大器晚成，大音希声，大象无形。道隐无名。"对于"建言"，王弼注曰："建犹立也。"高亨先生认为："《建言》，当是老子所引的书名。"②陈鼓应注引林希逸《庄子口义》曰："建言者，立言也，言自古立言之士有此数语。"③《庄子·人间世》亦写道："故《法言》曰：'传其常情，无传其溢言，则几乎全。'……故《法言》曰：'无迁令，无劝成，过度益也。'"成玄英疏称《法言》乃"先圣之格言"④，王先谦《集解》称"扬子《法言》，名因此"⑤。先秦儒家诸子文献亦注重对经典的称引，《论语》《孟子》《荀子》等莫不如此。由于"儒家者流，盖出于司徒之官，助人君顺阳阳明教化者也。游文于六经之中，留意于仁义之际，祖述尧、舜，宪章文、武，宗师仲尼，以重其言，于道最为高。"⑥故先秦儒家诸子文献尤为注重对六经语句的称引，而且在称引的形式上往往会以"《诗》曰""《书》曰"标明出处。扬雄《法言》继承了先秦诸子文献对经典的称引传统，但是在称引的内容上更为广泛，称引的形式上更为自由和灵活。《法言》是扬雄模拟《论语》而作，但是就语典的称引形式而言，《法言》鲜少对《论语》的机械引用，而是多取用《论语》中的哲理性命题或名言警句作为对话发起的依据。如《学行》"或曰：'使我纡朱怀金'"条的对话即是如此：

---

① 《法言义疏》，《法言序》，第 565—566 页。

② 高亨：《老子注译》，清华大学出版社 2010 年版，第 72 页。

③ 陈鼓应：《老子注译及评介》，中华书局 1984 年版，第 222 页。

④ 郭庆藩：《庄子集释》，中华书局 1961 年版，第 158 页。

⑤ 王先谦：《庄子集解》，中华书局 1954 年版，第 25 页。

⑥ 《汉书》卷三十《艺文志》，第 1728 页。

　　或曰："使我纡朱怀金，其乐不可量也！"曰："纡朱怀金者之乐，不如颜氏子之乐。颜氏子之乐也，内。纡朱怀金者之乐也，外。"或曰："请问屡空之内。"曰："颜不孔，虽得天下不足以为乐。""然亦有苦乎？"曰："颜苦孔之卓之至也。"或人瞿然曰："兹苦也，祇其所以为乐也与？"①

"孔颜之乐"指儒家以孔子和颜渊为代表的安贫乐道的处世精神，语出《论语·雍也》："子曰：'贤哉回也！一箪食，一瓢饮，在陋巷，人不堪其忧，回也不改其乐。贤哉回也！'"以及《论语·先进》："子曰：'回也其庶乎，屡空。赐不受命，而货殖焉，亿则屡中。'"后来也以"箪瓢屡空"指称这种精神。上引《学行》对孔颜之乐的讨论，没有大段称引《论语·雍也》的内容，只是借用了其中所蕴含的"孔颜之乐"的哲理性命题，化用了其中"一箪食，一瓢饮""回也不改其乐""屡空"名言警句。

　　此外，《法言》在哲理性命题与名言警句的取用上旁征博引不主一家，一则对话之中围绕特定主体往往取用数家名言警句，实现了对各家内容的融会贯通。如《学行》"或问'进'"条的对话即是如此：

　　或问"进"。曰："水。"或曰："为其不舍昼夜与？"曰："有是哉！满而后渐者，其水乎？"或问"鸿渐"。曰："非其往不往，非其居不居，渐犹水乎！""请问木渐。"曰："止于下而渐于上者，其木也哉！亦犹水而已矣。"②

先秦时期关于水的德性的讨论比较多，而且多是以水为喻阐释哲理性命题。上述《学行》篇关于"水的德性"的对话，密集取用相关典籍名言警句，将《论语·子罕》中"逝者如斯夫，不舍昼夜"所蕴含的精进精神，《孟子·离娄下》中"盈科而后进"所蕴含的不务虚名、步步落实的学习精神，《周易·渐》中"鸿渐"所蕴含的循序渐进的理念，以及《老子》第8章水"居善地"所体现的守谦守下的哲学理念融会贯通。

　　第二，《法言》中的事典。扬雄生活于经学昌明时代，其思想和著述受到经学思潮的影响，带有鲜明的征圣和宗经的色彩。然而，扬雄并未囿于经学，

---

① 《法言义疏》，第41页。
② 《法言义疏》，第24页。

作茧自缚，而是对学术、人生、社会、历史等进行着冷静的观察与思考。这种理性精神灌注于《法言》的编撰之中。关于扬雄创作《法言》的背景，《汉书·扬雄传》载："雄见诸子各以其知舛驰，大氐诋訾圣人，即为怪迂。析辩诡辞，以挠世事，虽小辩，终破大道而或众，使溺于所闻而不自知其非也。及太史公记六国，历楚、汉，讫麟止，不与圣人同，是非颇谬于经。故人时有问雄者，常用法应之，撰以为十三卷，象《论语》，号曰《法言》。"可见，扬雄正是要通过《法言》来实现对当时诸子之学及史学的谬误之处进行批判。受到上述编撰目的的统辖，各种历史典故在《法言》中纷至沓来，或是以历史典故来引发讨论，或是于问答之中通过对历史人物或历史事件的评价来阐明道理。与语典运用相比较，《法言》中的事典更加丰富，运用的形式也更为多样，寄寓的思想与情感也更为复杂①。具体而言，主要体现在以下两个方面：

首先，就取用历史典故所涉的时段而言，《法言》对先秦至汉代的历史都有取用，典故所涉历史时段跨度很大。然而，正是在其编撰目的的制导之下，扬雄对典故的选择不是盲目无序，而是有规则可循。其中先秦时期的历史典故多与孔子、颜渊、孟子等孔门弟子相关，秦汉时期的历史典故多与楚汉之交以及汉代有争议的政治家密切相关。例如《学行》篇主要讨论学习之道，带有明显的征圣和宗经的思想倾向，其中涉及儒家学派人物与故实的讨论就有近十处。《重黎》篇主要阐述君臣之道，所取用的典故也多是秦汉时期有争议的历史人物及相关史实。

其次，就历史典故的称引方式而言，《法言》对历史典故的称引还存在着正用与反用之别。所谓正用，指的是称引的历史典故对于讨论的主题而言是积极的正面的，可以佐证观点或增强说服力。所谓反用，指的是称引的历史事实对于讨论的观点而言是消极的反面的，是用以批判的对象，其目的在于通过对称引历史典故的批判来阐明主旨。如《问明》篇有如下讨论：

> 或问："人何尚？"曰："尚智。"曰："多以智杀身者，何其尚？"曰："昔乎，皋陶以其智为帝谟，杀身者远矣；箕子以其智为武王陈《洪范》，杀身者远矣。"②

---

① 侯文学指出："《论语》多有孔子评论古今人物的言论，孔子借人物批评表达自己的思想与理念。拟《论语》而成的《法言》在此方面有过之而无不及，评论历史人物达236个。"参见《扬雄〈法言〉的人物批评与西汉儒学》，《天府新论》2021年第4期。

② 《法言义疏》，第186页。

这则讨论主要围绕"尚智"展开，面对历史上很多人都是以智杀身的反诘，扬雄称引了皋陶和箕子以才智为帝王出谋划策的历史事实进行反驳，以此来阐明：智作为人的重要德性之一，应该予以崇尚。以智杀身者是因为德行有缺，与"尚智"无必然联系。此处对历史典故的称引即属于正用。再如《重黎》记载了如下讨论：

> 或问："楚败垓下，方死，曰：'天也。'谅乎？"曰："汉屈群策，群策屈群力。楚憝群策而自屈其力。屈人者克，自屈者负，天曷故焉？"①

据司马迁《史记》所载，项羽乌江自刎之前发出"天亡我，非战之罪"的喟叹，带有明显的宿命论色彩。扬雄则认为项羽的兵败不是缘于天命而是因为人事。刘邦从谏如流，群策群力，不断壮大自己的实力，项羽则刚愎自用，狐疑不决，众叛亲离。因此项羽败在人事而非天命。故此处历史典故的称引则属于反用。

此外，《法言》对历史典故的称引还有明用与暗用之别。所谓明用，指的是称引历史典故的人物、事件等要素比较明晰，称引的痕迹比较明显。《法言》中对历史典故的称引多属于此类。所谓暗用，指的是称引历史典故的形式比较隐蔽，多是以意象、事象或是对历史典籍内容的化用来进行的。比如《寡见》篇中有如下讨论：

> 或问："周宝九鼎，宝乎？"曰："器宝也。器宝，待人而后宝。"②

《寡见》以设问的形式对诸子学说及历史故实进行辨析，阐明破除寡见的重要性，具有强烈的批判色彩。这则讨论围绕篇题展开，但是在对历史典故的称引方式上属于暗用。"周宝九鼎"不单指向周朝国宝九鼎，还同时指向与周朝九鼎相关的历史故实与政治事象，借此以阐明"道存则器不亡，道亡则器不存"的历史观念。

---

① 《法言义疏》，第361页。
② 《法言义疏》，第232页。

四、扬雄《法言》的文体学价值

扬雄《法言》以设论的形式结撰全篇，是对诸子散文文体形式的重大突破。诸子散文是中国古代散文的重要类型之一，以《论语》为代表的语录体是中国古代诸子散文最早的编撰形式，但是在后来发展过程中诸子散文逐步由语录体过渡到专论体。从战国后期开始，专论体成为诸子散文最主要的编撰形式。西汉也有学者尝试从体式上进行创新，桓宽《盐铁论》即是其例。《盐铁论》以对话的形式编撰而成，其中每篇皆有篇题，而且作者价值立场鲜明，其中代表儒家思想的贤良文学一方所占的篇幅远远大于御史大夫一方。《盐铁论》以汉昭帝时期召开的盐铁会议为背景，以相关史料记载为根据进行编撰，但是其内容已并非盐铁会议时辩论的原貌，很多内容有了作者的艺术加工。故桓宽《盐铁论》已呈现出以设论体撰著诸子散文的倾向。扬雄与桓宽同属于儒家，历史时段相距较近。二人在思想上颇多共同之处，《法言》中亦有对桑弘羊经济政策的批判。扬雄《法言》选择以设论体形式结撰全篇，除了前文所述其自身有过设论体辞赋的创作经验外，很有可能还受到了桓宽《盐铁论》的直接启发。

扬雄《法言》设论体的编撰体例对东汉时期诸子著作产生重要影响。《后汉书·王充王符仲长统列传》将东汉时期最重要的三位诸子王充、王符、仲长统合传。这三位思想家不仅在思想上深受扬雄影响，在各自思想著作的编撰体例上对《法言》也多有借鉴。王充膺服扬雄的道德学问，是扬雄学术思想在东汉的继承者。其所撰《论衡》不仅在行文中对扬雄《法言》倍加赞誉，在体例上更是借鉴颇多，其中以"或曰""或问"的形式展开的讨论有近五十处。据此不难看出王充《论衡》对《法言》编撰体例的因袭。王符《潜夫论》虽然主要是以专题论文的形式完成，但是其《叙录》单独成卷，阐述每篇主旨，其准经传结构与扬雄《法言序》相类。其中《释难》更是以设辞体的形式编撰而成，此亦可成为二者之间文体渊源关系的有力佐证。至于仲长统《昌言》，在文体风格上与《法言》相近。缪袭《撰上仲长统昌言表》称："统每论说古今世俗行事，发愤叹息，辄以为论，名曰'昌言'，凡三十四篇。……统才章足继西京董、贾、刘、扬。"[1] 严可均在评价仲长统时亦称："然其闿陈善道，指抨时弊，剀切之忧，踔厉震荡之气，有不容摩灭者。缪熙伯

---

[1] 《全上古三代秦汉三国六朝文》，《全三国文》卷三十八，第 1265 页。

方之董、贾、刘、扬，非过誉也。"① 除此之外，还值得一提的是东汉末年思想家荀悦，其所撰《申鉴》主张"兴农桑以养其生，审好恶以正其俗，宣文教以章其化，立武备以秉其威，明赏罚以统其法"②，其中问题的展开也多是以设论体的形式来完成。

扬雄《法言》在隶事用典方式上的突破与创新同样具有范式意义。对于隶事用典，《文心雕龙·事类》有如下评述："事类者，盖文章之外，据事以类义，援古以证今者也。……观夫屈宋属篇，号依诗人，虽引古事而莫取旧辞。唯贾谊《鹏赋》，始用鹖冠之说；相如《上林》，撮引李斯之书；此万分之一会也。及扬雄《百官箴》，颇酌于《诗》《书》；刘歆《遂初赋》，历叙于纪传；渐渐综采矣。"③ 此处，刘勰仅提到了扬雄《百官箴》中对《诗》《书》等经学典籍称引的创变之功，其实扬雄在《法言》中对于语典的称引和历史典故的运用同样极为出色。如前所述，其中事典的运用，不仅数量多，跨越历史时段长，而且形式多样，既有正用反用之分，又有明用暗用之别。可以说，兼具文人和学者双重身份的扬雄已经先于刘勰深刻认识到"经典沉深，载籍浩瀚，实群言之奥区，而才思之神皋也"的文章之道，并将其运用到诸子著作的创作之中。作为其晚年所撰的具有思想集大成性质的《法言》，在隶事用典的运用上亦具有典范意义，成为后来崔骃、班固、张衡、蔡邕的效法对象。

（作者单位：广州大学人文学院、广州大学文学思想研究中心）

---

① 《全上古三代秦汉三国六朝文》，《全后汉文》卷八十八，第 948 页。

② 孙启治校补：《申鉴注校补》，中华书局 2012 年版，第 10 页。

③ 范文澜《文心雕龙注》，中华书局 1958 年版，第 614—615 页。

论语录体小说

万晴川

　　"语录"概念早在春秋战国时期已形成，但当时有其实，无其名，作为正式术语，首次出现于《旧唐书·经籍志上》所载孔思尚撰《宋齐语录》。清段玉裁《说文解字注》释"语"云："语，论也。此即毛郑说。语者，御也，如毛说，一人辩论是非谓之语。如郑说，与人相答问辩难谓之语。"[①]皇侃《论语义疏叙》释"语"云："语者，论难答述之谓也。《毛诗传》云：'直言曰言，论难曰语。'郑注《周礼》云：'发端曰言，答述为语。'今案此书，既是论难答述之事，宜以论为其名，故名为《论语》也。"[②]可见，"论""语"两字可互释，皆为问答论辩之意。再者，"论""语"又有褒义色彩，何晏《论语集解叙》云："汉中垒校尉刘向言《鲁论语》二十篇，皆孔子弟子记诸善言也。"[③]要之，"论""语"是哲人有关修身治家理国之嘉言善语，春秋战国时期的《论语》《国语》、汉陆贾《新语》、荀爽《汉语》等皆为此类著作。《说文解字注》又释"录"云："录，刻割也。录录，丽廔嵌空之貌。"[④]早期书写方式"刻割"，留下"历历"在目之形、"丽廔嵌空之貌"，后转喻为记录之意，并演变为记载言行或事物的一种文体，《文心雕龙·书记》中云："夫书记广大，衣被事体，笔札杂名，古今多品。是以总领黎庶，则有谱、籍、簿、录。"[⑤]概言之，古代语录是记录述圣、通经、论事、明理之言的一种文体，既有子书，也有史书，此与史官"左史记言，右史记事"之职能有关，又是先秦时期记言传统的体现。职是之故，"论""语"偏重辩论，"说"侧重议论，在性质上都与小说有"近亲"关系。游国恩《中国文学史》谓《论语》为纯语录体散文，《墨子》则语录中杂有议论，《孟子》虽基本上还是语录体，但已发展为对话式的论辩文，《庄子》则由对话体向论点集中的专题论文过渡，几乎完全突

---

①　许慎著，段玉裁注：《说文解字注》，上海古籍出版社 1992 年版，第 89 页。

②　严可均：《全梁文》，商务印书馆 1999 年版，第 724 页。

③　邢昺：《论语注疏》，北京大学出版社 1999 年版，第 2 页。

④　《说文解字注》，第 320 页。

⑤　刘勰著，郭晋稀注释：《文心雕龙注释》，甘肃人民出版社 1982 年版，第 305 页。

破了语录的形式而发展成专题议论文。① 由此，"语"向"论"转变，而且《孟子》《庄子》《韩非子》等以事说理，其中"事"常假托寓言，愈向小说的性质靠近。班固说："小说家者流，盖出于稗官。街谈巷语，道听涂说者之所造也。"② 换言之，稗官采录街谈巷语，其实质就是语录体小说，似子史书，《汉书·艺文志》著录小说十五种中，皆有以"说""子"名之者。明人胡应麟指出："小说，子书流也。然谈说理道，或近于经，又有类注疏者；纪述事迹，或通于史，又有类志传者；他如孟棨《本事》、卢瓖《抒情》，例以诗话文评，附见集类，究其体制，实小说之流也。至于子类杂家，尤相出入。"③ 可见，后来"子书流"的范围大为拓展。

《论语》无疑是语录体小说的最早源头。元人何异孙说："《论语》有弟子记夫子之言者，有夫子答弟子问者，有弟子自相答问者，又有时人相言者，有臣对君问者，有师弟子对大夫之问者，皆所以讨论文义，故谓之'论语'。"④《论语》共载言谈 480 则，记事 43 则，记言、对话等语体协调统一，建构了相对成熟的语录体表述模式，乃"后世语录体的鼻祖"。⑤ 后人纷纷仿效，形成禅宗语录、道教语录、理学家语录三大支脉，并渗入文学创作和批评中，《四库全书总目》中常使用"语录之体"、"语录体例"等语评书论文。本文尝试从以下几个方面，梳理语录体小说的发展演变轨迹。

一、"世说"语录体

汉末以来，由于战乱频仍，政治环境险恶，加上佛老思想浸染，士人多崇尚清谈，发言玄远，"世之所尚，因有撰集，或者掇拾旧闻，或者记述近事，虽不过丛残小语，而俱为人间言动。"⑥ 这类著述虽非如《论语》记录现场教学，但纂辑旧文，搜罗传闻，载记名士妙言隽语，风流逸事，实乃语录体之苗裔，但"善语"之"善"已非专指道德性质，也含语言艺术上的要妙之义。其中以《世说新语》影响最大，后世仿者尤众，形成"世说体"小说。这些

---

① 游国恩：《中国文学史》第一册，人民文学出版社 1963 年版，第 60 页。
② 班固：《汉书》，中华书局 1962 年版，卷三十，第 1745 页。
③ 胡应麟：《少室山房笔丛》，中华书局 1958 年版，第 374 页。
④ 《诸子集成》，中华书局 1954 年版，第 420 页。
⑤ 谭家健：《先秦散文艺术新探》，首都师范大学出版社 1995 年版，第 16 页。
⑥ 鲁迅：《中国小说史略》，上海古籍出版社 1998 年版，第 45 页。

语录体小说，在史书《经籍志》《艺文志》和公私书目著录中，或归之为小说类，或归之为"史局之别派"，①其文体特征，内容描写真实人物，篇幅"残丛短语"，语言浅白简约，结构以人系事编排，按门类划分。《世说新语》的编排方式受到当时九品中正制所形成的人伦鉴识之学影响，范子烨指出："《世说》三十六门之排列，由《德行》以至《仇隙》大致遵从这样一个次序：由褒到贬，褒在前，贬居后，愈往前愈褒，越往后越贬。这实际上是与九品官人法之'九品模式'相对应的"，并仿照班固《汉书·古今人表》的模式，将《世说》36门按顺序分成九组，以对应《人表》自"上上"以至"下下"等九个品级。②可见，《世说新语》在编排上措意贬褒，在内容上记录名士名言，正由《论语》"善言"发展而来。

后世语录体小说，或步趋《世说新语》的分类原则，或有所创变，对此，《四库全书总目》多有揭示，学界也已有不少研究成果，兹简述如下：

一是完全继承《世说新语》门类者，如明李绍文《明世说新语》，清吴肃公《明语林》等，其名称、顺序、门数完全同于《世说新语》。二是基本依托《世说新语》原目但有所增删，如宋王谠《唐语林》袭用《世说新语》旧目35类，自增17门。王晫《今世说》则删除《世说新语》中"自新""黜免"等6门。三是生发《世说新语》中的门类自成一系统者，如曹臣《舌华录》从《世说新语》中"言语"门生发出"慧语""名语"等18门。四是受《世说新语》启发，作者自创门类者，如林茂桂《南北朝新语》有"孝友""烈义"等六十一个门类，其中门类多为自拟。五是专题语录体小说，如汇辑宋代婢妾娟妓故事的《宋艳》，专记历代儿童颖异之事的《儿世说》，等等。

一些"世说体"小说受刘孝标注《世说新语》的启发，采用自注形式，在注解的内容和方法上，有的作品又有所不同，如《何氏语林》于每条之下自作注，正文与注文对照，起到互文阐释和材料补充之作用。各门开篇还撰有小序，概述其门类的意义及记事宗旨，在某些条目之后，还以"何良俊曰"的形式发表评论，作者集撰、注、序和评于一身，这种编纂体例的创新方法，对后世"世说体"影响甚巨，《舌华录》《明语林》《皇明世说新语》等无不效仿。江盈科的《皇明十六种小传》更受章回小说的启发，每一条故事皆设有标题，有的是双句标题，对"世说体"的编撰方式又进行了新的探索。此

---

① 江盈科：《皇明十六种小传》，《四库全书存目丛书》史部第107册，齐鲁书社1996年版，第589—590页。

② 范子烨：《世说新语研究》，黑龙江教育出版社1998年版，第28—31页。

外，世说体还影响到晚明的清言及类书编撰，如曹征庸《清言序》云："吾友郑龙如氏踵《世说》《语林》诸书之后，而葺《清言》一编"，[①]并指出了《清言》与《世说》的渊源关系及其不同。一些辑录说部资料、按照类书方式编纂而成的小说集，如王圻《稗史汇编》、叶向高《说类》等，一般都辟有"人物""人事"之门类，往往借鉴"世说体"以整理和汇集资料。对此，刘天振论述甚详，他指出："世说体"为后世提供了一种现成的经典文本建构框架，"不仅从技术层面为明代小说资料整理提供支持，更在选材倾向、题材处理、叙事艺术、结构逻辑、语言风格等审美层面，对小说资料进行整合、规范、凝聚、提炼其志人小说文体质素，提升其文学品位，在扩展'世说体'小说影响力的同时，也极大拓展了志人小说研究的视野"[②]。刘说考虑全面，概括精准。

二、诗话语录体

诗话、词话和文话，记录的多是文人发表的有关文学创作的言论和趣闻逸事，在形式上与语录体相似，也借鉴了语录体的语言风格；同时，诗话之"话"又特指叙事，即诗话是关于诗歌的事件，所以清代学者章学诚《文史通义》中将小说归于诗话门类，在诗话门类中论述小说的发展。徐中玉先生早在二十世纪四十年代就指出："诗话之称，其起源与流行于唐末宋初之'说话'即'平话'之风有关。"[③]诗话起源于"平话"，因而以通俗的语言，或对诗歌进行阐释，或发表自己的理论主张，其中也夹杂着一些故事，因而很多类似于语录体小说，所以《四库全书总目》一般把诗话归属于子部杂家类或小说家类。

据郭绍虞先生《宋诗话考》，由宋唐庚口述、强行父记录的《唐子西文录》，王若虚《滹南诗话》卷二对其进行评论时，称之为《唐子西语录》，"是为语录诗话之始"，[④]记录的是唐庚论文之语。如下一则：

　　东坡赴定武，过京师，馆于城外一园子中。余时年十八，谒之。问余："观甚书？"余云："方读《晋书》。"卒问："其中有甚好亭子名？"余

①　郑仲夔：《清言》，《四库全书存目丛书》齐鲁书社 1995 年版，子部第 244 册，第 323 页。

②　刘天振：《论明代"世说体"小说之蜕变》，《明清小说研究》2017 年第 4 期。

③　徐中玉：《诗话之起源及其发达》，《中山学报》1941 年第 1 期。

④　郭绍虞：《宋诗话考》，中华书局 1979 年版，第 45 页。

茫然失对，始悟前辈观书用意盖如此。①

宋代阮阅的《诗话总龟》最为典型，它取之于诸家小史、别传、杂记、野录等，以类编排，录其诗其事，据胡仔《苕溪渔隐丛话》前集序："余取读之，盖阮因古今诗话附以诸家小说，分门增广。"《四库总目》："然阅书多录杂事，颇近小说。"其中设有的《诗谶》《神仙》《奇怪》《鬼神》诸目，录载的《零陵总记》《湘中故事》等，大都是笔记小说。其中所集《金陵语录》《王蔡语录》《龟山语录》《雪窦语录》《三山语录》《林和靖语录》《元城语录》等，皆是以"语录"命名的诗话。这些语录，从可考的作者看来，有理学家杨时的《龟山语录》、马永卿《元城语录》等，佛教语录有胡舜陟的《三山老人语录》、雪窦重显的《雪窦语录》等。如《诗话总龟后集》卷之四十三"释氏门"引《三山老人语录》云：

> 明州妙音僧法渊，为人阳狂，日饮酒市肆，歌笑自如。丐钱于人，得一钱即欣然以为足，得之多，复与道路废疾穷者。能言人祸福无不验，人疑其精于术数，故号渊三命。发言无常，及问之，掉头不顾，惟云去去。有丧之家，必往哭之，葬则送之，无贫富皆往，莫测其意。人以其狂，又号颠僧。大觉禅师初住育王，开堂，僧偶然出问话，人莫不窃笑。大觉问："颠僧是颠了僧，僧了颠？"答曰："大觉是大了觉，觉了大？"大觉默然，众皆惊愕。一日忽于市相别，携酒一壶，至郡守宅前据地而饮，观者千余人。酒尽，怀中出颂一首欲化去，众皆引声大呼云："不可于此。"遂归妙音，趺坐而化。颂曰："咄，咄，平生颠蹶。欲问临行，炉中大雪。"真相至今存焉。②

通过记录法渊的言行，生动地塑造了发语如谶、济穷救急的高僧形象，同卷又转引出自《传灯录》的《苕溪渔隐诗话》卷三十七"大梅"，描写大梅禅师悟道的过程，马祖以"梅子熟也"譬喻，语言隽永，意味深长。

这种语录体诗话，后来又演变成一种中长篇诗话体小说，如明代的《解学士诗》《张子房归山诗》，"似诗话非真诗话，似小说亦非严格之小说"，乃

---

① 《宋诗话全编》第二册，江苏古籍出版社 1998 年版，第 1266—1267 页。
② 阮阅《阮阅诗话·诗话总龟后集》，吴文治：《宋诗话全编》，江苏古籍出版社 1998 年版，第二册，第 2125—2126 页。

"民间别具一体之'诗话小说'也"。①明人根据宋元话本《张子房慕道记》改编的《张子房归山诗》，全文由高祖和张子房的问答组成。汉高祖问以散体，子房答以七言诗体。后来这类小说进一步俗化，描写的主人公不再与佛道有关，而是世俗人物，如《解学士诗》，主要以诗联的形式记录解缙的对话。这类小说都是通过记录主人公的韵体对话和急智辩才，突出其天才纵逸，间以奇闻逸事，令人读来兴趣盎然。

语录体记录学者的问答辩论言辞，大多有关政治、人生和学术，这对中国古代小说也产生了很大的影响，清代的才学小说尤为突出，作者借助流行小说，发表自己的政治主张、文学创作思想和学术观点等，如《野叟曝言》《镜花缘》等谈学论艺，连篇累牍，不能自已，以致成"学术之汇流，文艺之列肆"。总之，上述这些现象，都是语录体影响普泛化的结果。

三、哲人语录体

清人姚鼐《复曹云路书》云："当唐之世，僧徒不通于文，乃书其师语，以俚俗谓之语录，宋世儒者弟子盖过而效之。"②姚鼐称"言之无文，行而不远"，认为禅宗语录和理学家语录以俚俗语为之，难以传播久远。其实恰恰相反，僧徒和儒家弟子以俗语记录师语，目的就是使妇孺皆懂，扩大传播范围。胡适就指出：宗教要传布得远，说理要说得明白清楚，都不能不靠白话。③禅宗语录中有不少参禅故事，文学色彩很浓，颇类小说。如《坛经》中写五祖弘忍潜至碓房与惠能的对话，释道原《景德传灯录》卷第五《南岳怀让禅师》中磨砖作镜的故事等，语言简洁，充满禅机，耐人寻味，表现出高僧大德的非凡悟性。

虽然佛经"如是我闻"即为语录体叙事形式，禅宗语录与之一脉相承，姚鼐和后来的梁启超都认为宋儒语录是仿效唐禅宗语录，但无论是禅宗语录还是宋儒语录，都难以摆脱作为中国主流意识形态的儒学的影响，因此追踪溯源，都受到《论语》的浸润。

宋代理学家的语录作品主要有《二程遗书》《近思录》《朱子语类》等，与禅宗语录一样，大量使用日常语言，夹杂着俚词、俗语、方言等，郑振铎

---

① 戴不凡：《小说见闻录之"平话拾遗"》，浙江人民出版社1980年版，第179、183页。
② 姚鼐：《惜抱轩文集》卷六，《清代诗文集汇编》第377册，上海古籍出版社2010年版，第363页。
③ 胡适：《白话文学史》，东方出版社1996年版，第115页。

指出："从这些语录里，我们可以看出他们所用的口语文，是很平易浅近的。虽不能和'词话'的漂亮的文章相比，在使用口语文于说理文一方面，却是有相当的成就的。"①禅宗语录和宋儒语录受到平话的影响，反过来又影响白话小说的产生。

日藏无名氏撰《东坡居士佛印禅师问答》，明人《宝颜堂秘笈》本改为《东坡问答录》，伪托苏轼撰。该书由许多短小故事组成，内容皆苏轼与佛印之间的问答，"诙谐谑浪，极为猥亵。又载佛印环叠字诗，及东坡长亭诗。词意鄙陋，亦出委巷小人之所为"②。除东坡与佛印间的嘲戏、行令、讥谑、题诗、赞语、联诗、问答、商谜等外，还有苏子由、秦少游、东坡之妹、王安石、欧阳修等人的故事。张政烺认为出自"说参请"，③程毅中称是"说诨话的话本"。④从内容看，这部小说赅括众体，与南宋说话中的"说参请""商谜""合生""说诨话"等都有关联，是一种新型的语录体话本小说。苏轼和佛印诙谐幽默、机智敏捷的故事在宋时已盛传人口，宋人黄震曰："自古可怪、可笑人情乐闻之说，往往转相附会，未必尽有其实。我朝东坡苏公，一世人豪，惟其善于笑谈，喜纳浮屠，故至今谑浪俚谈类，必托之于东坡、佛印，且曰东坡之见辱于佛印者。如此，而本无其实也。"⑤人们崇拜他们的才智，倾慕风流，于是将其他故事附丽于其身，遂播在人口，成为说书艺人的素材，又有人据此辑录，转换成案头读物。正如黄东阳所指出："就题材上而言，虽号称直录名人的嘉言逸事，然却多属自我作古而难征实，与世说体一系亦钞集名士言行的体例有所不同外，体例上一系依循题目所标举问答，即往返式的行为为主要规模，也和雅笑话仍以记录故事为要的撰文方法，有着显著区隔，一种形似志人之作又和雅笑书主流有别的新体。"⑥《论语》记录论学言论，《世说新语》载记名士奇行隽语，两书都以追求真实为目标，而且态度严肃，而《东坡居士佛印禅师问答语录》内容则为"东坡以世法游戏佛法，佛印以佛法游戏世法"，⑦两人往复辩难，加以调笑、

---

① 郑振铎：《插图本中国文学史》，人民文学出版社 1957 年版，第 622 页。

② 永瑢：《四库全书总目》卷一四四，中华书局 1965 年版，第 1233 页。

③ 张政烺：《〈问答录〉与"说参请"》，见《张政烺文史论集》，中华书局 2004 年版，第 239—240 页。

④ 程毅中：《宋人说诨话与〈问答录〉——〈宋元小说研究〉订补之二》，《文学遗产》2003 年第 1 期。

⑤ 黄震：《黄氏日抄》，北京图书馆出版社 1998 年版，第 145 页。

⑥ 黄东阳：《演绎风流——南宋答话书〈东坡问答录〉之编纂基调与叙事考论》，《兴大人文学报》2012 年第 1 期。

⑦ 赵开美：《东坡问答题辞》，见佚名《问答录》，《丛书集成初编》第 90 册文学类，新文丰出版社 1987 年版，第 2848 页。

嘲谑等，类似说相声，且多是附会之说，也不排除有意虚构之辞，可见，这部小说是语录体的新变。如《佛印与东坡墨斗说》：

> 佛印持匠人墨斗，谓东坡曰："吾有两间房，一间赁与转轮王。有时放出一线路，天下邪魔不敢当。"东坡答道："我有一张琴，一条丝弦藏在腹。有时将（取）来马上弹，弹尽天下无声曲。"①

两人的谜底都是墨斗，但谜面却不同，佛印用转轮王，东坡用琴曲，都非常贴合各自的身份。又如：

> 东坡得杭州倅。一日过天竺，与佛印过于九里松。握手纵步，坡见一峰峭拔，殊可爱，因问何山。佛印曰："此飞来峰也。"坡曰："何不飞去？"印曰："一动不如一静。"坡曰："若欲静来作么？"答曰："既来之则安之。"②

东坡精通佛学，两人思维敏捷，自逞机锋，在令人拍案叫绝的妙语问答中蕴含着深刻的佛理。有的则为互相讥嘲，如《东坡为佛印志赞题答》：

> 东坡一日会为佛印阐释题真赞云："佛相佛相，把来倒挂，只好擂酱。"别一日，佛印禅师却与东坡居士题云："苏胡苏胡，比上不足，比下有余。"盖以子瞻乃谓菠菠胡也。③

这段对话追求的则是令人捧腹的娱乐效果。总之，《东坡佛印问答语录》中无论是什么内容的故事，记录的都是妙言隽语，展示东坡们敏捷的才思和诙谐的性格，然而已不再是道德层面的"善语"，虽仍是语言艺术上的"妙语"，但有的质近"猥亵""鄙陋"，甚至刻薄，这是语录体进一步俗化的表征。

　　另一部小说是署名明代沈孟桦的《济颠禅师语录》，自孙楷第《日本东京所见小说书目》以来，多著录为明人小说。许红霞通过比勘现存《济颠语录》

---

① 佚名：《东坡居士佛印禅师问答语录》，《古本小说集成》第五辑，上海古籍出版社 1994 年版，第 18 页。

② 《东坡居士佛印禅师问答语录》，第 9—10 页。

③ 《东坡居士佛印禅师问答语录》，第 4—5 页。

的各种版本，认为"把此书归为明人小说是不妥的，至多是明人转述宋人小说，它的始作者一定是宋人"。①朱刚基本赞同许红霞的考订结果，但认为现存本已不复南宋之原貌，"从内容可以判断，这基本上是一个宋话本。明人对文本的某些改动，并不意味着故事的发展"②。《钱塘湖隐济颠禅师语录》有较强的史实性，曾作为高僧语录而被收入《续藏经》。该书受到南宋说书"说参请"的影响，显示出由原来载言的语录体小说向记事的传记语录体小说发展的倾向。

《钱塘湖隐济颠禅师语录》叙述济颠的一生事迹，主要突出他的文学才华和预知神通。小说载录了大量济颠创作的诗、词、曲、歌、颂等文学作品，皆随口咏颂，寓含禅机，表现济颠与生俱来的佛学天赋和文学才华。如济颠开始出家时，受尽参禅之苦，远长老笑道乃因他不识坐禅之妙，承诺以后叫监寺不打济颠。道济道："便打几下无妨，只是无东西吃熬不过。"于是念了几句佛语："一块两块，佛也不怪；一腥两腥，佛也不嗔；一碗两碗，佛也不管。"③济颠的佛语阐述了酒肉不碍菩提之义，表达了自己的修行主张。济颠唱山歌，与猴犬同群，小儿作队。禅宗认为众生皆有佛性，水声、鸟语、儿童、猴子、狗子等，自性天然，佛性完全。除此之外，这部小说还描写了济颠的种种神通。总之，这部小说完整地记录了济颠一生富有传奇色彩的"语"与"事"，不再是人物言行的散记，这是语录体小说的进一步发展。

明代冯梦龙的小说《王阳明出身靖乱录》也是这种语录体小说，是理学家语录的小说化。其中除叙述王阳明的政治和军事成就外，还载录其诗文，并通过记录王阳明的言论，将"心学"通俗化。如小说写阳明尝与弟子言：

> 格物是诚意的工夫，明善是诚身的功夫，穷理是尽性的功夫，道问学是尊德性的功夫，博文是约礼的功夫，惟精是惟一的功夫。

江西名士邹守益等执贽门下，生徒甚盛，阳明对门人论三教同异，曰：

> 仙家说到虚，圣人岂能于虚上加一毫实？佛家说到无，圣人岂能于

---

① 许红霞：《道济及〈钱塘湖隐济颠禅师语录〉有关问题考辨》，《北京大学古文献研究所集刊》1999年第1期。

② 朱刚：《宋话本〈钱塘湖隐济颠禅师语录〉考论》，《西南民族大学学报》2013年第12期。

③ 佚名：《钱塘湖隐济颠禅师语录》，见刘世德、陈庆浩、石昌渝主编：《古本小说丛刊》第八辑，中华书局1990年版，第24页。

无上加一毫有？但仙家说虚从养生来，佛家说无从出离生死苦海来，却于本体上加却这些子意在。良知之虚，便是天之太虚；良知之无，便是太虚之无形。日月风雷，山川民物，凡有象貌形色，皆在太虚无形中发用流行，未尝为天障碍。圣人只是顺其良知之发用，天地万物皆在于我。

"良知"未发为无形，发而为有物，万物皆备于我。又阳明过泰和，罗洪先以书问学，先生告以"学无内外，格物者格其心之物也，正心者正其物之心也。以理之凝聚而言则谓之性，以其主宰而言则谓之心，以其主宰之发动而言则谓之意，以其发动之明觉而言则谓之知，以其明觉之感应而言则谓之物，故就物而言谓之格，就知而言谓之致，就意而言谓之诚，就心而言谓之正。所谓穷理以尽性，其功一也。天下无性外之理，即无性外之物，学之不明，皆由世儒认理为内，认物为外，将反观内省与讲习讨论分为两事，所以有朱陆之岐。然陆象山之致知未尝专事于内，朱晦庵之格物未尝专事于外也。"阐述了"性"、"意""知""物""格"之间的关系，是他《朱子晚年定论》一文思想的高度概括。

结　论

清人翟灏曾说："古凡杂说短记，不本经典者，概比小道，谓之小说。乃诸子杂家之流，非若今之秽诞言也。《辍耕录》言宋有诨词小说，乃始指今之小说矣。"[①] 翟灏认识到古之小说与"今之小说"的区别，古之小说虽为"小道"，但"必有可观"；"今之小说"则为"秽诞言"，失去了政治担当。这其实是语录体小说演变的高度概括。在形式上，由《论语》演变为"世说体"、禅宗语录体和理学家语录体、诗话体；在功能上，由修身治家理国的嘉言善语发展为魏晋时期名人的妙言隽语，再到宋明时期名人的"急智"直至"秽诞言"；在文体上，从口语到书面语衍化，由现场性的"记录"语体生成"记言语体"，再到记言记事的短章，最后发展为以记事为主、"摘录语体"为辅的长篇白话小说。不管语录体小说如何变化，其精言妙语的语言性质一以贯之。这些变化，也是小说观念不断进步、小说文体逐渐完善的体现。

（作者单位：三江学院文学与新闻传播学院；扬州大学文学院）

---

① 翟灏：《通俗编》，中华书局 1985 年版，第 24 页。

论 "语录" 与 "语录体"

夏德靠

目前有关"语录"与"语录体"的含义、起源、类型、文体生成及特征的认识还存在不少分歧。"语录"与"语录体"是两个相关而有所差异的术语，它们之间有着比较复杂的关联。"语录"可以指文献，而"语录体"通常是指文体，在这个意义上，"语录体"是从属于语录文献的。不过，"语录"有时也指文体，这种文体意义的"语录"既可以指专书文体，也可指篇章文体，而"语录体"则指专书文体。由于专书文体是由篇章文体构成，这样，"语录体"也就包含"语录"。当然，专书文体意义上的"语录"与"语录体"的内涵就是一致的。从起源角度来看，"语录"先于"语录体"出现，"语录体"是"语录"发展的结果。正是由于"语录"与"语录体"之间存在这种复杂关联，那么，厘清这些分歧，对于把握"语录"与"语录体"无疑有着重要意义。

一、从 "语" 到 "语录" "语录体"

人们在讨论"语录"时，通常会对其含义进行辨析。就目前来看，在这方面的看法还并不一致，归纳起来存在这些认识：

"语录"表现为问答形式。杨玉华指出语录"一般语句简短，多用问答形式，随事记录，不避俚俗"[①]，马自力指出语录是"记录言谈议论的内容，以及对话或设为问答的文体形式"，是"直接记录讲学、论政，以及传教者的言谈口语的一种文体"[②]。

"语录"是记录人物的言论。陈士强认为语录是"用来记叙禅师们在不同的居住地、不同的场合，以不同的方式所说的种种法语"[③]；龙连荣以为语录"记录或摘录某人的言论而成文。这有自录或他录的，是不折不扣的手写其口

---

① 杨玉华：《语录体与中国古代白话学术》，《四川大学学报》1999 年第 3 期。

② 马自力：《语录体与宋代诗学》，《北京大学学报》2010 年第 5 期。

③ 陈士强：《禅宗语录两大集解读》，《五台山研究》1992 年第 2 期。

的作品，故也称之为记言文"①；刘伟生指出语录"多指禅师的言谈与宋儒的论学之语"，而广义的语录则指"言语的记录或摘录"②；王旗认为语录体"是将自己或他人的言论辑录而成文本的一种文章的格式或样式"③。

"语录"表现为语录形式。刘绪义认为语录"是用语录写成的文体。语录原为禅宗祖师说法开示之记录书。禅师平日说法开示，并不藻饰华词，大多以通俗语直说宗旨，其侍者与参随弟子予以记录，搜集成册，即称语录"④；陈静认为语录最初是一类记录文人言语的作品，所记载的语录也多是其所处时代多个文人的机锋辩谈或者散杂哲思；宋代丰富的语录体作品的出现，标志着语录体已经有了足够的文本积累和文体重视；至清代，语录体已经被当作一种有固定体例的文体形式⑤。

"语录"是用日常口语白话写作的文体。郑继猛指出语录"是直接用日常口语白话写作而形成的一种文体形式"⑥。

"语录"是记录人物的言行。官贵羊指出在我国古代典籍中有一种特殊的文体，"它常用于门人弟子记录导师的言行，有时也用于佛门的传教记录。因其偏重于只言片语的记录，不重文采，不讲篇章结构，不讲段与段甚至篇与篇之间时间及内容上的必然联系，故称为语录体"⑦。

"语录"是格言、警句。王旗指出语录是"碎片式的判断、结论，与所谓格言、警句相类"⑧；不过他在《语录体与对话录：东西方不同语言表达形式的成因》中又认为语录"类似于我们今天所谓的格言、警句，很多都是独句独句的判断、结论，点到即止，言简意赅"，而语录体"是将自己或他人的言论辑录而成文本的一种文章的格式或样式"⑨。

"语录"是阐述宗教经义的文体。刘振英认为"禅宗语录体是一种阐述宗教经义的文体，是绝对信仰之精神（佛）对自然界、人类社会以及人类思维

① 龙连荣：《语录体·对话体·专题议论文——先秦诸子哲理散文文体嬗变轨迹试论》，《凯里学院学报》2008 年第 2 期。

② 刘伟生：《语录体与中国文化特质》，《社会科学辑刊》2011 年第 6 期。

③ 王旗：《语录体与对话录：东西方不同语言表达形式的成因》，《课程教育研究》2017 年第 3 期。

④ 刘绪义：《〈尚书〉——中国最早的语录体散文》，《湖南税务高等专科学校学报》2004 年第 4 期。

⑤ 陈静：《程门四先生语录体散文研究》，2016 年吉林大学硕士学位论文。

⑥ 郑继猛：《南宋语录体散文初探》，《殷都学刊》，2007 年第 4 期。

⑦ 官贵羊：《语录体的几种形态及作用》，《安徽文学（下半月）》2011 年第 12 期。

⑧ 王旗：《我国古代文学理论"语录体"特点及成因》，《文史杂志》2016 年第 5 期。

⑨ 王旗：《语录体与对话录：东西方不同语言表达形式的成因》，《课程教育研究》2017 年第 3 期。

的语言阐释，或得道高僧对佛教经典和佛法的语言疏解，包括对西土 28 祖和东土 6 祖的传承谱系的记录，以及禅宗盛衰流变的宗主的语言记录"①。

以上这些对语录的看法，既存在相通的一面，也存在不一致之处；并且，这些看法中有的将"语录"和"语录体"相提并论。其实，要澄清和把握"语录"的内涵，还应该联系"语"与"语录体"来加以分析。"语"是先秦时期以来非常重要的一类文献，其根本特征表现为有教益的人物言论。何晏《论语集解叙》指出："汉中垒校尉刘向言《鲁论语》二十篇，皆孔子弟子记诸善言也。"②刘向认为《论语》载录的主要是孔子的"善言"。《国语·楚语上》载"教之语，使明其德，而知先王之务用明德于民也"，韦昭解释为"治国之善语"③。所以，有学者指出，"'语'这种文类之所以成立，主要不是因为某种特定的形式，而是特定的体用特征：明德。因而，只要是围绕这种体用特征编选的，不论其篇幅长短，也不论是重在记言，还是重在叙事，都可称之为'语'。要言之，明德的体用特征是'语'的身份证明和统一内核。"④人物言论的教益性质是衡量"语"作为一种文类的标志，但需注意的是，先秦时期"善言"的呈现方式是多样化的。具体而言，"语"存在篇章语体与专书语体之分。从篇章语体角度来看，有格言体、对话体、事语体等；从专书语体来看，有国别体、语录体等。按照这个划分，"语录"首先是以篇章语体的面貌出现，它可以是格言，也可以是对话，甚至可以是事语。至于"语录体"，与"国别体"一样，体现的则是专书语体的特征。一般而言，专书语体可以容纳多种篇章语体，因此，"语录"与"语录体"之间并不是完全等同的。明确这一点，再来看上述诸种说法，所谓问答形式、人物的言论、格言警句等，这些说法大都站在篇章语体角度，讨论的多是"语录"；而记录人物言行的说法，则是站在专书语体的立场上，说的主要是"语录体"（也可指"语录"）。下面结合相关资料，进一步分析与澄清"语录"与"语录体"之间的复杂关联，以及"语录体"的文体特征。

① 刘振英：《唐宋禅宗语录体的文体特征和多元包容性》，《贵州工程应用技术学院学报》2017 年第 5 期。

② 何晏注，邢昺疏：《论语注疏》，北京大学出版社 1999 年版，第 2 页。

③ 上海师范大学古籍整理研究所校点：《国语》，上海古籍出版社 1998 年版，第 528—529 页。

④ 俞志慧：《语：一种古老的文类——以言类之语为例》，《文史哲》2007 年第 1 期。

二、《论语》与"语录体"的生成

由上面的分析可知,"语录"和"语录体"是既有联系又有区别的两个概念。就发生而言,"语录"早于"语录体",在一定意义上,"语录"是伴随"语"而出现的,但"语录"的出现并不必然表明"语录体"的生成。先秦文献往往出现这样的情形,如《尚书·泰誓下》:"古人有言曰:'抚我则后,虐我则仇。'"①《酒诰》:"古人有言曰:'人无于水监,当于民监。'"②《盘庚上》:"迟任有言曰:'人惟求旧,器非求旧,惟新。'"③《左传·僖公七年》载:"古人有言曰'知臣莫若君。'"④《诗经·大雅·荡》有云:"人亦有言:'颠沛之揭,枝叶未有害,本实先拨。'"《管子·君臣下》载:"古者有二言:'墙有耳,伏寇在侧。'"⑤《论语·子路》篇孔子说:"南人有言曰:'人而无恒,不可以作巫医。'"⑥《孟子·公孙丑上》载:"齐人有言曰:'虽有智慧,不如乘势;虽有镃基,不如待时。'"⑦《吕氏春秋·简选》篇载:"世有言曰:'驱市人而战之,可以胜人之厚禄教卒;老弱罢民,可以胜人之精士练材;离散系累,可以胜人之行陈整齐;锄櫌白梃,可以胜人之长铫利兵。'"⑧很清楚,这些地方引述的人物言论,通常被视为格言,但这些格言也未尝不可看作是这些人物的"语录"。从盘庚明确提到所引言论出自迟任来看,"语录"的出现是非常早的。另一方面,尽管"语录"的出现为"语录体"的生成创造了条件,但从这些"语录"来看,似乎还不能完全认为"语录体"出现了。

有关"语录体"的出现,也是一个颇有争议的话题。如认为源于《论语》,杨树增强调"语录体是由《论语》创立的"⑨,杨玉华认为"由孔门后学记录整理的孔子教学实录《论语》是中国历史上第一部语录体著作"⑩,李光生认为"由孔子后学记录整理的孔子教学实录《论语》是现存最早的语录体著

---

① 孔安国传,孔颖达疏:《尚书正义》,北京大学出版社 1999 年版,第 280 页。

② 《尚书正义》,第 380 页。

③ 《尚书正义》,第 232 页。

④ 杨伯峻:《春秋左传注》,中华书局 1990 年版,第 317 页。

⑤ 戴望:《管子校正》,上海书店 1986 年版,第 176 页。

⑥ 杨伯峻:《论语译注》,中华书局 1980 年版,第 141 页。

⑦ 焦循:《孟子正义》,上海书店 1986 年版,第 108 页。

⑧ 陈奇猷:《吕氏春秋校释》,学林出版社 1984 年版,第 440 页。

⑨ 杨树增:《先秦诸子散文:诗化的哲理》,广西师范大学出版社 1999 年版,第 108—109 页。

⑩ 杨玉华:《语录体与中国古代白话学术》,《四川大学学报》1999 年第 3 期。

作"①，官贵羊指出"《论语》被称为中国第一部语录体著作"②，陈立胜认为"语录体的出现，可以追到《论语》"③，王旗指出"'语录体'是将自己或他人的言论辑录而成文本的一种文章的格式或样式，……《论语》就是最早的代表著作"④。认为源于《尚书》《论语》，郑继猛指出"语录体散文就是直接用日常口语白话写作而形成的一种文体形式。早期的经典如《尚书》《论语》《孟子》都含有白话语体形式"⑤，马自力指出："诗话中的语录体与宋代诗学语录体作为一种记言的文体形式，诞生于先秦。在上古历史文献总集《尚书》中，有许多篇章是记录先民言论和上古帝王讲话的，如《盘庚》、《汤誓》等；而在春秋战国时期的诸子散文中，如《论语》《孟子》《庄子》等著作里面，有关诸子讲学、论辩等言论的记录，更是比比皆是。"⑥认为源于禅宗，陈士强认为语录"是禅宗僧人创造的一种文体"，"禅宗之有语录，始自《六祖坛经》"⑦。认为近源禅宗，远源《尚书》或《论语》。李壮鹰指出"语录始出于唐代禅门"，又说"语录之体，发源甚久，先秦人所撰史籍，举其大要，不过二端：一为记事，一为记言。前者如《春秋》《左氏》，后者如《国策》《国语》，而《国策》在广义上来说都可以说是语录。至于《论语》《孟子》，门徒记录师说，问答兼具，叩发相济，与后世狭义上的语录在体例上就更为接近了"⑧。刘绪义认为语录作为一种文体始自唐代，但《尚书》具备语录体的本质特征，是语录体散文的最初范式⑨。认为源于先秦诸子，龙连荣认为"先秦诸子哲理散文最早的文体形式，的确是语录体"⑩，杜绣琳指出"语录体论说文作为论说文的初级形态而出现，如《论语》与《老子》"⑪，刘晓珍指出"现代论者也多把禅宗语录体形成的渊源推至《论语》，……若从文体形式着眼，《论语》的

---

①　李光生：《宋代书院与语录体》，《兰州学刊》2011 年第 2 期。

②　官贵羊：《语录体的几种形态及作用》，《安徽文学（下半月）》2011 年第 12 期。

③　陈立胜：《理学家与语录体》，《社会科学》2015 年第 1 期。

④　王旗：《语录体与对话体：东西方不同语言表达形式的成因》，《课程教育研究》2017 年第 3 期。

⑤　郑继猛：《南宋语录体散文初探》，《殷都学刊》2007 年第 4 期。

⑥　马自力：《语录体与宋代诗学》，《北京大学学报》2010 年第 5 期。

⑦　陈士强：《禅宗语录两大集解读》，《五台山研究》1992 年第 2 期。

⑧　李壮鹰：《谈谈禅宗语录》，《北京师范大学学报》1998 年第 1 期。

⑨　刘绪义：《〈尚书〉——中国最早的语录体散文》，《湖南税务高等专科学校学报》2004 年第 4 期。

⑩　龙连荣：《语录体·对话体·专题议论文——先秦诸子哲理散文文体嬗变轨迹试论》，《凯里学院学报》2008 年第 2 期。

⑪　杜绣琳：《〈淮南子〉"语录体"论说文的说理分析》，《沈阳师范大学学报》2009 年第 1 期。

简短'问答式'言语记录的确可视为禅宗语录的源头，但若就文风（表达方式、语言技巧）来看，它与《庄子》更为神似"①，陈静指出"语录体的渊源可以上溯到先秦诸子散文"②。

与此同时，有关"语录体"缘何而生问题也是众说纷纭。较普遍的看法是缘于教学活动，杨玉华认为语录体"是对教学情况与学术论辩的如实记录"，"宋人语录与先秦语录和禅宗语录一样，都是对教学活动的记录"③。李光生认为宋代语录体是书院制度的直接产物，"从教育角度言，宋代语录体作为书院教学的如实记录，寓深奥的义理于浅易俚俗的语言中，无疑是书院教学案例的成功标本"④。刘伟生分析说："语录是讲学的产物，《论语》是在史官文化氛围中诞生的诸子语录的先驱。……禅宗语录虽说是印度佛教文化传统的结晶，但同为教学活动的产物。宋儒语录既受禅宗启发，又仿诸子问答，更是书院制度与讲学风习的直接产物。"⑤陈立胜指出："道学团队之结社，不是一般的社会活动，而是修道共同体之结社，'语录'说到底是修道、证道过程之中师生对话的记录。语录体之流行反映了理学家讲学活动之盛与相应的书院之发达。"⑥当然，也有认为语录体的产生还存在其他因素，郑继猛指出"南宋讲学风气浓厚，因此语录体散文繁荣"，同时，语录体还与公文有关系，"朱熹是南宋大量使用白话写作的第一人。在《朱子大全》里，他和朋友、弟子讲论的书信多达40卷，占《朱子大全》三分之一"，朱熹用白话给朋友写信显然不属于讲学⑦。张子开分析说，诸子语录、禅宗语录和宋儒语录出现的原因各不相同：春秋末期私学兴起，受巫史记录传统和"述而不作"观念影响，孔门弟子将教学内容形诸文本，是为《论语》；唐代禅宗沿袭印度佛教教学方法，以语言文字为方便法门，故而模仿结集，采用散文、韵文相间的佛经体裁以总结禅师生平言说；宋代理学家受禅宗启发，兴建书院以论道，再仿照诸子语录而记录师徒问答⑧。官贵羊指出：春秋末期私学兴起，受巫史记录传统和"述而不作"观念影响，孔门弟子将教学内容形诸文本，于是有

①　刘晓珍：《禅宗语录与〈庄子〉文体文风相似性研究》，《浙江传媒学院学报》2009年第3期。

②　陈静：《程门四先生语录体散文研究》，2016年吉林大学硕士学位论文。

③　杨玉华：《语录体与中国古代白话学术》，《四川大学学报》1999年第3期。

④　李光生：《宋代书院与语录体》，《兰州学刊》2011年第2期。

⑤　刘伟生：《语录体与中国文化特质》，《社会科学辑刊》2011年第6期。

⑥　陈立胜：《理学家与语录体》，《社会科学》2015年第1期。

⑦　郑继猛：《南宋语录体散文初探》，《殷都学刊》2007年第4期。

⑧　张子开：《语录体形成刍议》，《武汉大学学报》2009年第5期。

语录体的开山之作《论语》；诸子仿其体式而做各自的语录著作，"诸子语录和禅宗语录都是对教学活动的记录，追忆或整理，但二者却源自中印两国不同的文化传统。它们独立发展很多年后，终于在宋代完成合流，形成宋儒语录"①。刘湛哲认为"语录体"产生和发展的原因包括：一是私学的兴起，使掌握文字的群体不断扩大；二是"述而不作"观念的深入人心，三是书写工具和文字载体的笨拙与局限②。陈静指出讲学是语录体形成的先决条件，而另一根源是"述而不作"的思想观念③。此外，陈士强指出语录"是禅宗僧人创造的一种文体，用来记叙禅师们在不同的居住地、不同的场合，以不同的方式所说的种种法语，包括上堂示众、室中垂语、勘辨对机、偈颂、歌赞、拈古、颂古、短文、行状、塔铭、序跋等"④。李壮鹰指出"禅门不重对经义的义解，而重对学人进行随机接引，故丛林中禅师的说话和他们与学人的对话，就有举足轻重的地位，学人把它记录下来，以便参究，便成为语录"⑤。刘绪义认为"语录原为禅宗祖师说法开示之记录书。禅师平日说法开示，并不藻饰华词，大多以通俗语直说宗旨，其侍者与参随弟子予以记录，搜集成册，即称语录"⑥。谭家健指出："今本《墨子》中，《耕柱》《贵义》《公孟》《鲁问》四篇，性质属于语录，文体与《论语》《孟子》相近，故后世又称'墨家论语'。四篇作品多为墨子与门人弟子的谈话、论辩，少数是墨子独白。……各章互不连属，篇题取自首章首句，看不出中心思想。似为墨家弟子各记师说，而后杂凑集合成篇，与儒家著作《论语》《孟子》之编辑方式相同。记录者或即当时，或在事后。"⑦

前已指明，"语录"先于"语录体"出现，"语录"通常表现为篇章语体，而"语录体"则以专书语体存在。其实，随着"语录"的出现，有关"语录"的整理及编纂行为也发生了。有学者指出，"语"在形式上大致可分为重在记言和重在叙事两类，每一类又表现为散见的和结集（或成篇）的两种⑧。散见的言类之"语"，通常是以"格言（语录）"的面貌出现，这在前面已经

① 官贵羊：《语录体的几种形态及作用》，《安徽文学（下半月）》2011 年第 12 期。
② 刘湛哲：《从"语录体"到"语录现象"》，2012 年暨南大学硕士学位论文。
③ 陈静：《程门四先生语录体散文研究》，2016 年吉林大学硕士学位论文。
④ 陈士强：《禅宗语录两大集解读》，《五台山研究》1992 年第 2 期。
⑤ 李壮鹰：《谈谈禅宗语录》，《北京师范大学学报》1998 年第 1 期。
⑥ 刘绪义：《〈尚书〉——中国最早的语录体散文》，《湖南税务高等专科学校学报》2004 年第 4 期。
⑦ 谭家健：《墨家语录研究》，《齐鲁学刊》1998 年第 1 期。
⑧ 俞志慧：《语：一种古老的文类——以言类之语为例》，《文史哲》2007 年第 1 期。

讨论了。其实还应注意言类之"语"的结集形式。据考察，目前所见有《国语》之《周语》《鲁语》《郑语》《齐语》《楚语》、《论语》、《逸周书》之《武称》《王佩》《周祝》、《文子》之《上德》《符言》、《管子》之《枢言》《小称》《四称》、《大戴礼记》之《曾子制言》（上、中、下）《武王践祚》、《新语》、《新书·修政语》（上下篇）、《淮南子》之《诠言》《说山》《说林》中的记言部分、《说苑·谈丛》，以及出土文献郭店楚墓竹简《语丛》、睡虎地秦墓竹简《为吏之道》、马王堆汉墓帛书《称》篇及银雀山汉简《要言》[1]。在这些文献中，《论语》可暂毋论，应特别注意《逸周书》之《武称》《王佩》《周祝》、《文子》之《上德》《符言》、《管子》之《枢言》《小称》《四称》、《淮南子》之《诠言》《说山》《说林》中的记言部分、《说苑·谈丛》，以及《语丛》、《为吏之道》、《称》篇及《要言》，这些文献不仅显示格言的面貌，亦即具有"语录"的特征，而且还汇集成专篇。比如《周祝》"是把许多格言、谚语式的词句串连集合在一起的"，《殷祝》"以叙事为主，讲述了汤放桀的故事，然而篇末……与《周祝》颇为相似"[2]。马王堆帛书《称》"篇中不少地方，似乎是辑录当时的格言，甚至流行的俗谚"[3]。《文子·符言》篇，王利器说："符者，契也。言者，理也。故因言契理之微，悟道忘言之妙，可谓奥矣。"[4]不过，《符言》收录的是老子的格言，可视为老子格言的专篇。《语丛》四篇，整理者指出其"内容体例与《说苑·谈丛》《淮南子·说林》类似"。《谈丛》《说林》均为格言集，《谈丛》收集81则格言，这些格言大都散漫而缺乏有机联系，《谈丛》只是简单地辑录这些格言。《说林》收录的格言显然经过精心整理，较《谈丛》更进了一个层次。尽管这些文献在编撰层次上还存在差异，但有一点是可以肯定的，它们均属于格言的集合。在这个意义上，它们不同于单纯的语录，而是若干"语录"的集合。这也就意味着，"语录"出现了专篇，甚至专书。关于"语录"的这种情况，还应注意《仲虺之志》《史佚之志》。史佚是周初很有影响的史官，《左传》《国语》等文献多次征引其言论，《左传》僖公十五年"且史佚有言曰：'无始祸，无怙乱，无重怒'"、文公十五年"史佚有言曰：'兄弟致美'"、昭公元年"史佚有言曰：'非羁何忌'"[5]；《周语》"昔史佚有言曰：

①　俞志慧：《语：一种古老的文类——以言类之语为例》，《文史哲》2007 年第 1 期。
②　李学勤：《简帛佚籍与学术史》，江西教育出版社 2001 年版，第 301—304 页。
③　《简帛佚籍与学术史》，第 298 页。
④　王利器：《文子疏义》，中华书局 2000 年版，第 175 页。
⑤　《春秋左传注》，第 359—360、611、818 页。

'动莫若敬，居莫若俭，德莫若让，事莫若咨'"①。这些地方只是单纯引用史佚言论。然而《左传》成公四年也引用史佚"非我族类，其心必异"的话，不过却标明《史佚之志》②；并且《左传》襄公三十年还征引《仲虺之志》。王树民指出："'志'的性质是略以类分，故有《军志》《礼志》之称，又或以人或以国为区别，情况相当复杂，而主要为杂记有关言论与事实之书。其本身亦随时间而有发展，大致早期的'志'以记载名言警句为主，后经发展，也记载一些重要的事实，逐渐具有史书的性质，其后则追记远古之事，杂记明神之事，泛记当时之事，成为别具一格的史书了。"③由此看来，《仲虺之志》《史佚之志》应该是汇集仲虺、史佚格言而成的专书。这样，在先秦时期，不仅出现散见的"语录"，也早已存在结集的"语录"。结集的"语录"无疑为"语录体"的出现奠定基础，但结集的"语录"与"语录体"还存在一定的差距。这是因为"语录体"所蕴含的文体形态超越了结集的"语录"。可以说，"语录体"的生成与《论语》密切相关。正是《论语》的出现，才标志"语录体"的正式生成，这一点，可以从《论语》的文体特征与"语录体"的比较中得到答案。

三、"语录体"的文体生成及其特征

作为传统文献中的重要类别，语录文献在长期发展过程中形成丰富的形态。目前一般将语录划分为诸子语录、禅宗语录和宋儒语录三类。如张子开论述诸子语录、禅宗语录和宋儒语录④，陈静将语录划分为先秦诸子语录体、唐宋禅宗语录体、宋儒语录体⑤，王汝娟指出中国古代的语录作品主要包括诸子语录、禅宗语录、儒家语录等⑥。不过也有例外，任竞泽提到唐宋儒道释语录⑦，刘伟生分语录为先秦诸子语录、宋明禅师语录、理学语录、毛泽东语录、网络语录⑧，刘湛哲指出语录出现先秦散文语录、唐代禅宗语录、宋代诗话语

① 《国语》，第114页。

② 《春秋左传注》，第818页。

③ 王树民：《中国史学史》，中华书局1997年版，第225页。

④ 张子开：《语录体形成刍议》，《武汉大学学报》2009年第5期。

⑤ 陈静：《程门四先生语录体散文研究》，2016年吉林大学硕士学位论文。

⑥ 王汝娟：《从出版史角度看南宋禅僧语录刊刻之意义》，《绍兴文理学院学报》2020年第1期。

⑦ 任竞泽：《论宋代"语录体"对文学的影响》，《文学遗产》2009年第6期。

⑧ 刘伟生：《语录体与中国文化特质》，《社会科学辑刊》2011年第6期。

录、红色革命语录等不同形式①。官贵羊对语录进行如下分类：（1）根据语录参与者的不同，分对话式和独白式；（2）根据语录发话人的不同，分为名人语录和佚名者语录集；（3）根据文本语气的不同，分交流体和传授体；（4）根据语录体式的不同，分口说体和笔记体；（5）根据语录内容的不同，分教育类语录、文化类语录、管理类语录、生活类语录、娱乐类语录等②。可见，参照标准不同，语录文献的类型也就存在差异。

就传统语录而言，诸子语录、禅宗语录和儒家语录三者最为典型，它们在文体上呈现怎样的特征呢？游国恩主编的《中国文学史》指出先秦诸子散文发展的三个阶段，其中第一阶段是《论语》和《墨子》，前者为纯语录体散文，后者则语录体中杂有质朴的议论文；第二阶段是《孟子》和《庄子》，前者基本上还是语录体，但已有显著发展，形成了对话式的论辩文；后者已由对话体向论点集中的专题论文过渡，除少数几篇外，几乎完全突破了语录的形式而发展成专题议论文③。官贵羊指出诸子语录喜用独白方式反映被描述体的精神风貌，在大多数语境中，诸子语录的人物交流都是通过语言来完成。《论语》之后语录体多采用"问答"体式，禅宗语录与宋儒语录也都沿袭这种方式④。谭家健指出墨家语录的"文章已能熟练运用比喻和类比推理以加强说服力，恰当地引证历史作为立论依据。体裁不同于十论，而接近《论语》《孟子》，不过风格韵味与儒家语录显然有别"⑤。龙连荣指出《论语》512章中有近200章不是语录体而是记事或记对话的，有的则以"××问××"提起，然后孔子作答；有的于对话前有背景交代，对话中有相关叙述，对话后有反映或结果说明。大约314章是"纯语录体散文"，这些语录体都以"子曰""孔子曰"或"××曰"领起，篇幅上长短相差很大⑥。杜绣琳指出《论语》中的语录体基本上用口语写成，大都语段很短，简洁而概括，一般只叙说观点，不加详论，言简意赅、精练警策，富于哲理性和启发性；《老子》中的语录体是有韵的简明扼要的哲理格言，不求修饰，但所蕴含的道理玄奥深刻，具有逻辑辨思的特点；《孟子》中的语录体篇幅增长，论述、议论的成分

---

① 刘湛哲：《从"语录体"到"语录现象"》，2012 年暨南大学硕士学位论文。

② 官贵羊：《语录体的几种形态及作用》，《安徽文学（下半月）》2011 年第 12 期。

③ 游国恩等：《中国文学史》，人民文学出版社 1963 年版，第 60 页。

④ 官贵羊：《语录体的几种形态及作用》，《安徽文学（下半月）》2011 年第 12 期。

⑤ 谭家健：《墨家语录研究》，《齐鲁学刊》1998 年第 1 期。

⑥ 龙连荣：《语录体·对话体·专题议论文——先秦诸子哲理散文文体嬗变轨迹试论》，《凯里学院学报》2008 年第 2 期。

增多，很多段落围绕一定的中心展开，论说结构完整，条理清楚，文采飞扬，俨然是精彩的论说文①。袁宾指出禅宗语录表现为空灵玄虚、奇怪突兀、机巧诙谐和大量使用口语②。李壮鹰指出禅语录多采取师生问答，不重文本，"不立文字"；多用俚俗的土语方言，质朴无文；禅师出语多简短而有机锋，有时甚至诡怪离奇，不可理喻③。刘晓珍认为禅宗语录只是在文体形式上继承《论语》的师徒问答方式，而在文风上与《庄子》更为神似④。刘振英指出《金刚经》《心经》表现为代佛立言，以答问为主的语录体；而《坛经》"变得更具文学性，语录体语言可以讲故事，可以说诗，为了便于诵读，韵语增多，为了强化传承谱系，也出现了人物纪传体的倾向"⑤。关于宋儒语录，杨玉华指出理学家"善于采取问答式和点悟式的教学方式，点到即止，不作长篇宏论，以俚俗白话的语言，讲经论道。作为书院制度的产物，宋代语录体内容上注重推阐性命、关涉义理，语言上讲求方言口语、鄙俚通俗"⑥。任竞泽指出宋人语录在"形式上，哲人学者讲学或与时人辩论、师徒问答，由门徒弟子记录下来"，"内容上，推阐性命，统论义理，关涉道学理学"，"语言上，方言土语，鄙俚通俗"⑦。

　　对于上述诸种认识，"语录"溯源与《论语》的编撰就成为澄清这些问题的两个关键因素。钱大昕在《十驾斋养新录》卷十八"语录"条中强调语录的兴起与佛教相关，认为释家语录始于唐代⑧。但据学者的考证，禅僧语录的编集始于晚唐五代，今本所收中唐以前所谓的机缘语，多是后人根据传言甚至想象而补编的⑨。其实"语录体"之出现最初与释家并没有多少关联，《辞源》说："《旧唐书·经籍志上》"杂史类"有孔思尚《宋齐语录》十卷，为语录二字之始。自唐以来，僧徒记录师语，以所用多口语，故沿称语录。"孔思尚不仅明确提出"语录"这一术语，而且还十分清晰地赋予其专书文体的意

---

① 杜绣琳：《〈淮南子〉"语录体"论说文的说理分析》，《沈阳师范大学学报》2009 年第 1 期。

② 袁宾：《禅宗语录的修辞特色》，《当代修辞学》1988 年第 2 期。

③ 李壮鹰：《谈谈禅宗语录》，《北京师范大学学报》1998 年第 1 期。

④ 刘晓珍：《禅宗语录与〈庄子〉文体文风相似性研究》，《浙江传媒学院学报》2009 年第 3 期。

⑤ 刘振英：《唐宋禅宗语录体的文体特征和多元包容性》，《贵州工程应用技术学院学报》2017 年第 5 期。

⑥ 杨玉华：《语录体与中国古代白话学术》，《四川大学学报》1999 年第 3 期。

⑦ 任竞泽：《论宋代"语录体"对文学的影响》，《文学遗产》2009 年第 6 期。

⑧ 钱大昕：《十驾斋养新录》，上海书店 1983 年版，第 422 页。

⑨ 李壮鹰：《谈谈禅宗语录》，《北京师范大学学报》1998 年第 1 期。

义。这就使此前尚处于隐晦状态下的文体因这一称谓而在世人面前豁然开朗起来，也正是在这个意义上，《宋齐语录》对于领会"语录体"无疑有着重要的启发作用。《宋齐语录》见著于《旧唐书·经籍志》及《新唐书·艺文志》"杂史类"，然而该书已佚，不过《太平御览》还收录几则佚文：

> （1）梁特进沈约撰史，王希聃尝问约曰："从叔太常，何故无传？"约戏之曰："贤从叔者，何可载？"答曰："从叔惟忠与孝，君当不以忠孝为美？"约有惭色①。
>
> （2）虞愿字士恭，会稽人，祖为给事中。中庭有橘树，冬熟，子孙争取，愿独不取，祖及家人并异之②。
>
> （3）张元字孝始。祖丧明三年，元每忧涕，读佛书以求福祐。后见药师经云盲者得视，遂请七僧燃灯，七日七夜，转药师经行道，每自责曰："为孙不孝，使祖丧明。今以灯施普照法界，愿祖目见明，元求代暗。"其夜，梦一老人以金镜治其祖目，谓之曰："勿悲，三日之后必差。"元于梦中喜跃惊觉，乃遍告家人。居三日，祖目果渐见明，从此遂差③。

上述第一、三例记载的是人物之间的对话，这些对话似乎与教学无关；第二例显示的是人物的行为，而非记言。根据这些佚文，可以推测《宋齐语录》中的"语录体"表现为言、行两录。《史通·杂述篇》说："街谈巷议，时有可观，小说卮言，犹贤于已。故好事君子，无所弃诸。若刘义庆《世说》、裴荣期《语林》、孔思尚《语录》、阳松玠《谈薮》。此之谓琐言者也。"④刘知几将《宋齐语录》与《世说》相提并论，显然明确表达了二者在文体方面具有一致性。《世说新语》虽然在文体上呈现"世说体"的特征，但是它与《论语》是一脉相承的。依据杨伯峻《论语译注》，《论语》分512章，其中纯粹记行的46章，记言的405章（分为两种类型：一是格言体，为267章；二是问对体，为138章），记行与记言杂糅的61章（即"事语体"）。纯粹记行的章分布在《公冶长》《述而》《子罕》《乡党》《先进》《季氏》《阳货》《微子》中，以《乡党》最为典型；记行与记言杂糅的分布在除《学而》《里仁》《季氏》

---

① 李昉：《太平御览》卷五，河北教育出版社1994年版，第78—79页。

② 《太平御览》卷五，第118页。

③ 《太平御览》卷五，第118页。

④ 刘知几：《史通》，辽宁教育出版社1997年版，第81—82页。

《阳货》《尧曰》之外的十五篇中，记言则遍布全书二十篇。就专书文体而言，《论语》已经具备言、行两录的特征。这样，尽管《宋齐语录》最早以"语录"命名，但作为一种专书文体，"语录体"显然始于《论语》。

《论语》言、行两录文体的生成，是编撰的结果。《汉书·艺文志》说："《论语》者，孔子应答弟子时人及弟子相与言而接闻于夫子之语也。当时弟子各有所记。夫子既卒，门人相与辑而论纂，故谓之《论语》。"①《论语》是先秦语类文献由"国语"转向诸子"家语"的重要界碑。早期编纂的"语"体如《尚书》《国语》大都以王朝或诸侯国为单位，春秋中晚期以后，随着史官渐次流入卿大夫家，"家语"文献开始出现。蒙文通指出，春秋时期大夫家史是"以大夫个人作为记载中心，反映个人思想的言论在作品中的比重大大增加"，在此意义上，"大夫家史自可称为《家语》"。这种大夫"家语"在春秋晚期又有新的变化，《史记·秦始皇本纪》提及"百家语"，《李斯列传》也有同样的说法。"百家语"是指诸子，诸子之书被称为"家语"，表明诸子是自家史发展而来②。孔子打破"学在官府"的格局而促使私学风气兴盛，在此背景之下，弟子或门徒在一定程度上充当史官的角色而负责载录其师富有教益的言论，《汉志》所谓"当时弟子各有所记"即是表明这一点。这种孔门实录为《论语》的编撰奠定坚实的文献基础。当孔子去世之后，孔门开始着手《论语》的编撰。这项工作的进行，《汉志》只是用"夫子既卒，门人相与辑而论纂"一语带过，其具体过程并未进行细致描绘。《论语》的编撰由谁主持，哪些人参与其中，什么时候完成，这些问题至今还制约人们对《论语》编撰的认知。不过这方面的讨论，已经有学者做了相关梳理③。此处着重从《论语》编撰的角度去揭示"语录体"的生成。

有学者指出，《论语》编纂"在不需要交待语境而能读懂的情况下，直接以'子曰'的形式载录经典语录；如果必须交代语境才能读懂语录，也只是采取概括提炼的方式，尽量避免繁琐的问答；即使有问答和对话，也仅仅是三两个回合，很少长篇大论"④。比较《论语》与《孔子家语》《孔丛子》，这个判断大体是符合《论语》实际的。不过，这一说法似乎暗示《论语》遵循简

---

① 班固：《汉书》，中华书局 1962 年版，第 1717 页。

② 蒙文通：《先秦诸子与理学》，广西师范大学出版社 2006 年版，第 268—269 页。

③ 具体请参看唐明贵：《〈论语〉学的形成、发展与中衰》，中国社会科学出版社 2005 年版，第 29—48 页；唐明贵《论语学史》，中国社会科学出版社 2009 年版，第 49—68 页。

④ 侯文华：《〈论语〉文体考论》，《中国文学研究》2008 年第 3 期。

化的原则。陈桐生指出《论语》是从七十子后学的笔录素材中精选来的，是孔子语录的"节本"或"精华本"；同时，七十子后学又对原始笔录素材进行扩充和阐发，大小戴《礼记》记载孔子应对弟子时人的文章及上博简《仲弓》《子羔》《鲁邦大旱》，是孔子语录的"繁本"或"扩写本"①。他的分析也支持简化的编纂原则。但是，无论就编撰方式还是文体来说，《论语》均呈现复杂性，单单简化的原则似乎不足以生成《论语》的多样化文体。事实上，无论是《论语》还是《礼记》等文献中的孔子言论，它们大都源于孔门实录。对于孔子的谈话或口头的孔子语录，孔门弟子在记录时有详略之别，而《论语》或《礼记》等文献中的孔子言论均有可能对之进行节录、扩充或照抄。因此，虽然不能排除《论语》编纂过程中确实存在简化的原则，但《论语》的编纂方式是多样化的。《卫灵公篇》载：

> 子张问行。子曰："言忠信，行笃敬，虽蛮貊之邦，行矣。言不忠信，行不笃敬，虽州里，行乎哉？立则见其参于前也，在舆则见其倚于衡也，夫然后行。"子张书诸绅②。

此文本包括三方面的内容：一是子张提出"行"的问题；二是孔子的解释；三是子张的记录，这三方面一同构成完整的叙事。然而，这则文献提示我们应该注意这样的事实，即"书诸绅"的对象。结合《卫灵公篇》的具体语境来看，子张记录的不太可能包括此文本的全部内容，而只能是孔子的言论，亦即第二部分内容。据此，可以推论孔门弟子的原始笔记主要以记载孔子及其弟子的言论为中心，而对于事件的过程往往是忽略的。这也就表明，孔门笔记的原始形态当以人物言论为主。但事实上《论语》的文体却呈现多元特征，这显然与不同的编撰方式相关。

我们曾从粘合、扩充、原文迻录及改造等四个方面归纳《论语》的编撰方式③，比如粘合，《八佾篇》载：

> 哀公问社于宰我。宰我对曰："夏后氏以松，殷人以柏，周人以栗，

---

① 陈桐生：《孔子语录的节本和繁本》，《孔子研究》2006 年第 2 期。

② 程树德：《论语集释》，中华书局 1990 年版，第 1065—1067 页。

③ 夏德靠：《〈论语〉文体的生成及结构模式》，《四川师范大学学报》2013 年第 1 期。

曰使民战栗。"子闻之曰:"成事不说,遂事不谏,既往不咎。"①

这个文本没有具体记载哀公的提问,但有宰我的回答,以及孔子的评论。很清楚,孔子并没有直接参与他们的对话,而只是对他们的对话进行评论。因此,从这个文本来看,哀公的提问与宰我的回答构成第一层次,而孔子的评论属于第二层次。既然回答与评论并不构成问对,它们应该出自两种不同的语境,而被编纂在一起则是粘合的结果。当然,这种粘合是有条件的,即被粘合的内容存在关联。关于扩充,一般来说,孔子与弟子及他人的对话都存在具体语境,但是,《卫灵公篇》"书诸绅"表明,子张记录的只是孔子的话,并没有将当时对话的具体语境完全笔录下来。这样,孔门实录包括两个部分:一是孔子的话语,一般是以书面文献存在,当然也存在口头形态;二是对话的具体环境,这部分内容主要依赖记录者的记忆或口传。前已指出,孔子去世后不久孔门就开始《论语》的编纂。杨义认为《论语》前后经历两次编纂,《论语》"最初的汇编当在孔子初逝,弟子在泗上庐墓服丧三年之际。哀戚追思,自然会忆谈先师的音容笑貌,弟子或其随从的后学记录在编,以存夫子之道";而"《论语》另一度较成规模的编集成书,是在曾参身后,……曾门弟子重编《论语》的原则,除了强化曾子的道统地位之外,对于已有的或其他来源的材料,大体上采取兼容的态度"②。第一次编纂由于"时间切近,情境宛然","不少情境中的与闻者犹在"③,特别是编纂者很多就是原始笔记的记录者,所以他们对孔子或弟子言论的许多具体语境还记忆犹新,在编纂过程中自然能够把原本储存在记忆中的东西用书面的形式呈现出来,这样,就形成《论语》中较完备的问对体及事语体。这些问对体与事语体自然是在原始笔记的基础上经扩充而形成的。然而,当再次编纂《论语》时,情况发生了改变。此时孔门弟子已经凋尽,主要是再传弟子负责编纂,这些人对原始笔记的具体语境不再像其师辈那样熟悉,这就使他们在处理一些笔记时大都原文迻录,并通常冠以"子曰",从而形成格言体。

粘合、扩充、原文迻录这些编纂方式导致《论语》记言文体的形成,然而《论语》还存在记行文本,它们又是如何形成的呢?既然孔门原始笔记是《论语》编撰的基础,那么,首先应当考虑的是孔门原始笔记在记言之外是否

---

① 《论语集释》,第200—204页。

② 杨义:《〈论语〉还原初探》,《文学遗产》2008年第6期。

③ 杨义:《〈论语〉还原初探》,《文学遗产》2008年第6期。

还有记行的文本。《汉志》没有讨论记行文本，现在也不好判断它是否注意到原始笔记记行文本的存在，在此只好通过其他方式来推测原始笔记是否存在记行现象。《乡党篇》除三句简短的对话文本之外，其余则是叙述体，属典型的记行文字。通常认为《乡党篇》记叙的主体是孔子，但是也存在其他的看法。《乡党篇》第一章"孔子于乡党，恂恂如也，似不能言者。其在宗庙朝廷，便便言，唯谨尔"，明确出现"孔子"的称谓；但第六章的开头为"君子不以绀緅饰，红紫不以为亵服"，出现"君子"的提法。此处的"君子"是指谁呢？一种看法认为："君子以孔子言之。曰君子者，见非孔子私意为之，而君子之事也。《孟子》曰：'君子之厄于陈蔡之间，无上下之交也。'此不曰孔子而曰君子，亦是类也。"①通过引用《孟子》的话以证明此处的"君子"即是指孔子。但也有论者认为此处的"君子"只是一个泛称，因为《论语》其他各篇没有把孔子泛称为"君子"的例证，所以不赞成把此处的"君子"理解为孔子②。其实，此处的"君子"虽不能坐实为孔子，但也不妨碍是孔子自比，第六章很可能是孔子的一段语录：

> 子曰："君子不以绀緅饰，红紫不以为亵服。当暑，袗絺绤，必表而出之。缁衣，羔裘；素衣，麑裘；黄衣，狐裘。亵裘长，短右袂。必有寝衣，长一身有半。狐貉之厚以居。去丧，无所不佩。非帷裳，必杀之。羔裘玄冠不以吊。吉月必朝服而朝。"③

之所以提出这样的推测，是因为此类句式在《论语》中很常见，如《学而篇》："子曰：'君子不重，则不威。学则不固。主忠信。无友不知己者。过则勿惮改。'"④又同篇："子曰：'君子食无求饱，居无求安，敏于事而慎于言，就有道而正焉，可谓好学也已。'"⑤《为政篇》："子曰：'君子不器。'"⑥《八佾篇》："子曰：'君子无所争，必也射乎！揖让而升，下而饮。其争也君子。'"⑦《里仁

---

① 《论语集释》，第 667 页。

② 刘诚：《〈论语·乡党篇〉辨伪》，《湖南师大社会科学学报》1986 年第 2 期。

③ 《论语集释》，第 665—680 页。

④ 《论语集释》，第 33—36 页。

⑤ 《论语集释》，第 52 页。

⑥ 《论语集释》，第 96 页。

⑦ 《论语集释》，第 153 页。

篇》："子曰：'君子之于天下也，无适也，无莫也，义之与比。'"① 就这些引例来看，第六章很可能是孔子的一条语录。这样的话，《乡党篇》就不存在称谓歧异的问题。孔子在五十二至五十五岁之间先后担任鲁国的中都宰、司寇，并摄行相事，《乡党篇》就是他居官期间行为的记载②。该篇所记载的有关孔子公私生活、饮食起居等行为在孔门原始笔记中应该有所记录，因此，原始笔记应该存在记行的现象。如此，《论语》记行文本的一部分应是渊源于原始笔记，编纂者对此只是原文迻录。不过《论语》记行文体的生成还存在其他方式。《论语·先进篇》载："德行：颜渊、闵子骞、冉伯牛、仲弓。言语：宰我、子贡。政事：冉有、季路。文学：子游、子夏。"③ 这纯粹是叙述体，不妨视为记行的一种变式。然而据《新序·杂事》"孔子曰：'言语：宰我、子贡'"④ 及《史记·仲尼弟子列传》"冉耕字伯牛，孔子以为有德行"⑤ 的记载，《先进篇》所论"四科十哲"大约出自孔子之口。另外，《七经考文补遗》指出"古本'德行'上有'子曰'二字"⑥。结合这些例证，"四科十哲"大约属于孔子的一条语录，由于脱掉"子曰"，于是形成一种记行文体。这就提醒我们，《论语》中的一些记行文体是通过改造对话而形成的。因此，《论语》的编纂者在不熟悉或者有意忽略说话主体时就原文迻录相关笔记材料，在这种情况之下使原来的对话转化成记行。

　　尽管言、行两录的文体在孔门原始笔记中已经存在，但这种存在在很大程度上是不自觉的。只有到编撰《论语》时，才有意识地去建构言、行两录。刘知几曾指出先秦史官的传史方式经历由言、事分立到言、事相兼的转变，言、事分立时期出现比较纯粹的记言文献，如《尚书》《国语》；言、事相兼时期则出现"事语"，如《左传》。刘知几的看法确实能够较好地解释《尚书》《国语》《左传》等文献的生成，可惜他并没有考察言、行两录的编纂方式。"事语"文献最明显的特征在于言与事的结合，而且通常情况下言是针对事而发的。言、行两录则与此不同，言与行是彼此独立的，不存在谁解释谁的现象。据文献的记载，言、行两录在《论语》之前已经存在。《礼记·内则》曾指出："凡养老，五帝宪，三王有乞言。五帝宪，养气体而不乞言，有善则记

----

① 《论语集释》，第 247 页。

② 刘诚：《〈论语·乡党篇〉辨伪》，《湖南师大社会科学学报》1986 年第 2 期。

③ 《论语集释》，第 742 页。

④ 刘向编著，石光瑛校释：《新序校释》，中华书局 2009 年版，上册，第 328 页。

⑤ 司马迁：《史记》，中华书局 2011 年版，第 2189 页。

⑥ 《论语集释》，第 742 页。

之为惇史。三王亦宪，既养老而后乞言，亦微其礼，皆有惇史。"孔《疏》分析说："五帝宪之法，奉养老人，就气息身体，恐其劳动，故不乞言，有善，则记之为惇史者，……言老人有善德行，则记录之，使众人法。……三王养老，既法德行，又从乞言，其乞言之礼，亦依违求之，而不逼切。三代皆法其德行善言，为惇厚之史。"①据此可知，在先秦史官传统中，起初重视的是德行的记载，后来逐渐发展到载录言论，于是形成言、行两录。正是由于这种传统的存在，言、行两录文献才得以生成。《尚书·皋陶谟》提到"五典五惇"，柳诒徵说："《皋陶谟》所谓五典五惇，殆即惇史所记善言善行可为世范者。故历世尊藏，谓之五典五惇。惇史所记，谓之五惇。"②这样，可以认为言、行两录的文献方式根源于乞言传统。因此，无论是孔门原始笔记还是《论语》的编纂均受到乞言传统的影响。乞言传统重视保存老人的德行、言论，根本原因在于它们能够发挥指导意义。正是因为这种功能，《论语》的编撰者才自觉继承这一传统，重视孔子（当然也包括若干弟子）言论及行为的载录。在乞言传统下，人物的言论往往不是长篇大论，而大都呈现格言的特征。早期乞言文献难以考见，《晋书·王祥传》载："天子幸太学，命祥为三老。祥南面几杖，以师道自居。天子北面乞言，祥陈明王圣帝君臣政化之要以训之，闻者莫不砥砺。"③有关此处的"乞言"，史官只是用"陈明王圣帝君臣政化之要"来概括，很难反映乞言文献的特征。《三国志·魏书·三少帝纪》裴注引《汉晋春秋》指出："帝乞言于王祥，祥对曰：'昔者明王礼乐既备，加之以忠诚，忠诚之发，形于言行。夫大人者，行动乎天地，天且弗违，况于人乎！'"④这就比较清楚地显示王祥言论的格言特征。所以，《论语》"很少长篇大论"，很多时候不是简化的结果，而是受乞言传统的影响。也正因为这种缘故，以《论语》为标志的"语录体"就与早期的语类文献在文体方面出现差异。

　　根据上面的分析，对于"语录"与"语录体"来说，可以得到如下的认识：在早期语类文献发展中，很早就出现格言，这些格言其实属于语录。后来出现格言汇辑的现象，这可视为专书形态的语录。不过，早期的语录主要是立足于篇章意义上的，并且在文体形态方面以格言为主。《宋齐语录》不仅铸就"语录"这样的专名术语，而且使"语录"之称由篇章文体指向专书

---

① 郑玄注，孔颖达疏：《礼记正义》，北京大学出版社1999年版，第854—855页。

② 柳诒徵：《国史要义》，华东师范大学出版社2000年版，第3页。

③ 房玄龄：《晋书》，中华书局1999年版，第643页。

④ 陈寿：《三国志》，中华书局1999年版，第107页。

文体。《宋齐语录》表明，作为专书文体意义上的"语录"呈现言、行两录的特征，可见言、行两录是"语录体"的根本形态。依据对《宋齐语录》文体的观察，可以将"语录体"溯源至《论语》。这就是说，《论语》真正开启了"语录体"这一文体形态。由于早期语类文献在文体方面大都具有篇章语体与专书语体两个层次，《论语》在专书文体方面呈现言、行两录的特征，而在篇章文体上则存在格言、对话、事语这些次生文体。尽管这些次生文体的呈现方式多样，不过由于受乞言传统的影响，它们在篇幅上大都显得精练简洁，即使是对话、事语也是如此。《论语》的这些特性，深刻影响后来"语录"文献以及"语录体"的生成。不过，值得注意的是，《论语》的始源文献大都与教学相关，但从《宋齐语录》身上则很难发现教学的踪迹，这一现象也就意味着"语录"文献的生成环境具有开放的特征。

（作者单位：湖州师范学院人文学院）

宋代"语录体"对文学的影响

任竞泽

语录体有两个著名的发展阶段，《论语》和宋人语录分别为其代表。宋人语录从名称、形式到内容都是《论语》的嫡传。宋人语录之内容上多涉性理和语言上鄙俚凡俗，对文学产生了很大的负面影响。在宋季以刘克庄的批评指责最为辛辣有力，其影响远及清代四库馆臣。清人非议宋人语录和喜用"语录"评文并促成这一经典批评术语的形成，是清初文学思潮的反映。同为儒家语录体的代表，《论语》与程朱语录在中国文学史上的地位和影响却有天壤之别。"言之无文，行而不远"，简明而深刻地道出了二者在文学史上的不同命运。

一、语录体的源流演变及文体特征
——兼论程朱语录与《论语》的关系

所谓语录，就是"哲人学者或聚众讲学，或与时人辩论，由其弟子们加以记录，汇集成篇，遂成语录体著作"①。前古以《论语》《孟子》为代表，近古以程朱语录为典型。关于《论语》之命名，班固《汉书·艺文志》云："论语者，孔子应答弟子、时人及弟子相与言而接闻于夫子之语也。当时弟子各有所记，夫子既卒，门人相与辑而论纂，故谓之论语。"近人杨伯峻由此得出结论："论语这一书名是当日的编纂者给它命名的，意义是语言的论纂。"②这与宋人语录，即宋代理学家传道讲学，弟子们对他们的语言加以记录如出一辙。程朱语录便承《论语》而来。如蔡杭《徽州刊朱子语类序》便云："《论语》一书，乃圣门高第所集，以记夫子之嘉言善行，垂训后世。《朱子语类》之编，其亦效是意而为之者也。"③宋王柏亦云："予读《家语》而得《论语》之原，其序谓'当时公卿大夫士及诸弟子悉集录夫子之言，总名之曰《家语》，

---

① 褚斌杰：《中国古代文体概论》，北京大学出版社1990年版，第482页。
② 杨伯峻：《论语译注》，中华书局1980年版，第26页。
③ 黎靖德编，王星贤点校：《朱子语类》第一册，中华书局1986年版，第10页。

斯言得之矣。正如今程子朱子之语录也。'"①所以说，程朱语录尤其《朱子语类》无论从名称、形式还是内容上都与《论语》一脉相承，正如"在中国历史上，前古有孔子，近古有朱子"，"此两人，先后矗立"，不但"在中国学术思想史及中国文化史上发出莫大声光，留下莫大影响"②，而且以开创和继响之功，成为后人遵守的语录体的楷模和规范。明清以来所谈论相关的语录之体，基本指的是《论语》《孟子》和宋代程朱语录，尤以宋人语录为主。这既是历代文人的共识，也是本文所着重论述的。

"语录"一名最早见于《旧唐书·经籍志》所著录的孔思尚《宋齐语录》。"它是辑集六朝时宋齐二代人言论的著作，略似《国语》和《世说新语》的体例。"③此说若是就"语录体"而言，可谓有名无实，宋人依其语言特征将其纳入"小说伪言"的体类。如宋章如愚《群书考索》云："小说卮言，好事君子无所弃诸，若刘义庆《世说》，袁崇期《语林》，孔思尚《语录》，杨松玢《谈薮》，此所谓琐言者也。"④唐宋以来，随着禅宗的兴盛，大多认为"释之语录始于唐"，"而语录兴焉"⑤。一般说来，学界普遍认为宋人理学家语录是受禅门语录影响而产生的，如云"入宋以后，儒者受禅门影响，语录这种体裁大行于世。"⑥清韩菼《诸儒语录论》亦云："宋时僧徒陋劣，乃有语录，儒者亦效僧家作语录"⑦。明刘绘《与王翰林槐野论文书》云："至宋儒语录深可疑怪。齐梁才士逸人伪为佛氏度化，庸俗多为此语，故释子有东林语录、盘山语录，此类且多。宋人盖因之也，是以宋儒之学多杂二氏，玩其辞而不自觉。"⑧若从时代、名称之相近以及禅门语录之"师生问答"、"多用俚俗土语方言"等特征和宋代理学吸收释道之学而集大成来看，不可否认，宋人语录更直接受到禅门语录的影响。但是，这只能说是有影响而已，毕竟宋代理学作为新儒学是严厉排斥佛道并与"孔孟之道"具有最亲近的血缘关系。所以，程朱语录（姑以此代表宋代理学家语录）从名称、形式到内容都只应是《论语》的嫡传。

此外，宋代有奉使伴使语录。宋朝与辽、金、高丽等国往来，"凡奉使

---

① 王柏:《家语考》，文渊阁四库全书本。

② 钱穆:《朱子学提纲》，生活·读书·新知三联书店 2002 年版，第 1 页。

③ 李壮鹰:《禅与诗》，北京师范大学出版社 2001 年版，第 11 页。

④ 章如愚:《群书考索》，文渊阁四库全书本。

⑤ 钱大昕:《十驾斋养新录》卷 18，文渊阁四库全书本。

⑥ 《禅与诗》，第 11 页。

⑦ 《皇清文类》卷 8，文渊阁四库全书本。

⑧ 黄宗羲:《明文海》卷 152，文渊阁四库全书本。

伴使皆例进语录于朝",乃"纪一时问答之词"。如宋倪思撰《重明节馆伴语录》一卷,《四库总目提要》云:"盖绍熙二年七月,金遣完颜充路伯达来贺重明节,思为馆伴,因纪一时问答之词,馈送之礼。考宋制,凡奉使伴使皆例进语录于朝,马永卿《嬾真子》记苏洵与二子同读《富郑公使北语录》,则自北宋已然。"①这只在"纪一时问答之词"这点上稍近语录,实则与语录体相去甚远。

宋人诗话也有称语录的。如《唐子西语录》《钟山语录》《三山老人语录》等。一方面,诗话之体例与语录有相似之处。宋吕本中《童蒙训》之《四库总目提要》云:"何以近语录者全存,近诗话者全汰,以意推求,殆洛蜀之党既分,传是书者轻词章而重道学。"②这说明诗话、语录虽然在内容上文、道判然,而语言表现方式上却又混然难分。他如宋罗大经《鹤林玉露》之《四库总目提要》云:"其书体例在诗话、语录之间。"③明杨慎云:"文,道也,诗,言也。语录出而文与道判矣,诗话出而诗与言离矣。"④等等,都可见诗话与语录之难分难解的关系。这是因为:一方面,宋儒语录中也颇多谈诗论艺之语。如《朱子语类》《龟山语录》《苏魏公语录》等便屡屡为《渔隐丛话》《诗人玉屑》《诗林广记》等诗话总集所引载。"另外,有些诗文评著作,也采取语录体形式,如清代吴乔有《答万季野诗问》,王士禛等有《师友诗传录》等。"⑤当然,这主要在于其语言形式之"话"和"语"的相似上。

其他如《说郛》卷十下有《祈请语录》和《张忠定语录》,分别归类为"国史类"和"杂史类",并将语录分为"儒家类""道家类""释家类"。其中,道家类录有《徐神翁语录》⑥。综上所述,语录不但主要是儒道释哲人讲学弟子记录的一种文体,还与小说、历史、诗话等文体著作有着千丝万缕的联系。

尽管语录体从先秦《论语》《孟子》到唐宋儒道释语录,从诗话、奉使伴史语录到小说、历史等文体,名称含义很宽泛,不尽相同,但由于宋代理学对后世的巨大影响,元明清以后,谈语录者便基本特指以程朱语录为代表的

---

① 倪思:《重明节馆伴语录》四库提要,永瑢等:《四库全书总目》卷52,中华书局1965年版,上册,第471页。

② 吕本中:《童蒙训》四库提要,《四库全书总目》卷92,中华书局1965年版,上册,第779页。

③ 罗大经:《鹤林玉露》四库提要,《四库全书总目》卷121,中华书局1965年版,上册,第1047页。

④ 杨慎:《升庵集》卷65,文渊阁四库全书本。

⑤ 褚斌杰:《中国古代文体概论》,北京大学出版社1990年版,第485页。

⑥ 陶宗仪:《说郛》卷10下,文渊阁四库全书本。

宋人语录了。尤其清乾隆时期，四库馆臣在《四库提要》中评书评文之内容、艺术及体例优劣时，更是频频以诸如"语录之体""语录体例"等突出强化了语录体这一文体的独立性和鲜明特征。宋代语录有几个主要特征，下面结合四库馆臣所撰《四库总目提要》简述之。

（1）形式上，哲学学者讲学或与时人辩论、师徒问答，由门徒弟子记录下来。如清吴云《学舫》提要："大抵云有所讲论，辄笔于书，特分署门人之名，以摹仿程朱语录体例耳。"①《性理大全书》提要："自汉以来弟子录其师说者始于《郑记》《郑志》，是即后世之语录。"②宋汪莘《方壶存稿》提要："其中《水调歌头》二首至以'持志''存心'为题，则自有诗余从无此例，苟欲讲学，何不竟作语录乎？"③清张鹏翼《芝坛集》提要："其诗文皆以讲学为宗，体格多近于语录。"④

（2）内容上，推阐性命，统论义理，关涉道学理学。如明钱一本《四圣一心录》提要："又舍数而言理，其言理舍天而言人，其言人又舍事而言心，推阐之以至于性命，体例近乎语录。"⑤清程廷祚《程氏易通》提要："其精义统论义理，通其说于道学，略如语录之体。"⑥明刘驷《爱礼集》提要："驷宗陈淳之学，诗文多涉性理，略似语录之体。"⑦

（3）语言上，方言土语，鄙俚通俗。如元董鼎《孝经大义》提要："其注稍参以方言，如云今有一个道理，又云至此方言出一孝字之类，略如语录之例。"⑧宋林之奇《拙斋文集》提要云："此集所载诸篇皆明白畅达，不事钩棘，亦无语录粗鄙之气。"⑨又宋姚勉《雪坡文集》提要："文亦颇婉雅可观，无宋末语录之俚词。"⑩

① 吴云：《学舫》四库提要，永瑢等《四库全书总目》卷98，中华书局1965年版，上册，第831页。
② 胡广等：《性理大全书》提要，《四库全书总目》卷93，中华书局1965年版，上册，第790页。
③ 汪莘：《方壶存稿》提要，《四库全书总目》卷163，中华书局1965年版，下册，第1397页。
④ 张鹏翼：《芝坛集》提要，《四库全书总目》卷185，中华书局1965年版，下册，第1678页。
⑤ 钱一本：《四圣一心录》提要，《四库全书总目》卷8，中华书局1965年版，上册，第59页。
⑥ 程廷祚：《程氏易通》提要，《四库全书总目》卷10，中华书局1965年版，上册，第79页。
⑦ 刘驷：《爱礼集》提要，《四库全书总目》卷175，中华书局1965年版，下册，第1550页。
⑧ 董鼎：《孝经大义》提要，《四库全书总目》卷32，中华书局1965年版，上册，第265页。
⑨ 林之奇：《拙斋文集》提要，《四库全书总目》卷158，中华书局1965年版，下册，第1365页。
⑩ 姚勉：《雪坡文集》提要，《四库全书总目》卷164，中华书局1965年版，下册，第1407页。

二、宋人语录对文学的负面影响
——兼论清人指责批判背后的文学思潮

伴随着宋代理学的兴盛，宋代程朱语录之内容上多涉性理和语言上鄙俚凡俗，对文学产生了很大的负面影响。这往往为历代文学批评家所指责和诟病，常常以"押韵语录"或"以语录入文"之类的评语对此类诗文进行非议。这种指责和非议，在宋季以江湖派领袖刘克庄的批评最为集中：

> 本朝文治虽盛，诸老先生率崇性理，卑艺文，朱主程而抑苏，吕氏文鉴去取多朱氏意，水心叶氏又谓洛学兴而文字坏。——《迂斋标注古文序》
>
> 近世理学兴而诗律坏，惟永嘉四灵复为言。——《林子显诗序》
>
> 本朝则文人多，诗人少，三百年间，虽人各有集，集各有诗，诗各自为体，或尚理致，或负材力，或逞辩博，少者千篇，多至万首，要皆经义策论之有韵者尔，非诗也。自二三钜儒及十数大作家，俱未免此病。——《跋竹溪诗》①

可谓目光犀利，言辞老辣，对宋末理学笼罩下诗文积弊的文学现状批驳得入木三分。尤为值得一提的是，其《跋恕斋诗存稿》所言"近世贵理学而贱诗赋，间有篇咏，率是语录讲义之押韵者耳"简直就是对上述论断的浓缩。宋末周密在《癸辛杂识》续集卷下中便以"押韵语录"择要为条目记载了这段话②。此后，到了清代四库馆臣撰四库提要时，"押韵语录""以语录为文""抄撮语录"等语俨然成了诗文评之经典术语而被频频使用。如：

> 亦殊有诗情，固未可概以有韵语录目之矣③。
>
> 其末年亦颇欲附托于讲学，然其诗吐属高雅，究非有韵语录之比也④。
>
> 性夫虽讲学之家，而其诗气韵清拔，以妍雅为宗，绝不似宋末有韵

① 刘克庄：《后村先生大全文集》，文渊阁四库全书本。
② 周密撰，吴企明点校：《癸辛杂识》续集卷下，中华书局 1988 年版，第 207 页。
③ 尹焞：《和靖集》提要，永瑢等《四库全书总目》卷 157，中华书局 1965 年版，下册，第 1357 页。
④ 吴芾：《湖山集》提要，《四库全书总目》卷 158，中华书局 1965 年版，下册，第 1362 页。

之语录。①

特编次时失于简汰，如偶成诗云："挟才胜德世所薄，宁我负人不可欺。士之言行苟如此，圣经贤传将奚为？"殆刘克庄所谓"有韵语录"，殊不入格②。

《明儒学案》称其少骀宕好攻古文词，年二十六始讲学，故其文章颇雅健有格，无抄撮语录之习③。

多讲易之文，其说皆宗程朱，诗则有韵语录④。

如此等等，不一而足。显而易见，四库馆臣拈出刘克庄之"有韵语录"一语，不但用于评价宋人诗文，对元明清历代诗文著作都反复使用，这既说明了这个术语的经典性和普适性，也反映出了"语录"体文体特征之鲜明独特。

语录对诗文的影响主要有二：一是在内容上多涉理路，缺乏比兴、情境等文学性，上述几例大致体现了这点。二是语言上以鄙俚方言入文，有违典雅。如：

古体颇道，亦非语录为诗之比，有足称焉⑤。

盖学有本原，则词无鄙诞，较以语录为诗文者，固有蹈空征实之别矣⑥。

然其杂文乃平正醇雅，无宋人语录方言皆入笔墨之习⑦。

是集凡文六卷，诗一卷，亦无语录粗鄙之习，但于事非当行耳⑧。

语录体是宋代理学的派生物，而"击壤集派"和"濂洛风雅派"是理学家诗文的代表，故而语录体与此二派往往被四库馆臣放在一起共同评诗论文。如：

惟其诗多沿击壤集派，文亦颇杂语录之体，不及周、楼、陆、杨之

① 艾性夫：《剩语》提要，《四库全书总目》卷166，中华书局1965年版，下册，第1424页。
② 吴景奎：《药房樵唱》提要，《四库全书总目》卷167，中华书局1965年版，下册，第1450页。
③ 胡直：《衡庐精舍藏稿》提要，《四库全书总目》卷172，中华书局1965年版，下册，第1510页。
④ 王凤九：《汇书》提要，《四库全书总目》卷185，中华书局1965年版，下册，第1684页。
⑤ 范浚：《香溪集》提要，《四库全书总目》卷158，中华书局1965年版，下册，第1364页。
⑥ 王炎：《双溪集》提要，《四库全书总目》卷160，中华书局1965年版，下册，第1376页。
⑦ 胡炳文：《雪峰集》提要，《四库全书总目》卷166，中华书局1965年版，下册，第1433页。
⑧ 张元忭：《不二斋文选》提要，《四库全书总目》卷179，中华书局1965年版，下册，第1611页。

淹雅①。

初从金履祥游,讲明朱子之学,不甚留意于词藻。然其诗理趣之中,颇含兴象,五言古体尤谐雅音,非击壤集一派惟涉理路者比;文亦醇古,无宋人语录之气,犹讲学家之兼擅文章者也②。

诗仅存十余首,虽亦濂洛风雅之派,而其中七言古诗数首,造语新警,乃颇近温庭筠、李贺之格,较诸演语录以成篇,方言俚字无不可以入集者,亦殊胜之③。

考自北宋以来,儒者率不留意于文章,如邵子击壤集之类,道学家谓之正宗,诗家究谓之别派。……刘克庄集有《吴恕斋文集序》曰:"近世贵理学而贱诗赋,间有篇咏,率是语录讲义之押韵者耳!"则宋人已自厌之矣④。

诗虽近击壤派,尚不至为有韵之语录以抗行作者⑤。

今观其诗,皆濂洛风雅一派,其文亦类语录讲义,盖其渊源如是⑥。

上面我们用大量文献材料列举了清代四库馆臣对刘克庄批驳宋季诗文流于"有韵语录"和"语录为文"之弊的认同,进而将"有韵语录"和"语录为文"作为经典批评术语来频繁品评宋元明清历代诗文著作的事实。那么,四库馆臣对刘克庄观点的认同以及热衷于用"语录"评文是基于何种原因呢?其与现实的文学思潮状况有没有关系呢?结论是肯定的,清初"宋诗派"之争和"桐城派"古文尚雅的观点是形成这种局面的直接因素。

首先,对清初"宋诗派"的非议。清初一些文人有鉴于明代前后七子学唐之肤廓浮响和竟陵派的纤仄峭硬,转而从宋诗中寻找出路,遂形成一股宗宋思潮。纳兰性德《原诗》云:"十年前之诗人,皆唐之诗人也,必嗤点夫宋;近年来之诗人,皆宋之诗人也,必嗤点夫唐。"⑦但这种学宋也造成了一些弊

---

① 陈著:《本堂集》提要,永瑢等《四库全书总目》卷164,中华书局1965年版,下册,第1408页。

② 许谦:《白云集》提要,《四库全书总目》卷166,中华书局1965年版,下册,第1432页。

③ 汪克宽:《环谷集》提要,《四库全书总目》卷168,中华书局1965年版,下册,第1460页。

④ 薛瑄:《薛文清集》提要,《四库全书总目》卷170,中华书局1965年版,下册,第1485页。

⑤ 罗钦顺:《整庵存稿》提要,《四库全书总目》卷171,中华书局1965年版,下册,第1497页。

⑥ 陈琛:《紫峰集》提要,《四库全书总目》卷176,中华书局1965年版,下册,第1576页。

⑦ 纳兰性德:《原诗》,王镇远、邬国平编选:《清代文论选》下,人民文学出版社1999年版,第433页。

端，"如因散文化、口语化成分增多而导致语词俚浅"等①，因而持非议者大有人在。如姜宸英就对当时学宋诗而趋于鄙俚的倾向大加挞伐："无论市儿村妪骂街诟室俚鄙之说，皆强取而韵之，谓之为诗，此学究之陋，借宋人以自诡者也。……数十年以前，学者竞为浮响，浮响者志失；今时竞为鄙俚，鄙俚者声亡。二者均病，而鄙俚之病于今为甚。"②而四库馆臣对"语录"鄙俚之习的娴熟，便自然而然地将语录体俚俗之特征与"宋诗派"的口语化挂起钩来，成为抨击"宋诗派"的得力武器。这尤可从王士禛先宗唐，转而宗宋，发现宗宋之"语录"鄙俚之习后又返而宗唐的曲折道路之中看出。如王士禛《精华录》提要云："开国之初，人皆厌明代王李之肤廓，钟谭之纤仄，于是谈诗者竞尚宋元，既而宋诗质直流为有韵之语录，元诗缛艳流为对句之小词。"③再如毛奇龄《徐宝名诗集序》："往者见宝名于姜侍御座间。会侍御创诗体，祛风雅旧习而易为谩言，一如刊宋人语录而假以韵者。此即后此学宋者所嚆矢也。……长安言诗者大抵拾侍御余唾而自称宋诗洮胶焉。"④也把"学宋者"之"祛风雅"而"易为谩言"俚语的弊端以"语录"之鄙俚特征进行对应批评。再如其《唐贤三昧集》提要云："（本朝）诗自太仓、历下，以雄浑博丽为主，其失也肤；公安、竟陵以清新幽渺为宗，其失也诡。学者两途并穷，不得不折而入宋，其弊也，滞而不灵，直而好尽，语录、史论皆可成篇，于是士禛等重申严羽之说，独主神韵以矫之。"⑤既指出宋诗派兴起的原因，也明示"宋诗质直"，其弊在于"直而好尽"，这与宋人"语录体"通俗直白，如话家常的特征如出一辙。

其次，"桐城派"古文尚雅正的观念与语录体之相悖。桐城派古文家论文尚"雅洁"，故主张于语录之"芜杂俚近"之辞，不可入于古文。从方苞到姚鼐都是持此观点的。如方苞云"古文中不可入语录中语"（见沈廷芳《书方望溪先生传后》）。姚鼐《复曹云路书》："当唐之世，僧徒不通于文，乃书其师语，以俚俗谓之语录，宋世儒者弟子，盖过而效之。……愿先生凡辞之近俗如语录者，尽易之使成文，则善矣。"⑥《述庵文钞序》亦云："然而世有言义

① 顾易生等：《宋金元文学批评史》下，上海古籍出版社 1996 年版，第 272 页。

② 姜宸英：《汪中允秦行诗略序》，《清代文论选》，下册，第 279 页。

③ 王士禛：《精华录》提要，永瑢等《四库全书总目》卷 173，中华书局 1965 年版，下册，第 1521 页。

④ 毛奇龄：《西河集》卷 54，文渊阁四库全书本。

⑤ 王士禛：《唐贤三昧集》提要，《四库全书总目》卷 190，中华书局 1965 年版，下册，第 1730 页。

⑥ 姚鼐：《惜抱轩文集》卷 6，四部丛刊本。

理之过者，其辞芜杂俚近，如语录而不文。"①后来吕璜《初月楼古文绪论》亦有"古文之体……忌语录"之语。对此，有学者认为"其说都本于方氏"②。李绂（1673—1750）也曾提出古文写作应"禁用儒先语录"。其《古文辞禁》云："语录一字，始见于学佛人录庞蕴语，相沿至宋，始盛其体，杂以世俗鄙言，如'麻三斤''干矢橛'之类，秽恶不可近。而儒者弟子无识，亦录其师之语为语录，仿其体，全用鄙言，如'彼''此'字自可用，乃必用'这'、'那'字；'之'字自可用，乃必用'的'字；'矣'字自可用，乃必用'了'字。无论理倍与否，其鄙亦也甚矣。……南宋以还，并以语录入古文，展卷忱然，不能解其为何等文字也。"③不过，从李绂之语与方姚之语对照来看，可知桐城派古文家所谓"古文中不可入语录中语"，当是受宋人所谓"南宋以还，并以语录入古文"的言论影响和启发的。南宋人对此已有觉察和评议。如魏了翁《答池州张通判》云："惺惺，此是语录中如'活泼泼''满腔子'之类，皆用世俗语。铭词用此，稍欠经雅。"④李绂之论与此极为相似，其承沿之迹宛然。

可以看出，刘克庄批驳宋季诗坛理学之诗乃"押韵语录"，主要是从内容上多涉理路而发，而上述关于"宋诗派"和"桐城派"所论则多从语言形式上来批评指责。经过清代这两个最具影响力的诗文流派的批评实践和大力宣扬，"语录体"在清代一些文人手中，已逐渐作为稳固的批评术语并形成定型的、有明确指向的批评模式。不管这种批评术语和批评模式在具体操作时是否合理，其本身的独立性和使用的普遍性，无疑是中国古代文学批评史上具有开创意义的事情。此外，姚鼐曾任四库全书纂修官，那么前面大量引述四库馆臣评诗文之所云"押韵语录""以语录入文"的渊源便自然清晰可见了。或许可以说，上述所引之提要评语很可能就是姚鼐所为。

三、言之不文，行而不远
——程朱语录不如《论语》及为人所诟病的原因

语录对文学的影响有迥然不同的两种情况。同为儒家语录体的代表，《论

---

① 《惜抱轩文集》卷4，四部丛刊本。

② 参见郭绍虞、王文生：《中国历代文论选》第三册，上海古籍出版社2001年新1版，第500页。

③ 李绂：《穆堂别稿》卷44，清乾隆十二年刻本。

④ 魏了翁：《鹤山集》卷35，文渊阁四库全书本。

语》《孟子》与程朱语录在中国文学史上的地位和影响却有天壤之别——一个如日月高悬,泽被后世非一代也。如《论语》《孟子》为现当代所有文学史所必选论,其自身文学价值及对后代的积极意义毋庸置喙。一个却臭名远扬,历千余年仍不免为人所诟病。这不能不令人深思。原因很多,但却可归之为孔子所言"言之不文,行而不远"这一点上。清韩菼《诸儒语录论》一文颇能说明这一问题,现全文录于下,再逐一来作分析。

诸儒语录论

尝读《论语》书,不特可以识圣人之言,又可览门弟子之记圣言者,简重而有体也。先儒以为出于曾子、有子、子夏之徒,所记盖皆得于圣人之深者,其序次圣言,谨严尔雅,绝有体要。今其书煌煌乎与六经相为表里发明矣。孟氏之书亦非其自著,其徒万章、公孙丑相与记其所言耳。今七篇者是也。愚窃异夫后之学者之仅知记其师之说而不知所以传世而行远也。夫言以足志,文以足言,言之无文,行而不远。文固言语自然之节,必不可以已也。所谓辞达而已者,亦谓其辞则然,而非方言俚语亦可以为辞也。自夫子没千有余年,得程子、朱子而道益大显,其言无不可以羽翼圣经,发皇幽渺,而独其弟子无有能整齐比属,使有文章伦理,便于诵读而寻绎者也。此固尊信其师之深,亲承其謦欬,不敢有一毫增损,恐不得其真,而独不知其不可以传世而行远也。夫程子、朱子之书其所自著,虽其小小题叙亦皆有法度,不独书疏剳子而已,传世行远亦足与六经表里发明,而独其平日之言记自弟子者,方言俚语随得辄录,此诚未成之书而不无有待于后者也。昔有问尹和靖者曰:会得时活泼泼地,会不得时只是弄精魂。不知曾有此语否?和靖曰:是学者不善记录。伊川教人多以俗语,引之人便记此两句。盖活泼泼,当时有此俗语,僧家屡用之,伊川岂用禅语者?故和靖直咎记者之失也。抑尤有不可者,宋时僧徒陋劣,乃有语录,儒者亦效僧家作语录。夫左氏有《国语》,夫子《论语》有齐鲁两家,亦有家语。语录之称虽于义无害,然而释氏之书始亦讳其不文,而尝窃庄老之书以文之矣。鸠摩罗什译梵书,乃用《说文》《尔雅》,可谓有志。其后枝分派别,其说益繁而不能文焉。又其问答所参,即事指喝,本属不经,故直录其语,不加剪裁,独怪儒者服圣教,言圣言,而其书一如释氏之书无为也。自朱子而后,诸儒之语录盛行,与佛书交杂,其言之无文同其书之义例同,要为以儒而入于释之渐不可不慎也。若扬雄作《太玄》拟经,作《法言》拟《论语》，学者非之。今程朱之说非雄比也，学者诚不能及曾子、有子、子夏，而岂必出万章、公孙丑下哉？整齐比属以次于六经语孟之后，而凡诸儒之言之足以羽翼发明者，率仿此义例以成书，而姑置其语录之名若此者，所以传世而行远也。愚是以备论之①。

显然，问题的根源在于"言之不文，行而不远"。这可以从以下几个角度来解释：

其一，是弟子不善记录，即"记者之失也"。这首要责任在于程朱语录之记者"尊信其师之深，亲承其謦欬"，这样一来，对老师的话语原原本本地记录下来，"不敢有一毫增损，恐不得其真"。也就是不能进行必要的加工文饰，独其弟子"无有整齐比属，使有文章伦理便于诵读而寻绎者"的再创造，"故直录其语，不加剪裁"。对此，姚鼐所云"然以弟子记先师，惧失其真，犹有取尔也"，则语气略有缓和。这也反映了弟子素质的高低。《论语》出于曾子、有子、子夏之徒，这些门弟子之记录圣言者，简重而有体，"所记皆得于圣人之深者"，故"谨严尔雅，绝有体要"。孟子之徒万章、公孙丑记其说也如此。故而程朱弟子"方言俚语，随得辄录"的做法，"诚不能及曾子、有子、子夏，而岂必出万章公孙丑下哉"。《御选唐宋文醇》卷 10 评韩愈《南阳樊绍述墓志铭》云："即宋时至今未千年，而诸儒语录即有不可明者，可以覆验也。故仲尼曰：言之无文，行而不远。是书中之难解者，转系当日之质言，人人易晓者耳。若文言之，则如《典谟》及《论语》之文，不如是诘屈聱牙矣。"②所谓"言之无文"，既指语言要有文采，要文雅，也指质言需要加工，需要文饰，如《典谟》《论语》一样"文言之"，否则即便"当时质言，人人易晓者"，虽时代不远也会有"不可明者"，这自然会"行而不远"了。

其二，弟子记录师言不仿《论语》，反效释语录，入手源头上便错了。"宋时僧徒陋劣，乃有语录，儒者亦效僧家作语录。""故直录其语，不加剪裁，独怪儒者服圣教，立圣言，而其书如释氏之书无为也。"这在姚鼐《复曹云路书》中同样有云："言之无文，行而不远。当唐之世，僧徒不通于文，乃书其师语，以俚俗谓之语录，宋世儒者弟子盖过而效之。"这说明，宋世儒者弟子不汲取其正统血脉《论语》《孟子》弟子的成功经验，却从儒家极力反对的佛教徒的做法中入手，无怪乎其"行而不远"了。这一方面在于宋世儒者弟子

---

① 《皇清文类》卷 8，文渊阁四库全书本。
② 《御选唐宋文醇》卷 10，文渊阁四库全书本。

之见识短浅，一方面也看出禅宗对儒学的深刻影响，最终造就了融儒道释三家为一体的"新儒学"。

其三，"辞达"非指以方言俚语为文。"所谓辞达而已者，亦谓其辞则然，而非方言俚语亦可以为辞也。"孔子的"辞达"指辞能达意，使人明白易懂，这是对其弟子的要求，其弟子也确实能做到"整齐比属""文言之"而达到"言近指远""辞约意丰"的效果，而非如程朱弟子"不加剪裁"，"方言俚语""随得辄录"。《南阳樊绍述墓志铭》对此论述尤切近。姚鼐《复曹云路书》："言之无文，行而不远。出辞气不能远鄙，曾子戒之，况于说圣经以教学者遗后世，而杂以鄙言乎？"可见曾子对老师"言之无文，行而不远"的深刻理解和遵守，并力戒词气鄙俚。再如明艾南英《答陈人中论文书》："孔子、孟子，可谓条达矣。孟子想足下所不屑，至于孔子，足下宜稍恕之，得无以条达，遂谓《论语》病耶？抑足下生平不悦宋儒，遂并孔子《论语》视同宋儒语录，不复论其文邪？"①也说明了论语之"条达""辞达"与宋儒语录之"方言俚语"的口语化是有言之"文"与言之"不文"的根本区别的。

其四，文与道。孔子云"言之无文，行而不远"，强调"辞达"，"文质彬彬"，其弟子亦深得师之要领而躬践之，故而《论语》能如日月光照万世而不磨灭。宋世儒者则不然，他们重道轻文，认为"道者，文之根本；文者，道之枝叶。惟其根本乎道，所以发之为文，皆道也。三代圣贤文章皆从此心写出。文便是道。"也正是受儒师这种观点的熏染，故弟子也因此"言而无文"，也因此宋世语录"行而不远"了。有关"文与道"与语录的相关论述，如冯班云："儒者恶文字恶读书，恐天下之人皆化为市人矣。不读书何以知圣人之道？不作文字何以教后人？如儒家语录率然之语，往往意是而词有病，后人读之误认便害事，不修文字也！程子云：做得文章好便是不幸，此只是为东坡而发。不知有文章者未必知道，知道者却须能文。孟子、子思、曾子文字俱好，宋文不尚理，所以儒者不爱文。"②可谓透辟。不但如此，宋代理学家魏了翁更非常明确地认为宋世语录"非文"也。其《隆州教授通直郎致仕谯君墓志铭》云："论今士习之弊，不本之履践，不求之经史，徒剿取伊洛间方言以用之科举之文。问之，则曰：先儒语录也。语录，一时门弟子所传抄，非文也。"③的确，这种以"道学""载道"为借口以掩饰其不文者所在皆是。如

---

① 艾南英：《天傭子全集》卷5，蔡景康编选《明代文论选》，人民文学出版社1993年版，第390页。

② 冯班：《钝吟杂录》卷2，文渊阁四库全书本。

③ 魏了翁：《鹤山集》卷76，文渊阁四库全书本。

明杨慎《陆韩论文》："近世以道学自诡而掩其寡陋曰：吾不屑为文。其文不过抄节宋人语录。"①

　　要之，"言之无文，行而不远"，简明而深刻地道出了同为语录体代表之《论语》《孟子》和程朱语录在文学史上的不同命运。尽管可从文道关系、"记者之失"、"辞达"、借释家语录入手之误等几方面来阐述出现这种不同命运的原因，但上述视角的归宿则都在"言之无文，行而不远"这一孔子及其弟子的作文圭臬之上。当然，先秦文史哲不分，使得《论语》《孟子》成为中国文学史上的源头之作；而后世文学、哲学学科则截然独立，宋人语录已是纯粹的哲学著作，其文学性的消失亦为历史必然。

（作者单位：陕西师范大学文学院）

---

① 杨慎：《升庵集》卷 52，文渊阁四库全书本。

理学语录与禅宗语录关系问题再考辨

程得中

中国古代，"语录"之称体多指禅师的言谈与宋儒的论学之语，尤指后者。前者如《神会语录》《马祖道一禅师语录》，后者如《二程语录》《朱子语类》等。宋代语录著述丰富，种类繁多，禅宗语录和理学语录都堪称蔚为大观。郑樵的《通志·艺文略》于释家专有语录一目，总计释类十种三百三十四部一千七百七十七卷中，语录即有五十六部九十一卷，约占总部数的17%①。《宋史·艺文志》载录理学语录11种②，《郡斋读书志》在儒家子部类下专列语录体，收入理学语录27种③。

禅宗语录与理学语录的关系是学界的一段公案。宋代以来反理学者将理学视为"吃菜事魔"的异端，认为语录抄袭禅宗，理由是语录的口语化。如清代主汉学的江藩认为"禅门有语录，宋儒亦有语录；禅门语录用委巷语，宋儒语录亦用委巷语"。近代学者也认为语录起源于禅宗，朱自清在《经典常谈》中认为语录体发轫于唐代佛教界："唐代又有两种新文体发展。一是语录，一是传奇，都是佛家的影响。语录起于禅宗。"胡适在《国语文学史》中指出《坛经》的体裁便是白话语录的始祖。现当代学人的研究，倾向于重新反思两者关系。任竞泽的《宋代文体学论稿》认为禅宗语录对理学语录只是有影响而已，毕竟理学严厉排斥佛道，而与孔孟之道具有最亲近的血缘关系，所以理学语录从名称、形式到内容上都只应是《论语》的嫡传。张子开的《语录体形成刍议》认为理学语录和禅宗语录的产生源于各自的文化传统。在前人研究基础上，现试将二者关系全面系统地作一比较。

一、文化传统与语言观的差异

禅宗根本教义及宗旨源于印度佛教，但日益本土化，其"不立文字"是

---

① 郑樵：《通志二十略》卷六十七，艺文略第六，中华书局1995年版，1753页。
② 脱脱：《宋史》卷二〇五，艺文志第四，中华书局1982年版，第7332页。
③ 晁公武：《郡斋读书志》，附录，上海古籍出版社1990年版，第1142页。

为了解构经典，建立起中国化的宗教。因此，禅宗语录以其形式而言源于印度口耳相传的口述传统，以其内容实质则是另立宗派。

理学语录源于中国重语言文字的史官文化传统，理学家继承了重视文字经典的传统，对儒家经典极其尊重。理学语录旨在上接道统，以其记录的自由讲学形式阐发圣人之微旨，可以称为一种新的解经体式。

（一）印度口述文化传统与中国史官文化传统

禅宗语录与理学语录起源自不同的文化传统，前者源自重口述而不重文字著述的印度口述文化传统，后者源自极重文献著述的中国史官文化传统。

1. 禅宗语录的起源：印度口述文化传统

虽然禅宗被称为中国化的宗教，但印度文化对其影响还是根深蒂固的。[①]印度文化里有不重文字而重口述的传统。林岗认为，"书写用于印度古代文明，公元前5或前4世纪就开始了，但文字却一直不受重视，典籍之为物，远不如口述传统。书写的出现并未有蚕食口头活动，口述与笔书像双分水流一样，而口述一直保存自己的优势"。[②]

因此，印度史诗、格言、谚语都以口耳相传形式进行传播，起源于印度的佛教也遵循这种口耳相传的传教方式。此种现象直至7世纪末时仍相当普遍。

在印度文化传统影响下，直至公元8世纪，禅宗思想仍以口传为正统，且有两种不同类型的"口传教学"：一种是早期禅（达摩到六祖）"方便通经"的传统，一种是经典禅（唐代禅宗）的"语录"传统，后者只是改变了早期禅的言说方式，即由祖师言说弟子倾听形式改变为双方参与的新对话形式。[③]直至宋代文字禅的出现，口述传统才被打破。

---

① 尽管胡适提出中国禅是对印度禅的革命、两者根本不同的观点，但这一观点并没有得到学术界普遍认可。胡适并不理解"顿悟"在历史背景中的真正意义。顿悟并非中国禅师的发明，而是佛教的根本教义和各派共法。铃木虽然同意惠能对禅宗的革命，但认为这种革命是反对对佛陀妙悟思想做教条式的解读，其要复活的恰恰是佛陀证悟的精神。因此惠能其实是对印度佛教传统的回归。卡鲁帕纳认为"中国禅"是印度中观、瑜伽二系学说的综合。比如"教外别传""不立文字"是中观思想的开展，而"直指人心""见性成佛"是瑜伽观念的体现。我认为，禅宗根本教义及宗旨源于印度佛教，但日益本土化，因此提出"不立文字""教外别传"，成为中国化的宗教。禅宗语录以其形式而言源于印度口耳相传的口述传统，以其内容实质则是另立宗派。

② 林岗：《口述与案头》，北京大学出版社2011年版，第49页。

③ 龚隽：《禅史钩沉》，转引自周裕锴《禅宗语言研究入门》，上海古籍出版社2009年，第145页。

2. 理学语录的起源：中国史官文化传统

与不重历史记载的印度文化相反，中国文化极其重视文字，例如仓颉造字的传说被描绘得惊天地泣鬼神："昔者仓颉作书而天雨粟，鬼夜哭"①。中国先民也极重视历史记载，夏商时代巫史不分，巫师除宗教活动外也负责写史，记载锡命、册命、氏族谱系等政治活动。商周之际，由于鬼神地位的下降，史官从原始宗教中独立出来，成为正式的官职。及至春秋战国时期，史官文化达到高潮，各国都有自己的史书，《墨子》记载有"周之《春秋》、燕之《春秋》、宋之《春秋》、齐之《春秋》"之说，墨子也自称"吾见百国《春秋》"，可见"春秋"成为各国史书的通名。在这些上古史书中，语类文献构成主体部分。可以说，记言体是上古时期的主要文献著述形式。

与印度文化只将其看作纯粹的符号系统和工具不同，中国文化赋予语言以人文主义精神。如认为语言是人性的表现，孔子说"不知言，无以知人也"②"故言心声也；书，心画也"③。认为语言也是天道表现："志以道宁，言以道接。"语言是治天下、明人伦的基础：一言可以兴邦，一言可以丧邦。因此可以说，语录是继承了中国"一言以兴邦，一言以丧邦"的重视记言的文化传统。

有学者④认为，史官文化对于理学语录之影响，一在于"微言大义的"话语构建模式，一在于"述而不作"的经典阐释方式。前者使语录的整体结构逻辑性不强，各篇章篇幅短小、语言直白浅近；后者使语录带有后学编纂的特征，一般以"子曰"显示师者神圣权威性。

（二）语言观差异

禅宗语言观是"不立文字"，认为语言文字甚至会遮蔽本义。另外，不立文字的根本目的是以语录取代传统经典，从而达到"教外别传"、另立宗门的目的。理学与禅宗的语言观根本不同，认为"由言得意、言能尽意"，相信语言文字的作用，主张"因先达之言以求圣人之意"，但同时也认识到语言文字"书不尽言，言不尽意"的局限性，因而提出"因圣人之意以达天地之理"，力求以义理探寻圣人之微旨，语录即是以其自由灵活的形式应运而生的。

---

① 刘安：《淮南子》，《本经训》，上海古籍出版社 1989 年版，第 281 页。

② 孔子：《论语》，《尧曰》，中华书局 2016 年版，第 67 页。

③ 扬雄：《法言》卷五，《问神》，中华书局 2019 年版，第 109 页。

④ 刘伟生：《语录体与中国文化特质》，《社会科学辑刊》2011 年第 6 期。

1. 禅宗"不立文字"语言观

印度佛教说法方式对禅宗的影响使得禅宗秉持"以心传心，不立文字"的语言观，重视口传心授："吾有正法眼藏，涅槃妙心，实相无相，微妙法门，不立文字，教外别传。"①

不立文字，就是不凭借语言文字来解释、传授教义。禅宗语言作为一种宗教语言，总是试图将信仰者引向对绝对、超越对象的思考，这种性质决定了禅宗语言"不立文字"的必然性，故有离相、离境，无念、无心，超四句、绝百非之说。禅不可说是基于禅重自悟、主张顿悟、超理性和超逻辑性的若干特质。禅世界观是基于万法即我（心、性）即佛即空（无）之上的。这个本体是无法分割、无法限量，从而也是无法言说的。②

"不立文字"在禅宗历史上经历了不同阶段。第一阶段是早期禅（达摩到六祖）"方便通经"的传统，第二阶段是经典禅（唐代禅宗）的"语录"传统，改变了早期禅的言谈方式，即由师徒授受转为双方互动的新对话形式。此两阶段尚未摆脱印度口传法流。第三阶段是文字禅（北宋）。实质是以中土禅师的公案取代传统的印度经典，最终完成禅宗的本土化进程。第四阶段是"看话禅"和"默照禅"时代（南宋），力图矫正文字之弊，回归不立文字的传统。

另外，"不立文字"是与"教外别传"相联系的，不立文字的根本目的是"教外别传"，指不依赖佛经，而靠自身感悟来体会佛理这一思想走到极端，甚至表现为呵佛骂祖不立文字（教外别传）之慢经、慢教说。后期禅宗乃极端慢经、慢教者，尤以南岳下之洪州宗及青原下之石头宗为甚，更进而呵佛骂祖，此乃从不立文字演变而来，主要受牛头宗之影响。禅宗语录中呵佛骂祖的记载很多：

> 我先祖见处即不然，这里无祖无佛，达摩是老臊胡，释迦老子是干屎橛，文殊普贤是担屎汉，等觉妙觉是破执凡夫，菩提、涅槃是系驴橛，十二分教是鬼神簿、拭疮疣纸，四果三贤、初心十地是守古冢鬼，自救不了③。
>
> 十地满心犹如客作儿，等妙二觉担枷锁汉，罗汉辟支犹如厕秽，菩

---

① 普济：《五灯会元》卷一，《释迦牟尼佛》，中华书局 1984 年版，第 1 页。

② 王景丹：《禅宗文本的语言学阐释》，《云南社会科学》2008 年第 4 期。

③ 《五灯会元》卷七，《德山宣鉴禅师》，第 371 页。

提涅槃如系驴橛。何以如此，只为道流不达三祇劫空，所以有此障碍①。

　　问："如何是释迦身？"师云："干屎橛。"②

这反映了禅宗对汉代以来盛行的以注解翻译佛经的义学的反动。他们认为义学缺乏对佛经的阐释，陷入（北宋）的经院哲学，影响佛教的传播。"不立文字"的"以心传心"，"经是佛语，禅是佛意"为学习者打开了方便法门，而语录适应这一需要，取代印度佛教经典而成为新经典，龚隽在《禅史钩沉》中对这一现象有精辟论述：

　　到了经典禅的时代，祖师们不再需要借助于会通经典来为禅的合法性辩护，他们甚至运用特殊的话语方式，把佛教经典从神圣的地位上拉下来，发展出了慢教一流。于是新出现的"语录"权威逐渐取代了"早期禅"中所流行的"方便通经"，"语录"又成为经典的代替品而变成新的"神谕"③。

语录的产生宣告了禅宗正式成为中国化的宗教，从此禅门信奉的经典不再是印度佛经而是祖师的语录。这一革命也使禅门摆脱了深奥烦琐的佛经，使知识素养不高的平民阶层纷纷加入禅宗，从而大大扩大了禅宗的传播和影响。

　　2. 理学语言观——"因先达之言以求圣人之意"与"因圣人之意以达天地之理"的结合

　　不同于禅宗的"不立文字"和道家"得意忘言"④，儒家充分肯定语言的作用，《周易·系辞》记载：

　　子曰："书不尽言，言不尽意。"然则圣人之意，其不可见乎？子曰："圣人立象以尽意，设卦以尽情伪，系辞焉以尽其言，变而通之以尽利，鼓之舞之以尽神。"⑤

---

① 慧然：《镇州临济慧照禅师语录》，《大正藏》第四十七册。

② 云门文偃：《云门匡真禅师广录》卷上，上海古籍出版社 2019 年版，第 201 页。

③ 龚隽：《禅史钩沉——以问题为中心的思想史论述》，生活·读书·新知三联书店 2006 年版，第303 页。

④ 《庄子·外物》："蹄者所以在兔，得兔而忘蹄。言者所以在意，得意而忘言。"

⑤ 周振甫：《周易译注》，中华书局 2018 年版，第 312 页。

"书不尽言，言不尽意"是承认语言文字在表达意义上的局限，但同时又充分肯定语言文字的价值和意义，圣人可以通过卦象、卦爻辞和系辞等对经典的注释阐释传递自己的思想。上述文字虽是论述《周易》中以卦象、卦爻辞推知圣人本意的做法，但也可延伸到言意关系上肯定语言能传递作者的意义。

二程虽强调以义理解经，但在语言观上还是继承了儒家重语言文字的传统，提出了"由辞以得意"的语言观，《程氏易传》记载：

> 易有圣人之道四焉，以言者尚其辞，以动者尚其变，以制器尚其象，以卜筮者尚其占。……故善学者求言必自近，易于近者，非知言者也。予所传者辞也，由辞以得意，则在乎人焉。①

理学家在解《易》时采用相术和义理结合，解经是为探寻"吉凶消长之理，进退存亡之道"，但"备于辞，推辞考卦"，方"可以知变"，要想通其意必须经过对卦爻辞的研习。这种"由辞以得意"也可以推衍到语言观上，肯定语言文字在表情达意上的重要作用，表现在理学家对经典的推崇和不废文字训诂上。

朱熹继承了二程"由辞以得意"的语言观，在此基础上提出了"故学者必因先达之言以求圣人之意，因圣人之意以达天地之理"②。主张借助圣人的言语求得圣人的本意，然后经过体悟圣人本意而获得"理"的真谛。可见，对语言文字的经典注释只是第一步，还需要日常的涵养体悟，也就是理学提倡的"居敬"的心性修养工夫，方能达到"穷理"的至高境界。

针对"书不尽言，言不尽意"这一语言文字的局限性，理学家不只是"因先达之言以求圣人之意"，埋首故纸堆作文字训诂功夫，还在此基础上孜孜于"因圣人之意以达天地之理"，通过对经典的创造性诠释实现思想的创新。理学重视伦理实践，他们以经典注释为基础，追求"因圣人之意以达天地之理"，落脚点在于日常的功夫涵养。朱熹说：

> 学问，就自家身己上切要处理会方是，那读书底已是第二义。自家身上道理都具，不曾外面添得来③。

---

① 程颢、程颐：《二程集》，中华书局 2004 年版，第 392 页。
② 朱熹：《朱熹集》卷四二，四川教育出版社 1996 年版，第 764 页。
③ 黎靖德：《朱子语类》第十卷，中华书局 2020 年版，第 161 页。

朱熹认为在体察圣人之心、天地之理方面，从语言文字上下功夫的读书活动是"第二义"的，而在日常生活实践上下功夫的体察扩充则是"第一义"的。

由于认识到语言文字在传播思想上的巨大价值和意义以及"书不尽言，言不尽意"的局限性，理学家害怕自己的思想被后人曲解误读，因此对著述持非常谨慎的态度，他们的著作除了经典注释外大多只是短章小语式的札记。相比于著述，理学家更重视日常的"居敬涵养"的心性修养功夫，他们更乐于通过日常与学生的论学阐发思想，这种继承《论语》传统的述而不作其实是以述为作，即通过讲学活动影响后世。

二、编纂体例的差异

唐代以后，祖师的"对机"逐渐成为后世学习的"公案"，产生了"拈古""颂古"等为其作注解的体例，又产生了"评唱""击节"等语录新体例。因此可以说，"拈古""颂古""评唱""击节"是为祖师语录所作的章句注疏，流入深受禅门有识之士诟病的"文字禅"。

而这种烦琐的章句注疏之学恰恰是理学反对和力图超越的，理学语录作为一种新的解经体式，轻灵自由正是其最大优势，因此其编纂方法非常简单，只是对弟子各自所记语录的集合汇编，南宋时虽产生分门别类编纂的语录，但也只是为方便研习，按语录内容进行的分类，并非禅宗语录的烦琐注疏。

（一）禅宗语录按体裁分门别类编纂

禅宗语录的编纂方法是将禅师语录按照"对机""室中语要""勘辨""垂示""代语""拈古""颂古""评唱""击节"等体例分类编排。

唐和五代的语录主要是师徒之间的对话，卷帙较小，编纂体例基本是按时间顺序编纂，以禅师住持寺院的转换为序。如五代时期文益编纂的《金陵清凉院文益禅师语录》一卷，按照禅师先后住持过的三处禅院——崇寿院、报恩院、清凉院来编排语录。

该时期语录的编纂体裁也较为单一，主要由对机和诗偈组成。典型的是唐代于頔编纂的《庞居士语录》三卷。上卷收录居士与马祖、石头、药山、齐峰、丹霞、百灵、普济等人之对机；中、下二卷则收诗偈百余首。诗偈是梵语偈陀的简称，也译作"颂"，是一种阐发禅理的佛家诗歌，字数句数有规定，以四字、五字、六字或七字为一句，以四句为一偈。另有唐代雷岳等编纂的《云门匡真禅师广录》三卷，乃编录云门文偃之法语、偈颂、诗歌等。卷上收录对机三百二十则；卷中收录室中语要一百八十五则；垂示代语二百九十则；卷下收录勘辨一百六十五则，游方语录三十一则，遗表，遗诫，附录。室中语要是指师徒间在私密空间的机锋谈话；垂示是指禅师对僧众说法；代语指禅家垂说之时，代替他人下语，这一体例是由云门开创。勘辨是指师家判别修行者之力量，或学者探问师家之邪正。

宋代是禅宗语录的全盛时期，不仅语录众多，卷帙浩繁，而且在编纂体例上更加复杂，新创了"拈古""颂古""评唱""击节"等体例。拈古、颂古主要是举出以前的禅林公案，用诗句韵语加以阐释评说；评唱、击节则是对拈古、颂古的再评述。最早的"颂古"之作是宋代善昭编纂的《汾阳无德禅师语录》三卷，分别为"语录卷上""颂古代别卷中""歌颂卷下"。其后，天童正觉、投子义青、丹霞子淳、雪窦重显四禅师均有颂古之举，史称"禅宗颂古四家"。其中，"颂古""评唱""击节"的经典是雪窦重显的《颂古百则》和以此书为底本加以评唱、击节的圆悟克勤《碧岩录》《击节录》，两书是对雪窦"颂古"和"拈古"的注释，所谓"雪窦颂古百则，圆悟重下注脚"。《颂古百则》里面有一百则公案，每则公案后面有颂古。《碧岩录》是对《颂古百则》的注释，篇前加"垂示"（亦即总纲），颂中加"着语"（亦即夹注），同时再加以"评唱"（亦即具体发挥）。《击节录》是对雪窦的《拈古百则》加以"击节"，也就是再阐释。此三书对后世影响巨大，开启了宋代文字禅的潮流。

另外，禅宗语录还有语录合集，是记载多位和尚的语录集。如《古尊宿语录》收南岳怀让等三十六家语录，《四家语录》收马祖道一等四位禅师语录。

（二）体例简单的理学语录

与禅宗语录记录各种讲经说法方式不同，理学语录记录的是日常师生对话，因此编纂体例远不如禅宗语录复杂，一般是将弟子各自所记进行汇编整理，而后成书，以《二程遗书》为代表，大部分理学语录是这一形式。自《朱子语类》始出现分门别类的语录，但也不过是将语录按内容进行分类整理，朱门语录继承了这一风格，如《北溪字义》与《木钟集》。

《二程遗书》由朱熹纂成，大体依据所闻年月先后编次，将记录者名字附于语录之后。语下有"明"字的为程颢的话，编入十一至十四卷；有"正"字的是程颐的话，十五至二十五卷是"伊川先生语"；区分不清的编入一至十卷。

《朱子语类》早期也是不分类的，后来黎靖德在前人版本基础上进行了分类编排，按其内容分为理气、鬼神、性情、学、《大学》、《论语》、《孟子》、《中庸》、《易》、《尚书》、《诗》、《孝经》、《春秋》、《礼》、《乐》、孔孟周程张邵子、朱子、吕伯恭、陈叶、陆氏、老氏、释氏、本朝、历代、战国汉唐诸子、杂类、论文等二十余门，刊刻成书，定名《朱子语类》，共一百四十卷。

《北溪字义》原名《字义详解》，又称《四书字义》或《四书性理字义》，是陈淳学生王隽根据陈淳晚年讲学笔记整理而成的。该书结构在宋代理学语录中很有特色，是一部辞典性的理学工具书。它从四书中选取若干与理学思想体系关系密切的重要范畴，如性、命、诚、敬、仁义礼智信、忠恕、道、理、太极、中庸、经权、义利等，分为二十六门，每拈一字，皆详论原委，旁引曲证，以畅其说，是研究程朱理学，特别是研究《四书章句集注》一书的重要参考资料。《字义》揭示了朱熹哲学各范畴之间的逻辑层次，具有了字典的功能，有利于初学者的研习。

《木钟集》是记录朱门弟子陈埴的日常论学语录，为陈埴研究、讲解诸经书的语录辑集。第一卷《论语》；第二卷《孟子》；第三卷《六经总论》（包括河图洛书和闰法），以下依次为《周易》《尚书》《毛诗》《周礼》《礼记》《春秋》《近思杂问附》《史》。均以先设问后答之体例成章。

三、对话方式的差异

禅门语录的对话方式为机缘对话，用隐晦、曲折甚至无逻辑、荒诞的语言启发僧人自悟，同时弟子也不是被动地听讲和接受，而是时时会反戈一击，考验师传的功力。因此禅宗语录体现的是师徒关系的紧张和对立。理学语录传承了《论语》式的启发诱导，对于学生的提问，老师总是力图用最浅显的语言予以解答，理学语录体现的是儒门亲如父子的家庭式师生关系。

（一）禅门语录——曲折隽永的机辩

虽然早期禅师讲法中也有对话，如神会的《南阳和尚问答杂徵义》，黄檗希运的《宛陵录》等等即是。但大抵是学生提问，老师回答，其宗旨还是正面的传授禅理。至于后来兴起的机缘对话，其性质就完全不同。它不是授受性的，而是充满对抗性的。不论是老师与学生之间的勘辨接引，还是禅师与禅师之间的斗法对机，都是一场针锋相对的较量，充满了杀机与陷阱。机缘语中对禅理的表达，也由原来的明朗晓畅变为曲折隐晦，甚至由期人理解转为拒斥理解，呈现出一种非理性的、诡怪迷离的风格。

学者认为，禅宗倡"不立文字，以心印心"，讲究传道者与求道者啄啐相契，因此禅师出语，多简短而有机锋。有时甚至荒诞离奇，这就是所谓机缘语。机缘语的目的是期人内返而自悟本心。①"机语"一般比较含蓄、晦涩，或是问东答西，或是反语，或是通过身体语言来演示禅理，比如推、打、踏、喝等等，后世统称为"机锋棒喝"。这种悟道的方式是与惠能禅宗的宗旨密切相关的，惠能反对用逻辑思维去把握自身佛性、用确切的语言去表述禅理，所以通过这种机锋棒喝的手段，来表达本质上无法表达的东西，启发修禅僧人自证自悟。如禅宗语录经常有"如何是佛法大意"的提问，回答没有一种是相同的：

> 僧问："如何是佛法大意？"云："蒲花柳絮，竹针麻线。"②
> 僧问："如何是佛法大意？云："庭前柏子树。"
> 僧问："如何是佛法大意？"师曰："庐陵米作么价？"③
> 僧问黑眼和尚："如何是佛法大意？"答曰："十年卖炭汉，不知秤畔星。"④
> 僧问："如何是佛法大意？"师云："春日鸡鸣。"⑤

禅师将无法用语言描绘的禅机以形象化的日常现象来展示，促使弟子在电光石火之中得到启发，当下顿悟。

学者认为，早期禅门之所以极力渲染"悟"之容易，正反映他们在盛唐佛教各派争雄斗长的时期，为了与别的宗派争夺信徒与僧众，而实行的一种激进的发展与扩张的方针。而后期禅门的"悟人"之难，则反映他们在乱世中面对着可怕的流民潮而采取的保护性的政策⑥。

与这种关门主义相应的是晚唐后禅师说法与接人作风之陡转。他们有如以学生为敌的教师，测验时专出偏题怪题，对于佛理的宣示，他们再也不像以前那样循循善诱，鞭辟入里，而是极力避免直说，尽量绕路说禅，利用譬喻、暗示、影射、哑谜等隐晦的方式，将原本明白的意思层层包装起来，从

---

① 李壮鹰：《谈谈禅宗语录》，《北京师范大学学报》1998年第1期。
② 释道原：《景德传灯录》卷七，中州古籍出版社2019年版，第151页。
③ 静筠禅僧：《祖堂集》卷三，《靖居和尚》，中州古籍出版社2001年版，第41页。
④ 《景德传灯录》卷八，《黑眼和尚》，第177页。
⑤ 《景德传灯录》卷八，《潭州石霜大善和尚》，第185页。
⑥ 李壮鹰：《谈谈禅宗语录》，《北京师范大学学报》1998年第1期。

而给佛法披上神秘的外衣。更有甚者，完全反对理性，以毫无理路和意义的诡怪离奇的话语来折磨人的正常头脑，从而达到拒斥大量入门者的目的。雪窦重显《颂古百则》中说禅师接人是"曾向沧溟下浮木，夜涛相共接盲龟"。禅师对徒弟的接引，只不过是向大海中随意投下的一段木头，有时完全依赖运气。

（二）理学语录——明白晓畅的对话

理学语录，是老师与学生日常的对话，双方的关系融洽，其乐融融。"讲论者为使听者易于领会，故多方设喻，语不求深，如话家常，娓娓而谈，唯以明白显豁为务。"① 理学语录中的师生关系是融洽的，老师并非只是简单教授文字章句，而且注重对学生人格的塑造和培养。

先看程颢的"如坐春风"的教育方法，此典故出自《伊洛渊源录》：

> 朱公掞见明道于汝州，逾月而归。语人曰："光庭在春风中坐了一月。"②

程颢弟子朱光庭用"如坐春风"形容追随老师学习时的愉快心境，表明理学完全不同于禅宗的教育方式。

朱熹也非常重视对弟子的全面培养，《朱子语类》记载：

> "古人学校、教养、德行、道艺、选举、爵禄、宿卫、征伐、师旅、田猎，皆只是一项事，皆一理也。"③

理学教育不仅仅是传授知识，还强调对学生从教养、德行、征伐、田猎各方面进行全方位的培养和提高。

《朱子语类》还真实反映了朱熹当时讲学的风气，他与门人论学"往复诘难，其辨愈详，其义愈精"，由此可见朱熹和门人讲学是自由、平等的，开启了后代讲学的风气。《语类》记载：

> 郑问："先生谓性是未发，善是已发，何也？"

---

① 杨玉华：《语录体与中国古代白话学术》，《四川大学学报》（哲学社会科学版）1999 年第 3 期。

② 朱熹：《伊洛渊源录》卷四，中国书店出版社 2015 年版，第 182 页。

③ 《朱子语类》卷一〇九，第 2691 页。

曰："才成个人影子，许多道理便都在那人上。其恻隐，便是仁之善；羞恶，便是义之善。到动极复静处，依旧只是理。"

曰："这善，也是性中道理，到此方见否？"

曰："这须就那地头看。'继之者善也，成之者性也。'在天地言，则善在先，性在后，是发出来方生人物。发出来是善，生人物便成个性。在人言，则性在先，善在后。"

或举"孟子道性善"。

曰："此则'性'字重，'善'字轻，非对言也。文字须活看。此且就此说，彼则就彼说，不可死看。牵此合彼，便处处有碍。"[①]

通过《语类》的以上记载可以看到，朱熹面对学生步步紧逼、打破砂锅问到底的追问，没有丝毫的反感和不耐烦，而是不厌其烦地予以解答，直到学生彻底明白。

理学语录处处体现了这种融洽和谐的教学情境，难怪朱熹弟子在《池州刊朱子语录后序》中对理学语录所记温馨的教学场景予以盛赞：

师生函丈间往复诘难，其辨愈详，其义愈精。读之竦然如侍燕间，承謦欬也！历千载而如会一堂，合众闻而悉归一己，是书之传，岂小补哉[②]！

其实，不仅仅读《朱子语类》，读其他理学语录也同样可以感受到这种温馨融洽的论学场景。

四、口语运用的差异

（一）早期禅宗语录并非口语，宋代开始走向文字禅

禅宗语录和理学语录最大相似点在于口语的运用，但不能据此认为理学语录中口语便是来源于禅宗语录。其实后世看到的语录很多是经过后人加工的，禅宗语录的原貌并非后世的机缘问答，而是阐发经义的说经体，类似后世的讲义。所用的也非口语，而是一种介于文言与白话之间的体式——译

---

① 《朱子语类》卷四，第71页。

② 《朱子语类》卷四，第2页。

经体。

如近世从敦煌文献中发现的神会语录《南阳和尚问答杂征义》，采用的是六朝以来流行的"译经体"，而不用俚俗的口语。《六祖大师法宝坛经》中惠能与青原行思、南岳怀让等人的许多俚俗的对机与全文文风颇为不同，后来在敦煌发现的《摩诃般若波罗蜜经六祖惠能大师于韶州大梵寺施法坛经》中是没有的，证明它是后人伪造加入的。

再如明版《大珠慧海禅师语录》中，上卷《顿悟要道入门论》为学人的正面说法，用译经体；下卷《诸方门人参问语录》为简短、俚俗的机缘对话，完全不同于上卷风格。翻检《宋史·艺文志》，仅著录"僧慧海顿悟入道要门论一卷"，可知下卷机缘对话为后人所加。另有明版《庞居士语录》中的机缘语也为后人所加。

颇为吊诡的是，"不立文字"的禅宗在宋代开始转向了文字禅，制造出了大量的拈古、颂古之作，越来越重视语录的文学形式。这一原因便是儒家士大夫的广泛参与，推动了禅宗语录的文学化。很多士大夫为禅宗语录作序，并有人亲自编纂禅宗语录。如《善慧大士语录》即是士大夫楼公照为之润色的：

> 昔者定光大师元湛主宝林日。以唐国子进士楼颖所撰善慧大士录八卷示浙东安抚使楼公照。楼公病其文繁语俚。而岁月复讹。芟为四卷。凡大士应迹始终。及所著歌颂悉备①。

楼公照应禅宗所托，为禅宗语录整理润色，反映了禅宗与士大夫的联系越来越密切，已经从平民禅变成了士大夫禅。因此，文字禅摆脱早期禅的淳朴口语，越来越重视文字修饰也就在所难免。

（二）理学语录的口语化源于历史传统、宋代俗文化的兴起和布道需要

1. 历史传统

理学语录的口语化倾向其实来源于先秦语类文献和《论语》:《国语》等先秦语类文献在一开始就呈现出民间文化的色彩。一方面，从传播者来看，"语"的传播者是庶人。《国语·周语上》:"故天子听政，使公卿至于列士献诗，瞽献曲，史献书，师箴，瞍赋矇诵，百工谏，庶人传语。"庶人的文化程度较低，因此需要借助于通俗易懂、具有情节的故事来宣传高深的至理名言。

---

① 慧则:《善慧大士语录》卷四,《禅宗集成》本第十四册。

这就要求"语"必须具有通俗性。春秋时期，孔子兴办私学，招收的弟子大多来自社会中下层，这种民间文化特征使得儒家思想一开始便打上深深的草根学术烙印，从而使得《论语》具有鲜明的口语化特征。

2. 宋代平民阶层的兴起和俗文化的兴盛

宋代平民阶层的兴起和俗文化的兴盛是理学语录口语化的直接原因，先来看平民阶层的兴起。钱穆的观点比较有代表性，其著作《理学与艺术》记载：

> 论中国古今社会之变，最要在宋代。……宋以下，始是纯粹的平民社会。除蒙古满州异族入主，为特权阶级外，其升入政治上层者，皆由白衣秀才平地拔起，更无古代封建贵族及门第传统的遗存。故就宋代而言之，政治经济、社会人生，较之前代莫不有变[①]。

社会各阶层升降更替的加快，使等级界限松动，促进了大众文化娱乐市场的繁荣。社会流动消融等级阻隔，促进各阶层的融会，各阶层的价值取向趋近，文化娱乐趋向平民性。因此，宋代几乎所有文化艺术形式都出现了上层文化与下层文化交融的趋势，走向大众化和世俗化。宋代通俗文化以百姓喜闻乐见的形式蓬勃发展，在宋词流行于舞榭歌台的同时，诸宫调、杂剧、杂技、影戏、说话等多种通俗文艺样式也在瓦舍勾栏里方兴未艾。

关于宋代俗文学的兴起，茅盾曾在《论如何学习文学的民族形式——在延安各文艺小组会上演说》对此有精辟论述：

> 真正的市民文学——为市民阶级的无名作者所创作，代表了市民阶级的思想意识，并且为市民阶级所享用欣赏，其文字是"语体"，其形式是全新的、创造的，其传播的方法，为口述，这样的东西是到了宋代方得产生而发展的……这一种新内容新形式的市民文学的发源地和根据地，大概就是宋朝的都城汴京，而由所谓"说话人"者（作家，同时又是出版家，职业的宣传家）口头传播于各处——当时市民阶级占有势力的北方各大城市[②]。

---

① 钱穆：《理学与艺术》，《宋史研究集》第七辑，台湾书局 1974 年版，第 2 页。
② 茅盾：《论如何学习文学的民族形式——在延安各文艺小组会上演说》，《中国文化》1940 年 1 卷 5 期。

茅盾认为市民文学（也可称俗文学）是宋代产生的，当时的市民阶层出于文化需要，产生了说话等俗文学形式，并逐渐成为社会潮流，进而推动了当时各种文化形式的通俗化和口语化。

有学者认为，"随着宋元以降市民阶层的壮大，俗文化的兴盛，追求言（口语）文（书面语）一致遂成为时代潮流，语言的通俗化、口语化倾向也愈来愈明显。"① 理学语录便是适应宋代言文一致的时代潮流应运而生的。

3. 布道传教的需要

理学语录虽用语俚俗，还是出于布道传教的需要，明代杨慎的观点比较有代表性：

> 中庸章句引程子云活泼泼地，僧家语录有云，顶门之窍露堂堂，脚跟之机活泼泼，又云圆陀陀活泼泼。程子之言未必用僧语，盖当时有此俗语，故偶同尔。有人问尹和靖曰：伊川语录载人问鸢飞鱼跃。答曰：会得时活泼泼地，会不得时只是弄精魂。不知当时曾有此语否。先生曰：便是学者，不善纪录。伊川教人，多以俗语引之，人便记了此两句②。

杨慎认为"活泼泼"在宋代是民间流行的俗语，禅宗可用，儒家为何不能用？须知，理学语录是书院中的讲学和答疑语录，自然要用明白晓畅的语言才能使学生听懂理解。

在这方面，朱熹主张口语，反对文言的解释可能更有说服力，《朱子语类》载：

> 张思叔语录多作文，故有失其本意处。不若只录语录为善③。
> "心生道也"，此句是张思叔所记，疑有欠阙处。必是当时改作行文，所以失其本意。伯丰云："何故入在《近思录》中？"曰："如何敢不载？但只恐有阙文。此四字说不尽。"④

---

① 杨玉华：《语录体与中国古代白话学术》，《四川大学学报》（哲学社会科学版）1999 年第 3 期。
② 杨慎：《丹铅续录》卷七，《活泼泼地》，四库全书本。
③ 《朱子语类》卷九七，第 2480 页。
④ 《朱子语类》卷九五，第 2481 页。

朱熹在编纂《二程遗书》的时候对张绎所记语录提出批评，认为他将二程口语加以润色形成文言，可能会失去二程本意。朱熹举张绎所记"心生道也"为例，可能会让读者产生歧义。读者既可以将这句话理解为"心产生了道"，也可以理解为"心为生存之道"，如果将二程口语照实记载，则可避免歧义。

因此，一方面，面向社会大众推广理学的需要，另一方面，口语比文言表达更直接明晰，文义单一、不易造成歧义的优点，促使理学语录选择了口语形式。

结　语

理学语录和禅宗语录起源自不同的文化传统、有不同的编纂形式和内容，因此不能简单地认为理学语录是仿效禅宗的。正如贾德纳（Daniel K. Gardner）所说："一方面，禅宗佛教徒们确实可能早新儒家（似乎是比理学家更恰当的说法）大约一百年就已采用'语录'形式，但另一方面，这种体例直到11世纪、12世纪，也就是说，直到它在新儒家之间流行开来时，才开始在禅师自身圈子内发达起来。如此说来，一种学派对另一种学派的影响是不那么易于假定的。"[1]

当然，由于宋代佛教的兴盛，理学出于卫道需要，必然要迎接挑战，可以说理学语录是应对佛教刺激而作出的回应。[2]清朝汉学家江藩曾将宋代的理学与禅门（即佛教）作过一番比较，指出："禅门有语录，宋儒亦有语录；禅门语录用委巷语，宋儒语录亦用委巷语。"但根本上说，理学语录是在宋代义理之学取代汉唐经学这一学术转型大背景下，直接传承先秦思孟学派的语录

---

[1] 贾德纳：《宋代的思维方式与言说方式——关于"语录"体的几点思考》，转引自（美）田浩、杨立华、吴艳红：《宋代思想史论》，社会科学文献出版社2003年版，第395页。

[2] 不同于传统的儒家融合佛教说，现代新儒家持刺激豁醒说和挑战回应说。牟宗三在儒释关系上持刺激豁醒说，"宋明儒能相应而契悟之，通而一之，而宋明儒之生命能与此两诗（《烝民》《维天之命》）以及《论》《孟》《中庸》《大学》《易传》之智慧方向相呼应，故能通而一也。此种生命之相呼应，智慧之相承续，亦可谓'本有者若是'矣！此与佛老有何关哉？"（牟宗三：《心体与性体》上册，上海古籍出版社1999年版，第32页。）杜维明持挑战回应说，"从后汉一直到唐代，主要是佛教思想的传播，儒学的发展相对处于低潮。从宋代开始，儒学对佛教思想的挑战，有了一个创造性的回应，因而形成了从宋到明清的第二期发展，并从某一角度成为东亚社会的文化内核。或者说，儒家对佛教文化的挑战，作为一个创建性的回应，即消化了印度文化，提出了一套中国特有的思考模式。"（杜维明：《儒家传统的现代转化》，《知识分子》第二卷第一期，1985年秋季号。）

体著述形式，采用当时的口语，用以阐发圣人之微意。这与禅宗语录源出佛教结集、是为另立宗派大相径庭的。

（作者单位：重庆交通大学马克思主义学院）

"语录不文"与中国古代"语录"观的形成

熊　湘

语录是中国古代颇为特别的著述形式，其渊源可追溯至《论语》，经佛家和理学门徒的推动而盛行开来。语录著作当然是客观的存在，但是在人们认识、理解语录的过程中，身份立场、思想观念等都会以不同的方式发挥作用。今人对"语录史"的描述、书写和评价也不可避免地带有某种文学史识或文学史观的潜在影响。以理推之，古代语录的发展历史，必定伴随着语录观念的形成与嬗变。南宋魏了翁曾转述谯仲午之语："语录，一时门弟子所传抄，非文也。"①这一断语所蕴含的"语录不文"思想在宋以后得到不断阐述，可以说是观察古人"语录观""文章观"的一个有意思的窗口。如果不拘泥于这一断语本身的意涵，将"文"的层次变丰富一些，那语录与文集、文体、文章、文辞之关系，都可以说是"语录不文"说法的多层面投射。换言之，自语录这一著述形式盛行之后，其目录学归属、文体性质和渊源追溯，以及语录中的文学观表述无一不蕴含着它与文的复杂关联。因此本文从"语录不文"这个话题切入，在关注语录言辞俚俗的问题之外，希望从更广泛的层面来探讨"语录"与"文"的关系问题，以期深入揭示古人的"语录"观。

一、语录著作的发展及"语录类"观念的形成

古人对语录的认识建立在大量语录著作基础上，古人的语录观也就伴随着语录著作的产生、发展而逐步成型。是以在概念分析和文体界定之前，须用一种还原的眼光去观察语录著作的产生历程，已有研究者做过这方面的工作②，本文首先在前人基础上，进一步作出梳理。

著述和文章的体式需立足于大量具体的文本才能成立，语录亦是如此。

---

① 魏了翁：《隆州教授通直郎致仕谯君墓志铭》，《全宋文》，上海辞书出版社、安徽教育出版社2006年版，第311册，第200页。

② 参见任竞泽：《宋代文体学研究论稿》第八章《语录体》，商务印书馆2011年版；陈立胜：《入圣之机：王阳明致良知工夫论研究》第一章《语录体与理学家》，生活·读书·新知三联书店2019年版。

史志中最早著录的语录著作是孔思尚《宋齐语录》，刘知几《史通》卷十《杂述第三十四》云：

> 国史之任，记事记言，视听不该，必有遗逸。于是好奇之士，补其所亡，若和峤《汲冢纪年》、葛洪《西京杂记》、顾协《琐语》、谢绰《拾遗》。此之谓逸事者也。街谈巷议，时有可观，小说卮言，犹贤于已。故好事君子，无所弃诸。若刘义庆《世说》、裴荣期《语林》、孔思尚《语录》、阳松玢《谈薮》。此之谓琐言者也①。

很明显，在刘知几看来，孔思尚《宋齐语录》与刘义庆《世说新语》一样，以记言为主，文本性质属于史。从《太平御览》所引《宋齐语录》的内容可以看出，《宋齐语录》是言行并录的。夏德靠据此指出："'语录'应是'语'体的别称。"②但我们并不认为孔思尚对"语录体"有所认识。将记言的作品以"语"命名，是自先秦而来的常见现象。魏晋六朝，人们对"语"体有了较为一致的认识（以记言为主，兼及记事），而孔思尚《语录》所体现的即是先秦以来的"语"体观念。就像"语林""谈薮"一样，"语录"只是一种取名方式，而远未上升到文体意识的层面。在《宋齐语录》后没有立即兴起与《宋齐语录》相类的语录创作潮流，也能说明，彼时的语录尚未上升到文体层面，尚未被视为"语"体的别称。但我们可以说，彼时的语录是"语"体之下的一种著作取名方式。与《语林》之"林"，《谈薮》之"薮"不同的是，"录"乃是一种著述行为，甚而也被视为一种文体。如《文心雕龙·书记》便有"录"之一体，尽管其意与"语录"之"录"不尽相同，但说明"录"作为著述形式或文体形式，受到了关注。记录一个时代的琐言，具有"史"的性质，是以《旧唐书·经籍志》《新唐书·艺文志》均将其置于"史部·杂史"类。

以"语录"作为"语"体著作的名称，在宋代变得越来越常见。不过，情况又有所变化，"语录"中没有了像《宋齐语录》那样记录一代之语的作品。因事而录、因人而录成为最为常见的现象。《四库全书总目》之《重明节馆伴语录》提要云："考宋制，凡奉使伴使皆例进语录于朝。马永卿《嬾真子》记苏洵与二子同读《富郑公使北语录》，则自北宋已然。"③宋代文献有不少因

---

① 刘知几：《史通》，上海古籍出版社 2008 年版，第 193–194 页。
② 夏德靠：《〈论语〉文体的生成及结构模式》，《四川师范大学学报》2013 年第 1 期，第 113 页。
③ 永瑢等：《四库全书总目》卷五二，中华书局 1965 年版，第 471 页。

奉使之事而编著、进呈语录的记载，如苏辙《二论北朝政事大略》："臣等近奏敕差充北朝皇帝生辰国信使，寻已具语录进呈讫，然于北朝所见事体，亦有语录不能尽者，恐朝廷不可不知。"① 郑樵《通志·艺文志》、晁公武《郡斋读书志》、陈振孙《直斋书录解题》均有著录。或置于杂史，或置于地理，或置于传记，所重视的均是此类语录的"纪实"（即"史"）的性质。就历代目录的著录来看，此类奉使出行的语录作品在宋代之后便很少见到了。主要原因当不在于后来的奉使或出行者缺乏记言记事的自觉，而在于一旦没有了例进语录的制度和惯例，"语录"之名与出行记录之间的关联便被隔断，对于记录者（编撰者）来说，"录"比之于"语录"少了一层记言的负担。因此，将此类著作称为"语录"的必要性就降低了。

　　宋代大量出现的更引人瞩目的是以人为焦点的语录。这方面，关注者颇多。一般认为开此风气者乃禅宗语录，而后风气渐及理学门徒，最终形成中国古代语录的两大门类。有足够的文献支撑这一看法，如郑樵《通志·艺文略》于"释家"之下专列"语录"一类，并罗列"语录"著作五十六部，如《漳州罗汉琛和尚法要》《祖堂集》《百丈广语》《龙济和尚语要》《裴休拾遗问》，等等。之后赵希弁《郡斋读书附志》所列"语录"一类，则专收儒家语录，如《河南程氏遗书》《横渠先生语录》《延平先生问答》《师诲》《勉斋先生讲义》等。值得注意的是，郑樵、赵希弁所列"语录"门类之下的著作未必都以"语录"为名，这说明"语录"在南宋已经由单一的书名上升到了有一定囊括性的著述门类。尽管后来的目录学著作大多没有沿袭这一做法，单列"语录"一类，但北宋以来大量禅宗和儒家语录的出现，促发人们对"语录"这一著述形式形成共性认识，则是无可异议的。不过，倘若认为禅门和儒家提供了宋代个人性语录滋生的全部土壤，或未为的论。为师长、上司记录言行的风气一旦盛行开来，其影响和辐射力应当更为广泛、细微，而不仅仅及于禅门弟子和理学门徒。晁公武《郡斋读书志》"传记类"著录有《张忠定公语录》四卷，并云："皇朝张忠定公咏守蜀，有善政，其门人李畋纪其语论可以垂世者。"② 此外，《郡斋读书志》"传记类"著录《韩魏公家传》，乃韩忠彦"录其父琦平生行事"③，《魏国忠献公别录三卷》乃韩琦"门人王岩叟

---

①　苏辙：《栾城集》卷四二《二论北朝政事大略》，《苏辙集》，中华书局 1990 年版，第 748 页。

②　晁公武著，孙猛校证：《郡斋读书志校证》卷九，上海古籍出版社 1990 年版，第 377 页。

③　《郡斋读书志校证》卷九，第 386 页。

（王彦霖）记其言论事实"①。陈振孙《直斋书录解题》"传记类"作《魏公别录》四卷，另有《魏公语录》一卷，解题云："与《别录》小异而实同。《别录》分四卷，此总为一编。先后次第亦不同，而末一则《别录》所无，姑并存之。"②可见，《韩魏公家传》偏向于记录行事，《魏公别录》《魏公语录》偏向于记录言论。记录他人的行事、言论在宋代应该是普遍现象，晁公武就说过："近时多有家传、语录之类行于世。"③陈振孙《直斋书录解题》"传记类"还列有"《杜祁公语录》一卷，不知何人作。"④"《杜公谈录》一卷，雷泽杜师益等录其父务滋之言，王广渊作序。"⑤"《道乡语录》一卷，不知作者，记邹浩志完语。"⑥此类著述未被列入儒家和释氏类，说明他们不同于理学和禅门语录。

　　于是我们可以得出结论，宋代流行着记录师长、上司或其他名人言行的著述行为，进而产生了大量记言类作品，其中包括不少以"语录"为名的著作。记言的内容可能与为政相关，如《张忠定公语录》《魏公语录》，也有可能与诗文相关，如《钟山语录（王安石）》《唐子西语录（唐庚）》《三山老人语录（胡舜陟）》，也可能是禅门或儒家讲学之语。语录的内容视具体记载对象的身份、经历而定。很多语录篇幅都不长，大概也未获得与文集同等重要的地位，一旦未收入文集，便极易散佚，最后只有在目录著作或前人的摘录中留下些许线索。而禅门语录和理学语录因有师承传授和学脉的加持，被当作传播禅宗思想和理学观念的重要载体，因而愈发丰富和引人重视，形成北宋以后语录发展的两大主流。语录著作的涵盖面从普泛性、多领域缩小到禅门和理学，南宋以后的论者对"语录"之观念也随之类化与聚焦。

二、语录入集视角下的语录观

　　一旦语录在古人的思想中成为具有某种共性的著述门类，那为之编辑、归类则会潜涵着此种值得重视的共性认识。在语录盛行的宋代，图书的四部

---

① 《郡斋读书志校证》卷九，第378页。
② 陈振孙：《直斋书录解题》卷七，上海古籍出版社1987年版，第208页。
③ 《郡斋读书志校证》卷九，第386页。
④ 《直斋书录解题》卷七，第208页。
⑤ 《直斋书录解题》卷七，第209页。
⑥ 《直斋书录解题》卷七，第209页。

分类已经确立，别集编撰规模也远逾前代。在传统学术观念中，集部可以说是"文章"渊府，是"文"的集中呈现。因此，"语录"与"文"的关系可以调整成"语录"与"集"的关系。语录入集有两层含义，一是语录是否及能否被收入个人文集，二是语录著作是否及能否被列入集部。对于这两个问题，我们的目的不在于寻求标准答案，而在于通过对上述两个问题的梳理，揭示语录编辑和著录背后的观念。

古人编辑别集时收入语录的行为在宋代就已经出现，晁公武《郡斋读书志》"别集类"著录张咏《张乖崖集》十卷，解题中说道："钱易所撰墓志，李畋所纂语录附于后。"①后来陈振孙所著录的《乖崖集》则增加为十二卷附录一卷，语录不再居于附录，而是位于第十二卷②。邹浩《道乡集》最初由其子整理刊行，李纲序其集，云："其子柄、栩集公平生所为文，得古律、诗赋、表章、四六、杂著、传记、序述及紫微制草合为四十卷。"③查明成化六年邹量刻本《道乡先生邹忠公文集》，语录正在杂著部分，盖宋本便是如此。从作为文集附录，到位于末卷，再到置于杂著之中，这或能说明语录从文集边缘进入文集内部的过程，但同时也反映出语录不能划归于文集已有的文体分类当中，实现无缝融合④。

从目录学上看，比之于传统的经传注疏，儒家语录更具有独立性，基本等同于被记录者的个人著述。即便如此，宋人对儒家语录的目录学归属，也不是完全统一。南宋末赵希弁《郡斋读书附志》在晁公武《郡斋读书志》四卷基础上，增补了大量儒家语录文献。不过他没有将其归置到子部儒家类，而是在集部别集类之后、总集类之前，增列"语录"一类⑤。赵希弁没有对此安排予以说明，故不好下定论。以意度之，大概语录有存一家之语的功能，其意近于别集（存一人之文），故附于别集之后。赵希弁的《附志》不乏凌乱、敷衍之弊，但其有意将儒家语录置于集部，或能说明宋人对儒家语录文本性质和目录归属的认定还存在模糊不定之处。明晁瑮《晁氏宝文堂书目》"文集类"列有《龟山语录》《朱子语类大全》《朱子语录》，也是这一思路的

---

① 《郡斋读书志校证》卷一九，第 968 页。

② 国家图书馆藏宋咸淳五年伊赓崇阳县斋刻本《乖崖先生文集》便是如此。

③ 李纲：《道乡集序》，《道乡先生邹忠公文集》，明成化六年邹量刻本，第 3 页。

④ 所谓杂著，即用于安置那些不能归入文集已有文体分类的作品。明吴讷说："文之有体者，既各随体衰集；其所录弗尽者，则总归之杂著也。"见吴讷著，凌郁之疏证《文章辨体序题疏证》，人民文学出版社 2016 年版，第 187 页。

⑤ 《郡斋读书志》的集部分类中只有楚辞、别集、总集、文说，无语录。

延续。不过，整体而言，赵希弁的归类方法是目录著作中少见的，没有得到广泛的认可和接受。更为常见的做法是，将因事而作的语录，个人为政语录置于史部，将禅宗、儒家语录分别置于子部释家、儒学类，将论诗文的语录（如《唐子西语录》）置于诗文评类①。宋代郑樵《通志·艺文略》、晁公武《郡斋读书志》、尤袤《遂初堂书目》、陈振孙《直斋书录解题》大略如此，宋以后的目录著作中，也基本延续这一归类法则。

质言之，将儒家语录视为子部著述，是宋代以来的主流意见。这说明宋人对语录与文集差别的认识大体清楚且一致②。不论是在文集中的位置，还是在图书目录中的归属，语录都被视为与文集具有较大距离、隔阂的作品。前者是零散段落的汇集性著述，其形态与诗话、笔记更为接近③，后者主要以收罗诗赋等篇章之文为标志。尽管一些理学家的语录在宋代已经单独刊行，其文集也就没有重复收录的必要④，但语录入集的进程在宋代已经开始。自中唐以来，子书入集的现象逐渐蔓延，到了明清，别集的学术化、著述化性质愈发明显⑤，与这一过程相伴的是古人对文集的认识从汇集诗文等篇章之文逐步发展到汇集作者的所有作品，进而带有"全集""全书"的意味。语录入集即是子书入集的漫长发展过程中的一条脉络、一个侧面。宋代之后的文集编撰也有把语录置于附录、末卷、杂著的情况，不过，随着文集性质及编撰意图的演变，语录从文集边缘进入文集中心的情况越来越多见。有时还位于文集前几卷。如明刻元许衡《鲁斋遗书》八卷，首二卷为语录，末四卷为诗文。王守仁《王文成全书》，前三卷为《传习录》。冯从吾《冯少墟集》二十二卷，前十二卷均为语录。对于此类作者来说，语录比诗文更能体现他们的思想文

---

① 古代目录著作的部类设置和语录著录情况不尽相同，这里只是大略而言。"诗话"类著作，有的目录置于"文史类"，有的置于"诗文评类"。再如明代的一些目录著作将理学（性理）上升为经，相关语录也就被改置于"经部"。

② 即便是《附志》，也是将语录单列一类置于别集之后，而未将其与别集混同。

③ 这里暂不考虑篇章形式较为明确的问答体作品。

④ 如杨时的《龟山语录》最初便是单独刊行的，赵希弁《郡斋读书附志》、尤袤《遂初堂书目》、陈振孙《直斋书录解题》均有著录。而宋编刊的杨时文集，不包括《语录》，宋黄去疾《龟山年谱序》云："龟山先生之书，其《文集》《经说》《论语解》《语录》已刊于延平郡斋。"（《全宋文》，第353册，第76页）知其文集不包括语录。直至万历十九年（1591）林熙春刻本《龟山先生集》，才将《龟山语录》收入其中。其原因之一当然在于，杨时的语录已经另作刊行，没有再收入文集的必要。

⑤ 对此，参见王芊：《唐宋"子书入文集"考论》，《学术研究》2021年第8期；何诗海：《明清别集的著述化》，《华南师范大学学报》2021年第2期。

化地位和影响。

语录入集的过程代表"文集"所具备的"全书"性质得到突显，却不意味着古人已经将语录与诗文等篇章之文同等看待。《郡斋读书附志》将儒家语录归为集部的做法没有得到后人的广泛接受。原因除了语录是表达一家之言的著述形态，宜入子部的传统判断外，还因为语录不同于集部的篇章之文，在形态上构不成集部的核心内容。作为古代目录的集大成著作，《四库全书总目》在这方面极具典型性。在语录入集的问题上，它所展现的明确态度正可代表古人对该问题的主流认识。以下围绕《四库全书总目》作一分析。

与大多数目录著作一样，《四库全书总目》中独立成书的语录类著作主要著录于经、史、子当中，其中以儒家语录最多。因而，经部和子部儒家类的语录最为集中。对儒家语录文献的著录情况作一梳理，能够发现，独立成书的儒家语录未被列入别集。即便是书名以"集"命名，实际上为"语录"的著作，亦不入别集。如宋陈埴撰《木钟集》，《提要》云："虽以集为名，而实则所作语录。"①清刘鸣珂《砭身集》"虽以集名，实则语录"②。这两部著作均被置于子部儒家类。另，清张时为《张界轩集》提要云："首序传《目录》一卷，次《为学约言》四卷，次《读近思录纪言》一卷，次《六一寱言》一卷，次《丧礼去非》一卷，次《读左言》一卷，次《语录》一卷，次诗文六卷，故总以集名。然《读左言》、《语录》、诗文皆未刻，刻者皆讲学之书，仍以集名，非其实也。"③四库馆臣之所以不将其纳入集部，核心原因正在于《张界轩集》中本当有的六卷诗文未能刊刻。由此观之，纳入集部的作品一定要有诗文，成为《四库全书总目》最显见的标准。

那么，对于既含有语录，又含有诗文的著作，到底是归入子部儒家，还是归入别集呢？对此《四库全书总目》没有明确的说明。此类著作有的依旧被排斥在集部之外，如明刘阳撰《刘两峰集》，包括《论学要语》一卷，《洞语》一卷，《接善编》一卷，《人伦外史》一卷，前三者基本是语录形态，而《人伦外史》包含墓志、传状、诗咏。殿本《四库全书总目》云："虽总为一集，实未可著录于集部，故仍以语录为主，隶之儒家类焉。"④而浙本则将著录

---

①　《四库全书总目》卷九二，第784页。

②　《四库全书总目》卷九八，第834页。

③　《四库全书总目》卷九七，第822页。

④　永瑢等：《钦定四库全书总目》卷九六，《景印文渊阁四库全书》，台湾商务印书馆1986年版，第3册，第95页。

书名改为"《论学要语》一卷、《洞语》一卷、《接善编》一卷、《人伦外史》一卷"①，并云："旧总题曰《刘两峰集》，然实非诗文之属，未可著录于集部。故分列其目，隶之儒家类焉。"②如此归类，大概是四库馆臣认为前三卷乃《刘两峰集》的主体。再如明钱德洪撰《绪山会语》，提要云："前四卷为会语讲义，五、六两卷为诗，七卷以下为杂文，第二十五卷则附录墓表志铭。虽其诗文全集，而大致皆讲学之语，故仍总名曰《会语》。今亦著录于儒家焉。"③按理而论，二十五卷《绪山会语》中，会语讲义仅占四卷，比例并不高，提要为何判定其"大致皆讲学之语"，因未见原书，不能细论了。

更为常见的情况是，将包含诗文、语录的著作纳入别集，如宋杨时《龟山集》四十二卷，有《语录》四卷；元许衡《鲁斋遗书》八卷，有语录二卷；明杨爵《杨忠介集》十三卷，有语录一卷；清潘天成《铁庐集》三卷，有语录两卷。值得留意的还有，别集中有的著作语录比例过高，如明湛若水《甘泉集》三十二卷，绝大部分是语录，提要也说："盖语录居十之九，诗文其余赘耳。"④但依旧未将其从别集移出，置于子部儒家类。殊不可解。可见，对于兼具诗文和语录的作品，目录学上如何归置，《四库全书总目》没有一个明确的标准。即便如此，我们也能在上述分析基础上作出如下判断：在别集突破篇章之文的编撰传统之后，篇章之文依旧被视为集部的核心要素。无篇章之文，即便以"集"为名（再如旧题宋王逵《蠡海集》、明张位《问奇集》），不会被置于集部，纯语录著作自然也不能入集⑤。入集的作品必须有篇章之文，但有篇章之文的著作未必能入集。质言之，著作中有篇章之文是入集的必要非充分条件。

此外还需关注的是佛家语录，四库馆臣对儒家语录和佛家语录的态度有所不同。古人的文集编撰，作品的顺序体现着编者的著述思想或价值观念。四库馆臣认为杨杰《无为集》、杨士奇《东里集》、倪谦《倪文僖集》均将与佛、道相关的文章单独成卷，置于文集末尾，即是为了保证文集主体部分思想的纯正。但四库馆臣不认可此举，以韩愈、胡寅、真德秀等名家大儒为例，

①　《四库全书总目》卷九六，第 810 页。

②　《四库全书总目》卷九六，第 810 页。

③　《四库全书总目》卷九六，第 812 页。

④　《四库全书总目》卷一七六，第 1568 页。

⑤　需要指出的是，四库馆臣认为"奏议皆关国政，宜与诏令并为一类，不宜列之于集"（《四库全书总目》卷一七三，第 1530 页），将余缙《大观堂文集》入史部。另外，《龙溪语录》虽名为"语录"，实则包含了文章，故《四库全书总目》认为此书就是王畿的文集，从而将其置于"别集"类。

说明文集中都有与佛道相关的文章，传统如此，没必要强为分别。并说道："盖文章一道，随事立言，与训诂经义，排纂语录，其例小殊。"① 这句话颇可玩味，在四库馆臣看来，文章与经义训诂、语录不同，前者随事立言，可不用拘泥于是否与佛道相关，言下之意，经义训诂、语录乃是专门阐述思想的文本。文章不用拘泥，但经义训诂、语录却要根据其表达的思想区别对待。在思想的集中度和影响力上，佛家语录必然远甚于一般的篇章之文。古人编撰文集时有内外集之分，一般来说，内集重要性大于外集。对于僧人的文集，内集往往是阐说佛家思想的作品，外集则是诗文。如宋释道璨《柳塘外集》，提要云："所著别有《语录》，故此以《外集》为名。释氏以佛典为内学，以儒书为外学也。"② 明僧宗泐《全室外集》，提要云："是编题曰'外集'，盖释氏以佛经为内学，故以诗文为外。犹宋释道璨《柳塘外集》例也。"③ 清释敏膺《香域内外集》，提要云："《外集》诗文凡七卷，《内集》五卷，皆语录、偈语，盖释家以释为内学，儒为外学耳。"④ 将这几条材料合而观之，不难判断，僧人的语录正是佛家内学。由此我们再来看，《四库全书总目》中的集部别集类相当于一个大的诗文集。从文体上讲，诗文集一定要收罗诗文作品；从思想立场上讲，则要大体保持儒家思想的纯正性。儒家语录（以及其他儒家著述）虽然非诗文，但不害其思想之醇正；涉及佛道的单篇文章，因随事立言，不会被排除出去⑤。但是佛家语录就不一样了，需予以警惕。元释大圭《梦观集》本二十四卷，前三卷《梦法》《梦偈》《梦事》是语录，后二十一卷为诗文，正好符合僧家文集的内外之分。四库馆臣则坚决删除前三卷，并一同删掉具有释家本色的杂文，将剩下的古今体诗编为五卷。提要明言："《梦法》《梦偈》《梦事》者，皆宗门语录，不当列之集中。"⑥《四库全书》中收录的僧人别

---

① 《四库全书总目》卷一六九，第 1465 页。

② 《四库全书总目》卷一六五，第 1411 页。

③ 《四库全书总目》卷一七〇，第 1479 页。

④ 《四库全书总目》卷一八五，第 1680 页。

⑤ 四库馆臣对宋儒文集中杂有佛老二氏之作，也持有形宽实严的态度。参见何宗美《〈四库全书总目〉明人别集提要考辨——以〈宋景濂未刻集提要〉为例》，《文艺研究》2012 年第 2 期。

⑥ 《四库全书总目》卷一六七，第 1450 页。

集，均未有成卷的语录①。

《四库全书总目》虽是个案，但在反映古人的"语录"观，及其对集部的认识方面颇具代表性。文集在收录篇章之文的同时，也收录以表达思想为主的著述，即便后者的分量越来越大，诗歌及篇章之文依然被当作"集"之为"集"的核心要素。这一观念在清代虽遭到了冲击，但似未被完全颠覆。由此体现的语录与篇章之文的差异性，或可作为"语录不文"的一个层面的解读。此外，语录一旦被视为记录思想的文本，对思想的审察会介入、影响古人对文本性质和文本归属的判断，《四库全书总目》别集部分斥佛家语录而不避儒家语录即为一例。佛家语录与儒家语录之关系，也会因这层思想审察的介入而带来某些主观建构的色彩，这一点后文会论及。

三、篇章之体与著述之体：对"语录体"的双维审视

语录入集的问题折射出古人对语录与篇章之文的差异的认识，这种差异首先立足于文本体式。是以从古代文体分类的视角入手，自然能更清晰地看到语录与篇章之文的差别，更重要的是，在我们把"语录体"理所当然地看作文体的情况下，这一视角提醒我们重新审视以下问题：语录是否以及在何种程度上被古人当作一种"体"。

谭家健《先秦散文艺术新探》简要归纳出语录发展的三个阶段："一是以先秦的《论语》《孟子》为代表的早期语录，二是汉唐时期《法言》《中说》一类的拟语录；三是宋明时期理学家的新语录。"②并言语录"业已成为一种专门的文章体裁"③。其他研究者未必完全同意谭先生的归纳，但把语录视为一种文体，则是共同的倾向，"语录体"一词的出现加深了此一认识。文体的产生、发展，文体形式的稳定，文体意识的形成、变化（或调适）是一个漫长且复杂的过程。用已经提炼或抽象出来的"语录体"概念去界定和归纳古代作品，进而梳理文体发展脉络，自是必要之举，同时我们也要清楚，此种归纳可被

① 尽管部分别集可能包含具有语录性质的篇章，但整体而言无伤大雅。如《石门文字禅》有"记语"一类，有点像"语录"，但数量少，且篇章形态较浓。另外，释敏膺《香域内外集》内集为语录、偈语，外集为诗文，仍旧被四库馆臣置于集部。大概因为此书仅是存目，故四库馆臣便没有像对待《梦观集》那样严苛。

② 谭家健：《先秦散文艺术新探》，首都师范大学出版社 1995 年版，第 19—20 页。

③ 《先秦散文艺术新探》，第 20 页。

视为语录这一文体意识清晰之后进行的文体溯源和文体清理，且一定程度上是现代学术研究的产物。"语录"与"语录体"不完全是一回事，就笔者所见，古代似没有明确提出"语录体"这一概念。在宋代以后，由于大量语录的出现，人们对语录这一著述形态的共性有所认识，但这是否意味着他们已经从"文体"和文体学的高度和立场来审察语录及语录体，尚不可轻断。

古代的文论（特别是文话）著作中讨论文体，进行文体分类的内容很多，但几乎没有涉及语录。不论从"语录"一词的来源，还是语录著述的体式性质，语录都无可异议地属于"语"体。语体的范围颇广，且起源甚早，《毛传》云："直言曰言，论难曰语。"① 此类分别"言""语"含义的论述在先秦两汉有不少，但也有学者指出，先秦典籍中，"语""言"有时也可通用②。不过在古人的文体分类中，专门提及"语"体的并不多。其中有两个例子颇可留意。明谭浚《言文》下专门论列各类文体，他秉持文体原出于五经之观念，认为"论、说、序、词，宗于《易》"，并指出"说、难、言、语、问、对，说之流也"③。对于"语"，其罗列的代表作品是《论语》《国语》《新语》。清吴曾祺《文体刍言》论辨类有"设论""难""对问""言""语"诸门类。其中论及"语"则云："古人著书多以语为名，《论语》以外，如《国语》《家语》之类，而文体中无此称，唐宋以来偶见之。"④ 这几句话准确揭示了一个道理，即"语"时常被当作著述的名称，文辞篇章很少以"语"为名。在古代文体分类中，文体名称被用作篇名，是该文体名称得以命名的重要标志，如赋、七体、论、序、表等，而"语"极少冠于篇章之文的名称上。宋代以来，在以文章学为基础的文体分类中，自然难以见到语体的身影。语录是语体下一类著述的通称，跟语体一样，难以纳入文体分类框架，就像文体分类中我们也见不到诸如"笔记""诗话"的身影一样。

需要注意的是，与语体、语录密切相关的两类文体却时常在文体分类中出现，通过比较分析，更能清楚语体、语录未被纳入文体分类的原因。首先，语体当然是后人追溯"语"这一创作传统时的文体命名，笔者认为，在先秦"语"本身似没有非常明确的文体意识，而更多的是某

① 郑玄笺，孔颖达疏：《毛诗注疏》卷十七，上海古籍出版社 2013 年版，下册，第 1614 页。
② 参见傅刚：《略说先秦的语体与语书》，《中山大学学报》2013 年第 5 期，第 2 页。
③ 谭浚：《言文》卷上《源流》，王水照：《历代文话》，复旦大学出版社 2020 年版，第 3 册，第 2327 页。
④ 吴曾祺：《涵芬楼文谈附录·文体刍言》，《历代文话》，第 7 册，第 6635 页。

种著述或某种文献记录的类名。著述之类名与文体之类名尚不可一概而论。已有学者指出，中国古代的文体生成往往与文本的行为性质直接相关①。"语"对行为性质的规定太过笼统宽泛。文章内容的丰富、著述行为的丰富必然使得"语言文辞"所囊括的不同行为性质的文本发生分化，从而演化出不同的文体。如上之告下曰"命"，下向上进言曰"奏"，以至于"制""诏""典""谟""训""诰""誓""命""教""令"等等，都根据具体的行为性质，形成逐步细化的文体分类②。而具有统称性质的"语"在文章文体的分类中自然失去了优势。

其次，格言和问答是语体（包括语录）文献的基本组成元素。可以说，问答确实具有典型的语体特征。设为问答以作成文章，这是先秦两汉就已出现的情况。萧统《文选》便有"对问""设论"两类，《文心雕龙·杂文》也论述了"对问"一体。"对问"（有的叫作"问对"）一体在后来的文体分类中基本都会出现。明吴讷《文章辨体》云："问对体者，载昔人一时问答之辞，或设客难，以著其意者也。"③明徐师曾说道："问对者，文人假设之词也。……古者君臣朋友口相问对，其词详见于《左传》《史》《汉》诸书。后人仿之，乃设词以见志，于是有问对之文。"④同时也指出"词有对问，名入别体"⑤的现象。清吴曾祺《涵芬楼文谈》在介绍了"设问"一体之后说道："至于宋以来之学案，则有置问语于前，列答辞于后，得数十条，或百余条，而因成一编者，此则不在作文之例，而其意固未始不相符也。"⑥可以看出，古人从未将语录视为文体，在以篇章为基础的文体架构中，没有语录的位置。所谓"语录不文"也可以从这个角度来理解。

在古人眼中，语录非文章之体，而是著述之体。因其非文章之体，故未能在以篇章之文为基础的文体架构中占据一席之地。有时候，古人对文体的论述也会兼顾著述与文章。但即便如此，语录也未像现代学术语境中的"语录"那样获得文体学意义上的类名。比如宋陈骙《文则》所论主要是先秦典籍，其论"载言之文"部分未提及"语录"二字，分析《论语》《家语》，也

---

① 参见赵辉：《行为性质与中国古代文体的确立》，《文学遗产》2015年第4期。

② 张表臣：《珊瑚钩诗话》对每一种文体所蕴含的行为性质有简要的罗列，参见何文焕《历代诗话》，中华书局2004年版，上册，第476页。

③ 《文章辨体序题疏证》，第220页。

④ 徐师曾：《文体明辨序说》，《历代文话》，第2册，第2105页。

⑤ 《文体明辨序说》，《历代文话》，第2册，第2105页。

⑥ 吴曾祺：《涵芬楼文谈》，《历代文话》，第7册，第6619页。

只言"夫子与当时公卿大夫及群弟子答问之文"①，并未用"语录"一词囊括《论语》《家语》类著作，尽管彼时禅宗语录和儒家语录已经极为流行。元陈绎曾《文章欧冶》"古文谱五"之"文体"：分叙事、议论、辞令三大类，叙事类有"录"，有"述"，把《孔子家语》归入"述"（述先人之行）。议论类无"语"，但有"对"，云"答问之解，《左传》，对策，对问，孟子"，并将《家语》纳入其中②。再如明胡直《论文二篇答瞿睿夫》言古今文不一体，秉持"篇章著述之体原出于儒家经典"之传统观念，在"五经"之外，将四书也纳入文章著述之源头。其中说道："《论语》变为《法言》《中说》，为后之语录不一体。"③此种溯源的方式已较为接近今人的文体分析。然即便如此，上述几例依旧反映出，古人对语录"类"的认识主要还是局限于禅门和宋儒语录。在文体辨析及源流分析中，语录之渊源即便被逆推至《论语》，"语录"一词仍旧未上升到囊括《论语》在内的所有同类著作的文体术语，更未形成一种建构此类著述体制框架的统一认识。直至近代，情况似没有太大变化。比如，来裕恂《汉文典·文章典》所论之文包括"撰著之文"与"集录之文"，其文体分类既考虑了隶属于"集录之文"的诗赋篇章，也考虑了撰著之文。该书文体部分列有"问答""答问"等体，他于"问答"下云："问答者，一问一答。其体古书中甚多，东坡有《问答录》一卷。"④"答问"下云："答问者，就所问而答之，用之于师弟授受者为多。"⑤以今人眼光视之，《问答录》可被视为语录，而"师弟授受"一语则直接让人联想到师门传授的语录。然而，来裕恂秉持了自宋而来的惯例，没有将"答问"改为"语录"或"语录体"，也没有在文体分类中另列"语录"一类，而是在《种类篇》之《属于通俗之种类》中列出"语录之文"一类。在《属于通俗之种类》的开头，作者对这类著述也以"文体"称之，但随即说它们鄙俚亵秽，虽流行于社会，但"不足以与于古作者之林"⑥。很明显，人们围绕语录形成观念依然难以摆脱禅门和理学著作的阴影。

　　总之，语录始终没有成为一种文体名称，在古人以篇章之文为基础建构的文体框架中占据一席之地。相反，同样具备语体性质的对问，因容易以篇

①　陈骙：《文则》，《历代文话》，第 1 册，第 161 页。

②　陈绎曾：《文章欧冶》，《历代文话》，第 2 册，第 1257 页。

③　胡直：《胡直集》卷十四《论文二篇答瞿睿夫》，上海古籍出版社 2015 年版，第 281 页。

④　来裕恂：《汉文典·文章典》，《历代文话》，第 9 册，第 8649 页。

⑤　《汉文典·文章典》，《历代文话》，第 9 册，第 8649 页。

⑥　《汉文典·文章典》，《历代文话》，第 9 册，第 8683 页。

章形态出现，得到古代文体论的持续关注。以古代文体或文章体裁的角度来认识和界定"语录体"一词，也就缺乏历史依据。把语录当成宋代以后某一类著述的通称，进而认为古人通过大量的语录著作达成了对语录这一著述形态的共性认识，当然是没问题的。但也要清楚，禅门语录与儒家语录的盛行，带来的古人对语录"类"的认识，同时也在一定程度上限制了语录上升为更高层次的、囊括力更广的文体学术语。已有学者指出"语录"与"语录体"不是一回事，认为"'语录体'兼具'语录实体''语录文体''语录语体''语录风格''语录体语篇'的概念意义"①，所言极为全面。不过，今人的分析难免有概念先行的弊病。语录体的意涵直接源于人们的语录观，而语录观建立于大量语录文本的感受和观察之上。将《论语》作为感受语录体的文本，与将禅门著述作为感受语录体的文本，其最终效果很可能是不一样的。如果我们将古人所说的"某某有语录之体""某某似语录"等视为"语录体"的另一种表述的话，那必须清楚，语录体的内涵离不开具体的历史文化语境，甚至在古今之间也经历了某些值得注意的嬗变。

四、远传统与近传统：体式溯源背后的观念驱使

语录既具有"语"的文体共性，也具有"录"的行为性质。后人对语录的认识很大程度建立在禅宗语录和儒家语录基础上，故在语体的基本形式（包括格言、问答等元素）之外，"门弟子记录老师的言行"成为体现"语录"行为性质的重要元素。对上述共性的把握必然带动古人对"语录"著述传统的溯源。首先需要承认，此种溯源所依据的语录行为性质和文本共性都是客观真实的。不过，客观真实的结论背后未必是像今人文体学研究那样平允中立的立场和纯学术的动机，在缺少文体学视角的情况下，古人对语录体制溯源背后的思想观念是需要我们特别留意的。

今人提及"语录"，必然想到《论语》。古人也是如此，依所见文献，较早将语录编著行为与《论语》相联系的是朱熹。程颐、尹焞都曾表达过语录乃他人所录，未必可靠，看伊川语录不如看其自著的《易传》。朱熹对此持不同意见："孔子删《诗》定《书》，系《周易》，作《春秋》，而其徒又述其

---

① 祝克懿：《"语录体"的源起、分化与融合考论》，《当代修辞学》2020年第4期，第65页。

言，以为《论语》，其言反复证明，相为表里，未闻其以此而废彼也。"① "如是则孔氏之门亦可以专治《春秋》，而遂废《论语》矣，而可乎？"② 朱熹引入《论语》的目的虽在于批驳"语录不可用"之观念，但内中却潜存一种心思，即将二程语录（以至于理学家语录）视为远绍儒家经典《论语》的重要文本。《朱子语类门目》云："周程，所以上继孔孟也。"③ 时人还有将明道比颜子，伊川比孟子之说法。道统论自韩愈倡导之后，成为儒者树立权威、标榜自身的一种手段。宋代理学家对韩愈之道多有批评，对汉儒的训诂学问也有所不满，于是除了强调思想内容继承孔孟之外，在某些著述方式上远绍孔孟，也是理学门徒们突显继承儒家道统的重要方面。由此建立的儒家语录与《论语》的渊源关系便带有一种颇为主观的道统建构意图。宋蔡杭《徽州刊朱子语类后序》起首便云："《论语》一书，乃圣门高弟所集，以记夫子之嘉言善行，垂训后世。《朱子语类》之编，其亦效是意而为之者也。"④

在儒家语录产生之前，效《论语》而成书的，尚有扬雄《法言》，王通《中说》等，其与《论语》及儒家语录的相似性也容易被论者抓住，成为探讨语录著述渊源的一条线索，前述胡直《论文二篇答瞿睿夫》便是如此。不过，在理学家运用和推崇语录的语境下，《法言》《中说》这条语录传承的线索并不为其所强调。远绍孔孟依然是提高语录身价的主要手段。如元何异孙《十一经问对》采朱熹"或问"之体，设为问答，形式上与语录相近，其中有一条曰：

> 问：孔子在时，弟子门人已记录之否？
> 对曰：孔子没，门人以平日所记辑而录之，如今之语录。此书虽成于曾氏之门人，其门人亦必采于诸子之门弟子，以成其篇帙③。

再如清李颙《四书反身录》乃门人所记语录，《论语》部分首句便云："《论语》一书，夫子之语录也。"⑥其后又云："其实一部《论语》，正言处皆是法语，婉

① 朱熹：《尹和静手笔辨》，《朱子全书》，上海古籍出版社、安徽教育出版社2002年版，第24册，第3459页。

② 《尹和静手笔辨》，《朱子全书》，第24册，第3459页。

③ 黎靖德：《朱子语类》，中华书局1986年版，第1册，第30页。

④ 《朱子语类》，第1册，第10页。

③ 何异孙：《十一经问对》，《景印文渊阁四库全书》，第184册，第346—347页。

⑥ 李颙：《四书反身录》，《续修四库全书》，上海古籍出版社2002年版，第165册，第257页。

导处皆是巽语。即《六经》《学》《庸》《孟子》，先儒语录，千言万说，莫非法语、巽语。"① 对语录的推崇和重视，"《论语》一书，夫子之语录也"一语已然揭示得非常清楚了。另外，强调语录的正面价值是儒家语录序的惯常写作方式，这种吹捧式的写作思路虽不免应酬、客套的嫌疑，但却可以代表理学家对儒家语录之地位、意义的集中思考和表达。宋儒语录的兴盛，很大程度上缘于宋儒师门讲学风气的流行，《论语》正是圣人讲学的经典文本，明代讲学风气亦不减两宋。于是讲学之风便被当作远承圣人学脉的重要表征，进而成为建构突显宋儒和明儒地位的道统的一条线索。明冯从吾《吕泾野先生语录序》便采取了这一方式，其开篇云："夫讲学创自孔子，至孟子没而失传。中兴于宋，而禁于宋。宋之不竞，奚惑焉。洪惟我二祖开基，崇儒重道，以讲学为令甲，举宋儒所讲者一一见之行事。"② 以讲学为线索，既勾连了自孔子而来的儒学传统，又推重了语录的价值意义。再如清初刘榛《我庵语略序》着重从"引人以入道之心""尊师重道之心"两方面强调宋以来的儒家语录与《论语》的一脉相承，并特意批评《法言》《中说》"徒摹其言者，不足以邀人信从"③。清俞长城《二程摘要序》在叙述完孔子、颜子、曾子、周敦颐、二程的儒学统序后，直言："语录之传，始于孔子。"④ 并将《二程摘要》类比《论语》流传中的"鲁论"，以程门比附孔门的意图充分突显出来，语录也在这种比附中获得了不容置疑的儒学价值。

当然，如何看待宋儒语录，主要取决于论者所持的立场。将宋儒语录之渊源逆推至《论语》，具有为语录正名、抬高语录身价的效果，背后还可能潜藏着对宋学的推崇。汉学与宋学之优劣乃清代学术领域重要的思想论争，清人对语录的认识往往与汉学、宋学之争挂上钩，由此而来的文体溯源随之带上学术立场。四库馆臣虽对汉学、宋学的优长各有评骘，但并不讳言宋学（特别是道学）之弊端。《四库全书总目》多次言及语录，但从未将《论语》与语录直接挂钩，也未有李颙"《论语》一书，夫子之语录也"这样的提法。朱熹的孙子朱鉴将《朱子语类》中论《易》之语汇编成《朱文公易说》，《总目》对该书的提要云："昔郑玄笺注诸经，其孙魏侍中小同复裒其门人问答之词

---

① 《四书反身录》，《续修四库全书》，第 165 册，第 293 页。

② 冯从吾：《冯少墟集》卷十三《吕泾野先生语录序》，《明别集丛刊》第四辑，黄山书社 2016 年版，第 49 册，第 263 页。

③ 刘榛：《虚直堂文集》卷二《我庵语略序》，《四库未收书辑刊》，北京出版社 2000 年版，第 7 辑，第 25 册，第 23 页。

④ 俞长城：《俞宁世文集》卷三《二程摘要序》，《四库未收书辑刊》，第 9 辑，第 21 册，第 76 页。

为《郑志》十一卷。鉴之编辑绪言，亦犹此例也。"①《性理大全书》的提要云："考自汉以来，弟子录其师说者，始于《郑记》《郑志》，是即后世之语录。"②《四库全书总目》不特意强调宋儒语录与《论语》的渊源，而将其与汉学中的《郑志》并列而论，打破了理学家借助宋儒语录对《论语》的传承超越汉儒而以道统自高的意图，有将汉学与宋学置于同传儒学的对等位置，不主观拔高宋学的意味。并且，四库馆臣对某些理学家将宋儒语录类比《论语》，将周程诸子类比圣人的做法颇为不满。效仿《论语》，不免被视为自拟为圣人的僭经行为，《法言》《中说》因此被《总目》批评。《续孟子》的提要云："昔扬雄作《太玄》以拟《易》，王通作《中说》以拟《论语》，儒者皆有僭经之讥，蔡沈作《洪范九畴数》，《御纂性理精义》亦以其僭经，斥之不录。"③《中说》之提要云："摹拟圣人之语言自扬雄始，犹未敢冒其名。摹拟圣人之事迹则自通始，乃并其名而僭之。后来聚徒讲学，酿为朋党，以至祸延宗社者，通实为之先驱。"④宋儒语录建立在讲学基础上，实有树立新的儒家人格标杆的效果，以上两段文字虽未明言，实际上隐约地批判了将宋儒语录远绍《论语》的观念。进而言之，前引《中说》提要的最后一句有暗指宋学之意图，宋儒通过讲学私相标榜，自立门户之风气引起四库馆臣的不满，《四库全书总目》"儒家类一"末尾的案语云："以上诸儒，皆在濂、洛未出以前。其学在于修己治人，无所谓理气心性之微妙也。其说不过诵法圣人，未尝别尊一先生，号召天下也。中惟王通师弟，私相标榜，而亦尚无门户相攻之事。今并录之，以见儒家之初轨，与其渐变之萌蘖焉。"⑤在"别尊一先生，号召天下"的过程中，宋儒语录的贡献实在不小。从僭越圣人、带动讲学之风这个角度来看，《四库全书总目》反倒是拉近了宋儒语录与王通《中说》的距离。

《四库全书总目》除了不强调《论语》与宋儒语录的渊源关系外，还时常流露出对语录言辞俚俗的不满。批评宋学及宋儒语录的现象当然不始于《四库全书总目》，站在批判的立场下，即便论者承认在行为性质等客观元素方面，宋儒语录与《论语》有相通之处，但也会更加强调二者之间的差别。在文辞上，《论语》是文质相符的代表，语录则因俚俗而被打上"不文"的标签。

---

① 《四库全书总目》卷三，第 18 页。

② 《四库全书总目》卷九三，第 790 页。

③ 《四库全书总目》卷九一，第 775 页。

④ 《四库全书总目》卷九一，第 774 页。

⑤ 《四库全书总目》卷九一，第 776 页。

这是批评者攻击宋儒语录的一个重点，也是部分理学家反思语录弊病的重要方面。在这一点上，论者时常将宋儒语录与禅门语录并列而谈。如果承认禅门语录对宋儒语录产生了影响，那其影响主要体现在以下三方面：一是行为性质（门人弟子记录师长的言行）的示范；二是语言形式的示范；三是禅宗思想的渗透。奇怪的是，论者大多不会从师门讲学记录的角度深挖宋儒语录与禅门语录的关联，而禅宗思想的渗透有更广泛的社会基础和文化背景，并非只体现在语录上面。总之，在宋儒语录与禅门语录的近源关系中，语言形式最受关注。然而，在基于语言文辞的客观考察背后，将宋儒语录溯源于禅门语录是否也有某种观念的推动呢？庆元党禁中，朱熹等人被韩侂胄一派视为伪学、逆党。朱熹死后，四方奔讣者甚众，施康年上奏疏，大批朱氏之学，其中说道："观其文，则对偶偏枯，亦如道家之科仪；语言险怪，亦如释氏之语录。"[1]并建议"惟不得涉于道家之科仪，释氏之语录，与其他怪僻之语出于伪徒之口者，场屋所当悉禁，市肆不得复鬻其文"[2]。施康年评论朱氏之文时，将其与"道家之科仪，释氏之语录"相并列，真正目的不在于客观追溯其文风来源，而在于指明朱氏之学与道家、释家一样属于异端，不容于正统思想。这再次说明文体溯源背后的观念推动值得注意。

明代杨慎对语录之无文颇为反感，他曾说："至宋时，僧徒陋劣，乃作语录，始有喝棒咄咦之黐态，屎厥狗子之鄙谈。今以宋僧语录上比罗什之经论，不啻玉石。宋之儒者亦学僧家，作语录，正犹以俚音市语，而变易乎正音。"[3]禅门语录用语与传统雅言的差别不只在于能否真正达到"辞达"的效果，更显示出语体的正邪与其价值的高下之别。再如，明梅守箕云："程门弟子求竞于世，而别立道学于文学之外，效禅家语录，而以不成文之言，笔之为书。"[4]钱大昕云："释子之语录，始于唐，儒家之语录，始于宋。儒其行而释其言，非所以垂教也。"[5]江藩云："儒生辟佛，其来久矣，至宋儒，辟之尤力。然禅门有语录，宋儒亦有语录，禅门语录用委巷语，宋儒语录亦用委巷语。夫既

---

① 李心传：《道命录》卷七下《言者论伪徒会送伪师朱某之葬乞严行约束》，《续修四库全书》，第517册，第545页。

② 《道命录》卷七下《言者论伪徒会送伪师朱某之葬乞严行约束》，《续修四库全书》，第517册，第545页。

③ 杨慎：《丹铅续录》卷七"活泼泼地"条，《景印文渊阁四库全书》，第855册，第199页。

④ 梅守箕：《梅季豹居诸二集》卷九《汤嘉宾集序》，《四库未收书辑刊》，第6辑，第24册，第551页。

⑤ 钱大昕：《十驾斋养新录》卷十八"语录"条，江苏古籍出版社2000年版，第382—383页。

辟之而又效之，何也？盖宋儒言心性，禅门亦言心性，其言相似，易于浑同，儒者亦不自知而流入彼法矣。"①以上论述都抓住了"禅门语录与儒家语录都用俚俗之语"这一不争的事实，然而，这一不争的事实也无可异议地隐含着一种主观的价值判断。禅门语录在前，儒家语录在后，是以儒家语录对俚俗言语行为的效仿，难免不被视为儒者流入禅的一个标签。明刘绘就认为宋儒语录之俚俗是因"宋儒之学多杂二氏，玩其辞而不自觉"②。在很多论者看来，这就是理学放弃儒家正统话语的表现。明杨巍《嘲儒》："尼父不言静，后儒何怪哉。纷纷诸语录，皆自五灯来。"③不仿前圣，而仿释家，与持正统观念（特别是辟佛）的儒者看来，宋儒是学坏了。清初韩菼颇推崇宋儒，但也不讳言宋儒语录之弊端。他专门写了一篇《诸儒语录论》（这是目前见到的唯一一篇专论语录的文章），就把宋儒语录之俚俗无文归结到受禅宗语录影响，说到"自朱子而后，诸儒之语录盛行，与佛书交杂，其言之无文同，其书之义例同，要为以儒而入于释之渐，不可不慎也"④。

可以说，《论语》与禅门语录分别成为宋儒语录的远传统与近传统，这种传统有客观基础，但也不能否认古人不同立场下的建构之力。古人通过对远传统和近传统的强调，搭建了对宋儒语录的一种批评场域。以儒者眼光来看，《论语》居于上位，禅门语录居于下位。论者或是拉近宋儒语录与《论语》的关系以推崇之，或是强调宋儒语录与禅门语录的渊源而批判之，都不免受到儒学导向下主观价值判断的驱使。因语录未被视为文章体裁，故未能在古代文体分类的论述中得到如"原始以表末，释名以章义，选文以定篇，敷理以举统"⑤般客观、科学的分析，是以古人对语录体制的溯源因主观价值的介入而夹杂着某种立场偏向和主观色彩。或许有论者会问，宋儒语录学禅门语录而带有言辞俚俗之病，不是有大量文本的依据吗？古人只是据实批评，而未必能说古人有价值偏向。此言差矣，因为以言辞俚俗为病，本就带有了价值偏见。传统观念下，俗语比之雅言，终究要低一个档次。只有到了清末打破雅言一尊的地位，强调言文一致，重视白话文的时候，情况才会发生变化。

---

① 江藩著，钟哲整理：《国朝汉学师承记（附：国朝经师经义目录、国朝宋学渊源记）》，中华书局1983年版，第190页。

② 刘绘：《与王翰林槐野论文书》，黄宗羲《明文海》卷一五二，《景印文渊阁四库全书》，第1454册，第600页。

③ 杨巍：《存家诗稿》卷六《嘲儒》，《景印文渊阁四库全书》，第1285册，第529页。

④ 韩菼：《诸儒语录论》，《皇清文类》卷八，《景印文渊阁四库全书》，第1449册，第537—538页。

⑤ 刘勰著，范文澜注：《文心雕龙注》卷十《序志》，人民文学出版社1958年版，第727页。

王葆心论及言文合一，便说"宋人已开此境"①，并以宋代的语录为代表之一。胡适《国语文学史》推崇禅宗白话语录，说："语录的白话散文，由禅宗侵入儒家，到南宋时，更发达了。"②古人眼中宋儒语录学习禅门语录的"堕落"行为，在胡适等人看来，似乎成了突显语录文学价值的"向上一路"。总之，透过前人的语录体制的溯源，我们看到的是汉学与宋学、儒学与禅门、古学与今学之间思想和话语的对立及观念嬗变。

（作者单位：江南大学人文学院）

---

① 王葆心：《古文辞通义》，《历代文话》，第 8 册，第 7168 页。

② 胡适：《白话文学史》附录《国语文学史》，百花文艺出版社 2002 年版，第 299 页。

"以意逆志"：先秦儒家话语方式的创变

过常宝

　　孟子所提出的"以意逆志"，被认为是继"诗言志"之后，中国传统诗学的又一重要命题，历来受到学者的高度推崇。但对"以意逆志"的理解，一直存在着分歧，主要集中在"意"字上。或以为"意"属于说诗者，如汉代赵岐云"人情不远，以己之意，逆诗人之志，是为得其实矣"[①]；或以为属于诗作者，如清人吴淇释为"以古人之意求古人之志"[②]。也有学者试图贯通两者，认为"意"是"作家作品之意与评者自己之意的结合"[③]。以上不同说法互相抵触，难分轩轾，虽然历代学者为此投入了很多精力，但就现有的文献而言，在诗学理论的框架中，一时还看不到解决纷争的希望。如果我们不将"以意逆志"看作一个诗学观念，而视为一种话语方式，则情况就不那么复杂了。诗学视野中的"以意逆志"强调的是对《诗经》的理解，以说诗者对诗义的获取为第一要义；话语视野中的"以意逆志"强调的是对《诗经》的使用，以说诗者思想与诗义互证为首要目的。孟子是一个有着领袖气质的思想家，不是一个亦步亦趋的经师，"以意逆志"不是诗学意义上的诗歌解读，而是体现了儒家话语方式的一个创变。

一、春秋诗用传统："赋诗"、"引诗"和"说诗"

　　从诗学视角来看，"以意逆志"属于阐释论，它以《诗经》为主体，强调接受者客观而准确的理解。但从西周到春秋，《诗经》并不是一个寻求理解的对象，而是直接被在某种场合下使用的对象。也就是说，在孟子之前的大部分时间里，《诗经》所呈现出来的不是一个"阐释—接受"的传统，而是一个诗用的传统。这一点，对理解孟子的《诗经》思想有着至关重要的影响。

　　《诗经》中最早的作品应该是配合乐舞《大武》"六成"而创制的六首诗。

---

① 赵岐注，孙奭疏：《孟子注疏》卷九上《万章上》，上海古籍出版社1990年版，第165页。

② 吴淇撰，汪俊、黄进德点校：《六朝选诗定论》卷一，广陵书社2009年版，第34页。

③ 顾易生、蒋凡：《先秦两汉文学批评史》，上海古籍出版社1990年版，第117页。

《左传·宣公十二年》云：“武王克商，作《颂》曰：‘载戢干戈，载橐弓矢。我求懿德，肆于时《夏》，允王保之。’又作《武》，其卒章曰：‘耆定尔功。’其三曰：‘铺时绎思，我徂维求定。’其六曰：‘绥万邦，屡丰年。’”①后人对这六首诗具体的篇目虽然有不同的看法，但都认可它们在《诗经·周颂》之中。伴随着西周制礼作乐的进程，《诗经》的篇幅也不断地扩充，形成了颂、雅、风的类型。我们相信，终西周时代，《诗经》中的诗篇主要用于祭祀、盟会、燕享等各类礼仪活动。直到春秋时期，《诗经》才出现在世俗活动中。

从《左传》来看，春秋时代，《诗经》最为典型的用法是“赋诗言志”。如《僖公二十三年》，秦穆公为重耳举行宴享礼：

> 他日，公享之。……公子赋《河水》。公赋《六月》。赵衰曰：“重耳拜赐！”公子降，拜，稽首，公降一级而辞焉。衰曰：“君称所以佐天子者命重耳，重耳敢不拜？”②

再如《襄公二十七年》，晋国大臣赵武路过郑国时，有一场赋诗活动：

> 郑伯享赵孟于垂陇，子展、伯有、子西、子产、子大叔、二子石从。赵孟曰：“七子从君，以宠武也。请皆赋，以卒君贶，武亦以观七子之志。”子展赋《草虫》。赵孟曰：“善哉，民之主也！抑武也，不足以当之。”伯有赋《鹑之贲贲》。赵孟曰：“床笫之言不逾阈，况在野乎？非使人之所得闻也。”子西赋《黍苗》之四章。赵孟曰：“寡君在，武何能焉？”子产赋《隰桑》。赵孟曰：“武请受其卒章。”子大叔赋《野有蔓草》。赵孟曰：“吾子之惠也。”印段赋《蟋蟀》。赵孟曰：“善哉，保家之主也！吾有望矣。”公孙段赋《桑扈》。赵孟曰：“‘匪交匪敖’，福将焉往？若保是言也，欲辞福禄，得乎？”③

这两个例子都是所谓外交赋诗④，在这一场合下，赋诗行为虽非强制的、必需

---

① 杨伯峻：《春秋左传注》（修订本），中华书局 2016 年版，第 3 册，第 813–814 页。

② 《春秋左传注》（修订本），第 2 册，第 448—449 页。

③ 《春秋左传注》（修订本），第 4 册，第 1251—1253 页。

④ 春秋赋诗不止外交场合，如《左传·文公七年》记载晋先蔑受命往秦迎接公子雍，荀林父为了劝阻先蔑而赋诗等。但以外交场合为多。

的，但却有着明显的仪式性特征①。前一个例子是通过赋诗达成一个政治意向，后一个例子是通过赋诗展现个人的意志。总之，赋诗既不是礼仪活动必要的程序，目的也不在于阐释诗的意义，而是要表达赋诗者的主观意志。这一过程存在着对诗文本的理解，但因为参与赋诗者各自怀有现实的目的，所以只能是"赋诗断章，余取所求"。相对于西周的礼仪用诗，"在'赋诗断章'中，我们明显可以感受到诗与乐的疏离，以及诗语言义的凸显"②，是《诗经》世俗化的重要一步。

除了赋诗外，还有引诗。《左传》中的引诗大约有两种：一种是卿大夫议论时引诗，如《僖公五年》记载士𫇭的话说："臣闻之：'无丧而戚，忧必雔焉；无戎而城，雔必保焉。'寇雔之保，又何慎焉？守官废命，不敬；固雔之保，不忠。失忠与敬，何以事君？《诗》云：'怀德惟宁，宗子惟城。'君其修德而固宗子，何城如之？三年将寻师焉，焉用慎？"③另一种是类似于史论的"君子曰"的引诗，如《僖公九年》君子曰：《诗》所谓'白圭之玷，尚可磨也；斯言之玷，不可为也'，荀息有焉。"④引诗的话语，在一定程度上都是一种"嘉言善语"，也就是具有公共意义的话语。春秋君子"立言"的标准形态是"信而有征"⑤，而所征引者，以《诗经》为最多。比起赋诗的断章取义，引诗所用大多只是诗句，很少有完整章节，而且也不依赖任何仪式，比赋诗更自由。引诗标志着《诗经》完全脱离仪式背景，以一种新的姿态进入世俗话语，是"赋诗言志"向世俗化的进一步发展。《诗》由礼仪文献变成经典文献，它凭着特有的文化传统支持君子立言，赋予君子们话语权力。

赋诗和引诗，是春秋卿大夫或出于政治交往之需要，或出于"立言"的目的而建立起来的基于现实情境的两种话语方式。从仪式用诗到赋诗、引诗，《诗经》的文化功能不断变化，但它们仍然有着共同的特点：用诗者于特定场合借用诗篇或诗句来表达自己的情志。可以说，春秋时期形成了一个相当稳定的、被广泛认可的借助《诗经》阐发己意的话语传统。这种高度依赖《诗经》的话语方式，必然会导致人们对《诗经》自身的关注，一种新的用诗方式——"说诗"——也就随之兴起。《左传·昭公二十八年》载成鱄曰：

---

① 参见拙文《春秋赋诗及"断章取义"》，《文艺研究》2019 年第 4 期。

② 曹建国：《"赋诗断章"新论》，《兰州大学学报》2015 年第 6 期。

③ 《春秋左传注》（修订本），第 2 册，第 332 页。

④ 《春秋左传注》（修订本），第 2 册，第 360 页。

⑤ 参见拙文《"立言不朽"和春秋大夫阶层的文化自觉》，《北京师范大学学报》2014 年第 4 期。

《诗》曰："惟此文王，帝度其心。莫其德音，其德克明。克明克类，克长克君。王此大国，克顺克比。比于文王，其德靡悔。既受帝祉，施于孙子。"心能制义曰度，德正应和曰莫，照临四方曰明，勤施无私曰类，教诲不倦曰长，赏庆刑威曰君，慈和遍服曰顺，择善而从之曰比，经纬天地曰文。九德不愆，作事无悔，故袭天禄，子孙赖之[①]。

成鱄征引《诗经》这一段话是为了佐证自己举贤不避亲的观点，是"信而有征"的话语方式，但与其他征引不同的是，他对诗文进行了较为详细的阐释，既有语词的，也有意义的，形成了所谓的"说诗"。首先，成鱄"说诗"是一种阐释性行为，目的在于求得诗人之志，客观上突出了《诗经》自身的思想价值，《诗经》成为判断的依据，而不只是旁证，由此大大提高了《诗经》在话语体系中的地位。其次，这种"说诗"方式具有明显的学术性特征，陈桐生认为这段话是"中国训诂学的先驱"[②]，这种学术姿态降低了"赋诗言志"或"引诗"话语的情境性、随意性。也就是说，成鱄"说诗"虽仍然有其具体的语境，但他相信《诗经》的思想具有普遍的意义，通过解读出《诗经》思想可以为天下立法。可见，在君子立言这一大的语境中，《诗经》的功用进一步变化，它不仅为君子立言提供合法性、可信性，而且还被看成是新思想的源泉。"说诗"行为在春秋时期不是孤立的，《左传·文公七年》载郤缺论对卫国的战争，征引了《尚书》"戒之用休，董之用威，劝之以《九歌》，勿使坏"之句，他解释说："九功之德皆可歌也，谓之《九歌》。六府、三事，谓之九功。水、火、金、木、土、谷，谓之六府。正德、利用、厚生，谓之三事。义而行之，谓之德、礼。无礼不乐，所由叛也。"[③]同成鱄的"说诗"一样，郤缺也是要阐发出某种理论法则，尤其是有别于宗法观念的政治伦理。这可以说是"说书"，与"说诗"是同一话语方式。

此外，季札观乐也值得关注。他论《周南》《召南》曰："美哉！始基之矣，犹未也，然勤而不怨矣。"论《小雅》曰："美哉！思而不贰，怨而不言，其周德之衰乎？犹有先王之遗民焉。"论《大雅》曰："广哉！熙熙乎！曲而有直体，其文王之德乎！"论《颂》曰："至矣哉！直而不倨，曲而不屈，迩

---

① 《春秋左传注》（修订本），第 5 册，第 1663—1664 页。

② 陈桐生：《〈孔子诗论〉研究》，中华书局 2004 年版，第 158—159 页。

③ 《春秋左传注》（修订本），第 2 册，第 616 页。

而不偪，远而不携，迁而不淫，复而不厌，哀而不愁，乐而不荒，用而不匮，广而不宣，施而不费，取而不贪，处而不底，行而不流。五声和，八风平。节有度，守有序，盛德之所同也。"①这些话已经完全没有了现实的语境，纯粹是就诗乐论诗乐了。当然，季札的阐释受演唱的感发，有即时性特点，理论自觉还不明显，不能算是一种有意识的阐释行为。此外，《国语·楚语》载申叔时论太子之教曰："教之春秋，而为之耸善而抑恶焉，以戒劝其心；教之世，而为之昭明德而废幽昏焉，以休惧其动；教之诗，而为之导广显德，以耀明其志；教之礼，使知上下之则……"②认为《诗经》有显德明志之功，这一理解，与成鱄、季札有共同之处，也强调《诗经》中包含某种普遍价值，而所谓"教之诗"自然包括对《诗》的解说。申叔时的"诗教"可能只是一种理想，并没有得以施行，但这个说法中所包含的"说诗"观念却是实在的。

　　显然，在春秋君子"立言"行为中，已经有了通过解读经典文本来构建新思想体系的初步尝试，出现了"说诗"的雏形。这些行为虽然是偶发的，但对后世有着极大的启发。根据现有的文献判断，先秦最早的专业"说诗者"是孔子③。孔子当礼崩乐坏之世，继承了春秋君子未竟之业，承担起意识形态重建的任务，而"说诗"作为一种有效的话语形态，也被孔子发扬光大。孔子整理过《诗》，且"以诗书礼乐教"④，《论语》等文献中还保留了孔子对《诗经》的多则评论。孔子的"说诗"行为，已经完全脱离了"赋诗言志"和"引诗"所依赖的具体情境，成为一种理论性行为。但如果将孔子的理论性行为看作一种更大的情境，那么，"说诗"仍然延续着"赋诗""引诗"这个诗用的传统。"说诗"不同于后世诗学，它以思想建构而不是真实性为首要目的，也就是说，"说诗"是否合理主要取决于"说诗者"所表达的思想是否正当，然后才是解释的可靠性。无论是春秋君子还是孔子，大多数"说诗"都只是直接判断，并不对诗文或诗作者进行学术性的考察。由于孔子的影响，"说诗"在相当长的一段时期里，成为儒家思想创新的主流话语方式。

① 《春秋左传注》（修订本），第 4 册，第 1283—1287 页。

② 邬国义等：《国语译注》，上海古籍出版社 2017 年版，第 495 页。

③ 韦春喜《歌诗·赋诗·引诗·说诗——先秦时期〈诗经〉接受观念的演变》认为："'说诗'说虽由孟子提出，但首次以'说诗'的方式解读《诗》的当推孔子。"（《青海社会科学》2011 年第 3 期）该文对"赋诗断章"和"引诗"也有较好的解释，可参看。

④ 司马迁：《史记》（修订本）卷四七《孔子世家》，中华书局 2013 年版，第 6 册，第 2335 页。

二、"说诗"活动中的"言"和"志"

西周及春秋时期的诗用传统，引发出一个重要的概念，就是"诗言志"。这个概念及其发展，是理解孟子"以意逆志"说的前提。

闻一多称上古"诗言志"之"志"具有情志一体且有记录的含义①，这一结论主要基于对"志"和"诗"这两个词的语源学及其不同时代文化功用的综合考察，并没有考虑到"诗言志"的具体语境。就"诗言志"这个概念而言，不同时期的"志"，它的含义是不同的。在《尚书·尧典》"诗言志"中，"志"是一种宗教祷祝意愿②。春秋时期的"诗言志"，见于《左传·襄公二十七年》赵孟的话："诗以言志，志诬其上而公怨之，以为宾荣，其能久乎？幸而后亡。"③这里的"志"，指的是赋诗者的意志。它对于引诗者也同样适用。所以，在春秋时期，"诗言志"是指借《诗》表达赋诗者、引诗者之志，诗所言之"志"是赋诗者、引诗者之志。这一点非常清晰。

而"说诗"现象和"说诗者"的出现，使得情况发生了变化。与赋诗、引诗相比，专业性的说诗不与特殊的现实事件相关联，不再有具体的语境，它所关注的是普遍性的道理；而且，专业说诗者在话语权上不如春秋君子那么自信，因此对《诗经》有着更高程度的依赖。这些使得说诗者倾向于将自己的思想表述为前人所有，而将自己降格为阐释者，"诗言志"之"志"由此成为诗人之志。

孔子以"不学诗，无以言""兴观群怨"等，描述了春秋赋诗、引诗的情况，他自己也引"不忮不求，何用不臧"以称赞子路④。这些说明了孔子对春秋君子话语方式的熟稔，但孔子更大的贡献在于"说诗"。他说"《诗》三百，一言以蔽之，曰'思无邪'"，又说"《关雎》，乐而不淫，哀而不伤"⑤，以及《学而》篇载其与子贡论《卫风·淇澳》，《八佾》篇载其与子夏论《卫风·硕人》等，都是典型的"说诗"。学者认为，《孔丛子·记义》与新出楚简《孔

---

① 闻一多认为"志"与"诗"是一个字，有三重含义，即"一记忆，二记录，三怀抱"，其中"怀抱"兼有"记事"和"抒情"之意（参见《神话与诗》，上海人民出版社 2006 年版，第 151—157 页）。

② 参见陈伯海：《释"诗言志"——兼论中国诗学"开山的纲领"》，《文学遗产》2005 年第 3 期；曹建国：《由楚简"蔽志"论"诗言志"产生年代和原初内涵》，《长江学术》2010 年第 2 期。

③ 《春秋左传注》（修订本），第 4 册，第 1253 页。

④ 杨伯峻：《论语译注》，中华书局 2018 年版，第 254、262—263、136 页。

⑤ 《论语译注》，第 15、42 页。

子诗论》显示了"儒家久远的说《诗》传统"①，甚至推断《孔子诗论》"系孔门弟子所记，就是孔子《诗》说"②。在说诗析疑辩难的实践中，人们开始区分"诗人之志"和"说诗者之志"，认识到这两者并不总是相吻合的，它们是"说诗"活动中两个相对独立的因素。于是，将说诗者的观点称为"言"，其实也就是"立言"之"言"，而将"志"留给诗人。"志"的地位高于"言"。区分"言"和"志"，在一定程度上是对春秋赋诗、引诗活动中借《诗》以言自我之"志"的反省和纠偏，反映了春秋君子"立言"的话语方式在儒家"说诗"活动中的嬗变。

《孔子诗论》云："诗亡隐志，乐亡隐情，文亡隐言。"③所谓"亡隐"，是说没有隐藏，或是不要隐藏。这几句话指出了诗和志、乐和情、文和言的一一对应关系，也区分了诗、乐、文三类文本和志、情、言三个观念。这种区分和对应，是在"说诗"实践中形成的，也是对"说诗"的阶段性理论概括。

在仪式活动中，诗乐或诗乐舞一体，诗并不能独立呈现。所谓"诵诗三百，弦诗三百，歌诗三百，舞诗三百"④，说的就是孔门训练子弟仪式用诗的情况。但春秋时期的诗，却一步步从乐舞中独立出来。赋诗可能还与音乐相伴，而引诗、说诗则完全脱离了音乐。从音乐角度来看，两种不同的用诗方式就有了"诗"和"歌"的区别。班固将《尚书·尧典》所谓"诗言志，歌咏言"理解为"诵其言谓之诗，咏其声谓之歌"⑤，反映的是诗从仪式状态中独立出来的情形，并不是《尚书》的本意。诗只有与乐分离，用于世俗社会，它才能显示出"志"的价值。

"乐亡隐情"说的是乐自仪式中独立出来的情况。乐在仪式状态下，大多数是与诗或舞配合展现的，也有独立演奏的情形，如《仪礼·燕礼》载："工歌《鹿鸣》《四牡》《皇皇者华》……笙入，立于县中。奏《南陔》《白华》《华黍》……乃间歌《鱼丽》，笙《由庚》；歌《南有嘉鱼》，笙《崇丘》；歌《南山有台》，笙《由仪》……"⑥其中的几首笙曲，就是独立演奏的乐。乐从仪式

---

① 曹建国：《楚简与先秦〈诗〉学研究》，武汉大学出版社 2010 年版，第 28 页。

② 朱渊清：《〈甘棠〉与孔门〈诗〉传》，《中国哲学史》2002 年第 1 期。

③ 濮茅左：《上海博物馆藏楚竹书·孔子诗论》（与《子羔》《鲁邦大旱》合刊），中西书局 2014 年版，第 12 页。

④ 孙诒让撰，孙启治点校：《墨子间诂》卷一二《公孟》，中华书局 2001 年版，第 455 页。

⑤ 班固：《汉书》卷三〇《艺文志》，中华书局 1962 年版，第 6 册，第 1708 页。

⑥ 郑玄注，贾公彦疏：《仪礼注疏》卷一五《燕礼》，阮元校刻《十三经注疏》，中华书局 1980 年版，上册，第 1021 页。

中独立出来，是因为乐教。《尚书·尧典》尧曰："夔，命汝典乐，教胄子，直而温，宽而栗，刚而无虐，简而无傲。"① 《周礼·春官》中记载大司乐、乐师等，以乐语、乐仪、乐德教国子。刘师培说："观《周礼》，大司乐掌成均之法，以教合国之子弟，并以乐德、乐舞、乐语教国子。而春诵夏弦，诏于大师；四术四教，掌于乐正。则周代学制，亦以乐师为教师，固仍沿有虞之成法也。古人以礼为教民之本，列于六艺之首，岂知上古教民，六艺之中，乐为最崇，固以乐教为教民之本哉。"② 乐本为礼仪之重要内容，之所以能教化人民，正在于其植根于心灵的情感属性。如《礼记·乐记》所云："凡音之起，由人心生也"，"情动于中，故形于声，声成文，谓之音"③，反过来，乐对人心的感化作用亦是由此。作为职事教育的乐教可能始于西周，而作为社会教育的相关理论应该是由孔子等儒家学者完成的，"乐亡隐情"就是新乐教观念的理论表达。

"文"早期用为"错画""文德"之意，后来衍化为章采、仪式、声容、文献等具象形态，以及德行、礼文、人文、文教、文章、文学等抽象形态④。春秋时期可指"文辞"或"言谈"，《左传·昭公二十六年》云："文辞以行礼也。……无礼甚矣，文辞何为？"⑤ 又《礼记·儒行》云："言谈者，仁之文也。"⑥可见，"文"在春秋之后，是指有"礼"或"仁"等价值内涵的辞章言语。春秋贤人将"立言"视为不朽之事业，与"立德""立功"并列而三，宣示了文辞的话语权⑦，君子贤人纷纷立言，见之于《左传》《国语》。显然，将"文"和"言"对言，则"文"的主要内涵落在辞章言谈层面，而"言"的内涵偏重于"立言"者所表达的思想观念。"文亡隐言"说的是文辞和观念的关系。

"志""情""言"最初并不被严格区分，如《左传·昭公二十五年》载郑国大夫子大叔云："民有好恶、喜怒、哀乐，生于六气，是故审则宜类，以制

---

①　孔安国传，孔颖达疏：《尚书正义》卷二《尧典》，《十三经注疏》，上册，第 131 页。

②　刘师培：《古政原始论·学校原始论》，《刘申叔遗书》，江苏古籍出版社 1997 年版，上册，第 677 页。

③　孙希旦撰，沈啸寰、王星贤点校：《礼记集解》卷三七《乐记》，中华书局 1989 年版，下册，第 976、978 页。

④　夏静：《论先秦"文"观念及其所衍生诸问题》，《汉语言文学研究》2012 年第 2 期。

⑤　《春秋左传注》（修订本），第 5 册，第 1645 页。

⑥　《礼记集解》卷五七《儒行》，下册，第 1408 页。

⑦　参见拙文《"立言不朽"和春秋大夫阶层的文化自觉》。

六志。"①孔颖达《正义》曰："此六志，《礼记》谓之'六情'。在己为情，情动为志，情、志一也。"②孔颖达认为未发为情，已发为志，但认可"志"和"情"拥有共同的内涵。"言"原来只是口头表达之意，在"立言"意义上同于春秋君子"诗言志"之"志"，如《左传·襄公二十五年》载孔子评论子产云："《志》有之：'言以足志，文以足言。'不言，谁知其志？言之无文，行而不远。"③认为"言"与"志"皆属于子产，且层次相近。但到了《孔子诗论》，这些概念都被重新定义，显示了春秋末期到战国时期新型话语方式的出现：《诗》的意义在于前圣之"志"，乐的意义在于感染教化，君子文辞的意义在于"立言"。"诗亡隐志，乐亡隐情，文亡隐言"这一组命题实际上是春秋话语转型的一个宣示，脱离了仪式体系的诗、乐，和君子"立言"结合，成为新的话语形态，代替了传统的宗教话语，承担着构建新意识形态的功能。

《孔子诗论》即使不是出自孔子本人，也一定出自早期的孔门弟子，"诗亡隐志，乐亡隐情，文亡隐言"这几句话突破了赋诗、引诗活动中的"诗言志"观念，提出了"言""志"两分理论，区别出"说诗"活动中"说诗者"和"诗人"主客观两方，从而成为"说诗"活动的纲领性观点。但《孔子诗论》这几句话，并没有进一步对"说诗者"和"诗人"的地位和关系作出说明，也没有就"言"和"志"的互动方式作出说明，这才有了孟子的"以意逆志"。

三、"以意逆志"的话语逻辑

儒家学派主要是从传承经典、解说经典中获得话语权，而《诗经》是其中最重要的经典之一，可以说，几乎每一个大儒都是"说诗者"。《论语》《孟子》《荀子》，以及新出土的简帛文献，都能反映儒家"说诗"现象的盛行。早期儒家"说诗"着意于新的思想体系的构建，并不关注《诗》的仪式功能；与春秋赋诗、引诗也大有不同，不太关注《诗》对时政的影响。曹建国说："简帛《五行》说《诗》最值得关注的地方是其说诗的意义指向，它既不是先秦时期的'以礼制说诗'，也不是汉代以后的'以政治说诗'，而是完全从个

---

① 《春秋左传注》（修订本），第5册，第1622页。

② 杜预注，孔颖达疏：《春秋左传正义》卷五一，《十三经注疏》，下册，第2108页。

③ 《春秋左传注》（修订本），第4册，第1220页。

人修身的意义上说《诗》。"① 也指出了先秦儒家说诗在理论建设上的特点。孟子"以意逆志"说，是先秦儒家"说诗"理论发展的一个重要标志。

《孟子·万章上》载：

> 咸丘蒙曰："舜之不臣尧，则吾既得闻命矣。《诗》云：'普天之下，莫非王土；率土之滨，莫非王臣。'而舜既为天子矣，敢问瞽瞍之非臣，如何？"
>
> 曰："是诗也，非是之谓也；劳于王事而不得养父母也。曰，'此莫非王事，我独贤劳也。'故说诗者，不以文害辞，不以辞害志，以意逆志，是为得之。如以辞而已矣，《云汉》之诗曰：'周余黎民，靡有孑遗。'信斯言也，是周无遗民也。"②

孟子这段有关"以意逆志"的话涉及"文""志""辞""意"四个概念，前两个见于《孔子诗论》"文亡隐言"和"诗亡隐志"，它们的内涵相同，分别指说诗者之言辞、诗人之意旨③。"辞"的含义在先秦时期比较复杂，它最原始的含义是指宗教仪式中的祈愿言辞，《礼记·表记》云："夏道未渎辞……殷人未渎礼。"④ 夏人的"辞"相当于殷人的"礼"，盖因夏人祭礼简朴，以言辞为主。春秋时期，一般政治礼仪如赐命、会盟、诔吊等，所使用的规范化的语言也称"辞"。《周礼·春官》云大祝"掌六祝之辞，以事鬼神示，祈福祥，求永贞"，又有"作六辞，以通上下亲疏远近"⑤，就包括了祭祀仪式和日常礼仪两部分。"辞"的内涵随着礼仪观念的变化而变化，有逐渐世俗化的趋势，以至

---

① 《楚简与先秦〈诗〉学研究》，第 3 页。

② 杨伯峻：《孟子译注》，中华书局 1960 年版，第 215 页。

③ 古人论此处"文"和"辞"，常以为"文采（文字）"和"辞章"，但强行将"文采（文字）"和"辞章"分开而论是很难的，孟子也没有必要分而言之。周裕锴《"以意逆志"新释》于此有驳论（《文艺理论研究》2002 年第 6 期）。

④ 《礼记集解》卷五一《表记》，下册，第 1311 页。

⑤ 郑玄注，贾公彦疏：《周礼注疏》卷二五《大祝》，《十三经注疏》，上册，第 808—809 页。

于为正式场合所制作、运用的言语也可以称为"辞"①。先秦经典往往都是各种仪式的产物，是最为典型的"辞"。孟子这句话中的"辞"无疑是指《诗经》文本，尤其是指《诗经》中被"断章"所取之文本，如这里的"普天之下，莫非王土；率土之滨，莫非王臣"数句等。

有学者认为："孟子的'以意逆志'，恰恰就是针对'赋诗断章，余取所求'主观臆断式的解诗方法提出来的。"②这一说法有其正确之处。如前所举《左传·僖公二十三年》赋诗例，秦穆公所赋《六月》，是一首周宣王时期的诗，赞美尹吉甫北伐猃狁之功。当时秦穆公多有边功，这样颂扬战争的诗应该是秦穆公喜爱的，而且诗的最后四句云："饮御诸友，炰鳖脍鲤。侯谁在矣？张仲孝友。"③表达与友朋把盏共饮的喜悦，也切合当时宴饮的场景。但赵衰抓住了诗中"王于出征，以匡王国""王于出征，以佐天子"两句，认为秦穆公赋《六月》是"称所以佐天子者命重耳"，秦穆公惊讶之余只能接受，这就是所谓"断章取义"。可以说，只看到部分诗句的字面意思，而不顾及全诗的大旨，"以辞而已"，这是赋诗以言己志的固有逻辑。赵衰也正是顺着这个逻辑来理解秦穆公所赋《六月》的。"赋诗断章"以一种实用主义态度对待《诗经》，立意远低于"说诗"，而且，"赋诗断章"过于随意，不是一种理论建设的态度，所以为说诗者所不取。就《万章上》这段话而言，"不以文害辞，不以辞害志"确实是针对着咸丘蒙的"断章取义"而发。

但在先秦时期，"辞"并没有"断章"的含义，能显示这个含义的是"句"或"章"等，所以，孟子的"不以辞害志"又并非只限于"断章取义"，而是也包括了对诗之全篇的解读。如《孟子·告子下》记载高子对《小雅·小弁》和《邶风·凯风》的解读和疑惑，都是从全诗出发的，同样被孟子认为执着

① 《礼记·经解》云《春秋》可教化人"属辞比事"，孔颖达疏曰："属，合也；比，近也。《春秋》聚合会同之辞，是属辞；比次褒贬之事，是比事也。"（阮元校刻《十三经注疏·礼记正义》卷五〇《经解》，中华书局 1980 年版，下册，第 1609 页）孙希旦注曰："属辞者，连属其辞，以月系年，以日系月，以事系日也。比事者，比次列国之事而书之也。"（《礼记集解》卷四八《经解》，上册，第 1255页）前者认为"辞"是指会同等仪式上的辞令或盟辞，后者认为"辞"即史传载录，从传统观点来看，这两者确实都属于"辞"。但"属辞比事"说的是一种现实政治的能力，即制作载书辞令和判断事实的能力。"辞"在这里或指某种官方性质的正式文本。此外，从春秋时期的仪式之辞、教化之辞，发展为战国时期的诸子学派的政治游说之辞、学术辩论之辞，也是顺理成章的。所以《孟子·滕文公下》有"距杨墨，放淫辞"的说法。

② 齐效斌：《"以意逆志"说非读者反应批评论》，《陕西师范大学学报》2010 年第 3 期。

③ 方玉润撰，李先耕点校：《诗经原始》卷一〇，中华书局 1986 年版，下册，第 360—361 页。

于文本的表面意思，没有理解诗人之志，也就是"以辞害志"。总而言之，孟子的"不以辞害志"，其意思是不能只看到《诗经》的文辞而不顾诗人之志，它反对春秋"断章取义"的方法，反对从自身实际需求出发来解释《诗经》文辞，也反对《诗经》解读的随意性。当然，"不以辞害志"这个表达方法削弱了"辞"的可靠性，同样也增加了"说诗"的不确定性，为此，孟子赋予"说诗者"特别重要的意义，形成了"以意逆志"理论。

至于"意"，如本文开头所说，汉人宋人都以此"意"属于"说诗者"，如朱熹在注释"以意逆志"时云："当以己意迎取作者之志，乃可得之。"① 直到清代吴淇，才将此处"意"字归之于诗人，他说："夫我非古人，而以己意说之，其贤于蒙之见也几何矣。"② 从文学阐释的角度来看，吴淇的逻辑合情合理，非常自然。吴淇将"文""辞""意""志"都归于诗歌，没有给"说诗者"留下空间，但先秦"说诗"不是纯粹的学术行为，"说诗者"不能被简单看作学者，尤其是对于孟子这样的儒家领袖，"说诗"实际上只是一种话语方式。那么，同属于诗人的"意"和"志"又有什么区别呢？吴淇又说："志者古人之心事，以意为舆，载志而游，或有方，或无方，意之所到，即志之所在，故以古人之意求古人之志，乃就诗论诗，犹之以人治人也。"③ 在吴淇看来，"意"较之于"志"似乎较为感性，容易把握。这个说法要求先求古人之"意"，然后再求古人之"志"，较为纠缠，令人费解。后代学者一般将"意"解释为"文本之意"，从而能与"古人之志"有所区分。但"文本之意"如不来自"辞"又将如何获得呢？这与"不以辞害志"的说法又有矛盾。而且将"文本之意"和"诗人之志"截然分开，并不符合传统文献的理解习惯。吴淇的观点无法完全代替赵岐、朱熹等人的观点，所以，学术界一直是"己意"和"文本（或诗人）之意"两存。最新的研究是同时认可"己意"和"诗人之意"两种说法的合理性：因为"意"在文学接受活动是跨越接受者和文本的，两派的观点可被重新表述为"读者—文本之意"和"文本—读者之意"，内涵一致，但出发点不一样，因此在"以意逆志"这一命题中都是成立的④。这一观点调和了两派之争，但它显然不是孟子的意思，而且，将孟子"说诗"

---

① 朱熹：《四书章句集注》，朱杰人、严佐之、刘永翔主编：《朱子全书》（修订本），上海古籍出版社、安徽教育出版社 2010 年版，第 6 册，第 373 页。

② 《六朝选诗定论》，第 34 页。

③ 《六朝选诗定论》，第 34 页。

④ 黄鸿秋：《"以意逆志"辩证》，《文艺理论研究》2020 年第 2 期。

的目的假定为学术性的求真，也不符合实际。本文认为，赵岐、朱熹等关于"意"为"说诗者之意"的理解，是最为直接而自然的把握，用"意"和"志"来表明阐释行为中主客观双方，本也合情合理。余敦康称"以意逆志"是"以自己的主观去揣度原文的客观"，并由此而"形成一种视界的融合"①，其说十分顺畅。之所以出现吴淇的别解，并且有很多响应者，原因在于人们很难从诗学角度，也就是从客观理解的角度来接受"以意逆志"这个"说诗"观念。

前人一般都认为"不以文害辞"中"文"是指诗之文，而它和"辞"有什么区别呢？古人的理解是"文"作为文字或文采②，"辞"作为句子或篇章③，或重新组合，以"文"为"文字"，以"辞"为"篇章"④。总而言之，他们认为"文""辞""意""志"将《诗经》文本分为由字词到内涵的四个等级，需逐层理解。这四个等级不但叠床架屋，而且我们从孔子、孟子甚至战国时期其他人的说诗活动中，也看不到这四个等级。所以，这种理解是有问题的。但依《孔子诗论》来理解则较为简单通达。"文亡隐言"的意思是"文辞不要（或不能）隐藏立言者的思想观点"，则"文"属于"立言者"。在孟子这里，应理解为说诗者之"文辞"，也就是对诗篇的具体解释。《孟子》无"立言"之说，他所谓"意"相当于《孔子诗论》中的"言"。"言"和"意"本来就互为表里，在心为意，在口为言。《庄子·天道》云："书不过语，语有贵也。语之所贵者，意也，意有所随。意之所随者，不可以言传也，而世因贵言传书。"⑤这里的"贵言传书"之"言"，就是前面所说之"意"。《吕氏春秋·离谓》："言者，以谕意也。言意相离，凶也。"陈奇猷《校释》引孙锵鸣曰："'意'者，即上篇所云'言之谓也'。言意相离，是不知言之谓者也，故以'离谓'名篇。"⑥此外，上博简《孔子诗论》"文亡隐言"，被李学勤、裘锡圭、黄怀信、徐正英等解读为"文亡隐意"⑦，可见"言"和"意"有着密切的相关性。将"志"归为《诗经》作者，而将"意"归为说诗者，那么，"意"

---

① 余敦康：《中国宗教与中国文化》，中国社会科学出版社 2005 年版，第 2 卷，第 159 页。

② 焦循撰，沈文倬点校：《孟子正义》卷一八《万章上》，中华书局 1987 年版，下册，第 640 页。

③ 焦循撰，沈文倬点校：《孟子正义》卷一八《万章上》，中华书局 1987 年版，下册，第 640 页。

④ 许慎撰，段玉裁注：《说文解字注》，上海古籍出版社 1981 年版，第 430 页。

⑤ 郭象注，成玄英疏：《庄子注疏》卷五，中华书局 2011 年版，第 265 页。

⑥ 陈奇猷：《吕氏春秋新校释》卷一八《审应览》，上海古籍出版社 2002 年版，下册，第 1187、1189 页。

⑦ 参见徐正英：《上博简〈孔子诗论〉"文亡隐意"说的文体学意义》，《文艺研究》2014 年第 6 期。

其实相当于"文亡隐言"之"言",是说诗者本所持有的思想观念。"文亡隐言(意)揭示出"文"和"(言)意"两个概念有着逻辑层次的差异,"(言)意"是一种更高的范畴,指有体系性的思想观念。这样,文不害辞,辞不害志,以意逆志,就成为一个闭环,很容易理解:说诗者不能让自己的解释违背《诗》的文本,也不能固守《诗》的文本而妨碍了对诗人之志的领会,说诗者应该使自己的思想与诗人的思想相会合、相印证。孟子在这段话中严格区别了诗人和诗,他所在意的是诗人之"志",而诗人之"志"并不能完全体现在《诗》的文本上。因此,说诗者不能粘滞于"辞"。这也是孟子另一句话的意思:"尽信《书》,则不如无《书》。"[1]

四、"以意逆志"的话语实践

《诗经》诸篇原是各自存在的、零散的,有着不同的创作背景和主旨,它们只是因为仪式用歌这一共同点,而被编辑在一起。在这种情况下,儒家期望能通过"说诗"来构建出自己的思想理论体系,必然会遇到诗歌文辞的障碍,所以必须突破既有的"辞"。这一点,在孔子那里还不十分急迫。孔子关于《诗》的看法,主要包括"思无邪""温柔敦厚""兴观群怨"等,其理论的体系性还不够突出。但到孟子时代,体系建构的需求就迫切了,对"说诗"行为的期待也就更高,而要想达到《诗》和儒家思想的圆融互证,就绝不能雕章琢句,为诗歌文本所局限。比如孝道和臣道,是儒家伦理观念的两个最基本的支柱,而咸蒙丘从《诗经·小雅·北山》之"率土之滨,莫非王臣"中,读出它与舜父不能为臣相抵触,由此暴露了儒家理论的内在矛盾,这是孟子所不能容忍的,因此指责其"以辞害志"。

《诗经》之"辞",既是话语权力的保证,也是话语资源,并且有着不可否认的实在性,所以"辞"十分重要。但"辞"有被"断章取义"的可能,无条件地信任"辞",也就是孟子所说的"以辞而已",反而会动摇人们对《诗经》价值的信奉。所以,儒家说诗者将"诗人之志"置于"辞"之上,以之为说诗的最终目标。孟子所谓"不以辞害志"并不是将"辞"和"志"相互对立,而是警示说诗者不能停留在"辞"的层面。"辞"如同台阶,没有它无法接近"志",但踏上台阶,也还需要再迈上一大步,才能触及前代诗人之"志",而这一大步并非人人皆可迈出,它得力于说诗者自身的道德禀赋

---

[1] 《孟子译注》,下册,第325页。

和思想境界，以及对《诗》旨的贯通，这就要求说诗者能做到"尽其心者，知其性也。知其性，则知天矣"①，是一个极高明的思想主体。显然，孟子所说的"说诗者"，并非后世经学家或《诗经》学者，而是有卓越创造能力的大儒。这样的"说诗者"所秉承的思想观念，就是"意"。也可以说，孟子的"意"有可能与《诗经》相关，但它是"说诗者"自身所秉有的理念和价值，先在于具体的"说诗"行为，具有稳定的、指导性特点。余敦康认为"以意逆志"所描述的是春秋"引诗"现象，"（引诗者）为了把自己的先见诉之于人们的共识，以加强其说服的力量和认同的基础，必须进入经典诠释的过程，在经典文本中寻找价值和意义的依据"②。本文不赞同"以意逆志"为"引诗"之说，但认同余著"意"是诠释者的"先见"这一看法。也就是说，孟子"以意逆志"说其实不是将"辞"看作台阶，而是看作桥梁，在"说诗者之意"和"诗人之志"之间起着沟通的作用。《语丛一》所谓"诗所以会古今之志也"③，就表达了一种古今同理、圣贤同德的"说诗"观念。与《孔子诗论》"文亡隐言"之"言"相比，孟子的"意"包含了更高的价值期许，这与孟子对自己的期待有关。《孟子·公孙丑下》云："五百年必有王者兴，其间必有名世者。由周而来，七百有余岁矣。以其数，则过矣；以其时考之，则可矣。夫天未欲平治天下也；如欲平治天下，当今之世，舍我其谁也？"④孟子自认为虽非圣王，但也是两个圣王之间的承上启下的人物，以"名世者"之"意"以迎取古诗人之"志"，应是毫无问题的。

"以意逆志"所描述的是孟子的"说诗"方法，而"说诗"的理据和目的又体现在"知人论世"这个观念上，它们共同构成了孟子的话语理论。《孟子·万章下》云：

> 一乡之善士斯友一乡之善士，一国之善士斯友一国之善士，天下之善士斯友天下之善士。以友天下之善士为未足，又尚论古之人。颂其诗，读其书，不知其人，可乎？是以论其世也。是尚友也⑤。

---

① 《孟子译注》，下册，第301页。
② 《中国宗教与中国文化》，第2卷，第160页。
③ 《简帛书法选》编辑组：《郭店楚墓竹简·语丛一》，文物出版社2003年版，第19页。
④ 《孟子译注》，上册，第109页。
⑤ 《孟子译注》，上册，第251页。

这里的"知人",就是"以人为友",就是与先圣会通;"论世",就是体认道德盛世。所以,它不纯粹是一个认知的概念,而是对诗人德性的自觉体认,是一种伦理实践。"以人为友"的前提是诵读诗书者也有着同样的伦理品格,有着向古人看齐的理想,而"说诗"的目的是认同古人,感知盛世。两种高贵德性的互通,为"以意逆志""知人论世"提供了可能性。《孟子·离娄下》说舜与文王,"地之相去也,千有余里;世之相后也,千有余岁。得志行乎中国,若合符节。先圣后圣,其揆一也"①。孟子认为诗人乃最高层次之"善士",《诗》中存在着最高层次的"善","说诗"就是"尚友"体善的过程,就是前往至德之世的过程。所以,"以意逆志"也就是"知人论世",也就是今圣往圣在至德层面上的互相印证。《孟子·告子上》云:

> 故凡同类者,举相似也,何独至于人而疑之?圣人,与我同类者……口之于味也,有同耆焉;耳之于声也,有同听焉;目之于色也,有同美焉。至于心,独无所同然乎?心之所同然者何也?谓理也,义也。圣人先得我心之所同然耳②。

孟子认为自己和前代诗人,是一种"先圣后圣"的关系,学者论曰:"(孟子)认定圣贤与自己心同理同之后,以己之意,揣度古人之心就没有任何的困难,在'尚友古人'的心理驱动下,所谓'知人论世'最终只能成为'以意逆志'的翻版。"③显然,"知人论世"不但是说诗的目的,也是一种沟通和认同方式,在这种沟通和认同方式中,"以意逆志"才是可能的。

　　《孟子·告子下》记载了孟子对《诗经》中两首描写亲情诗的评论。第一首是《小雅·小弁》,诗中表达了自己被父亲疏离的忧怨之情,被高子称为"小人之诗";第二首是《邶风·凯风》,表达了母亲的辛劳以及儿子对母亲的愧疚之情。其中《小弁》的"怨"显而易见,与儒家的孝道观念有冲突,但孟子是不可能承认这一点的,他认为诗人之"志"一定符合孝道,所以,孟子的解释是"亲亲",也就是爱之深而怨之切。他举例云:"有人于此,越人关弓而射之,则己谈笑而道之;无他,疏之也。其兄关弓而射之,则己

---

① 《孟子译注》,上册,第 184 页。

② 《孟子译注》,下册,第 261 页。

③ 刘书刚:《"以意逆志"与孟子的历史叙述》,《社会科学论坛》2014 年第 4 期。

垂涕泣而道之；无他，戚之也。"①这是人之常情，并无不妥。但《小弁》写的是诗人因自身受亲人之委屈而怨，"关弓而射"的例子是因担心亲人有过错而怨，两者颇不相同，作为类比并不是十分恰当。当公孙丑再问《凯风》"何以不怨"时，孟子进一步对亲人的过失作大小区分，认为大者当怨，小者当忍。这个说法有其伦理意义。但《凯风》诗中，只有对母恩的颂扬，以及"母氏圣善，我无令人""有子七人，莫慰母心"的自责，并无"亲之过小者"。显然，孟子处理亲情中的"怨"的方式，是符合孝道的，但他想当然认为《小弁》《凯风》也一定符合儒家孝道，就很勉强了。要使自己的解释圆通，孟子就必须跨过文辞，就只能采取"知人论世"和"以意逆志"的方法。

长期以来，孟子的"以意逆志"一直被认为是一种诗歌阐释方式，但从上文分析可知，"以意逆志"是孟子上承春秋赋诗、引诗的传统，在前儒"说诗"及"诗亡隐志"观念的基础上，本着"舍我其谁"的自信心和责任感，所进行的话语方式的革新。孟子虽然以说诗者自居，但他的目的在于己意和诗志的互证，由于诗歌文本并不总是支持孟子之意，所以，"不以辞害志"就成了"说诗者"表达己意的方便法门。在这一理论下，说诗者以己意凌驾诗志难以避免。而我们以学术求真为导向来追索"以意逆志"的内涵，就有点胶柱鼓瑟了。

五、"以意逆志"的话语传统

"以意逆志"是孟子在先秦诗用传统中，以自己强烈的使命感和理论意识，创造出的一种有意味的话语方式。"以意逆志"对后世有着很大的影响，荀子、董仲舒这两位大儒，也都认同"以意逆志"观念，并使其成为早期儒家学派的主流话语方式。

荀子对孟子颇多怨言，其《非十二子》云："略法先王，而不知其统，然而犹材剧志大，闻见杂博。案往旧造说，谓之五行，甚僻违而无类，幽隐而无说，闭约而无解。案饰其辞而祗敬之曰：'此真先君子之言也。'子思唱之，孟轲和之，世俗之沟犹瞀儒，嚾嚾然不知其所非也，遂受而传之，以为仲尼、子游为兹厚于后世。是则子思、孟轲之罪也。"②荀子认为子思和孟子自造新说，搅乱先王之言，有悖先王之道。从现存文献来看，孟子的义理发明较为

---

① 《孟子译注》，下册，第 278 页。

② 王天海：《荀子校释》，上海古籍出版社 2005 年版，第 206 页。

突出，并且很少谈礼乐教化，而荀子对礼乐教化的体认和研究更为充分，两人颇有差别。但在"以意逆志"这一点上，荀子和孟子的观点是一致的。他说"《诗》言是其志也"①，又说："况夫先王之道，仁义之统，《诗》《书》《礼》《乐》之分乎？"②也就是说，《诗》之"志"就是诗人之志，蕴含有"先王之道，仁义之统"，这一认识与孟子相似，但比孟子说的要更凿实、直接。荀子同样认为，执着于文辞，是无法获取"先王之道，仁义之统"的。《劝学篇》说："学之经莫速乎好其人，隆礼次之。上不能好其人，下不能隆礼，安特将学杂识志，顺《诗》《书》而已耳，则末世穷年，不免为陋儒而已。"③所谓"好礼隆人"，就是孟子的"知人论世"；而"顺《诗》《书》而已"，就是执着于"辞"，是陋儒行为。荀子说："不道礼宪，以《诗》《书》为之，譬之犹以指测河也，以戈舂黍也，以锥餐壶也，不可以得之矣。"④也就是说，要有"礼宪"为先导，才能说《诗》《书》，否则无法抵达先圣之"志"。这也就是孟子"以意逆志"的意思。荀子在构建儒家思想体系方面贡献极大，这与"以意逆志"方法的运用是大有关系的。

"以意逆志"的方法，对汉代春秋公羊学有着直接的影响。董仲舒立足于《春秋》，面向汉大一统，意在构建全新的意识形态体系，孟子的"以意逆志"说正合其需要。清人苏舆注《春秋繁露》说"西汉时未尊孟子，而董引孟子说凡再见，其他义与之相合者亦多"⑤。董仲舒《春秋》阐释学的一个核心观念是辞指论。辞是文本，指是大义。他说："辞不能及，皆在于指，非精心达思者，其孰能知之。"⑥这可以看作孟子"不以辞害志"的翻版。所谓"精心达思"，就是心有灵犀而能通达古人，那只能是圣贤之人了。只有在"精心达思"者的引领下，人们才能越过辞而直达大义。此即所谓"见其指者，不任其辞，不任其辞，然后可与适道矣"⑦。辞的解释十分灵活，辞指关系空前松弛，这是今文经学的特点，与看重文辞的古文经学大有不同。

孟子的"意"在"志"先，"以意逆志"就是阐释行为中的观念先行，也可以说是"六经注我"。比如儒家尚德而反对杀伐，而《春秋》有诸多的战争

---

① 《荀子校释》卷三《儒效》，上册，第297页。

② 《荀子校释》卷二《荣辱》，上册，第150页。

③ 《荀子校释》卷一《劝学》，上册，第35—36页。

④ 《荀子校释》卷一《劝学》，上册，第36页。

⑤ 苏舆撰，锺哲点校:《春秋繁露义证》卷一六《循天之道》，中华书局1992年版，第447页。

⑥ 《春秋繁露义证》卷二《竹林》，第50页。

⑦ 《春秋繁露义证》卷二《竹林》，第51页。

载录，孟子的解释是："春秋无义战。彼善于此，则有之矣。"①也就是说，在无义战中仍然有儒家的大义存在，《春秋》载录"无义战"的理由，就在于体现这些大义。这就是"以意逆志"，董仲舒对此心领神会。《春秋繁露·竹林》云：

> 《诗》云："弛其文德，洽此四国。"此《春秋》之所善也。夫德不足以亲近，而文不足以来远，而断断以战伐为之者，此固《春秋》之所甚疾已，皆非义也……《春秋》爱人，而战者杀人，君子奚说善杀其所爱哉？故《春秋》之于偏战也，犹其于诸夏也。引之鲁，则谓之外；引之夷狄，则谓之内。比之诈战，则谓之义；比之不战，则谓之不义。故盟不如不盟，然而有所谓善盟；战不如不战，然而有所谓善战。不义之中有义，义之中有不义②。

董仲舒认为，《春秋》的反战原则是绝对的，而具体到每一个战争载录，以及对每一场战争的理解，则是相对的，要以德和礼为标准，从战争中找出合德或合礼的部分，而这部分才是阐释者应该看到的内容。比如不义战争中的"偏战"，也就是堂堂皇皇、列阵击鼓而战，合乎礼仪，《春秋》载录这场战争就是为了褒扬其中的礼仪精神，也就是说，读者也可以由此而忽视《春秋》本应具有的不载不义战的原则。这显然是以自己固有之"意"来寻找文本中隐藏的"志"。

对于"以意逆志"的"逆"，董仲舒也有所发明，所谓"得一端而多连之，见一空而博贯之"③，也就是采用类推、关联的方法。他认为，类推和关联的手法，能突破"辞"的限制，达到前圣精深高远之"志"。比如《春秋·隐公元年》"元年春王正月"这几个字，是以鲁隐公即位开始纪年，"春王正月"表明鲁史官奉周正朔，纪日月。董仲舒认为"元年春王正月"既然位于《春秋》开端，一定包含着先圣最为重要的"大义"。他解释说："元"则作为道的起点，是一个社会制度的合法性和秩序的根源；"正月"之"正"实为具有大一统含义的"政"，体现了对现实的指导意义。董仲舒就是以这六个字为出发点，通过一连串的关联和推衍，得出一整套的封建大一统的政治伦理纲领。

---

① 《孟子译注》，下册，第324页。
② 《春秋繁露义证》卷二，第48—50页。
③ 《春秋繁露义证》卷三《精华》，第97页。

这种方法，对公羊学家建设新的意识形态十分合用，但也由于走得太远，而暴露出其逻辑上的缺陷。其后所谓"汉学"，强调训诂实证之学，就包含着对公羊学的纠正，显示了"辞"的价值的回归。

荀子和董仲舒是孟子之后的两位大儒，他们都身处一个文化革新的时代，有着极高的理论热情。荀子和董仲舒对"以意逆志"话语方式的认同，未必是直接受到孟子的影响。儒家以经典文献为话语根源，以文献解读为意识形态创建方式，总不外乎"文""辞""意""志"四个观念，所以，即使没有孟子，荀子和董仲舒也有可能揭举出这一话语方式。实际上，在孟、荀、董之后，在整个古代儒家思想史上，"以意逆志"作为一个重要的、有特点的理论方法，一直延续着，形成一个悠久的话语传统。

"以意逆志"本自"说诗"而来，它对诗人之志或大义的追求，也影响了后世文学创作和诗歌理解。《诗大序》所谓"故正得失，动天地，感鬼神，莫近于诗。先王以是经夫妇，成孝敬，厚人伦，美教化，移风俗"，以及"发乎情，止乎礼义"[①]等说法，是对孟子"意""志"观的继承。此后诗人追求有所"寄托"，学者则醉心于探赜索隐，寻觅大义，形成了中国文学独特的风景。可以说，"以意逆志"作为一种重要的阐释理论，对中国文学史有着十分重要的影响。关于这方面的研究，有很多成果，也超出了本文讨论的范围，此不赘言。

（作者单位：北京师范大学文学院）

---

① 毛亨传，郑玄笺，陆德明音义，孔祥军点校：《毛诗传笺》卷一，中华书局2018年版，第1—2页。

《论语》的话语建构

——兼论"语"的特质及"语录"的功能

于雪棠

注疏与语录是儒家思想传承与建构的两种重要著述方式,并由此形成了"依经立义"与"自建法言"两种路径。相对而言,注疏偏重传承,也可别立新说,但毕竟以经典为依托,自家面目不那么醒豁;语录偏重建构,可以谈论经典,但其意义在于脱离经典,确立鲜明的一家之言、一派之学,成就自家面目。对语录在思想建构方面所起到的特殊作用,虽然不乏论者,但仍然还有深入研究的空间。《论语》是儒家最重要的典籍之一,尽管还有其他早期典籍记载了大量孔子之言,近年又有出土文献《孔子诗论》专门阐释《诗经》,但不能否认,无论是思想的丰富性、权威性,还是在文化史和思想史上的影响,它们均无法与《论语》相提并论。

关于《论语》的话语建构,学界大多关注孔子的言说方式所体现的话语权威、《论语》文体形式的渊源、特征等问题,探讨了"子曰"、独白、反问等言述形式所蕴含的意义①。过常宝指出《论语》继承了《春秋》"微言大义"的话语构建模式,还继承了史官"述而不作,信而好古"的经典阐释方式,让意义自我显示②。这些探讨与结论对笔者都颇有启发。不过,从《论语》所记孔子言论的整体特征角度进行分析,仍有可开掘之处。

一、孔子之语的特征

《论语》载录的大量言语建构、确立了孔子思想体系的主体。孔子自云

---

① 参见邹广胜:《柏拉图与孔子文体形态比较研究》,《文学评论》2000 年第 6 期;陈君华:《"训话"还是"对话"?——论〈论语〉中"孔子"的言说方式》,《江西社会科学》2002 年第 1 期;吕逸新、董梅:《〈论语〉文体形式的文化阐释》,《管子学刊》2009 年第 3 期;黄勇军:《非理性话语的缺席与〈论语〉解释力的自我限度》,《孔子研究》2012 年第 4 期;祝克懿:《"语录体"的源起、分化与融合考论》,《当代修辞学》2020 年第 4 期。

② 过常宝:《〈论语〉的文体意义》,《清华大学学报》2007 年第 6 期。

"述而不作"，然而，《论语》载录孔门讨论经典的言论占比非常少。据朱熹《论语集注》，共498章。涉及《诗》17章，《书》5章，《易》3章。其中《述而》所记"子所雅言，《诗》、《书》、执礼，皆雅言也"①，同一章言及《诗》《书》。全书论及五经者共24章，所占比重很小。《论语》言及《诗》《书》《易》的24章，大多不指向对文本本义、历史真实性的探究。这当然不能说明历史上的孔子很少讲述经典，不重视经典本义，但能够说明《论语》的编纂者没有侧重于经典解释。

《论语》讨论经典者少，那么大量的言语讨论的是什么问题呢？《论语》二十篇大体是分主题类编的，通常有多个主题，古今注疏及论著对此多有分析②。从数量上看，有几个主题很突出，论及"仁"的62章，论及"为政"的80余章，包括为政的方法及对诸多政治人物的品评，论及"君子"的84章，论及"礼"的40余章③，论及"学"的40余章，论及"友"的15章，论及"孝"的13章，各个主题极少重叠。概言之，《论语》所记孔子与弟子的问答，大多由直面各种现实问题而发。

《论语》二十篇的次序安排也体现了编者的意图。《学而》与《为政》位于第一和第二，可视为全书的总纲。"学"放在首位是儒家重视文化传承的体现，也是由《论语》编纂者及其内容的特殊性决定的。记录者和编纂者是弟子或弟子的弟子，记录的内容是师生的言行，这是一个教学团体。"学"对师生而言都是最重要的事，因而列为首篇。此外，"学"是修己的方法，与生命同终始；"为政"是实现安人的途径。修己是安人的前提，安人是修己的目的。修己与安人，是孔子思考问题的两个核心，修己以成人，为政以安人，他和子路的一次对话充分体现了这点。

> 子路问君子。子曰："修己以敬。"曰："如斯而已乎？"曰："修己以安人。"曰："如斯而已乎？"曰："修己以安百姓。修己以安百姓，尧舜其犹病诸！"④

---

① 朱熹：《论语集注》，《四书章句集注》，中华书局1983年版，第97页。

② 王博：《论〈论语〉的编纂》一文，详细分析每篇的主题以及各章的编排，所论甚切。见王博《简帛思想文献论集》，台湾古籍出版社有限公司2001年版，第299—337页。

③ 《乡党》记孔子合于礼的行状，不计在内。

④ 《论语集注》，第159页。

在孔子看来，修己以安百姓难以实现，是极高的标准和要求，即使是古代的圣君尧舜亦未必做得到。孔子的很多思考都围绕修己与安人问题而展开，《论语》的内容亦大体均可列入修己与安人两大类别。弟子们问政、问仁、问君子、问士、问崇德辨惑、问友、问耻、问为邦、问为仁、问志。这些要么指向修己，要么指向安人，整个孔门的关切均在于此。

孔子的核心思想"仁"也具体指向为政者是否采取了安人的举措，是否见到实效。

> 子贡曰："如有博施于民而能济众，何如？可谓仁乎？"子曰："何事于仁，必也圣乎！尧舜其犹病诸！夫仁者，己欲立而立人，己欲达而达人。能近取譬，可谓仁之方也已。"①

子贡与孔子探讨的是为政者如何做才称得上"仁"，在孔子看来，子贡说的"博施于民而能济众"难以实现，超出且高于"仁"，已经可谓"圣"了。相对而言，"己欲立而立人，己欲达而达人"比较容易做到，这个相对容易实现的为政原则，就称得上是仁。子贡和孔子从为政的角度讨论何为"仁"，要做到立人、达人，需要实际的行动和切实的能力。《阳货》记子张问仁，孔子答曰：能行恭、宽、信、敏、惠五者于天下，即为仁。所谓"能行五者于天下"②，也是指能真正地施行。

《论语》中有239章以"子曰"或"孔子曰"形式表述的独语，加上弟子的独语26章，占全书一半以上。这些独语，原本触发它们的情境已不可考，多有学者认为这体现了话语权威，笔者更倾向于将其中绝大部分理解为一位思想家的沉思，是孔子这位为师者面对学生时，将自己之所感、所思自由地表达出来。他阐述人生体验，观察各种现象，观察人性，思考政治和历史，提出自己的认识和见解，这些话语让弟子记忆深刻，于是加以记录、纂辑，其权威性的确立依靠的是话语本身所具有的思想力量、蕴含的洞察力以及超越历史时空的普适性。

对于经典文献的研习，从《论语》载录看，孔门的特点是强调实践。"子以四教：文，行，忠，信。"③文，包括礼乐和经典文献。孔子传授弟子的文献

---

① 《论语集注》，第91—92页。

② 《论语集注》，第177页。

③ 《论语集注》，第99页。

以《诗》《书》为主，尤以《诗》为主。孔门弟子中子游和子夏以"文学"著称。子游曾为武城宰，能识人，能将礼乐付诸实践，看问题注重本质①，《论语》没有记载子游如何讲论经典。子夏更重视外在的形式，因而孔子告诫他当为君子儒，不可急功近利②。子游也曾批评子夏的门人小子，只重洒扫应对进退等细末之礼，不知根本③。子夏有一些重学的言论，集中载录在《子张》篇。如："日知其所亡，月无忘其所能，可谓好学也已矣。"④"博学而笃志，切问而近思，仁在其中矣。"⑤"百工居肆以成其事，君子学以致其道。"⑥子夏强调不断增长见闻，重视广泛地学习，在日常生活的实践中进行思考，通过学习以完成对道的追求。以"文学"著称的子游和子夏虽然治学思路有异，但整体看，《论语》偏重载录的是他们看重践行的一面。

文，还有超出典籍文献的含义。孔子传授"文"，看重的是蕴含在其中的传统，包括文化、制度及价值观念，包括历史经验、文化典范和人物楷模，普适性的道德观和价值观。教以文，是要承续文化传统，培养宏阔的思想认识，塑造理想的人。孔子说："君子博学于文，约之以礼，亦可以弗畔矣夫！"⑦颜渊总结其从师的体会，曰："夫子循循然善诱人，博我以文，约我以礼。"⑧博学于文，是在广泛地学习文献之外，还学习活的礼乐，于书面知识和礼乐实践中呼吸领会周人的文化精神，以文化传统培养远大的志向，从而承担起传承斯文的重任。孔子所说的"郁郁乎文哉！吾从周"⑨，是从知识与实践两方面继承文献与礼乐，继承文化传统并塑造理想的君子人格。

---

① 子游为武城宰。子曰："女得人焉耳乎？"曰："有澹台灭明者，行不由径，非公事，未尝至于偃之室也。"（《雍也》）子游曰："丧致乎哀而止。"（《子张》）子之武城，闻弦歌之声。夫子莞尔而笑，曰："割鸡焉用牛刀？"子游对曰："昔者偃也闻诸夫子曰：'君子学道则爱人，小人学道则易使也。'"子曰："二三子！偃之言是也。前言戏之耳。"（《阳货》）

② 子谓子夏曰："女为君子儒！无为小人儒！"（《雍也》）子夏为莒父宰。问政。子曰："无欲速，无见小利。欲速，则不达；见小利，则大事不成。"（《子路》）

③ 子游曰："子夏之门人小子，当洒扫应对进退，则可矣，抑末也。本之则无，如之何？"子夏闻之，曰："噫！言游过矣！君子之道，孰先传焉，孰后倦焉？譬诸草木，区以别矣。君子之道，焉可诬也？有始有卒者，其惟圣人乎！"（《子张》）

④ 《论语集注》，第 189 页。

⑤ 《论语集注》，第 189 页。

⑥ 《论语集注》，第 189 页。

⑦ 《论语集注》，第 91 页。

⑧ 《论语集注》，第 111 页。

⑨ 《论语集注》，第 65 页。

尊奉经典而不被经典文本所缚，仍然能够自由地讨论与表达，阅读经典可以别有体悟，并不以追寻圣人之意为旨归，这是孔门之语的特征，也是先秦思想有别于后世经学的特征，是先秦之所以富有思想活力、富有思想原创力的一个重要原因。

二、孔子的自我认知及其人格构成思想

《论语》呈现给我们的孔子，常常由自我心灵的体验及自我认知而走向对普遍人性的总结、概括及提升，他的体验是如此深广而富于哲思。成为一个什么样的人，怎样成为一个理想的人，是孔子思考的一个核心问题。学以成人，学以成君子，是孔子的重要思想。他由对自我的认知走向对执政者及读书人成为君子的普遍期许，孔子的大量自述尤其鲜明地体现出这点。很多独语如此鲜活，如此打动人心，它们是发自心灵深处的感喟，源于个体性情的体验。

《学而》首章就很有代表性。子曰："学而时习之，不亦说乎？有朋自远方来，不亦乐乎？人不知而不愠，不亦君子乎？"[1] 李泽厚认为："以儒学为骨干的中国文化的特征或精神是'乐感文化'。""它具体呈现为'实用理性'（思维方式或理论习惯）和'情感本体'（以此为生活真谛或人生归宿，或曰天地境界，即道德之上的准宗教体验）。""'悦'仅关乎一己本人的实践，'乐'则是人世间也就是所谓'主体间性'的关系情感。"[2] 这个解读在学术界引起非常大的反响，相关讨论持续至今。从宋儒标举的"孔颜乐处"到李泽厚提炼的"情感本体"，哲人们普遍意识到"乐"的特殊意义。"乐"虽然是主体间性的关系情感，但也是孔子个人的情感体验，"不愠"亦如此。悦、乐、不愠，均是孔子自我深层精神体验的自然表达，这个表达具有非同寻常的价值和意义。

首句表达了孔子对"学"超越功利的态度。孔子的"悦"是"学"这个行为本身以及在反复实践所学的过程中体验到了积极的情感。悦，是孔子获得的智识层面上的满足。学，是由不知到知的过程，是认知层面的；时习，是将认识层面的知转化为实践层面的领会、熟悉、掌握，是学的最终完成。"学而时习之，不亦说乎"是独特的个体经验，并不是每个人都能从学习中体验到愉悦。这个反问句饱含一种发自内心的感受，这是一种平和而满足的喜悦，

---

① 《论语集注》，第47页。

② 李泽厚：《论语今读》，安徽文艺出版社1998年版，第28页。

也是体验"悦"之后的理性思考。其后的"不亦乐乎"和"不亦君子乎"均当作如是观。

孔子反复强调自己的好学，如："君子食无求饱，居无求安，敏于事而慎于言，就有道而正焉，可谓好学也已。"① 好学是一种在敏于事的行动中呈现的精神，是改过迁善、匡正自身的行为，其意义要远远超越一般的文献记诵之学。

《学而》首章述及三件事，孔子由其自身对学的体验发端，言及与同道交往获得的精神愉快，最后所云"人不知而不愠，不亦君子乎"，实是孔子的自我肯定、自我期许，这里的"君子"是夫子自道。《论语》中不乏孔子自称"君子"之例。比如《子罕》中的这章："子欲居九夷。或曰：'陋，如之何！'子曰：'君子居之，何陋之有？'"② 这章表明了孔子教化九夷的意愿，君子代表文明。孔子自谓"君子"，是道德人格的自我认知。《学而》首章由一己学而时习之悦，至与同道相与之乐，再至人不知而不愠为君子，均系孔子自身的切己体察，为其所独有，他人莫能言之。

在孔子的"君子"言说中，很大一部分源于其自我的道德体验。正如徐复观所论："《论语》中许多语言，不是由逻辑推论出来的，不是凭思辨剖析出来的，而是由孔子的人格直接吐露出来的"③，"君子"既是人格理想，也是孔子的自我人格写照。

孔子的"君子"理想基于他对自我的期许，他对君子所具品格的认知，还有特别深刻之处，这突出表现在其"仁""知"（智）并论的话语中。"仁"与"智"并不矛盾，分别指向两种理想的品格。"仁"是面向人而言，"智"主要是面向事而言。孔子"仁""智"并论乃出于对人如何生存于世间的思考，亦有其个体生命体验的印迹。

孔子特别重视"群"，他总结"诗，可以兴、可以观、可以群、可以怨"④，《诗经》的四大功能，"群"居其一。夫子曾怃然感叹："鸟兽不可与同群，吾非斯人之徒与而谁与？"⑤ 孔子也说君子应当"矜而不争，群而不党"⑥。群，是

① 《论语集注》，第 52 页。

② 《论语集注》，第 113 页。

③ 徐复观：《向孔子思想性格的回归》，周予同、朱维铮等著，傅杰选编《论语二十讲》，华夏出版社 2009 年版，第 203 页。

④ 《论语集注》，第 178 页。

⑤ 《论语集注》，第 184 页。

⑥ 《论语集注》，第 166 页。

孔子的创见。如何能"群"？仁是与他人相处应秉持的根本态度。《颜渊》记"樊迟问仁。子曰：'爱人。'"①人，指他人。单独的个体无所谓仁，只有当个体与他人接触，才会产生仁。仁，是把他人当作同自己一样的人看待。也就是从"己"的需求出发，进而考虑到同自己一样的他人的需求，所谓"己所不欲，勿施于人"②，"己欲立而立人，己欲达而达人"③，所述着眼点虽有异而根本思路并无差别。

"仁"与"知"同时出现时，各自承担什么意义呢？"仁"属于伦理德性范畴，"知"属于理性德性范畴。"仁"与人伦道德相关，"知"与处事能力相关。"仁"与"知"的反复出现，体现出孔子对健全人格构成的思考，这个思考建立在面向现实人生和政治的基础之上。

《论语》共有 10 章"仁""知"并举，从中可知二者的联系与区别。智是一种选择的能力，选择仁才称得上是智，仁是智的前提条件。孔子说："里仁为美，择不处仁，焉得知？"④子张问孔子，从令尹子文和陈文子的行事上看，他们"仁矣乎"，是否称得上仁，孔子都答曰："未知，焉得仁？"⑤孔子认为他们处事不智称不上是仁。在这个语境中，智又成为仁的前提条件。这两章结合起来看，仁与智互为前提，互相渗透。

在如何对待民众的问题上，仁与智相辅相成，二者缺一不可。孔子说："知及之，仁不能守之；虽得之，必失之。知及之，仁能守之，不庄以涖之，则民不敬。知及之，仁能守之，庄以涖之。动之不以礼，未善也。"⑥智是引导民众的前提，仁是实现善政的保证。智之所能及，需要仁加以稳固。理性认知之外，还需要培养内在对民众的关爱之心。

仁还包含对邦国的责任感，相应的，智则是选择出仕时机的能力。孔子不想见阳货，阳货赠孔子豚，孔子趁他不在时往拜，结果在路上遇见了。阳货质疑，有如下对话："曰：'怀其宝而迷其邦，可谓仁乎？'曰：'不可。''好从事而亟失时，可谓知乎？'曰：'不可。''日月逝矣，岁不我与。'孔子曰：'诺。吾将仕矣。'"⑦这里提到的仁与智均与现实的政事有关。

---

① 《论语集注》，第 139 页。

② 《论语集注》，第 132 页。

③ 《论语集注》，第 92 页。

④ 《论语集注》，第 69 页。

⑤ 《论语集注》，第 80 页。

⑥ 《论语集注》，第 167 页。

⑦ 《论语集注》，第 175 页。

　　《论语》载录了樊迟两次问仁、知。"樊迟问知。子曰：'务民之义，敬鬼神而远之，可谓知矣。'问仁。曰：'仁者先难而后获，可谓仁矣。'"① 务民之义，指致力于对民众而言是恰当的作为，敬鬼神而远之，是顺应民众敬鬼神的心理，但并不谄媚鬼神，要用民众易于接受的方式处理事务。能做到这样就是智，智是具体执政的能力。先难而后获，是一种克服自身思想矛盾、超越自身精神境界的过程。仁，需要精神修炼才能达到。另一章中孔子对仁、知的解说又不同："樊迟问仁。子曰：'爱人。'问知。子曰：'知人。'"② 仁是对他人关爱的情感，智是辨识、判断他人品质优长的能力。孔子所说的知人，特别指知贤人。知人是为政的一部分。③ 孔子说知人为智，具体是"举直错诸枉，能使枉者直"，樊迟并不理解，又去问子夏。子夏曰："富哉言乎！舜有天下，选于众，举皋陶，不仁者远矣。汤有天下，选于众，举伊尹，不仁者远矣。"④ 子夏的解说清楚地表明，孔子所说的知人，其意义在于察识、选举贤能之人并委以重任，为天下树立典范。察举贤才是智，是为政之智。

　　除了指向政事的仁智论，孔子也有泛论智者和仁者精神境界的言说："知者不惑，仁者不忧，勇者不惧。"⑤ 仁者为何不忧？孔子说："内省不疚，夫何忧何惧？"⑥ 仁者已经修德至高，内省不疚，故不忧。智者因为长于认知、辨识、选择、判断、应变，因而遇事不会困惑。子曰："知者乐水，仁者乐山；知者动，仁者静；知者乐，仁者寿。"⑦ 在观照自然万物时，仁者和智者都从中发现了与自身相似的特质，从而获得内在精神与外在自然一体的愉悦，都达到了天人合一的大境界。对仁者智者的论述也是夫子自道，正如程子所论："非体仁知之深者，不能如此形容之。"⑧

　　"仁"与"知"均仰赖个体的行动及选择，要与他人产生关联，要与具体的事产生关联才能最终实现。孔子"仁""知"并论的意义在于：二者都面向社会现实，落在人生实处，能回答应当如何对待他人，如何处理事务这两个人生基本问题。它们产生于个体与世界的联结，植根于孔子自身的体察。

① 《论语集注》，第89页。

② 《论语集注》，第139页。

③ 《子路》："仲弓为季氏宰，问政。子曰：'先有司，赦小过，举贤才。'"

④ 《论语集注》，第139页。

⑤ 《论语集注》，第116页。

⑥ 《论语集注》，第133页。

⑦ 《论语集注》，第90页。

⑧ 《论语集注》，第90页。

三、思以贯之的思想宗师

孔子在早期典籍中有两个形象：博物君子和思想宗师^①。与《左传》《国语》和《史记》相比，《论语》侧重呈现的是后者，《左传》和《国语》则较重前者^②。孔子至圣先师地位的确立，《论语》起到极为关键的作用。《论语》纂辑的孔子所言及孔门之语，体现出立足于人间事务，面对现实而思的总体特征。孔子所思所语围绕为人与为政而展开，以修己与安人为目的。《论语》着重载录的是其学而不厌、诲人不倦的师者风范。让弟子们记忆深刻的是孔子对自我的认识，对他人的观察，提出的见解，做出的判断，对问题的思考与回答。《论语》呈现的孔子，智者的比重远远大于学者。《论语》通过纂辑建构了一个价值和意义的世界，确立了一位思想宗师的形象。

孔子特别重视"学"，同时又创造性地标举了"思"，并身体力行。学意味着仿效与传承，思则意味着反省与创造。与"学"相对而称的"思"，具体含义不尽相同。"学而不思则罔，思而不学则殆"^③，是学思并重，学思相济，互相成就，缺一不可。思的对象是所学的内容，思包含对所学内容的理解、领悟、反思。孔子反对缺乏具体学习内容和对象的空想。他说："吾尝终日不食，终夜不寝，以思，无益，不如学也。"^④这里否定的只是脱离了学的思，而不是思考本身。

孔子固然好学、博学，但博学多识不是他好古敏求、学而不厌的目的。在他看来，有超越博学的东西。他与子贡的一段对话非常经典："子曰：赐也！汝以予为多学而识之者与？对曰：'然，非与？'曰：'非也，予一以贯之。'"^⑤在很多人眼中，孔子是"多学而识之者"，是博学的人，他的弟子如此，孔门之外的人亦如此^⑥。但孔子对此并不认可，他自称"一以贯之"。这个

---

① "博物君子"一词出自《史记·吴太伯世家》，称赞延陵季子"何其闳览博物君子也"，这里用以指孔子的博识多闻形象。孔子在明代被尊奉为"至圣先师"，本文用"思想宗师"强调其思想的创造性。

② 《左传·哀公十四年》记载孔子辨识叔孙氏车子鉏商猎获的野兽为麟。《国语·鲁语》载孔子在陈，识贯隼之楛矢为肃慎氏之贡矢，并详述其原委。《史记·孔子世家》记载吴伐越得骨节专车，孔子知其为防风氏之骨。这些都是孔子博学多识的明证。

③ 《论语集注》，第 57 页。

④ 《论语集注》，第 167 页。

⑤ 《论语集注》，第 161 页。

⑥ 达巷党人曰："大哉孔子！博学而无所成名。"（《子罕》）

"一以贯之"指什么？张岱年的解说深中肯綮："'一以贯之'即用一个原则把多闻多见的内容贯通起来。""多闻多见是学，一以贯之是思。"① 思，是观察、理解世界的方法，孔子之道可谓思以贯之。

孔子说的思，具有指向性和规范性，指向价值判断和道德标准，对人的行为起到制约作用。孔子曰："君子有九思：视思明，听思聪，色思温，貌思恭，言思忠，事思敬，疑思问，忿思难，见得思义。"② 思明和思聪，指向结果，要看清楚、听明白，要充分、正确认知客观事物。温、恭、忠、敬，是对身体及言行的规范。思问，是寻找解决疑难的方法。思难，是考虑任由愤怒发作会带来的严重后果，从而控制情绪。思义，是对获利的约束，非正当的收益不可取。子曰："见贤思齐焉，见不贤而内自省也。"③ 见贤思齐，是以一个贤者的道德来要求自身。所谓"思"，是要达到普遍的道义标准，超出了具体的就事论事，因而具有格外重要的意义，不夸张地说，非"思"无以成人，思是自我建构和确立的过程。

《论语》载录的孔子之思多是思考现实人生、政治的问题，是基于"观"而展开的思。观，是有目的地看，观的目的是要对人或事进行全面的认识，形成对事物的看法，包含复杂的思维活动。孔子"观"的对象主要有两个：人和礼。无论是观人，还是观礼，"观"这一行为最终均指向为政。观人是为了知人，知人是为了举贤任能。观礼，是为了学习典范。

观人，观什么，如何观？孔子说："人之过也，各于其党。观过，斯知仁矣。"④ 通过观察一个人所犯的过错，了解他是否具有仁德，由观而知是从观察到判断的过程。孔子还说："视其所以，观其所由，察其所安。人焉廋哉？人焉廋哉？"⑤ 从做事的动机、采用的方式、内心安于何事三个角度观察，能全面了解一个人。

观礼也与为政有关。孔子说："禘自既灌而往者，吾不欲观之矣。"⑥ 禘是祭祀天神和祖先的大祭，周成王特许周公可以举行。之后，鲁国国君僭用此礼，因而孔子不想观看。孔子说："居上不宽，为礼不敬，临丧不哀，吾何以

① 张岱年：《孔子哲学解析》，《论语二十讲》，第 163 页。
② 《论语集注》，第 173 页。
③ 《论语集注》，第 73 页。
④ 《论语集注》，第 71 页。
⑤ 《论语集注》，第 56 页。
⑥ 《论语集注》，第 64 页。

观之哉？"① 这两章从否定的角度讲不欲观、无可观之事，反之，从肯定的角度看，孔子欲观的是符合礼制的祭祀大典，认为可观的是居上者宽仁，行礼敬，临丧哀。礼的作用是要为民做示范以起到教化的作用。观，是有目的地观看和学习，观看的当是有价值和有意义的，我们今天常说的观摩就是此义。孔子求可观者，其实质是寻求符合礼制要求的典范行为，以能教化民众。

观，包含双向的意义。《周易》有《观》卦，《象》传曰："风行地上，观。先王以省方观民设教。"② 《观》卦的卦象是坤下巽上，坤为地，巽为风，是为"风行地上"，指可以教化百姓，犹同孔子所说"君子之德风，小人之德草。草上之风，必偃。"③ 观民，指的是先王做出示范，让民观己。观，《说文解字》："谛视也。"段玉裁注云："凡以我谛视物曰观，使人得以谛视我亦曰观。"④ 孔子的观礼，包含对居上者能为仪型典范的期待。不仅观礼如此，观人有时也包含此义。孔子说："如有周公之才之美，使骄且吝，其余不足观也已。"⑤ 观人，当观周公之才之美，观其才之美，是要以为楷式并学习和效法。

《论语》载录了孔子对诸多弟子和时人的评述，多基于观察而发。孔子于岁寒知松柏之后凋，在川而叹逝水，其"性相近，习相远"的论断以及诸多"君子""小人"之辨，均缘于广泛而深刻的观察而得出。思，是孔子一以贯之的方法，他不仅身体力行，还对"思"有着自觉的认识，揭示了思的重要意义。观，可以引起思，观的过程也是思的过程，正是以观为基础，孔子之思围绕着现实人生而展开，那么多看似平常而实则深刻的洞见，实乃思的果实。

孔子开创私学，不仅传授知识和文化，更主要的是作为思想宗师，对如何学与如何教有着自觉的思考。这里仅以"温故而知新，可以为师矣"为例⑥，分析孔子对何以为师的认识。

汉人以博通古今解释温故知新。《汉书·成帝纪》载阳朔二年秋，关东大水，诏曰："儒林之官，四海渊原，宜皆明于古今，温故知新，通达国体，故谓之博士。"⑦ 《汉书·百官公卿表》述作表之旨归："以通古今，备温故知新之

---

① 《论语集注》，第 69 页。

② 孙星衍：《周易集解》，上海书店 1988 年版，第 188 页。

③ 《论语集注》，第 138 页。

④ 许慎撰，段玉裁注：《说文解字》，上海古籍出版社 1981 年版，第 408 页。

⑤ 《论语集注》，第 105 页。

⑥ 《论语集注》，第 57 页。

⑦ 班固撰，颜师古注：《汉书》，中华书局 1962 年版，第 313 页。

义云。"①清代黄式三《论语后案》:"故,古也,已然之迹也。新,今也,当时之事也。"②故,指古,包括历史事件、人物、制度等以及记载相关史实的文献。所谓通古今、明古今,包含两层含义:知晓古今制度之变迁,则知今之所由来;以历史为鉴,乃知今天之所当为。这个理解的语境是政治,强调的是为师者贯通古今的能力。

还有另外一种解释。朱熹曰:"温,寻绎也。故者,旧所闻。新者,今所得。言学能时习旧闻,而每有新得,则所学在我,而其应不穷,故可以为人师。"③这是从为师及为学的角度理解,当包含朱熹自身教与学的体察,更切近孔子言说的教学语境。不善学者不能教,为师者当善于从旧闻中发现、领悟新知。学不能止于知已然之迹,必须有自己的发现,在旧知识中发现新意义,旧闻才不再外在于我,才能转化为我的认知,成为我的知识结构中的一部分。笔者理解,故,除了旧闻,还有另一层含义,是学习主体已有的认知。所谓"每有新得,则所学在我",意味着每次重温都能在自我的旧知中创生出新知,是对自我认知的不断超越,是自我知识体系及认知能力的更新和提升,知新之路永无停歇,如此方可为人师。在温故知新的过程中,知识和传统也不断被赋予新的理解、新的意义和价值,得以发展并获得长久的生命。

"温故知新"的"知",在孔子的言论中更多指向由已知推断未知这类复杂的思维活动。《学而》记孔子称赞子贡,认为可与言《诗》,"告诸往而知来者"④,也就是能从已知的思想观念中联想、推知老师未曾传授的内容。孔子和子贡议论颜回的对话与此如出一辙,师徒二人都认为自己远远不及颜回,颜回"闻一以知十"⑤。闻一知十、举一隅以三隅反、十世可知⑥,都是由已知推断出未知,活用已有的知识使之增殖,将旧闻转化为新知,从而丰富、更新学习主体的认知。

在《论语》中,"知"的对象常常与人生密切相关,比如知命、知天命、

---

① 《汉书》,第 722 页。

② 程树德撰,程俊英、蒋见元点校:《论语集释》,中华书局 1990 年版,第 94 页。

③ 《论语集注》,第 57 页。

④ 《论语集注》,第 52—53 页。

⑤ 子谓子贡曰"女与回也孰愈?"对曰:"赐也何敢望回? 回也闻一以知十,赐也闻一以知二。"子曰:"弗如也;吾与女弗如也。"(《公冶长》)

⑥ 子曰:"举一隅不以三隅反,则不复也。"(《述而》)子张问:"十世可知也?"子曰:"殷因于夏礼,所损益,可知也;周因于殷礼,所损益,可知也。其或继周者,虽百世,可知也。"(《为政》)

知礼、知言、知人、知生、知死、知德①，"知"的对象都不是"物"，不是像后世常说的知天文、知地理、知书、知音等。指向人生与指向物区别何在？指向物的知，可以通过简单的读书和记诵而获得，而指向人生的知，是一种透彻的、根本性的了解、辨识和判断，需要细致的观察、广泛的学习、切己的体验以及深入的思考才能获得。

孔子重视由思考而获得的知，这在孔门的经典研读中也有体现。孔子和子夏就《诗经》具体字句所作的讨论就是一例。子夏问"巧笑倩兮，美目盼兮，素以为绚兮"是何意，孔子答曰："绘事后素。"子夏再问："礼后乎？"孔子感叹："起予者商也！始可与言《诗》已矣。"②孔子赞许子夏能推衍而及诗句之外的意义，赞许这种需要思考而有所领悟的学习方式。《礼记》中记述了大量孔门对礼的研讨，其中较少对礼学文献的讨论，颇多对各种具体疑难问题的探讨和处理，也是孔子重视思考问题这一根本教学精神的反映。

四、"语"的特质及"语录"的功能

关于先秦"语"类文献的生成、类别、体用特征、源流演变，"语录"的含义、起源、生成、类型等问题，学界已经有很多精彩、深入的讨论，也做了大量文献梳理工作③。对儒家语录类文献的研究，集中在《论语》《国语》及宋代的语录类文献。从上述对《论语》话语特征的分析中，这里想延伸探讨儒家文献"语"的特质及"语录"的功能。一言以蔽之，"语"的特质是思想，是问题指向；"语录"的功能是建构思想体系。

从《说文解字》对"语""论""议"三个字的递训中，我们能得到一点儿启示。《说文解字》："语，论也。"④"论，议也。"⑤"议，语也。"⑥段注："上文

---

① 孔子曰："不知命，无以为君子也；不知礼，无以立也；不知言，无以知人也。"（《尧曰》）子曰："由！知德者鲜矣。"（《卫灵公》）季路问事鬼神。子曰："未能事人，焉能事鬼？"曰："敢问死。"曰："未知生，焉知死？"（《先进》）

② 《论语集注》，第63页。

③ 如俞志慧：《语：一种古老的文类——以言类之语为例》，《文史哲》2007年第1期；夏德靠：《论"语录"与"语录体"》，《四川大学学报》2022年第1期。

④ 《说文解字》，第89页。

⑤ 《说文解字》，第91页。

⑥ 《说文解字》，第92页。

云论难曰语。又云语，论也。是论议语三字为与人言之称。"①这个训释提示我们注意"语""论""议"之间的共性。它们具有共同的义素——讨论问题，只是各有侧重。论，强调分析、推理，有条理②，并做出判断，形式上可以是一人发论，也可以是多人讨论；议，讨论后要有决断，提出解决问题的办法，形成一个共识，形式上是多人参与；语，形式上为两个人的问答，内容方面突出的是思想特质，尤其是具有经验总结、警戒性质的思想认识。汉代刘熙《释名·释言语》："语，叙也。叙己所欲说也。"③这个解说揭示了"语"的特点是表达自己想要说的，换言之，"语"的特征是突出言说者的主体性，突出思想和观念，突出问题指向，是以问答或辩难的形式表达见解。《论语》的话语建构，非常典型地体现出"语"所具有的思想特质。孔子的言说为其所欲说，具有现实针对性，问题指向性，其脱离经典、独立思考、自建法言的特征非常鲜明。

"语"具有思想特质，纂辑圣贤之语而成的语录类著述，通过篇目或卷目主题的设置、对原始材料的取舍安排，摘录一人或多人的思想学说，表达对系列问题的见解、探讨，最终起到建构思想体系的作用，以《论语》和《近思录》最为典型。

上文已述，《论语》的编排方式是主题类编，大体每篇均有主题，正是这种以问题为核心的纂辑，建构了孔子其人及其思想体系，建构了以一位先师为主的一门之学。至宋，朱熹和吕祖谦编辑《近思录》，摘编北宋周敦颐、二程和张载四子之语，总六百二十二条，纂辑为十四卷，每卷之目亦标示所论之主题。朱子自定纲目是："（一）道体；（二）为学大要；（三）格物穷理；（四）存养；（五）改过迁善，克己复礼；（六）齐家之道；（七）出处、进退、辞受之义；（八）治国、平天下之道；（九）制度；（十）君子处事之方；（十一）教学之道；（十二）改过及人心疵病；（十三）异端之学；（十四）圣贤气象。"④从形而上的道到具体的为学、致知、修齐治平、教学，最终标举理想人格境界"圣贤气象"，通过主题的明确设置，既关乎大体，又切于日用，自近及远，有层级地建构了宋代新儒学的基本框架。

---

① 《说文解字》，第92页。

② 段玉裁注："凡言语循其理，得其宜谓之论。故孔门师弟子之言谓之《论语》。"（《说文解字》，第92页）

③ 刘熙：《释名：附音序、笔画索引》，中华书局2016年版，第49页。

④ 黎靖德编，杨绳其、周娴君校点：《朱子语类》卷一〇五《论自注书》，岳麓书社1997年版，第2365页。

　　《近思录》这类纂辑多人言论的语录，其篇目或卷目的设置非常重要，是编者对所录之语思想性的概括和提炼，直观呈现了编者的思想架构。编者对具体内容的选取则赋予诸多散杂之语以思想的一致性。如第三卷《格物穷理》凡七十八条，强调《论语》和《孟子》的重要性，从第 34 至第 42 连续 9 则语录均陈说二书，对它们推崇备至，其中第 39 则颇具代表性。文曰：

　　　　学者当以《论语》《孟子》为本。《论语》《孟子》既治，则《六经》可不治而明矣。读书者当观圣人所以作经之意，与圣人所以用心，与圣人所以至圣人，而吾之所以未至者，所以未得者，句句而求之，昼诵而味之，中夜而思之。平其心，易其气，阙其疑。则圣人之意见矣。[1]

这段话有三层意义。第一，极大提升了《论语》和《孟子》的地位，将其置于六经之上。第二，读书的目的是求圣人之意，这和汉儒解经附会历史事实及重文字训诂的治学方向判然有别。第三，读书者当反省自身如何未能至圣人之境，言外之意成圣当是读书者的追求，这就为广大读书人树立了一个极高的成人目标，从治学扩展到了成圣。《近思录》将《圣贤气象》置于编末也是这一观念的反映。

　　此卷所选四子之语多强调思考以自得及思之贯通，亦本原于《论语》和《孟子》。如第 4 则："欲知得与不得，于心气上验之。思虑有得，中心悦豫。沛然有裕者，实得也。"[2] 第 6 则："学原于思"[3]，第 21 则："义理有疑，则濯去旧见，以来新意。心中有所开，即便札记。不思则还塞之矣。"[4] 前两则选自《程氏遗书》，第三则选自《张子语录》。《孟子》之语有："心之官则思，思则得之，不思则不得也。"[5]"君子深造之以道，欲其自得之也。"[6] 如此一来，二程与张载思想观念的相通遂通过纂辑而得以凸显，也通过纂辑与孟子建立了清晰的传承关系。

　　此卷后半部分所辑之语多论及经典阅读及解释，论《诗》6 则，论《书》3 则，论《易》14 则，《春秋》5 则，六经之中尤重《易》，这与读《易》尤

---

① 　陈荣捷：《近思录详注集评》，华东师范大学出版社 2007 年版，第 120 页。

② 　《近思录详注集评》，第 103 页。

③ 　《近思录详注集评》，第 104 页。

④ 　《近思录详注集评》，第 111 页。

⑤ 　焦循撰，沈文倬点校：《孟子正义》，中华书局 2017 年版，第 852 页。

⑥ 　《孟子正义》，第 602 页。

须思辨有关。这些论及经典解读的言论整体上看强调不泥于文字，要思得经典蕴含的义理大要，与注疏偏重于典章名物、历史事件的解释路径迥乎不同，体现出语录重思考的特征。

语录这种著述形式在宋代得到极大的发展，编纂形式多种多样，就儒家而言，有像《近思录》这样设置篇目以标明思想框架的，如杨时订定、张栻编定的《河南程氏粹言》两卷，篇目依次是：论道、论学、论书、论政、论事、天地、圣贤、君臣、心性、人物，关注的问题及论述的层级一目了然。有些语录没有篇目或卷目，如张载的《语录》，《程氏遗书》卷一《二先生语》，谢良佐的《上蔡语录》，陆九渊门人所录《语录》，这类语录的思想框架没有那么明晰，但所载之语依然具有以问题为指向的特征。还有的语录在篇目或卷目编排方面体现出包罗宏富的特点，不仅有核心概念，还有专门的经典论述，从中可窥知学问之堂奥与规模。最显著的如《朱子语类》，共一百四十卷，有以主题立目者，卷一至卷十三，共四大类目：理气（卷一～卷二）、鬼神（卷三）、性理（卷四～卷六）、学（卷七～卷十三），卷一百三十七：战国汉唐诸子，卷一百二十五：老氏庄列，卷一百二十六：释氏，卷一百三十八：杂类，卷一百三十九和卷一百四十：论文。有以经典立目者，卷十四至卷九十二：《大学》《论语》《孟子》《中庸》《易》《尚书》《诗》《孝经》《春秋》《礼》《乐》。有以人立目者，卷九十三至卷一百零三：论孔孟程周、张子、邵子及其门人。卷一百零四至卷一百一十二：朱子。卷一百一十三至卷一百二十一：训门人。卷一百二十二至卷一百二十四：吕伯恭，陈君举父叶正则，陆氏。有以历史时段立目者，卷一百二十七至卷一百三十三：本朝。卷一百三十四至卷一百三十六：历代。这种编目仍然将最能代表宋代儒学特色的"理气"和"性理"概念置于全书的前几卷，还是起到了一定的建构思想体系的作用。

结　语

《论语》是孔门师生教与学的记录，是集体智慧的结晶，整体看来，全书载录的孔子之言及其与弟子之语，谈论五经的内容非常少，诚如陈荣捷所说："孔子确为一传述者，但同时也是一创造者。"[①] 孔子不仅是知识的传述者，更是思想的创造者，价值判断的创造者，《论语》的纂辑就重在创造者这方面。孔子的思想体系及其思想宗师的形象，均有赖于对其言语的有意选择与精心

---

① 陈荣捷编著，杨儒宾等译：《中国哲学文献选编》，北京联合出版公司 2018 年版，第 14 页。

纂辑而确立。

《论语》所见孔子的言论，依赖智识的成分要远远大于依赖经典的成分，其言说方式不是引经据典的，与《左传》所载孔子言论相比，这个特征非常明显。《左传》多有孔子称引古人之志或《诗》以表达看法的例子①。《论语》侧重纂辑从一己的生命体验出发、面向现实人生所做出的独立思考。宋儒之所以重返《论》《孟》，朱熹和吕祖谦以"近思录"命名他们纂辑的北宋四子语录，上承《论语》以构建道统，正是对离经而思、自建法言的承传。离经而思、自建法言这一总体特征，建构了孔子的思想体系，建构了以修己与安人为核心的早期儒家话语体系。这是一套新的话语体系，经过汉代儒生的进一步弘扬，成为新的知识，进入知识体系和价值系统中，成为伟大的传统。

语，本是言论，言论的特质就是指向问题。语，最初是口说，经记录后转变为问答或独语。《论语》的原始材料是弟子们的现场记录或事后追忆，《近思录》并非如此，其采摭各家之说以及专论的纂辑方式使得"语"本来的口说性质显得无足轻重，从而突出了"语"的思想性以及"语录"的思想建构功能。

重新审视《论语》的话语建构方式以及儒家语录类文献的思想特质，启发我们研读经典之时当有自觉的思以贯之意识，也当调动起自我的生命体验，唤醒思想的活力，这样才能不断更新自我认知，不断在传承中实现创新。

（作者单位：北京师范大学文学院）

---

① 如昭公十二年载：仲尼曰："'古也有志：'克己复礼，仁也'。信善哉。'"昭公五年载：仲尼曰："叔孙昭子之不劳，不可能也。周任有言曰：'为政者不赏私劳，不罚私怨'。诗云：'有觉德行，四国顺之。'"襄公二十五年载仲尼曰："志有之：'言以足志，文以足言'，不言谁知其志？言之无文，行而不远。"

扬雄《法言》的人物批评与西汉儒学

侯文学

扬雄生活的西汉后期，经学"极盛"，扬雄由蜀入京，濡染既深，自然受到影响。然彼时烦琐治经的风气盛行，扬雄反其道而行之，著述径取五经与《论语》，"皆斟酌其本，相与放依而驰骋云"[①]。他的《法言》是拟《论语》而作，但正如其拟《周易》而作的《太玄》、拟相如赋而作的四赋在模拟中有创新一样，《法言》受时代氛围影响，在很多方面继承并发展了先秦儒学，自成一家面目。我们这里从《法言》对几个历史人物的批评切入，探讨《法言》所彰显的扬雄思想及其在西汉儒学发展史上的意义[②]。

一、推尊孟子：孔子之道的话语建构

我们今天回顾思想史，认为孟子、荀子都各自借助历史与所处时代的资源，发展了孔子的思想，共同构成了先秦儒学思想的重要脉络，不可或缺。但历史上欲作思想建构的思想者却未必如此平心静气，他们往往择取与自己主张相似的前代学者，推尊其人，阐明其说，而其本人的思想也借以呈现。至于其推崇何人何说，则首先有赖于他们所面对的传统资源。西汉儒学所面临的传统学术资源，今人已无法探求其全貌。但就目前所见文献来看，可以肯定，孟、荀二家是西汉儒者思想与言论取资的重要对象。这从官方的举措、儒者的称说方面可以略见一二。如汉文帝曾将《孟子》与《论语》《孝经》《尔雅》等并置为传记博士[③]，《韩诗外传》一方面有很多内容与《荀子》相近，另一方面则表现出重孟的倾向，如卷四批评"十子"，大体与《荀子·非十

---

① 班固：《汉书》卷八七《扬雄传》，中华书局 1962 年版，第 11 册，第 3583 页。

② 《论语》多有孔子评论古今人物的言论，孔子借人物批评表达自己的思想与理念。拟《论语》而成的《法言》在此方面有过之而无不及，评论历史人物达 236 个。我们这里仅就其中的伏羲、孟子、屈原等数人作出讨论。

③ 赵岐《孟子题辞》："孝文皇帝欲广游学之路，《论语》《孝经》《孟子》《尔雅》皆置博士。后罢传记博士，独立五经而已。"焦循《孟子正义》，中华书局 1987 年版，上册，第 17 页。

二子》同，而剔除后者所"非"的子思、孟轲①。董仲舒固然征引《孟子》，但也"作书美孙卿"②。司马迁《史记·孟子荀卿列传》《儒林列传》则孟、荀合传，谓"天下并争于战国，儒术既绌焉，然齐鲁之间，学者独不废也。于威、宣之际，孟子、荀卿之列，咸遵夫子之业而润色之，以学显于当世"③，将二人并视为孔子学说的传承者。在昭帝时期的盐铁会议上，贤良文学与御史大夫"两方多次孔孟并称"④，但也不乏对于荀子的称引⑤。刘向校书之际，仍论定"唯孟轲、孙卿为能尊仲尼"⑥，其子刘歆在刘向《别录》基础上撰成的《七略》亦将《孟子》《孙卿子》并列为"诸子略·儒家"⑦。这是西汉思想史的大致情形。

　　扬雄的思想，就是在这样的背景下展开。在孟子和荀子之间，扬雄表现出尊孟抑荀的态度。扬雄与孟子的学说有许多一致处，如其强调个人道德修养，便截取孟子关于人伦道德的讨论，加以重申。《法言·修身》论"仁、义、礼、智、信之用"说："仁，宅也；义，路也；礼，服也；智，烛也；信，符也。处宅，由路，正服，明烛，执符，君子不动，动斯得矣。'"⑧显然由《孟子·尽心上》"居恶在？仁是也。路恶在？义是也。居仁由义，大人之事备矣"⑨发挥而来。或以称道孟子、征引孟子之言的方式，表彰孟子的学说，如其论"孟轲之勇"说："勇于义而果于德，不以贫富、贵贱、死生动其心。于勇也，其庶乎！'"⑩又涵泳孟子之言："有意哉！孟子曰：'夫有意而不至者有矣，未有无意而至者也。'"⑪推许与赞叹之意，溢于言表。但孟、扬之间并非无分歧。众所周知，在人性问题上，孟子持性善论，扬雄则以为善恶混。《法言·修身》："人之性也善恶混。修其善则为善人，修其恶则为恶人。气也者，

①　许维通：《韩诗外传集释》，中华书局 1980 年版，第 150—151 页。

②　刘向：《孙卿书录》，王先谦：《荀子集解》，中华书局 1988 年版，下册，第 558 页。

③　司马迁《史记》卷一二一《儒林列传》，中华书局 2014 年版，第 3786 页。

④　徐复观：《两汉思想史》，华东师范大学出版社 2001 年版，第三卷，第 127 页。

⑤　有学者统计，《盐铁论》四次提到荀子，其中贤良文学同样肯定荀子，"认为荀子非常贤能"。参见强中华《秦汉荀学研究》，人民出版社 2017 年版，第 13 页。

⑥　《孙卿书录》，《荀子集解》，下册，第 559 页。

⑦　见《汉书·艺文志》。《汉书·艺文志》乃是对《七略》的简化，间有微调。其微调处，无关乎本文的讨论。

⑧　汪荣宝：《法言义疏》，中华书局 1987 年版，第 92 页。

⑨　《孟子正义》，下册，第 927 页。

⑩　《法言·渊骞》，《法言义疏》，下册，第 419 页。

⑪　《法言·修身》，《法言义疏》，上册，第 93 页。

所以适善恶之马也与？"①荀、扬之间学理上的继承性也很明显，甚至有学者据以结论："扬雄推尊孟子，但在心性的根源之地，却全未受孟子由心善以言性善的影响，而另创为新说。因此，其论学多本于《荀子》而远于《孟子》。"②那么扬雄何以尊孟抑荀呢？恐怕要在学理之外寻找原因。我们认为，扬雄推尊孟子，除去思想的相似性，主要立足于孟子的两点贡献：一是孟子明确提出"仲尼之道"，二是其"辟杨墨"之功。我们分而述之。

　　一、孟子提出"仲尼之道"。从目前所见文献来看，扬雄之前的儒家学者，推崇孔子最力者，当属孟子。首先，孟子除了尊孔子为"圣之时者""集大成者"，还借孔子三大弟子——宰我、子贡、有若的话，说孔子"贤于尧舜远矣"，"自生民以来，未有盛于孔子者也"③，将孔子的文化贡献与地位提到无以复加的高度。其次，虽然孔子标举尧、舜、禹，也推重商汤和周文王、周公，数者之间隐隐存在一脉相承的关系，但《论语》中明确提出的却是"文武之道"，亦即以周礼为基础的等级制度和伦理道德规范，并强调此乃孔子之所学、所持④。至孟子，除了申明"由尧舜至于汤，五百有余岁……由汤至于文王，五百有余岁……由文王至于孔子，五百有余岁"⑤的"道"的传续的时间坐标与传"道"的圣王（人），还明确标举此道为"孔子之道""仲尼之道"，以与"先王之道""尧舜之道"相续、并重。如《孟子·滕文公上》："吾闻用夏变夷者，未闻变于夷者也。陈良，楚产也。悦周公、仲尼之道，北学于中国。"⑥《滕文公下》："杨、墨之道不息，孔子之道不著，是邪说诬民，充塞仁义也。"⑦但此后的西汉思想界也没有沿此突出孔子学说的独立性，孔子的思想，此时仍笼罩在经说的范围之内。《汉书·艺文志》将《论语》入"六艺略"，也是视《论语》为"经"传的态度，《扬雄传》有扬雄以为"传莫大于

---

① 《法言义疏》，上册，第 85 页。

② 《两汉思想史》，第二卷，第 315 页。

③ 《孟子·公孙丑上》，《孟子正义》，上册，第 217 页，第 218 页。

④ 《论语·子张》载，公孙朝问子贡，"仲尼焉学"，子贡回答："文武之道，未坠于地，在人。贤者识其大者，不贤者识其小者，莫不有文武之道焉。"又《子罕》："子畏于匡，曰：'文王既没，文不在兹乎？天之将丧斯文也，后死者不得与于斯文也；天之将丧斯文也，匡人其如予何？'"刘宝楠正义："文武之道，皆存方策，夫子周游，以所得典籍自随，故此指而言之。文在兹，即道在兹。"（刘宝楠《论语正义》，中华书局 1990 年版，第 749—750 页，第 327—328 页）

⑤ 《孟子·尽心下》，《孟子正义》，下册，第 1034—1036 页。

⑥ 《孟子正义》，上册，第 393 页。

⑦ 《孟子正义》，上册，第 456—457 页。

《论语》"①的叙述，则表明这种态度的普遍性。

汉武帝时，董仲舒建议尊儒，其对策曰："臣愚以为诸不在六艺之科孔子之术者，皆绝其道，勿使并进。"②孔子之术，即孔子的解经之术。董仲舒的表述仍然强调五经，强调孔子对于五经的解释性贡献。至于儒家学者所推重的"道"，主要还是表述为"五帝三王之道""帝王之道""先王之道（法）""尧舜之道""三王之道"，《汉书·董仲舒传》所载汉武帝颁布的诏书与董仲舒对策体现最为明显。刘向也承袭这类话语，批评诸子"皆著书，然非先王之法也，皆不循孔氏之术"③。这是西汉帝王的政治关切使然，也是立足于政治实践的儒者的必然选择。

由上我们知道，在扬雄之前的儒学话语体系中，多言"先王之道""尧舜之道""孔子之术"。扬雄尊孔，以为"天之道"在仲尼④，"有教立道，无止仲尼"⑤。扬雄还以孔子为一切话语与行为的标准，说"好书而不要诸仲尼，书肆也；好说而不要诸仲尼，说铃也"⑥，主张"治己以仲尼"⑦。扬雄虽然也谈"先王之法"⑧，但尤其标举"孔子之道""仲尼之道"⑨。一方面扬雄承孟子而来，认为孔子之道乃是接续尧、舜、禹、汤、文、武、周公的统绪，说："学之为王者事，其已久矣。尧、舜、禹、汤、文、武汲汲，仲尼皇皇，其已久矣。"⑩一方面也接续孟子的话语，突出"孔子之道""仲尼之道"。说"孔子之道，其较且易"⑪，"孔子之道，不可小"⑫。尤其值得注意的是《君子》篇：

---

① 《汉书》卷八七《扬雄传》，第 11 册，第 3583 页。

② 《汉书》卷五六《董仲舒传》，第 8 册，第 2523 页。

③ 《孙卿书录》，《荀子集解》，下册，第 559 页。

④ 《法言·学行》，《法言义疏》，上册，第 6 页。

⑤ 《法言·学行》，《法言义疏》，上册，第 44 页。

⑥ 《法言·吾子》，《法言义疏》，上册，第 74 页。

⑦ 《法言·修身》，《法言义疏》，上册，第 93 页。

⑧ 《法言·吾子》，《法言义疏》，上册，第 63 页。

⑨ 《法言》出现"孔子之道"2 次，"仲尼之道"2 次，分别见于《吾子》《五百》《君子》《先知》，又有"圣人之道"（特指孔子之道）1 次，见《君子》篇："或曰：'圣人之道若天，天则有常矣。奚圣人之多变也？'曰：'圣人固多变。子游、子夏得其书矣，未得其所以书也；宰我、子贡得其言矣，未得其所以言也；颜渊、闵子骞得其行矣，未得其所以行也。'"《法言义疏》，下册，第 509 页。

⑩ 《法言·学行》，《法言义疏》，上册，第 22 页。

⑪ 《法言·吾子》，《法言义疏》，上册，第 76 页。

⑫ 《法言·五百》，《法言义疏》，上册，第 257 页。

　　或曰："仲尼之术，周而不泰，大而不小，用之犹牛鼠也。"曰："仲
尼之道，犹四渎也，经营中国，终入大海。它人之道者，西北之流也；
纲纪夷貉，或入于沱，或沦于汉。"①

古人重视"道""术"之辩。贾谊《新书·道术》就有意区别二者，说："道
者，所道接物也。其本者谓之虚，其末者谓之术。虚者，言其精微也，平素
而无设诸也；术也者，所从制物也，动静之数也。"②概言之，"道"侧重指本
体，"术"侧重指方法，"道"本"术"末，"道"尊于"术"。扬雄于自问自
答之际，先设"仲尼之术"的话语，又特地订正为"仲尼之道"，并比喻此
"道"犹如流润"中国"的江、河、淮、济"四渎"，强调孔子学说的文化贡献。
可见，扬雄是非常理性地使用"仲尼之道"的概念的。

　　扬雄的上述态度显然是承孟子而来。其推重孟子，也是在发明孔子之道。
但扬雄与孟子思想也有区别，孟子对于现实政治有较大的热情，内外并重，
虽然他的政治主张与现实政权遭遇之际，"则见以为迂远而阔于事情"③。相比
于孟子，扬雄更为重视孔子思想修身成己的内向性方面。这也是扬雄与前此
盐铁会议上贤良文学们关注孟子的"王道政治"言说的不同之处。

　　二、扬雄推尊孟子，还在于孟子的"辟杨墨"之功。如果说彰明"孔子
之道"是凸显孔子学说对"先王之道"的接续意义，那么"辟杨墨"则是将
孔子之道拔乎诸子之上。扬雄注意到，孟子除了推明"孔子之道"，还承担了
清道夫的重任。

　　扬雄在西汉推重孟子的学术文化氛围中，特别拈出孟子"辟杨墨"之功。
孟子批评"杨氏为我，是无君也。墨氏兼爱，是无父也"，认为"杨、墨之道
不息，孔子之道不著，是邪说诬民，充塞仁义也"，"能言距杨墨者，圣人之
徒也"，故主动挑起距杨墨的重任。④《法言·吾子》承此而来：

　　　　古者杨、墨塞路。孟子辞而辟之，廓如也。后之塞路者有矣。窃自
比于孟子⑤。

---

① 《法言义疏》，下册，第 503—504 页。
② 阎振益、钟夏校注：《新书校注》，中华书局 2000 年版，第 302 页。
③ 《史记》卷七四《孟子荀卿列传》，第 7 册，第 2847 页。
④ 《孟子·滕文公下》，《孟子正义》，上册，第 456–457，461 页。
⑤ 《法言义疏》，上册，第 81 页。

塞路，亦即排挤了孔子的学说。扬雄认为，孟子廓清了孔子学说，"窃自比于孟子"则是他自我学术态度的表露①。扬雄接续孟子"辟杨墨"的事业，批评杨朱"荡而不法"，墨翟"俭而废礼"。②但扬雄对于杨、墨的批评仅此而已，他更多是赞许孟子的立场与态度。

扬雄除了肯定孟子与孔子学说的一致性，还通过对"非孟"的荀子的批评，张扬其尊孟的立场。《法言·君子》："或曰：'孙卿非数家之书，侻也。至于子思、孟轲，诡哉！'曰：'吾于孙卿与？见同门而异户也。惟圣人为不异。'"③扬雄将荀子视为儒门别户，不以为正宗，但具体反对荀子学说的哪些方面，则语焉不详。我们看《荀子》，其尊孔的态度明显逊于孟子。体现在称谓上，荀子或是称孔子为"大君子"（《荀子·仲尼》）、"先君子"（《非十二子》），或将孔子与仲弓并称为"大儒"（《儒效》）。《荀子·尧问》篇甚至不认同"孙卿不及孔子"的评论，作者认为荀子生不遇时，又说："观其善行，孔子弗过。"④虽非荀子亲论，但总与前面的各篇态度相应，只是将荀子与孔子比肩的态度更为明确。唯此明显与扬雄态度相左，扬雄抑荀的原因，或在于此。

扬雄明确孟子学说与孔子之道不异，有申明孔孟之道的意味。《君子》篇载，有人问他："子小诸子，孟子非诸子乎？"扬雄回答："诸子者，以其知异于孔子也。孟子异乎？不异。"⑤在扬雄看来，判定"诸子"与否的标准就是看其学说是否与孔子同，孟子继承的正是孔子学说，不当以"诸子"视之。在这一点上，扬雄与荀子构成差异。荀子既没有将"先王之道"与孔子之道视为一脉相续的思想史链条，也否定孟子学说的价值。《荀子·非十二子》指责子思、孟轲，"略法先王而不知其统""案往旧造说，谓之'五行'，甚僻违而无类"，世俗儒者接受而传播，以为是孔子的学说。⑥这自然不被扬雄认同。扬雄通过对于孟子的评论与事业的继承，勾勒出一条自孔子以下的传道统绪：

---

① 《汉书·扬雄传》转录扬雄《自序》，明确说："雄见诸子各以其知舛驰，大氐诋訾圣人，即为怪迂，析辩诡辞，以挠世事，虽小辩，终破大道而或众，使溺于所闻而不自知其非也。及太史公记六国，历楚汉，讫麟止，不与圣人同，是非颇谬于经。"（《汉书》卷八七《扬雄传》，第 11 册，第 3580 页）

② 《法言·五百》，《法言义疏》，上册，第 280 页。

③ 《法言义疏》，下册，第 499 页。

④ 《荀子集解》，下册，第 553 页。

⑤ 《法言义疏》，下册，第 498 页。

⑥ 《荀子集解》，中华书局，1988 年，第 94 页。

孔子—孟子—扬雄。而扬雄身后也确实获得了"西道孔子""东道孔子"① 的评价。

需要格外强调的是，扬雄并非完全从学理出发推重孟子，一如其《法言》否定荀子也并非出于学理的考虑。正如孟子对孔子思想有所发展，扬雄也有自己的见解。扬雄对于孟子的尊崇，更多是引孟子为同道，表明其张扬并澄清"孔子之道"的价值理念。

二、评价屈原：对儒学价值体系的反思

《法言·吾子》有一段评论屈原的文字：

> 或问："屈原智乎？"曰："如玉如莹，爰变丹青。如其智！如其智！"②

关于这段文字，古人的理解已然不同。如李轨注："夫智者达天命，审行废，如玉如莹，磨而不磷，今屈原放逐，感激爰变，虽有文彩，丹青之伦尔。"③ 汪荣宝疏与李轨完全相反："以玉喻德而智在其中。昭质无亏，以成文采，智孰有过于此者？此子云深致赞美之义也。"④ 今人仍有不同的意见⑤。"爰变丹青"与"如其智"是破解其意的关键。关于"爰变丹青"之语的含义，在《法言·君子》篇可以找到答案："或问：'圣人之言，炳若丹青，有诸？'曰：'吁，是何言与！丹青初则炳，久则渝，渝乎哉？'"⑥ 丹青谓图画。扬雄认为丹青起初色彩鲜明，时间一长就变得暗淡，圣人之言与丹青不同，永远不会暗淡。扬雄把丹青看作容易改变颜色之物，对它持否定态度。"如其智！如其智"是模仿孔子的语气，表达对于人物的评价。《论语·宪问》记载，子路向孔子询问，管仲"未仁乎"，孔子回答："桓公九合诸侯，不以兵车，管仲之

---

① 朱谦之《新辑本桓谭新论》，中华书局 2009 年版，第 62 页。

② 《法言义疏》，上册，第 57 页。

③ 《法言义疏》，上册，第 57 页。

④ 《法言义疏》，上册，第 59 页。

⑤ 郭维森认为，这段话是对屈原的肯定。（郭维森《论汉人对屈原的评价》，《求索》1984 年第 4 期）卫仲璠认为，"这是扬子在首先肯定屈大夫其人冰清玉洁的光辉品德之后，接着指出他所认为屈原存在的缺点。"（卫仲璠《〈扬子法言〉论屈章析义》，《安徽师大学报》1985 年第 2 期）

⑥ 《法言义疏》，下册，第 509 页。

力也。如其仁！如其仁！"①"如其仁"，就是"乃其仁"，意谓这就是管仲的仁德，是对前面所述内容的感叹。扬雄《法言》三次仿用这种句法，另外两次见于《学行》："或谓子之治产不如丹圭之富。曰：'吾闻先生相与言，则以仁与义；市井相与言，则以财与利。如其富！如其富！'"②有人认为扬雄不善于置产，扬雄以为，包括自己在内的"先生"应该以道德上的仁义为追求，只有市井之人才追求物质财富。后面的"如其富"是对于自己前面所谈到的不同人生追求的感叹。《渊骞》："或问：'渊、骞之徒恶乎在？'曰：'寝。'或曰：'渊、骞曷不寝？'曰：'攀龙鳞，附凤翼，巽以扬之，勃勃乎其不可及也。如其寝！如其寝！'"③如其寝，从字面看，意谓这就是他们的湮没无闻！实际上这是一句承前省略的话，扬雄真正要表达的意思是：这就是他们的"不寝"！"如其"句型仍是对前面看法的感慨，至于是肯定还是否定取决于前面的叙述。《法言·吾子》篇称屈原"如其智！如其智"，是对前面"如玉如莹，爰变丹青"的感叹。"爰变丹青"的具体所指，乃在屈原追求清名而自沉江渊的举动。扬雄此论是批评屈原不智，李轨注还是把握到扬雄的立意的。

扬雄的话有其历史针对性。换言之，扬雄的批评乃是对前人评价的反驳。司马迁《史记·屈原列传》曾说屈原"正道直行，竭忠尽智以事其君，谗人间之，可谓穷矣"④。刘向《新序·节士》也有"（屈原）有博通之知，清洁之行，怀王用之"⑤的说法。司马迁等人均用"智"来评价屈原。他们所说的"智"为才智，是外向性的智慧与才能。《法言》中扬雄设置屈原智否的问题，显然不在于对旧有评价的重申，而是对旧问题的重新回答。明了扬雄关于"智"的讨论，可以更深刻理解他对于屈原的评价，也可以获得扬雄对于儒学价值体系重估的信息。扬雄的"智"论有三个方面值得注意：

首先需要指出，与前此学者于仁、义、礼、智、信五常，以"智"服务于"仁"的理解不同，扬雄赋予"智"以五常之首的价值序位。我们看下面两则语录：

或问："人何尚？"曰："尚智。"⑥

---

① 《论语正义》，下册，第 572—573 页。

② 《法言义疏》，上册，第 35 页。

③ 《法言义疏》，下册，第 417 页。

④ 《史记》卷八四《屈原列传》，第 8 册，第 3018 页。

⑤ 赵仲邑：《新序详注》，中华书局 1997 年版，第 213 页。

⑥ 《法言·问明》，《法言义疏》，上册，第 186 页。

由于情欲，入自禽门。由于礼义，入自人门。由于独智，入自
圣门①。

针对人的不同追求，扬雄将"智"分为两个层次，一是一般意义上的"智"，
一是"独智"。前一种是对普通人而言，后一种针对以"圣人"为修养目标的
人而言。在前面一则语录里，扬雄明确提出人生尚智的主张；后面一则从境
界评判的角度切入，以"独智"配圣。无论哪一层次的"智"，其价值都明显
高于"礼义"，表现出他对"智"的极度推崇。这显然与我们所熟知的《论
语》重"礼"与"仁"、《孟子》重"仁义"的先秦儒学的认知相左。也与董
仲舒"仁者所以爱人类也，智者所以除其害也"②的"智"（作为一种认识能力、
判断力）从属于"仁"的认识不同。

其次，扬雄对于"智"的价值内涵做了重新规定。与前此儒学论"智"
关注群体他人不同，扬雄的智论首先服务于自身。关注自我，以保身全命为
价值底限，是扬雄智论的重要内容。对于由商入政而获得巨大成功的吕不韦，
扬雄也是从其害生的角度予以"不智"之论。《法言·渊骞》："或问：'吕不韦
其智矣乎？以人易货？'曰：'谁谓吕不韦智者与？以国易宗。'"③扬雄认为，
虽然吕不韦通过投机，一度获得位极人臣的隆遇，但结果是身死宗放，是不
智之人。上引《问明》"尚智"一章，有人对于人应"尚智"的主张并不理
解，问："多以智杀身者，何其尚？"扬雄回答："昔乎，皋陶以其智为帝谟，
杀身者远矣。箕子以其智为武王陈《洪范》，杀身者远矣。"④《尚书》有《皋
陶谟》和《洪范》，主要记载皋陶和箕子的言论。扬雄认为皋陶和箕子都是真
正的智者，他们不但未因智慧而被杀，反而用自己的智慧为大禹和周武王出
谋划策，名垂后世。在扬雄看来，那些自身遭到伤害的人并不是真正的智者。
据此，扬雄的"智"论包含内容较为丰富，是外向性的智谋与内向性的修身
保身的合一。如果突破了保身全命的底线，外向性的智谋就是不智。从扬雄
对"智"所作的价值判断看，他对人的感性生命极为关注。

保身全命，是扬雄评价一切才能与行为的重要价值标准。对于吕不韦以
生命为代价谋求富贵的做法扬雄固然不认同，对于那些虽有才辩却令自己身

---

① 《法言·修身》，《法言义疏》，上册，第104页。
② 董仲舒：《春秋凡露·必仁且智》，苏舆《春秋繁露义证》，中华书局1992年版，第257页。
③ 《法言义疏》，下册，第431页。
④ 《法言义疏》，上册，第186页。

犯险境的人，即便有惊无险，扬雄也评价不高。如其将"茅焦历井干之死，使始皇奉虚左之乘"以迎接太后的成功游说行为，仅仅视为"摩虎牙"的危险游戏。①在扬雄看来，在人之为人（有礼义）的前提下，生命是第一位的②。以扬雄的"智"论衡量屈原，显然屈原不是完全意义上的智者。扬雄虽然肯定其"如玉如莹"的美好品格，但对其毁身以抗浊世的做法并不认同。扬雄批评屈原不智，实即批评屈原在保身方面的不足。

第三，是扬雄提出"独智"的概念。独智，体现了扬雄对于"智"的更深层次的思考。虽然他没有解释何谓"独智"，但他以"独智"配圣，我们可以循着《法言》对于圣人的阐释，发掘其"独智"的内涵。《法言·问神》："龙以不制为龙，圣人以不手为圣人。"李轨注："手者，桎梏之属。"③龙是圣物，与圣人相对待。圣人之所以为圣人，龙之所以为龙，乃在于能不受限制与桎梏，保持生命的安全与自由。由此来看，"独智"是涵盖一般意义上的"智"的。我们再看《法言》以下两则语录：

　　圣人存神索至，成天下之大顺，致天下之大利，和同天人之际，使之无间也④。

　　或问："圣人占天乎？"曰："占天地。""若此则史也何异？""史以天占人，圣人以人占天。"⑤

两则材料都展现出扬雄眼中的圣人的宏阔视野：圣人关切的对象不局限于人道，还有天道，天人关系；天道是圣人的终极关怀。上述境界得以实现，"存神"是关键。神，亦见于前引《修身》篇论"独智"一章："'圣人？''神。'"⑥人问圣人的特点，扬雄用"神"来回应。其《太玄·玄文》的一段文字表述相类而意思更明，可以发明"存神"的圣人境界："圣人印天则常，穷神掘变，极物穷情，与天地配其体，与鬼神即其灵，与阴阳埏其化，与四时合其诚。视天而天，视地而地，视神而神，视时而时，天地神时皆驯，

① 《法言·重黎》，《法言义疏》，下册，第 372 页。
② 《法言·问明》："或问活身。曰：'明哲。'或曰：'童蒙则活，何乃明哲乎？'曰：'君子所贵，亦越用明，保慎其身也。如庸行翳路，冲冲而活，君子不贵也。'"（《法言义疏》，上册，第 198 页）
③ 《法言义疏》，上册，第 142 页。
④ 《法言·问神》，《法言义疏》，上册，第 141 页。
⑤ 《法言·五百》，《法言义疏》，上册，第 264 页。
⑥ 《法言义疏》，上册，第 104 页。

而恶人乎逆。"①这个"圣人"，显然超脱了《论语》中的罕言天道的孔子形象，也与《孟子》中"人伦之至也"②的"圣者"有异，却颇合《易传》对"大人"的讨论③。《孝至》篇，有人询问"力有扛洪鼎，揭华旗"，智是否也有这种情况，扬雄答以"知情天地、形不测"④。将最高的智定义为弥纶天地之道，见微知著。就其历史性来讲，拥有此"智"者，只能是"若伏羲、文王、孔子，作《易》之圣人"⑤。"情天地、形不测"之智就是"独智"，是最高的"智"。就其现实性来讲，拥有此"智"，人就可以达成人生的最高境界"圣人"。

尚"智"并且重新定义"智"的内涵，是扬雄对于儒学思想史的贡献。但任何一种思想都不可能脱离历史与时代。扬雄尚"智"，既有他个人的原因，也有来自时代的启示。如果说西汉中期是五经中《春秋》学兴盛，那么西汉后期则是《易》受到重视。以五行学说的发展为视点，可以清楚看到这种变化。西汉中期董仲舒《春秋繁露·五行相生》："东方者木，农之本，司农尚仁……南方者火，本朝。司马尚智……中央者土，君官也。司营尚信……西方者金，大理司徒也。司徒尚义……北方者水，执法司寇也。司寇尚礼。"⑥儒家尚"中"。据下引《六艺略·序》知《春秋》与五常中的"信"匹配，董仲舒以"信"配方位的"中"，是其重视《春秋》的思想折射。而在西汉后期广泛流行的五经与五行相配的框架里，《易》与智配，且居于核心位置。纬书《易纬乾凿度》托为孔子之言曰："八卦之序成立，则五气变形。故人生而应八卦之体，得五气，以为五常，仁、义、礼、智、信是也。夫万物始出于震，震，东方之卦也，阳气始生，受形之道也，故东方为仁。成于离，离，南方之卦也，阳得正于上，阴得正于下，尊卑之象定，礼之序也，故南方为礼。入于兑，兑，西方之卦也，阴用事，而万物得其宜，义之理也，故西方为义。渐于坎，坎，北方之卦也，阴气形，盛阴阳气含闭，信之类也，故北方为信。夫四方之义，皆统于中央，故乾、坤、艮、巽，位在四维。中央所以绳四方行也，智之决也，故中央为智。故道兴于仁，立于礼，理于义，定于信，成

---

① 司马光集注：《太玄集注》，中华书局1998年版，第208页。

② 《孟子·离娄上》，《孟子正义》，上册，第490页。

③ 《易·乾·文言》："夫大人者，与天地合其德，与日月合其明，与四时合其序，与鬼神合其吉凶，先天而天弗违，后天而奉天时。"（王弼注，孔颖达疏《周易正义》，阮元校刻《十三经注疏》，中华书局2009年版，第1册，第30页）

④ 《法言义疏》，下册，第537页。

⑤ 《法言义疏》，下册，第537页。

⑥ 《春秋繁露义证》，第362—365页。

于智。"①"中央为智""成于智"云云，明显透出以"智"为五常之首的意识。以五常说五经，固然是汉人的"曲说"，但是这"曲说"却影响两汉，其中有真切的汉人的观念，而且持此观念者在当时殆非少数。《汉书·艺文志》所反映的刘歆的观念就与此相类②。《汉志·六艺略》著录经传以《易》为首，依次是《易》《书》《诗》《礼》《乐》《春秋》。《六艺略·序》说明如此编次的原因："六艺之文，《乐》以和神，仁之表也；《诗》以正言，义之用也；《礼》以明体，明者著见，故无训也；《书》以广听，知之术也；《春秋》以断事，信之符也。五者，盖五常之道，相须而备，而《易》为之原。"③原，指本原，根本。《易》没有与"五常"中的任何一"常"相配，是因为它既居于其他五经之前，也是其他五经与"五常"的根本与源头，具有超越地位。可见此时以《易》为六艺之首的儒家经学价值体系已经确立。

　　生逢其时的扬雄也受此认知支配，"欲求文章成名于后世，以为经莫大于《易》，故作《太玄》"④。其论五经，也是从《易》开始："或曰：'经可损益与？'曰：'《易》始八卦，而文王六十四，其益可知也。《诗》《书》《礼》《春秋》，或因或作，而成于仲尼，其益可知也。故夫道非天然，应时而造者，损益可知也。'"⑤又："惟五经为辩。说天者莫辩乎《易》，说事者莫辩乎《书》，说体者莫辩乎《礼》，说志者莫辩乎《诗》，说理者莫辩乎《春秋》。"⑥两次表述的五经次序或有不同，亦与刘歆《七略》有异，但以《易》为首，却是包括扬雄在内的时代的共识。与《易》相配的"智"在五常的价值序位中自然也要发生相应的变动，居于五常之首。因此，扬雄尚智与重《易》，实为一事，是其儒学思想的系统表现。《法言》以语录的形式散点突出"智"的价值，《太玄》则通过拟《易》将此价值推广到天道人事方面，而成为一个系统的理论，以反映时代对于"道"的损益。扬雄重"智"，固然有其自身"智性"性格的原因，西汉儒学重《易》风气的濡染亦尤其不容忽视。

---

①　安居香山、中村璋八辑：《纬书集成》，河北人民出版社1985年版，上册，第10页。

②　《汉志》是在刘歆《七略》基础上撮其要而成，虽有微调，但框架上没有改变，反映的是西汉后期以刘歆为代表的儒者的观念。

③　《汉书》卷三〇《艺文志》，第6册，第1723页。

④　《汉书》卷八七《扬雄传》，第11册，第3583页。

⑤　《法言·问神》，《法言义疏》，上册，第144页。

⑥　《法言·寡见》，《法言义疏》，上册，第215页。

三、法始伏羲：对礼乐文明起点的认识

礼乐，是先秦儒家治国理政思想的重要组成部分①。《论语·卫灵公》载，颜渊问"为邦"，孔子回答："行夏之时，乘殷之辂，服周之冕，乐则《韶》舞，放郑声，远佞人。"②孔子所言，归纳起来就是礼乐二字。其高徒有若也说："礼之用，和为贵，先王之道，斯为美。小大由之。有所不行，知和而和，不以礼节之，亦不可行也。"③汉代儒家学者对于经典的把握，也强调"六经之道同归，而礼乐之用为急"④，认为礼乐是先王之道最迫切的政治实践，也是先王政治实践的主要内容。一个有"道"的社会，必然有完备的礼乐制度。历代帝王即位以后，执着于本朝的礼乐建设，心理基础即在于此。扬雄重视礼乐，《法言》有多处讨论，所论透辟，徐复观就说扬雄"对礼的意义，虽无特别发挥，但陈述得相当恰当"⑤。礼乐也是扬雄批评诸子的一个出发点。《法言·问道》："圣人之治天下也，碍诸以礼乐。无则禽，异则貉。吾见诸子之小礼乐也，不见圣人之小礼乐也。"⑥以礼乐为圣王治理天下的标准。是否轻视礼乐，也是诸子与儒家学者相区分的依据。

但礼乐文明的历史起点何在，却是分歧较多的问题。现在比较审慎的观点认为，"在比较肯定的意义上，礼的发生应该可以上溯到三代时期，并在周代达到阶段性的顶峰"⑦。也正是在此意义上，孔子才表示"郁郁乎文哉！吾从周"⑧。但孔子之后的先秦两汉儒家学者们给予的回答却体现出"层累"的特点。众所周知，五经与《论语》只言尧、舜、三王，战国儒家学者逐渐扩大其历史资源，鉴取当时流行的古帝制礼作乐传说，衍生为五帝三王之道，亦即在尧、舜前加上黄帝、颛顼、帝喾，并称为"五帝"。《大戴礼记·五帝德》假托孔子之言，说明黄帝等三人的创制：黄帝"黼黻衣，大带，黼裳，乘龙扆云，以顺天地之纪"，颛顼"履时以象天，依鬼神以制义，治气以教民，絜

---

① 就其根本而言，还只是一个"礼"字，汉语的双音节构词特点，使我们沿袭礼乐并称的语言习惯。本文即重点讨论"礼"。

② 《论语正义》，下册，第 621—624 页。

③ 《论语·学而》，《论语正义》，上册，第 29 页。

④ 《汉书》卷二二《礼乐志》，第 4 册，第 1027 页。

⑤ 《两汉思想史》，第二卷，第 314 页。

⑥ 《法言义疏》，上册，第 122 页。

⑦ 王博：《中国儒学思想史》先秦卷，北京大学出版社 2011 年版，第 22 页。

⑧ 《论语·八佾》，《论语正义》，上册，第 103 页。

诚以祭祀"，帝喾"仁而威，惠而信，修身而天下服""历日月而迎送之，明鬼神而敬事之"。① 衣裳、祭祀，都是古代礼制的重要内容。据此，黄帝、颛顼、帝喾都是礼制方面有贡献的圣王。《淮南子·齐俗》"所谓礼义者，五帝三王之法籍风俗，一世之迹"② 正是承此而来的总结之语，或者是对于其时可见的儒学典籍的部分取用也未可知。司马迁《史记·五帝本纪》也在战国以来文献基础上，以五帝为礼乐文明史的开端。但《五帝本纪》篇末却说："学者多称五帝，尚矣。然《尚书》独载尧以来；而百家言黄帝，其文不雅驯，荐绅先生难言之。孔子所传《宰予问五帝德》及《帝系姓》，儒者或不传。"③ 指出其时部分儒者并不接受《五帝德》《帝系姓》中颇涉神怪的以五帝为信史的言说，遑论五帝制礼了。

　　另有西汉部分儒者在战国以来传说的基础上益以三皇，建起"三皇五帝三王"的依次相续的文明史观。虽然先秦文献也谈三皇五帝，如《周礼·春官宗伯》说外史"掌三皇五帝之书"④，但所指都语焉不详。《史记·秦始皇本纪》载，秦臣讨论始皇帝名号的时候说到"古有天皇，有地皇，有泰皇"⑤，此三皇究竟是天神还是人帝并不清楚。西汉时期关于"三皇"的人选与顺序也没有统一的说法，或以为燧人、伏羲、神农为三皇，或以为是伏羲、女娲、神农，对于三皇的文化创制、历史贡献也说法不一。⑥ 葛志毅排比相关文献，得出结论："三皇五帝史统基本上形成于汉代，亦与纬书关系最大。"⑦ 而纬书

---

① 王聘珍：《大戴礼记解诂》，中华书局 1983 年版，第 119 页，第 120 页，第 121 页。

② 张双棣：《淮南子校释》，北京大学出版社 2013 年版，下册，第 1184 页。

③ 《史记》卷一《五帝本纪》，第 1 册，第 54 页。

④ 孙诒让：《周礼正义》，中华书局 1987 年版，第 2137 页。

⑤ 《史记》卷六《秦始皇本纪》，第 1 册，第 304 页。

⑥ 应劭《风俗通·皇霸》备引西汉各家之说："《春秋运斗枢》说：'伏羲、女娲、神农，是三皇也。皇者天，天不言，四时行焉，百物生焉；三皇垂拱无为，设言而民不违，道德玄泊，有似皇天……'《礼号谥记》说：'伏羲、祝融、神农。'《含文嘉》记：'虑戏、燧人、神农。伏者，别也，变也；戏者，献也，法也；伏羲始别八卦，以变化天下，天下法则，咸服贡献，故曰伏羲也。燧人始钻木取火，炮生为熟，令人无复腹疾，有异于禽兽，遂天之意，故曰遂人也。神农，神者，信也；农者，浓也；始作耒耜，教民耕种，美其衣食，德浓厚若神，故为神农也。'《尚书大传》说：'遂人为遂皇，伏羲为戏皇，神农为农皇也。遂人以火纪，火，太阳也，阳尊，故托遂皇于天；伏羲以人事纪，故托戏皇于人。盖天非人不因，人非天不成也。神农以地纪，悉地力，种谷蔬，故托农皇于地。天地人之道备，而三五之运兴矣。'"（王利器《风俗通义校注》，中华书局 2010 年版，上册，第 2—3 页）此外，西汉还有"二皇"的说法。《淮南子·原道》："泰古二皇。"高诱注："二皇，伏牺、神农也。"（《淮南子校释》，第 8 页）

⑦ 葛志毅：《谶纬思潮与三皇五帝史统的构拟》，《管子学刊》2007 年第 4 期。

基本上成于哀、平之际，正是扬雄生活的时代。

以上是扬雄所面对的传统与当代的儒学思想资源。明乎此，我们再看《法言·问道》：

> 或曰："太上无法而治，法非所以为治也。"曰："鸿荒之世，圣人恶之，是以法始乎伏牺，而成乎尧。匪伏匪尧，礼义哨哨，圣人不取也。"①

法，指礼法。在扬雄看来，礼创始于伏羲，完成于唐尧。在对于创制礼乐的往圣的指认上，扬雄上溯至传说中的三皇时代，以伏羲为礼乐文明史的开端。由伏羲至唐尧，礼制逐渐完备。伏羲的文化贡献，在于制礼。这与他对黄帝、尧、舜的称道保持一致。《问道》说："允治天下，不待礼文与五教，则吾以黄帝、尧、舜为疣赘。"②又说："在昔虞、夏，袭尧之爵，行尧之道，法度彰，礼乐著，垂拱而视天下民之阜也，无为矣。"③我们注意到，扬雄既不同于司马迁的态度，也不同于《尚书大传》等说法，他于前人所论"三皇"中独标举伏羲，推其为礼乐文明的创始者。

以五经和孔子之言为法的扬雄何以标举二者所不论的伏羲为礼乐文明的创始圣王呢？我们认为，这种理解，起于对《易传》的尊信与发明④。扬雄以为"经莫大于《易》"，故拟《易》作《太玄》。而《太玄》中的《首》《冲》《错》《测》《摛》《莹》《数》《文》《掜》《图》《告》等十一篇实拟《易传》而作，可见他是将《易传》视为《易》的有机组成部分，都是尊信的立场。以《易传》为代表的战国易学，在尧、舜、禹、汤、文王的五经圣王系统之上，又增加了伏羲、神农、黄帝。《易·系辞下》："古者包牺氏之王天下也，仰则观象于天，俯则观法于地，观鸟兽之文，与地之宜，近取诸身，远取诸物，于是始作八卦，以通神明之德，以类万物之情。作结绳而为罔罟，以佃以渔，盖取诸《离》；包牺氏没，神农氏作，斫木为耜，揉木为耒，耒耨之利，以教天下，盖取诸《益》。日中为市，致天下之民，聚天下之货，交易而退，各得其所，盖取诸《噬嗑》。神农氏没，黄帝、尧、舜氏作，通其变，使民不倦，

---

① 《法言义疏》，上册，第118页。
② 《法言义疏》，上册，第117页。
③ 《法言义疏》，上册，第125页。
④ 依王博的观点，《易传》是由西汉武帝到宣帝时期的博士编辑加工而成。参见王博《中国儒学史》先秦卷，第376—378页。

神而化之，使民宜之。"①虽然《系辞》只是提到伏羲作八卦之功，没有提到伏羲在礼制方面的贡献，但《易》本经下篇以《咸》《恒》开头，隐含着对于男女结合的重视。故《序卦》阐发说："有天地然后有万物，有万物然后有男女，有男女然后有夫妇，有夫妇然后有父子，有父子然后有君臣，有君臣然后有上下，有上下然后礼义有所错。"②将夫妇关系视为父子关系、君臣关系等人伦关系的起点，礼义的源头。《礼记·昏义》关于婚礼意义的认识与这段文字相似，可见这是战国儒者的普遍认识。战国文献《世本》将嫁娶之礼的制作权归于伏羲，说"伏牺制以俪皮嫁娶之礼"③，应该是相同观念的产物。扬雄指伏羲为最初的制礼圣王，是基于尊信《易传》的立场，也接受了《世本》一类文献的说法。扬雄尊信《易传》，在《法言》中颇有遗踪。《君子》："或问：'人言仙者，有诸乎？''吁！吾闻虙羲、神农殁，黄帝、尧、舜殂落而死，文王，毕；孔子，鲁城之北。'"④虙羲，即伏羲，亦作宓羲、伏牺、庖牺。针对当时流行的圣人皆仙而不死的传说，扬雄备列伏羲等人皆有死的"事实"。汪荣宝指出这些"事实"的出处："虙羲、神农殁本《系辞》，尧、舜殂落而死本《尧典》，文王毕本《太誓》说，孔子鲁城之北本《春秋纬》，并经典明文，信而可征者，故统云'吾闻'也。"⑤可见，在扬雄的经典世界里，《易传》与五经本身具有相同的可信度。由此而来，扬雄以《易传》为主要依据，认同其他文献关于伏羲作为礼仪的创始者的说法。《法言序》则以"道"为论："芒芒天道，昔在圣考，过则失中，不及则不至，不可奸罔，撰《问道》。"⑥圣考，古圣，落实于《问道》篇则指"伏羲、尧、舜、文王"⑦。汪荣宝疏："言天道者莫备乎《易》，易始伏羲，故注以宓羲为说，举最初作《易》之圣人，以该后圣耳。"⑧这种解释颇合扬雄之意，前引"法始乎伏牺"的言论正出自《问道》篇。合《法言序》可知，扬雄已将伏羲置于以礼乐制度为主要内容的先王之道的历史起点上。

　　站在儒学立场上的扬雄既然以伏羲为礼乐文明的起点，那么能否就此得

---

① 《周易正义》，《十三经注疏》，第 1 册，第 179—180 页。

② 《周易正义》，《十三经注疏》，第 1 册，第 200—201 页。

③ 《礼记正义·月令》，郑玄注，孔颖达疏《礼记正义》，《十三经注疏》，第 3 册，第 2948 页。

④ 《法言·问道》，《法言义疏》，下册，第 517 页。

⑤ 《法言义疏》，下册，第 519 页。

⑥ 《法言序》，《法言义疏》，下册，第 568 页。

⑦ 《法言·问道》，《法言义疏》，下册，第 568 页。

⑧ 《法言义疏》，下册，第 569 页。

出结论——扬雄在学理上承认"三皇"呢？有学者据扬雄《甘泉赋》《河东赋》《羽猎赋》等文章以为扬雄承认"三皇"说。我们认为并不如此。通观扬雄作品，我们不难发现，他的辞赋作品承袭辞赋创作传统，常出于夸饰的需要，广泛摄入神话传说人物，与《法言》立足于"信史"的人物批评有根本不同①。对于辞赋与传说中所说的三皇，《法言》只以伏羲、神农为礼乐文明史的开端，甚至对于"三皇"之名也不以为意，但称羲、农而已。这是一个儒家学者受制于时代的理性。

（作者单位：吉林大学文学院）

----

① 虽然西汉前中期的正统思想家、史学家还不承认三皇，但此期以夸诞为手法的赋颂创作并不受此节制，司马相如《天子游猎赋》较早以三皇五帝为当今天子追摩、超越的目标："德隆乎三皇，功羡于五帝。"（《史记》卷一一七《司马相如列传》，第 9 册，第 3687 页）但司马相如若干年后写作《封禅文》则说："轩辕之前，邈哉邈乎，其详不可得闻已。五三六经载籍之传，维见可观也。"（《史记》卷一一七《司马相如列传》，第 9 册，第 3712 页）这是说，六经所记载的只是五帝、三王（夏、商、周）的古史。扬雄诸赋屡及"三皇"，用法与司马相如《天子游猎赋》相似，应是对辞赋夸饰传统与内容的承袭，并不需要来自经典的验证。即便三赋是扬雄彼时真实观念的呈现，也不能作为写作《法言》时的扬雄的观念材料，三赋作于其人生的中年阶段，《法言》作于老年。可以作为旁证的是作于《法言》稍后的《剧秦美新》，此文在称颂王莽的盛德时，但言："配五帝，冠三王，开辟已来，未之闻也。"或只言"羲皇"："厥有云者，上罔显于羲皇，中莫盛于唐虞。"或概述古史："昔帝缋皇，王缋帝。"（扬雄《剧秦美新》，萧统编，李善等注《六臣注文选》卷四八，中华书局 2012 年版，第 911 页，第 912 页，第 914 页）绝不肯使用"三皇"字样。

宋代语录体经学的发生、诠释及其影响

姜海军

经学作为古代知识体系的核心与基础，对于其他板块的知识比如史学、文学、诸子学、佛学、道家学说等都有直接而深远的影响。经学在中国古代的发展呈现出了鲜明的阶段性，比如先秦儒学、汉唐经学、宋明理学、清代考据学、现代新儒学，等等。经学所呈现出的阶段性，不仅仅是不同阶段思想内涵、哲学体系的不同，更是表现为解释形式上的不同。大体上来说，在先秦时期经学的解释主要是围绕着六经而展开，并由此产生了《论语》《孟子》《孝经》《易传》《公羊传》《穀梁传》《礼记》等儒家学派的传记体或语录体经典，后来随着时代的推移，它们也被列入儒经核心经典。汉唐之际，经学解释在形式上表现为章句注疏之学。宋明之际，基本上体现为义理经学，并普遍以语录体的形式呈现。清代虽然在思想体系上延续了宋明理学，但更注重经学考据，并推崇汉唐注疏之学。近代以来，经学失去了知识与思想的主导地位，并深受西学的影响，学者们的经学研究主要呈现为西方化的哲学探讨与知识考证。

宋代作为中国经学发展史的巅峰时代，它不仅通过吸收佛老之学的思想，建构了全新的儒学思想体系，更是深受佛老之学的影响，在经学解释上注重以语录体的形式，来传承弘扬儒家圣人之道。经学作为宋代知识体系与意识形态的核心，其价值与意义至关重要，这也是我们深入了解宋代儒学、思想与哲学的重要切入点。但实际上，目前学术界有关宋代语录体经学的研究，成果非常少[①]，尤其是关于它的发生、解释的特征及特质、影响等更是如此。所以，基于宋代语录体经学的研究，来考察宋代经学的发展、特征、价值及影响，非常必要且很有学术意义。

---

① 祝克懿：《"语录体"的源起、分化与融合考论》，《当代修辞学》2020年第4期。陈静：《程门四先生语录体散文研究》，吉林大学硕士学位论文，2016年6月未刊本。程得中：《理学语录价值再探讨》，《宋史研究论丛》（第24辑），科学出版社2019年版。

一、宋代语录体经学的发生

宋代语录体经学到底是怎么发生的呢？首先，从历史渊源来说，语录体的经学源于六经本身。其中，《尚书》便是最典型、直接的语录体渊源。《尚书》是周代的六经之一，它作为语录体的典范，内容主要就是有关治国思想的文献汇集。在这部书中，周朝的君臣通过对话反复强调以德治国的重要性，其中统治阶层自身道德境界的提升是最为关键的思想。比如《尚书·召诰》记载了周公与周成王的对话，就强调了这一点：

> 我不可不监于有夏，亦不可不监于有殷。我不敢知曰，有夏服天命，惟有历年；我不敢知曰，不其延。惟不敬厥德，乃早坠厥命。我不敢知曰，有殷受天命，惟有历年；我不敢知曰，不其延。惟不敬厥德，乃早坠厥命。今王嗣受厥命，我亦惟兹二国命，嗣若功。王乃初服。呜呼！若生子，罔不在厥初生，自贻哲命。今天其命哲，命吉凶，命历年。知今我初服，宅新邑，肆惟王其疾敬德？王其德之用，祈天永命①。

在周公与周成王的对话中，周公反复强调了以德治国的重要性。在周公看来，作为统治者要想改变夏、商那样听天由命的状态与王朝的更迭，只有修德，只有将周文王的德行发扬光大，修身明德，以为民本，这样才可以保证周王朝长治久安。也就是说，为政之道，关键在于以君王为核心的统治阶层道德境界的提升，也唯有如此，才能获得上天的护佑，"王其德之用，祈天永命"。同样，在《尚书·君奭》中，召公也强调为政以德的重要性，认为道德修身超越了一切，甚至超越了天命，所谓"天不可信，我道惟宁王德延"。也就是说，我们周王朝天命是否久远，最为主要的也是看德行，而不能指望上天。

《尚书》作为古代语录体经学的重要起源，对儒家治国的理念及思想多有揭示，它对后来语录体经学的内涵及思想都有直接而深远的影响。正因为如此，到了春秋战国时期，诸子百家多基于对《尚书》等六经的认知、解释，从而建构了自身的思想体系。比如儒家学派便基于对六经的整理、解释，形成了《礼记》《左传》《孟子》《论语》等语录体的文献。这些语录体经学文献，实际上就是最早儒家解释六经的经典文本，在汉唐宋之际，最终演化为儒家知识、思想体系的核心文本。可以说，先秦时期，儒家学派基于六经的

---

① 冀昀主编：《尚书》，线装书局 2007 年版，第 181 页。

理解、解释所形成的传记类文本，成为古代儒家也是宋代语录体经学的重要源头。先秦时期语录体经学文献不仅是宋代语录体文献的渊源，更是其思想、哲学的重要源头所在。

其次，如果从最直接的渊源来说，宋代语录体经学深受思孟学派，或者说《四书》文本的影响。在北宋庆历之际，随着范仲淹、欧阳修等人推动了经学义理的发展，并经由王安石、张载、周敦颐、邵雍、司马光、二程等人的推动，最终形成了以《四书》为核心经典的二程理学。作为宋代经学转型的重要推动者欧阳修，便通过《易童子问》等语录体经学的形式，掀起了"疑经惑传"的思潮，为打破汉唐经传注疏之学的传统、宋代义理经学的兴起打下了基础。对于《周易》，欧阳修相信《周易》经文、《易传》中的《彖》《象》两传为圣人孔子所作，但他认为《易传·系辞》不是，他在《易童子问》卷三更进一步强调《易传·系辞》以下皆非孔子所作，如其所言：

> 童子问曰："《系辞》非圣人之作乎？"曰："何独《系辞》焉，《文言》《说卦》而下，皆非圣人之作，而众说淆乱，亦非一人之言也。昔之学《易》者，杂取以资其讲说，而说非一家，是以或同或异，或是或非，其择而不精，至使害经而惑世也。"
>
> 夫谕未达者，未能及于至理也，必指事据迹以为言。余之所以知《系辞》而下非圣人之作者，以其言繁衍丛脞而乖戾也。盖略举其易知者尔，其余不可以悉数也。其曰"原始反终，故知死生之说"，又曰"精气为物，游魂为变，是故知鬼神之情状"云者，质于夫子平生之语，可以知之矣。其曰"知者观乎象辞，则思过半矣"，又曰"八卦以象告，爻象以情言"云者，以常人之情而推圣人可以知之矣。其以《乾》《坤》之策"三百有六十，当期之日"，而不知七八九六之数同，而《乾》《坤》无定策，此虽筮人皆可以知之矣。至于何谓"子曰"者，讲师之言也。《说卦》《杂卦》者，筮人之占书也。此又不待辨而可以知者。然犹皆迹也，若夫语以圣人之中道而过，推之天下之至理而不通，则思之至者可以自得之[①]。

欧阳修认为，《系辞》以下包括《文言》《说卦》等都不是孔子所作，主要原因是语句"杂取以资其讲说，而说非一家，是以或同或异，或是或非"、思想"繁衍丛脞而乖戾"，为此他举《文言》《说卦》《系辞》《杂卦》等中种种"繁

---

① 欧阳修：《欧阳修全集》，中华书局2001年版，卷78《易童子问（卷三）》，第1119—1123页。

衍丛脞"之说来证明这些都不是"圣人之作"。欧阳修这一辨伪成果值得肯定，后来理学的石介、程颐、王安石等人都受到此说的影响。

二程作为宋代理学的奠基人，其理学思想在两宋之际、南宋时期的学术界开始占据了主导地位，最终在南宋胡安国、张栻、吕祖谦、朱熹等人的推动下，成为宋代经学的主体形态。也就是说，二程作为南宋诸家诸派的宗师，他们的解经方式除了《程氏易传》之外，其《二程语录》便是通过语录体的形式实现对经学的解释，随后理学诸儒也多通过语录体解经的形式，完成了理学思想体系的系统化建构。比如在二程语录中，我们可以看到很多关于二程对《四书》表彰、诠释之语。毕竟，在二程看来，《四书》是理解、体悟《六经》之学的基本门径，如：

> 问："圣人之经旨，如何能穷得？"曰："以理义去推索可也。学者先须《论》《孟》，穷得《论》《孟》，自有个要约处，以此观他经，甚省力。《论》《孟》如丈尺权衡相似，以此去量度事物，自然见得长短轻重。某尝语学者，必先看《论语》《孟子》。今人虽善问，未必如当时人，借使问如当时人，圣人所答，不过如此。今人看《论》《孟》之书，亦如见孔、孟，何异？"[①]

二程反复强调《四书》在诠释《六经》、体悟圣人之道中的基础地位，所谓"穷得《论》《孟》，自有个要约处，以此观他经，甚省力"。在二程尤其是程颐看来，《四书》是《五经》的纲领，其中蕴含着圣人对宇宙、人生与社会的看法，亦可以说是圣人之道最重要的载体。所以，二程告诫学者，研习经学，应当先治《四书》，然后再治《六经》。正是二程对《四书》的强调，为《四书》学在宋代的兴起奠定了重要的基础。随后，二程的四传弟子朱熹便在其基础上，进一步丰富完善，多通过语录体文献的形式，形成了程朱理学化《四书》学思想体系。由此开启了南宋诸家诸派，在经学解释上，将语录体经学视为基本的解经范式。

总之，宋代语录体经学的形成源远流长，宋代诸儒一方面根柢于先秦儒家《尚书》等核心经典，更是基于《论语》《孟子》《礼记》等语录体传记类解经之作，另一方面也吸收了中唐以来经学转向的理念，基于思孟学派的经典来建构自身的思想体系。当然，我们不能否认的是，唐宋之际语录体经学

---

① 程颢、程颐：《二程集·程氏遗书》，中华书局 1981 年版，卷 18，第 205 页。

的发生与唐宋时学术思想转型的历史语境有一定的关系。其中，中唐时期啖赵学派、韩愈、柳宗元等人强调打破汉唐注疏之学、打破门户之见，而强调义理之学，由此开启了中唐之后经学义理之学、语录体经学的盛行。另外，中唐之后，佛教、道教的民间化、平民化，也促成了语录体解经的盛行，比如《坛经》的出现便是如此。正因为如此，北宋时期儒学家们为了应对佛老之学的挑战，而积极通过语录体经学的形式，建构注重思想义理的新儒学。可以说，在北宋中期，随着庆历之际经学的变古，范仲淹、欧阳修、"宋初三先生"等人都通过很多语录体的形式传承、弘扬儒家学说。随后，王安石、张载、周敦颐、司马光、二程等人更是推陈出新，最终促使宋代语录体经学盛行，并成为宋代经学解释的新形态。

二、宋代语录体经学解释的特征及特质

语录体经学作为宋代经学解释的主流形式，它在整个经学史上具有十分重要的价值与意义，它在经学解释方面有哪些特征呢？首先，打破了章句注疏之学的传统，也就是打破了门户之见，注重发掘儒家经典的思想义理。也就是说，从北宋中期，经学解释从知识转向了思想，更加突出对道德性命之学的关注，由此成为当时宋代理学诸儒常用的解经形式，并盛行于两宋之际上百年的时间，"理学语录大致兴起于宋仁宗嘉祐治平年间，南宋乾道、淳熙年间出现了理学语录编纂的高潮"①。

其次，宋代语录体经学在经学解释上注重问题意识，解经方式更加多元化。由于语录体本身没有固定格式，所以，它在经学解释上，摆脱了对儒家经典文本的束缚，在解释的时候，一般基于现实问题解决，更加注重多元化的思维。所以，我们看宋代语录体经学的文本，比如张载、程颐、周敦颐、胡宏、张栻、朱熹、陆九渊、叶适等人，他们更加注重对儒家概念、范畴、命题，以及一些社会政治问题的多元考察。比如宋代湖湘学派的代表胡宏，鉴于宋王朝面临的内忧外患，他秉承了胡安国对《春秋》学的重视，也进一步强调《春秋》是体悟圣人之道、治国安邦的重要文本。所以，他多次援引《春秋》之义来发表自己对当时社会政治治理的看法，如说：

> 《春秋》之义：诛国贼者，必先诛其党。历观往古人君，以无道行者

---

① 程得中：《理学语录价值再探讨》，《宋史研究论丛》（第24辑），科学出版社2019年版，第277页。

犹不能终，况人臣而敢肆然以无道行之乎？一旦明天子监乱亡之祸，赫
然震怒，以咎任事者，呜呼！危哉！岂不与董养异哉？阁下不及今翻然
改图，必与之俱矣①。

胡宏认为孔子作《春秋》蕴含着复兴周朝、重建礼制的理想，胡宏推尊《春
秋》，其目的便是弘扬其中所蕴含的微言大义，希望通过兴复"天下一
统""尊王攘夷"尊卑有序的礼制观念，来重建新的社会政治秩序，中兴宋
朝江山。由于宋代儒士大夫们积极参政议政、关注国家治理，所以宋代诸儒
在解释儒经的时候，融入了大量的历史史实、文学、诸子、佛教、道教等思
想，也采取了以四书解读五经、群经互证等方式。总之，语录体经学基于现
实问题，采取多元化的方式，实现了经学解释范式的转化、新儒学思想体系
的建构。

最后，宋代语录体经学更加注重国家治理的思考。语录体经学的主体都
是当时的儒士大夫，宋代儒士阶层的身份意识非常强，他们几乎都曾入仕为
官，所以他们都希望通过经学解释的形式，来解决当时的现实问题，比如世
道人心、政治统治、为君之道、为臣之道、经济社会等各方面问题，都借助
与弟子问答或者自问自答的形式，通过引经据典解读。

那么，宋代语录体经学有什么特质呢？与汉唐经学相比，宋代语录体经
学的特质主要体现在三个方面：

第一，宋代语录体经学集中对《易传》、四书中提到的天命、道德、人性
等进行探讨，旨在建构基于人性的新儒学思想体系。二程为了促使人伦道德
规范、社会新秩序建立，使理或天理在现实中得以落实，将天理与人事融会
为一，将理本论引入人性论，用理来说明人性，"性即理"，"性即理也，所谓
理，性是也"②。二程将"天理"视为人性的本源，人性是天理的体现，从而在
性与天道（理）之间建立了一种内在的关联，这不但为个体在现实中践履孟
子性善论寻找到了一个形上学的哲学基础，同时也将抽象的理与现实的人事
相结合，为理的落实找到了落脚点。宋代儒学家们之所以这样做，其实也是
为了服务于进一步强化宋王朝皇权体系，以此深化儒学的发展。更为主要的
是，为了改变中古以来佛老之学对儒学的冲击，重建新儒学，以取代之。

---

① 胡宏：《五峰集》，影印文渊阁《四库全书》本，台湾商务印书馆1986年版，卷2《与高抑崇书》，
第124页。

② 程颢、程颐：《二程集·程氏遗书》，中华书局1981年版，卷22上，第292页。

　　第二，宋代语录体经学跳出汉唐经学的束缚，上承思孟学派，更加注重对道德伦理、人文精神的关注，更强调人的主体性与社会价值。在社会政治问题的解决上，张栻非常强调君王的作用，认为君王如果提升自己的道德境界，就可以将国家治理好，他在《孟子说》中云：

> 　　惟大人则能格君心之非，君心之非格而天下治矣，盖其本在此故耳。夫心，本无非动于利欲，所以非也。君之心方且在于利欲之中，滋长蔽塞，则是非邪正莫知所适，而万事之统隳矣，故当以格其心非为先。……后世道学不明，论治者不过及于人才、政事而已，孰知其本在于君心？ ①

在张栻看来，治国安邦的根本在于"正心"，即程颐所强调的"格君心之非"，通过"正心"，如果能够去除君主内心的利欲，则君主知其"所适"，则万事有序，天下大治。他批评说，就是因为孔孟之后，学者谈论治国安邦之术，皆集中于人才、人事，而不知道治国的根本在于"君心"。"正君心"也是对二程、胡安国、胡宏等人政治理念的继承和发挥。当然，二程以及湖湘学派等诸儒"正君心"的提出，与宋代皇权空前强大有直接的关系，君主成为社会政治、道德文化的枢纽，改变君主本身就是一种莫大的政治问题的解决手段，不仅是洛学、湖湘学，即使是陆九渊心学、浙东学派都有此意。可以说，语录体经学对道德伦理的关注，也是深受唐代佛教禅宗、道家内丹派的影响。所以，基于语录体经学形成了新的儒学谱系，即注重思孟学派，同时强调道德伦理、人文精神的关注。

　　第三，宋代语录体经学基于人性本善，而更加强调德治，希望人人都扩充内心的善，以及以"正人心"的方式实现道德境界的提升，从而实现内圣外王的政治理想。如陆九渊就曾希望通过"正人心"来实现政治治理，尤其是"正君心"，他曾说："君之心，政之本。"②可以说，宋代诸儒秉承思孟学派以德治国的理念，以服务于当时皇权强化的政治现实，由此为中国近世大一统皇权体制的稳定与发展提供了思想理论支撑。此后，随着程朱理学被确立为官学，德治理念开始深入人心，并最终成为中国近世最为流行的治国之道。

---

① 张栻:《癸巳孟子说》，影印文渊阁《四库全书》本，台湾商务印书馆1986年版，卷4《离娄上》，第424页。

② 陆九渊:《象山外集》，影印文渊阁《四库全书》本，台湾商务印书馆1986年版，卷2《政之宽猛孰先论》，第517页。

三、宋代语录体经学的价值及影响

语录体经学作为宋代经学发展的基本形态，不仅对宋代的经学、理学有直接的影响，更是对中国古代后期经学、理学及哲学的发展都有深远的影响。具体来说，其价值与影响主要体现为三点：

第一，宋代语录体经学通过多元化的经学解释、思想阐发，完成了宋代新儒学的建构。宋代语录体经学，改变先秦以来基于六经解释的范式，形成了以心灵感悟、注重思想阐发的新经学范式。这种经学范式在元明清也非常流行，由此推动了宋明时期经学的繁荣昌盛。宋代语录体经学注重思想、悟道，不仅注重形上学的考察，也注重形而下的日常生活、人伦道德、纲常名教及社会事务等多方面的现实思考。正如余英时先生所云："道学虽然以'内圣'显其特色，但'内圣'的终极目的不是人人都成圣成贤，而仍然是合理的人间秩序的重建。"① 这种思想倾向影响了宋代的文学、史学、诸子、佛老之学等注重对现实的关注，比如宋儒文道观开始强调文以载道或作文害道，史学更加强调现实关怀，诸子学包括佛老之学开始走向民间强调平民化、社会化。总之，由于宋代语录体经学强调明道、行道、传道，一切都服务于"道"，以至于文学、史学、诸子、佛老之学在宋元明清时期，开始表现出了工具化倾向的一面，失去了汉唐之际文学、史学、诸子学、佛老之学蓬勃发展的劲头。总之，宋代语录体经学，基于"道"或"理"，对中国近世的文学、史学、诸子、佛老之学都有深远影响，且形成了异于汉唐之际以"礼"为核心范畴的儒学话语体系。

第二，由于宋代语录体过分强调人文精神、人的自觉意识，以至于最终导致了心学的兴起与泛滥。比如作为宋代理学奠基人的程颐就这样认为，治理天下不单是社会体制、运行机制的改革，更主要的是要改变君主自身，通过"格君心之非"，即提升君主的道德境界与执政水平，来解决社会政治问题。如他说：

> 治道亦有从本而言，亦有从事而言。从本而言，惟从格君心之非，正心以正朝廷，正朝廷以正百官②。

---

① 余英时：《朱熹的历史世界：宋代士大夫政治文化的研究》，生活·读书·新知三联书店 2004 年版，第 118 页。

② 《二程集·程氏遗书》，卷 15，第 165 页。

> 治道有自本而言，有就事而言。自本而言，莫大乎引君当道，君正则国定矣。就事而言，未有不变而能有为者也，大变则大益，小变则小补[①]。

在程颐看来，只有改变君主，"格君心之非，正心以正朝廷，正朝廷以正百官"，才是改革的根本。因为朝廷治乱安危的根本在于君主，只要君心回归正道，君正则朝廷正乃至天下正。如果君心不正，则会危及天下的安危治乱，所谓"天下之治乱系乎人君仁不仁耳。离是而非，则生于其心，必害于其政，岂待乎作之于外哉？……格其非心，使无不正，非大人其孰能之？"[②]另外，由于对道德伦理的重视，强调了人的主观意识的觉醒，从而刺激了人性的释放。尽管也由此推动了宋明之际社会的发展、科技的进步，但不能否认的是，这种内在超越的思维方式，强调道德伦理，弱化了人们对于宇宙自然的兴趣，弱化了人们对于物质的追求。在明朝中后期，随着西方文艺复兴、思想启蒙、工业革命的兴起，中国的道德伦理、德治理念，开始进入了发展上的困境。

第三，宋代语录体经学在本质上是政治之学，是当时的意识形态。卢国龙先生说"二程洛学本质上是一种政治哲学"[③]，可谓中肯。随着语录体经学尤其是程朱理学的官学化，它所表达的德治理念开始盛行于世，最终影响并规范了中国近世一千多年的文明。比如朱熹弟子真德秀的《大学衍义》推崇性命道德之学，此书被元、明、清帝王作为修身、治人的经典，成为历代君臣治国安邦的典范之作。正如元武宗曾说："治天下此一书足矣。"[④]清人孙奇逢也高度评价了此书，他说："《大学衍义》一书，本圣贤之学，明帝王之治，真是有体有用。"[⑤]正因为如此，中华文明从宋代开始，由以往注重礼治传统，转向了德治。道德伦理也深入人心，对宋明时期的民族气节、家庭风尚、社会习俗等都产生了直接的影响。

（作者单位：北京师范大学历史学院）

---

① 《二程集·程氏粹言》，卷1《论政篇》，第1218页。

② 《二程集·程氏外书》，卷6，第390页。

③ 卢国龙：《宋儒微言：多元政治哲学的批判与重建》，华夏出版社2001年版，第300页。

④ 宋濂：《元史》，清乾隆武英殿刻本，卷24《仁宗纪一》，第271页。

⑤ 孙奇逢：《理学宗传》，清康熙六年刻本，卷18《艺文》，第252页。

略论董仲舒公羊学经义的文论意蕴

韩维志

西汉时期的今文经学的本质，是力求在政治思想领域发生作用的学术。它对汉代思想文化领域全方位地发生了作用，董仲舒因其特殊的汉代"儒宗"地位，在这一影响过程中起到了其他汉代儒生起不到的重大作用。文学艺术，作为文化的一隅，受到了今文经学和董仲舒理论的深刻影响。这种影响有的时候是显性的呈现，有的时候是隐性的呈现。具体而言，包括诗歌、辞赋、史传文学、政论散文等在内的文学作品，所受的上述影响是显性的，这种影响可以通过作品的文风、主题、内容等方式显性地呈现；而西汉文论所受到的上述影响则是隐性的。本文的目的是就董仲舒的隐性影响在文论方面的几个体现，进行初步的探讨。

在古代中国，政治思想与文学理论的关系，是母与子的关系。诚如英国学者伊格尔顿所言："文学理论一直与政治信念和意识形态价值标准密不可分。的确，与其说文学理论本身有权作为知识探究的对象，不如说是观察时代历史的一个特殊角度"，因为，"与人的意义、价值、语言、情感经验有关的任何一种理论，都必然与更深广的信念密切相关"[1]。伊格尔顿的判断是基于英国文论与政治的关系而做出的，但他的这段话却可以一字不动地拿来解释中国古代文论与政治的相互纠结关系，尤其适合用来解释董仲舒的政治思想与其文学理论之间的微妙复杂的联系。

作为连接先秦思想和汉代思想的、在汉代学术思想史上居于核心地位的、起着承先启后重要作用的学者，作为援引阴阳五行思想入儒学的汉代新儒学的理论大师，作为汉代最重要的政治设计师，董仲舒几乎对所有的思想问题都提出了自己的解答。当然，政治领域是他用力最多的地方，但他在通过"六经注我"的方式诠解儒家经典以达到整合学术定于一尊进而统一汉帝国意识形态的同时，董仲舒并没有忘记对于"文"的关注。他竭力规范文学，要求文学服务于政治，要求文学成为王道政治得以实现的一个有力的工具。

---

① 特雷·伊格尔顿著，伍晓明译：《二十世纪西方文学理论》，陕西师范大学出版社 1987 年版，第214 页。

为此，他提出了自己的一套文论体系，其文论思想，显示了典型的经师思维，有着丰富、深刻的经学意蕴。

一

董仲舒的经学化文论的第一个重要命题，是强调"文"的重要意义。从整体上看，孔子是重视政治而轻视文学的，但他有时却又强调、重视"文"。他承认"文"——即适当的纹饰，对于文本的流传起着不可忽视的重要作用，这就是其"言之无文，行而不远"的重"文"观。作为新时代的儒生，董仲舒继承了孔子的这一认识，但又杂糅进新的时代因素、经学阐释，而有所超越。

董仲舒思想体系的核心，是天人合一理论；其政治思想的核心，是大一统理论。这两种理论，在董仲舒的思想体系里是和谐的一体，二者的交汇点是"天"。董仲舒通过对现实世界进行非理性的架构，将"天"列为宇宙万物的本原和核心，而"天"的核心则是儒家政治的最高理想——"天德"。天的这一德行无处不在地在世间万物的表象、实质里得到体现，即便是抽象的文学也不能例外。所以，文学不可无端造作，它必须体现天的德行。而文学作品的创造者——人，也必须在创作的过程中尽力彰显天道仁德。诚如程勇博士所言："通过对先儒思想材料的真理化曲诠，董仲舒重新阐释、改写了经典文本的可能意义，消弭了横亘在文化传统与当下创造之间的距离，使儒家经典直接有效地介入到对于当代文化的建构中，使其文论构型在'学'与'术'两个思维向度上都表现出大一统性质，在相当大的程度上适应了大一统的政治现实对文化规范的需要。"[1]天道信仰，是董仲舒的今文经学文论叙述的立足点和核心，"有着自然哲学本体意义的'天人合一'观对文学思想的影响，使董仲舒对文学性情的探求，亦具有了文学发生于创造的本体意义"[2]。在董仲舒看来，对于文学而言，儒家的五经无疑具有"天之经地之义"的本体意义。五经不仅仅是先儒伟大的法天创作，更是传之万世的永恒典范。所以，汉代的文士，应该首先确立对五经的信仰。对五经的信仰，具有和对天道的信仰同等重要的地位。在真诚服膺五经的基础上，文士要揣摩圣人的用意与文辞，而在自己的文学活动中对之加以运用。

---

① 程勇：《汉代经学视野中的儒家文论叙述》，复旦大学 2003 年博士学位论文。

② 许结：《汉代文学思想史》，南京大学出版社 1990 年版，第 99 页。

　　五经皆为圣人创造，是天道精神的体现，是今人取法的源头，那么，对于五经创作初衷的研究，就是非常必要的了。因为，这不仅涉及对经文的正确理解，更涉及今人当如何亦步亦趋地学习圣人和经典的大问题。在五经之中，《春秋》经有着其他四部经典无可比拟的重要地位。根据董仲舒的高足——"前期公羊学派的重要人物"司马迁的看法[1]，在创造五经的过程中，当编撰《诗经》《尚书》《礼经》《乐经》《易经》时，孔子允许自己的高足发表意见；但当修撰《春秋》时，孔子完全根据自己的理解，"笔则笔，书则书"，不允许子夏、子游等高足置一言。之所以如此，司马迁认为这表示孔子是在用文字的形式，总结自己一生的政治见解，并将这些见解以"微言大义"的方式呈现出来[2]。今天的学者当然已经不把《春秋》经视作孔子的创作，但在汉代，董仲舒强化了先秦时期就已经存在的孔子作《春秋》说，因而，本文关于孔子作《春秋》的表述，是回到汉代的现场来审视相关的问题。

　　在司马迁看来，《春秋》一书虽然仅仅万余字，但却包含了所有表现天道、政治的精微义理，在《史记》的不同篇目，他一再致意于此。例如，《儒林列传》谓："西狩获麟，（子）曰：吾道穷矣！故因史记作《春秋》以当王法，其辞微而指博"[3]；《十二诸侯年表序》："孔子明王道，干七十余君，莫能用。故西观周室，论史记旧闻，兴于鲁而次《春秋》。上记隐，下至哀之获麟，约其辞文，去其烦重，以制义法。王道备，人事浃。七十子之徒，口受其传指，为有所刺讥褒讳挹损之文辞，不可以书见也。"[4]而在记述司马迁生平的《汉书·司马迁传》中，班固不厌其烦地将司马迁"闻之董生"的长篇议论收纳进来："余闻之董生：周道废，孔子为鲁司寇，诸侯害之，大夫壅之。孔子知时之不用，道之不行也。是非二百四十二年之中，以为天下仪表，贬诸侯，讨大夫，以达王事而已矣。子曰：我欲载之空言，不如见之于行事之深切著明也。《春秋》上明三王之道，下辨人事之经纪，别嫌疑，明是非，定犹与，善善恶恶，贤贤贱不肖，存亡国，继绝世，补敝起废，王道之大者也……《春秋》辨是非，故长于治人……拨乱世，反之正，莫近于《春秋》。《春秋》文成数万，其指数千，万物之散聚，皆在《春秋》。《春秋》之中，弑

[1]　杨向奎认为，司马迁乃是西汉前期公羊学派的一个极其重要的代表。（详见其专著《大一统与儒家思想》，中国友谊出版公司1989年版，第84页）

[2]　说详《史记·孔子世家》。三家注本《史记》，中华书局1959年版，第1944页。

[3]　《史记》，第3115页。

[4]　《史记》，第509页。

君三十六，亡国五十二，诸侯奔走不得保社稷者不可胜数。察其所以，皆失其本已。故《易》曰：差以毫厘，谬以千里。故臣弑君、子弑父，非一朝一夕之故，其渐久矣。有国者不可以不知《春秋》，前有谗而不见，后有贼而不知；为人臣者不可以不知《春秋》，守经事而不知其宜，遭变事而不知其权。为人君父者而不通于《春秋》之义者，必蒙首恶之名；为人臣子不通于《春秋》之义者，必陷篡弑诛死之罪。"①

　　孔子以布衣的身份，却在做经典创造的工作，他因此而被汉代儒生尊为"素王"。他的众多思想指归，也成为汉儒揣摩、演绎的对象。当面对越来越强横的皇权压抑时，汉儒必须找到一个可以借以与之对抗的权威。正是在面对新局面、新挑战、新机遇之时，董仲舒准确地找到了孔子和其代表作《春秋》，并借自己对二者的新阐释来表述自己的思想、政治见解。当董仲舒宣扬"《春秋》应天作新王之事"，宣扬《春秋》的核心命题是"王鲁，尚黑，黜夏，亲周，故宋"时，他其实是在利用自己亲手推上神坛的孔子，通过神化孔子以取得民众和皇帝对孔子的敬意，再利用孔子来宣扬董仲舒自己的学说，以此"道统"来限制皇帝的"政统"，以最终实现董氏自己的王道政治理想，这应当是董仲舒这种新阐释的理论设计的初衷。当董仲舒等汉儒动辄以《春秋》为手中握有的最犀利武器来评骘汉政时，他们就是在以自己学派理论中的王道政治来纠正、指导现实世界的不完美政治。董仲舒所言说的《春秋》之道，以元之深正天之端，以天之端正王之政，以王之政正诸侯之位，五者俱正而化大行。"②在这一思想的指导之下，汉儒以真理的护卫者自居，以空前绝后的勇气，在史传、辞赋、诗歌、奏疏、政论文等文学体式中，阐说圣人天道，批评各种时弊。赵翼《廿二史札记》有"汉儒上书无忌讳"条，对此言说甚详。这种文学现象的出现，不能不说是源自董仲舒道统优于政统的公羊家说。汉代公羊学对"天"的崇尚，落实到现实就化为对经典的崇尚，再进一步细化为对《春秋》经的崇尚、对阐释《春秋》经的公羊学的崇尚、对公羊学"以元之深正天之端，以天之端正王之政"理论的崇尚，最后落实到对能体现"天"义的"文"的崇尚。对"文"的这种理解，无疑限制了汉代作者的创作走向。

---

① 《汉书》，中华书局 1962 年版，第 2717—2718 页。

② 苏舆：《春秋繁露义证》，中华书局 1992 年版，第 155—156 页。

二

董仲舒经学化文论的第二个重要命题，是强调作文当有所忌讳，为尊者、亲者、贤者回护。

董仲舒的这一理论，看似与上述"以元之深正天之端，以天之端正王之政"理论相矛盾，其实不然。董氏认为，天子是"天"在人间的代理，对天子的错误进行批评，是天道正义的体现，没有问题；但另一方面，本着儒家一向提倡的谲谏精神，这种批评又必须讲求方式方法，并且要区别对待批评的对象。为尊者讳、为亲者讳、为贤者讳，是儒家中庸精神的体现，早在先秦时期，就已经是传统儒学所强调的。为尊者、亲者、贤者回护的理论，始于孔子。上引《史记·十二诸侯年表序》已经声明了这一点：孔子编次《春秋》以言王道，但却并未将自己对政治的看法统统明言，他的很多意见、看法都是以隐晦其辞的方式来表述的，《春秋》真正的微言大义，没有以显明的语言直接表述出来，而是有所隐晦，其文字间的隐微义理，孔子是通过口授讲解的方式教给学生，其原因是"为有所刺讥褒讳挹损之文辞"，因而是"不可以书见"的。细细体味儒家经典，确实有这一特点。《礼记·经解》对五经各自不同的特点进行评价，它对《春秋》的评价是长于"属辞比事"，抓住了该经典善于运用精确的言辞来叙述史实以发扬儒家政治理想的特色。举例而言，在孔子的时代，有一件举国瞩目的丑闻，即鲁昭公公然冒天下之大不韪，违背"娶妻不娶同姓"的婚俗要求，娶了吴国的同样姓姬的女子为夫人。对于国君的这一明显过失，身为礼学大家的孔子当然明了其错误的严重性，但他秉着"成事不说，遂事不谏，既往不咎"的原则，对此装聋作哑，甚至当外国人非议鲁昭公的失礼行为时，他还努力为国君回护。《论语·述而》完整地记录了这个值得回味的事件："陈司败问：'昭公知礼乎？'孔子曰：'知礼'。孔子退，揖巫马期而进之，曰：'吾闻君子不党，君子亦党乎？君取于吴为同姓，谓之吴孟子。君而知礼，孰不知礼？！'巫马期以告。子曰：'丘也幸！苟有过，人必知之。'"①陈国贵族陈司败之所以提出这个含有陷阱的问题，是因为鲁昭公一向习于威仪之节，所以当时人普遍认为他知礼，但"礼：不娶同姓。而鲁与吴皆姬姓，谓之吴孟子者，讳之，使若宋女子姓者然。"②孔子不愿意批评娶同姓的国君，于是甘愿自己受到持论不公的批评，为过而不辞。这

<hr>

① 程树德：《论语集释》，中华书局1990年版，第495—497页。

② 《论语集释》引朱子《论语集注》文，见《论语集释》，第497页。

件事在《春秋经·哀公十二年》中也有相关的记述："夏五月甲辰，孟子卒。"[①]
《公羊传》对这几个字的解释是："孟子者何？昭公之夫人也。其称孟子何？讳
娶同姓，盖吴女也。"[②]东汉何休解诂谓"礼：不娶同姓。买妾不知其姓则卜
之。为同宗共祖，乱人伦，与禽兽无别。昭公既娶，讳而谓之吴孟子。《春秋》
不系吴者，礼，妇人系姓不系国，虽不讳犹不系国也。不称夫人、不言薨、
不书葬者，深讳之。"[③]正是出于为尊者讳的考虑，孔子修《春秋》时，在记述
昭公夫人去世这件历史事件时，采取了隐晦其辞的策略，故意略去了死者姓
氏和身份。

孔子"为尊者讳"的上述顾虑，到了董仲舒这里，却被完全地改造为
"张三世"的新说："《春秋》分十二世以为三等：有见，有闻，有传闻。有见，
三世；有闻，四世；有传闻，五世。故哀、定、昭，君子之所见也；襄、成、
文、宣，君子之所闻也；僖、闵、庄、桓、隐，君子之所传闻也。所见六十
一年，所闻八十五年，所传闻九十六年。于所见，微其辞；于所闻，痛其祸；
于传闻，杀其恩——与情俱也。是故逐季氏而言又雩，微其辞也；子赤杀，
弗忍言日，痛其祸也；子般杀，而书乙未，杀其恩也。屈伸之志，详略之文，
皆应之。吾以其近近而远远，亲亲而疏疏也；亦知其贵贵而贱贱，重重而轻
轻也；有知其厚厚而薄薄，善善而恶恶也；有知其阳阳而阴阴，白白而黑黑
也。百物皆有合偶，偶之合之，仇之匹之，善矣。"[④]在董仲舒这里，虽然主旨
还是为尊者讳，但他将二百四十二年的鲁国史截然划为三段。据董仲舒的理
解，孔子书写这两个半世纪的历史，其避讳是有区别的。大体而言，依据历
史时代距离《春秋》书写者孔子年代的由远及近，避讳的程度逐渐加深：于
传闻的九十六年，基本秉笔直书，无所忌讳；于所闻的八十五年，痛其祸，
开始有所避讳；于所见的六十一年，则"微其辞"，避讳程度最深。

董仲舒的这种经学理解是否真实确切地阐明了《春秋》"微言"，本文不
必在此详细分析，但从文论的角度来说，他进一步发展了孔子的理论，对后
代文人学士诗文创作、史书编撰的避讳原则的确立，起到了直接的推动作用，
是毋庸置疑的。

---

① 陈立：《公羊义疏》，中华书局 2017 年版，第 2860 页。

② 《公羊义疏》，第 2880 页。

③ 《公羊义疏》，第 2880 页。

④ 《春秋繁露义证》，第 9—11 页。

三

董仲舒经学化文论的第三个重要命题，是将孔子政治书写的"微言大义"原则发扬光大。

孔子作《春秋》，文辞简略，但有着严格的体例，各种书法义例都蕴含着某种隐含的褒贬意见。自该书问世之日起，儒生就没有间断对书中一字、一词、一句的揣摩、研究工作，希望能够透彻理解孔子寄寓其中的微言大义。董仲舒毕生穷尽心力研究的《公羊传》，对这一问题最有兴趣。兹举一例，以说明之。《春秋》开篇第一条为："元年，春，王，正月。"对此，《左氏传》的解释很简洁："元年春，王周正月。不书（隐公）即位，摄也。"① 而《公羊传》的解释则不满足于此，围绕着这几个字可能蕴含的孔圣"大义"，公羊家进行了不惜牵强附会的推演："元年者何？君之始年也。春者何？岁之始也。王者孰谓？谓文王也。曷为先言王而后言正月？王正月也。何言乎王正月？大一统也。公何以不言即位？成公意也。何成乎公之意？公将平国而反之桓。曷为反之桓？桓幼而贵，隐长而卑，其为尊卑也微，国人莫知，隐长又贤，诸大夫扳隐而立之。隐于是焉而辞立则未知桓之将必得立也，且如桓立则恐诸大夫之不能相幼君也，故凡隐之立为桓立也。隐长又贤，何以不宜立？立嫡以长不以贤，立子以贵不以长。桓何以贵？母贵也。母贵则子何以贵？子以母贵，母以子贵。"② 公羊学对简单的经文六字做了冗长烦琐的阐释。《春秋》文省事洁，而其中又的确寄寓了孔子的政治理想，这就给了包括董仲舒在内的后世学者以想象和发挥的空间。今文经学以"通经致用"为学术指归，今文经学家们运用五经指导汉政，为汉政权服务。当汉代公羊学家们在阐发《春秋》经义时，无论他是在虔敬地阐释先圣的微言大义，还是在借着言论而发挥自己的政治意见，都是在自觉或不自觉地用六经注我的方式来评骘时政，董仲舒也不例外。

董仲舒一生志在复兴孔门圣学，他的著述目的是"明经术之意"，其代表作是《汉书·董仲舒传》所谓的"说《春秋》事得失"的"数十篇，十余万言"的《春秋繁露》。董仲舒在探索《春秋》微言大义时，更是本着王道政治理想，系统提出了《春秋》三统、三世，五始、六科、十旨等概念。此外，他在解读《春秋》时，加进去很多自己独有的体会和理解，从而丰富了《春

---

① 杨伯峻：《春秋左传注》，中华书局 1981 年版，第 9 页。

② 《公羊义疏》，第 9—55 页。

秋》"微言"的义例。例如，他董理《春秋》书写战争的言辞："小夷言伐而不得言战，大夷言战而不得言获，中国言获而不得言执，各有辞也。有小夷避大夷而不得言战，大夷避中国而不得言获，中国避天子而不得言执，名伦弗予，嫌于相臣之辞也。"唯有在不同的战争情况下准确使用相应言辞，才会"小大不逾等，贵贱如其伦"，才能达到"义之正"的效果①。不可否认，董仲舒的这些理解，很多是符合孔子原著的用意的。但为了与汉政发生联系，董仲舒不惜歪曲经文原意，以削足适履的方式，来使《春秋》切合自己的政治理念，或是通过自己的诠释来使《春秋》能够吻合汉政。

董仲舒的这种以六经注我的方式诠解《春秋》的做法，在古代儒生中不是第一个，也不是最后一个。他的很多诠解，神秘玄虚，牵强附会，有时远离《春秋》本意，他将自己的主观意见强加给经典文本，使得他那个时代的春秋公羊学，完全成为"春秋董氏学"。但考虑到他汉代"儒宗"的地位，他的这种做法，对于汉代文士治学和作文，产生了怎么高估都不为过的影响。

四

董仲舒经学化文论的第四个重要命题，是基于天人感应思想的物感理论。

上文已经多方征引，证明了董仲舒认为天与人是同构、相副的关系，其目的是论证天与人的相通和感应是可能的。天人感应，原本是个哲学命题，"但由于我国的哲学从来都主要是社会、政治哲学，而文艺也从来都与社会、人生、政治相关"，所以，二者难以分割②。具体到天人感应论，从这个董氏庞大理论本质内核出发，确实可以推导出文学理论的蛛丝马迹，即文艺中的物感理论。

董仲舒坚信天与人一样，有喜怒哀乐的情感存在，天的这种人化的情感，表现的方式是春夏秋冬的四时运行和金木水火土五行的相生相克。并且，天的这些情感意志的表达，人是可以细心感知到的，因为"人之为人，本于天。天亦人之曾祖父也。此人之所以乃上类天也。人之形体，化天数而成；人之血气，化天志而仁；人之德行，化天理而义；人之好恶，化天之暖清；人之喜怒，化天之寒暑；人之受命，化天之四时。人生有喜怒哀乐之答，春秋冬夏之类也。喜，春之答也；怒，秋之答也；乐，夏之答也；哀，冬之答也。

---

① 《春秋繁露义证》，第 85 页。

② 邓乔彬：《董仲舒天人感应论对文学的积极影响》，《文艺理论研究》2004 年 2 期。

天之副，在人。人之情性有由天者矣。"① 所以，人可以感知到春天的温和，因为这体现了天对于人"爱而生之"的情感；人可以感知到夏天的炎热，因为这体现了天对于人"乐而养之"的情感；人可以感知到秋天的清爽，因为这体现了天对于人"严而成之"的情感；人可以感知到冬天的寒冷，因为这体现了天对于人"哀而藏之"的情感。反过来说，人的情绪变动也可以与天一一对应。董仲舒称人的喜气是取自春，欢乐是取自夏，愤怒是取自秋，哀伤是取自冬。这种比类相从的解经方式，虽然牵强，但却与文学创作者进行文艺创作时的感应、灵感有着某种内通之处，因而经学阐释也就有了文论意义。

后世文士的文学创作，与董仲舒的这个经学意见时时暗合。"太康之英"陆机在自道创作甘苦和心得体会的著名文论《文赋》中，就完全以董仲舒的这一套理论来阐释创作主体对外界气候、环境变化的敏感和相应的反应："遵四时以叹逝，瞻万物而思纷。悲落叶于劲秋，喜柔条于芳春。心懔懔以怀霜，志眇眇而临云。"李善注"遵四时以叹逝，瞻万物而思纷"两句："循四时而叹其逝往之事，览视万物盛衰，而思虑纷纭也。《淮南子》曰：四时者，春生夏长秋收冬藏。"注"悲落叶于劲秋，喜柔条于芳春"两句谓："秋草衰落故悲，春条敷畅故喜也。《淮南子》曰：木叶落，长年悲。"注"心懔懔以怀霜，志眇眇而临云"两句谓："懔懔，危惧貌；眇眇，高远貌。怀霜临云，言高洁也。孔融《荐祢衡表》曰：志怀霜雪。《舞赋》曰：气若浮云，志若秋霜。"② 从陆机原文、李善注释与征引各文例看，汉代以后的文论家和创作者，在创作主体与外界自然的关系问题上的理解，都与董仲舒的物感理论相通暗合。

五

董仲舒经学化文论的第五个重要命题，是发扬了儒家对"中和"一向的推重，提出了自己的中和理论。

儒家一向重视中和的理念，《礼记·中庸》称"喜怒哀乐之未发谓之中，发而皆中节谓之和。中也者，天下之大本也；和也者，天下之达道也。致中和，天地位焉，万物育焉"。孔颖达疏对这几句一句句加以串解："喜怒哀乐之未发谓之中者，言喜怒哀乐缘事而生，未发之时，澹然虚静，心无所虑而当于理，故谓之中。发而皆中节谓之和者，不能寂静而有喜怒哀乐之情，虽

---

① 《春秋繁露义证》，第318—319页。

② 萧统编，李善注：《文选》，上海古籍出版社1986年版，第762页。

复动，发皆中节限，犹如盐梅相得，性行和谐，故云谓之和。中也者天下之大本也者，言情欲未发，是人性初本，故曰天下之大本也。和也者天下之达道也者，言情欲虽发，而能和合道理，可通达流行，故曰天下之达道也。致中和天地位焉万物育焉者，致至也，位正也，育生长也，言人君所能至极中和，使阴阳不错，则天地得其正位焉，生成得理，故万物得其养育焉。"①

在传统儒学理论里，"中和"论提倡一种毋过毋不及的理性人生态度。董仲舒对此无异议，他只是更为注重在治国和处理社会文化问题时，合理运用中和思想来处理相关事务，以求达到不偏又不倚的和谐的理想效果。此外，他充分利用五行理论，通过确立"中"的核心地位，来宣示"中"的重大意义。五行东方木、南方火、中央土、西方金、北方水，土居于中央地位，最为尊贵。董仲舒谓"五行莫贵于土"，因此，"忠臣之义，孝子之行取之土"。②又谓："土居中央，为之天润。土者，天之股肱也。其德茂美，不可名以一时之事，故五行而四时者，土兼之也。金木水火虽各职，不因土，方不立，若酸咸辛苦之不因甘肥不能成味也。甘者，五味之本也；土者，五行之主也。五行之主土气也，犹五味之有甘肥也，不得不成。是故圣人之行莫贵于忠，土德之谓也。人官之大者，不名所职，相其是矣。天官之大者，不名所生，土是矣。"③五行运行不穷，土居中而主其事，它就像调味料中的甘，官职中的三公，能够协和各种不同质素，使之达到最完美的和谐境界。因此，"中"是天下至美的真理，是圣人坚守的准则。董仲舒所强调的另一个重要元素是"和"，他认为："中之所为，而必就于和"，所以，"和"是至关重要的，它是"天之正"，是"阴阳之平"④。由此可见，在董氏的中和理论里，"中"为核心，"和"是目的。本着人道取法天道的原则，和谐的社会是天道真理的体现，所以应当是明君治理天下所追求的终极目标。中和既然是"过"与"不及"间理想的平衡点，那么人在社会生活中就要事事以中和为标准。根据这一标准，社会中的贫富不均当然是违背中和的天意的，所以，人君要秉承天意，通过自己的主观努力，损有余以奉不足，消弭社会中过度贫富的现象。⑤

董仲舒的这一理论主张，本是针对社会不公而发。但引类而及，我们还

① 郑玄注，孔颖达疏：《礼记注疏》，《唐宋注疏十三经》，中华书局 1998 年版，第 565 页。

② 《春秋繁露义证》，第 316 页。

③ 《春秋繁露义证》，第 322—323 页。

④ 《春秋繁露义证》，第 446 页。

⑤ 董仲舒的这一改革主张，详见其本传所载的《天人三策》，见《汉书》，第 2498—2523 页。

是可以从文论的角度来理解。他推崇毋过毋不及的所谓"中和"，其实应用在文学欣赏、批评中，就是反对极端情感的过度宣泄，褒扬谦抑内敛而有节制的情绪表达。这其实就是孔子反对"郑声淫"的意思，这也就是汉初毛诗褒扬"乐而不淫，哀而不伤"的意思。只不过，董仲舒以自己阴阳五行化的新儒学对这一古已有之的文论命题加以符合时代需求的新阐释而已。

（作者单位：华中师范大学文学院）

《孔丛子》孔子论《诗》及其先秦诗学性质

雷欣翰

　　《孔丛子》一书的《记义》和《论书》两篇保留了孔子以相同句式论《诗经》和《尚书》篇目的文字。这类文字都采用语录体的形式，属于儒家语录类文献。《论书》中还有"子夏读《书》既毕而见于夫子"章，在《韩诗外传》几乎相同的大段文字中被记为"子夏读《诗》"。这种文本形态背后，隐藏的可能是孔氏家学的传承线索，相似的文句格式还广见于《史记》《说苑》《孔子家语》等。《记义》的论《诗》虽然托名孔子，但这一篇的成书，最早也只能追溯到孔鲋所在的周秦之际。因此，目前对于这篇论《诗》文字，只能将其定义为战国儒家《诗》学而非孔子《诗》学的成果。

　　对于这种冠名孔子的语录类论《诗》材料，姜广辉先生曾举《孔子家语》《说苑》的例子，认为是一种古《诗序》。[1] 根据李存山的研究，这种古《诗序》还影响到了宋代的《诗》学。[2] 可见，此类文献的学术价值有待进一步发掘。在《孔子诗论》残缺严重、《孔子家语》《说苑》材料零散的现状下，专门记录孔氏家族史和家学传承之《孔丛子》中的《诗》学材料，应该引起重视。《记义》中孔子论《诗》的取材对象和论述内容，与汉代四家诗的区别比较明显。[3] 这一结论，可以佐证李存山先生将其看作上博简《孔子诗论》同类文献的观点。[4] 本文试图在排除其作为汉代《诗》学成果的基础上，将其与先秦《诗》学材料进行系统对比，以获得对其文本性质、《诗》学传承归属更具体的认识。

---

[1]　参见姜广辉：《关于古〈诗序〉的编联、释读与定位诸问题研究》，《中国哲学》第二十四辑，辽宁教育出版社 2002 年版，第 143—171 页。

[2]　参见李存山：《〈孔丛子〉中的孔子诗论》，《孔子研究》2003 年第 3 期。

[3]　参见杜春龙：《孔子诗论与汉四家诗研究》，延边大学 2007 年硕士学位论文；雷欣翰：《〈孔丛子〉中的孔子论〈诗〉与汉代四家诗》，《古典研究》2016 年夏季卷。

[4]　参见《〈孔丛子〉中的孔子诗论》。

一、选材取诗：春秋用《诗》风尚的遗绪

《记义》论《诗》的选材，与春秋时期赋《诗》、用《诗》的情况最为接近。这一特点，可以从其与《左传》《国语》的比较中看出。

《记义》论及的《诗经》篇目全部取材于《国风》和《小雅》。《风》诗有《邶风·柏舟》《卫风·淇澳》《卫风·考槃》《卫风·木瓜》《郑风·缁衣》《齐风·鸡鸣》《魏风·伐檀》《唐风·蟋蟀》《曹风·下泉》《豳风·七月》《豳风·东山》《豳风·狼跋》等十二篇。《雅》诗有《鹿鸣》《彤弓》《无羊》《节南山》《蓼莪》《楚茨》《裳裳者华》《采菽》等八篇。①

《左传》和《国语》记载的是春秋初期至末期诸国的史实，其中包括时人的引《诗》、赋《诗》活动，是考察春秋时期用《诗》情况最重要的依据；《孔子诗论》是战国时期孔子再传弟子记录的孔门授《诗》文献，与《记义》篇论《诗》文字有相似的性质；荀子则是战国中后期最重要的儒家学者，其《诗》论集先秦儒家《诗》学之大成，开汉代四家《诗》学之先。这几种文献反映先秦时期不同历史语境下引《诗》、用《诗》的不同特色，对它们的录《诗》情况进行考察，并将其与《记义》篇的取材对比，可以从取材的角度审视《记义》篇论《诗》的性质和特点。

表1　春秋战国时期主要文献录《诗》统计(不包括逸《诗》)

文献名称		《国风》	《小雅》	《大雅》	《颂》
《记义》篇		12首	8首	0首	0首
《左传》引《诗》、赋《诗》	前期(隐公至闵公)	0首		1首1次	
	中期(僖公至成公)	7首8次	16首18次	12首18次	9首12次
	后期(襄公至哀公)	31首33次	32首49次	14首35次	6首9次
《国语》引《诗》、赋《诗》		3首3次	9首10次	13首15次	7首7次
《孔子诗论》		31首	21首	1首	3首
《荀子》		8首11次	18首26次	17首33次	10首20次

说明：表格中关于《左传》《国语》引《诗》、赋《诗》的统计，包括书中人物在各种场合引《诗》、赋《诗》的篇目和次数，不包括乐工歌《诗》。

从《左传》的记载看来，引《诗》、赋《诗》的风气兴起于春秋中期，在

---

① 关于《齐风·鸡鸣》，《记义》篇称"《鸡鸣》"，据其内容，可能指《齐风·鸡鸣》，亦可能指《郑风·女曰鸡鸣》。

孔子所处的襄、昭时期达到全盛。春秋后期的引《诗》、赋《诗》取材于《小雅》《国风》的数量大大超过《大雅》和三《颂》。《记义》篇记载的是孔子读《国风》及《小雅》后的言论，其关注的《诗》篇，与襄、昭时期的引《诗》、赋《诗》取材对象大体一致。

《左传》所载春秋后期引《诗》、赋《诗》的内容取自《国风》《小雅》者居多，《孔丛子·记义》篇所载孔子论《诗》，则全取自《国风》和《小雅》。其中，《左传》涉及《小雅》的作品，有六篇见于《记义》（《鹿鸣》《彤弓》《节南山》《蓼莪》《裳裳者华》《采菽》）。《记义》篇总共提到二十篇《国风》和《小雅》作品，其中有十三篇也是《左传》的取材对象。

上博简《孔子诗论》，主要关注的也是《国风》和《小雅》。其中《国风》三十一篇，《小雅》二十一篇，《大雅》和《周颂》共四篇，另有一篇疑为逸诗。同为孔氏《诗》学文献的这两部典籍，在诗篇取材上喜好亦相近。

除逸诗外，《荀子》引《诗》共九十次，其中《国风》十一次，《小雅》二十六次，两项总和不到引《诗》条目的一半，所占比例偏低。《荀子》论《诗》的取材对象与春秋后期引《诗》、赋《诗》情况和《孔子诗论》《记义》篇的取材偏好明显有别。荀子的学术偏重礼法制度，这在其论《诗》角度和关注点上也都有所表现。

作为孔氏家学著作的《记义》论《诗》，在取材对象上更接近春秋后期引《诗》、赋《诗》风气全盛时期的情况，这一现象与孔子所处时代的历史文化背景吻合。《孔子诗论》在这一点上接近《记义》篇，而战国中后期的《荀子》，则在取材偏好上与其有明显的区别。

二、立意明旨：春秋论《诗》传统的继承

《记义》篇论《诗》的主要内容是对《诗》篇主旨的总结，其对不少《诗》篇主旨的论说，都体现出与《左传》《史记》《论语》等文献所载春秋人论《诗》一致的《诗》学观念，是对春秋时期论《诗》传统的继承，其所反映的历史文化背景也往往体现出这一时代特色。

《记义》篇对《诗》篇意旨的总结，主要涉及历史事件、礼乐传统与精神品质等三方面。

首先，《记义》对《周南》《召南》和《节南山》的论述，与周族历史或特定历史事件相关。

　　《记义》论二《南》："吾于《周南》《召南》，见周道之所以盛也。"① 二《南》历来被视为诗风醇正，《论语》所载孔子对《关雎》的赞扬，亦主要从教化启蒙作用的角度对其进行肯定。《记义》中孔子对二《南》的论述，把它作为周初历史的写照，与季札观乐时所作的评论"始基之矣"② 如出一辙。

　　《记义》论《节南山》："于《节南山》，见忠臣之忧世也。"③《节南山》在编次上位于"变雅"之首，属于政治批判诗。它批判的对象是声名显赫的"师尹"。"师尹"的身份今天难以确认（或说为太师尹氏），但其为周王朝的执政大臣，当无可置疑。从诗歌内容来看，前两章是对"师尹"的批判，第三、四章是对"师尹"具体错误的指摘，之后是由对"师尹"执政带来的灾难引申到对上天的埋怨，并表达自身无用武之地、不能为国出力的忧郁之情。《孔子诗论》第八简道："《雨亡政》《即南山》，皆言上之衰也，王公耻之。"④ 把主要批判对象由"师尹"转至君主、把作者的感情更多地由忧转为"耻"，更注重该诗作为政治讽刺诗的作用。《记义》认为该诗的主旨是要表达作者的忧世之情，其说符合诗歌的本义，并可以在其他文献中找到证据。鲁国的季文子曾引《诗》表达其对吴国伐郯国之事的感慨：

　　　　季文子曰："中国不振旅，蛮夷入伐，而莫之或恤。无吊者也夫！《诗》曰'不吊昊天，乱靡有定'，其此之谓乎！有上不吊，其谁不受乱？吾亡无日矣。"⑤

季文子所引《诗》句，即选自《节南山》，诗句原意为上天不善，世间的混乱难以得到平定。季文子用"不吊昊天"来表达中原没有贤明的国君、不能帮助中原之国抵御当时被看作蛮夷的吴国，表达的情感与《记义》所说的忧世之情相似。除此之外，《左传》《国语》中还有几处引用该诗诗句的例子，如《左传·襄公七年》记载晋国的韩厥告老离职，晋侯想立穆子代替韩厥的职位，穆子因自身患有疾病，就引《节南山》诗中"弗躬弗亲，庶民弗信"⑥ 的句子来推辞，以示自己不能躬亲办事，难以取信于民。《左传·昭公二年》记

---

①　傅亚庶：《孔丛子校释》，中华书局 2011 年版，第 54 页。

②　司马迁：《史记》，中华书局 1982 年版，第 1452 页。

③　《孔丛子校释》，第 54 页。

④　马承源主编：《上海博物馆藏战国楚竹书·一》，上海古籍出版社 2001 年版，第 136 页。

⑤　杨伯峻：《春秋左传注》，中华书局 1990 年版，第 832—833 页。

⑥　《春秋左传注》，第 951 页。

载韩宣子来聘鲁国，季武子赋《节南山》卒章以相迎。杜注："卒章取'式讹尔心，以畜万邦'，以言晋德可以畜万邦。"① 又如《国语·楚语上》记载楚大夫白公劝诫楚灵王要勤勉政事，也引《节南山》中"弗躬弗亲，庶民弗信"② 一句，说明躬亲办事、取信于民的重要性。这些文献对《节南山》的引用，虽然都是断章取义，未必能体现该诗的主旨，但他们对诗句的活用都切合本义，与《论语》《记义》的解释一致。

其次，《记义》篇对《鹿鸣》《彤弓》《采菽》的论述，体现出其对礼乐传统的继承和发扬。

《记义》论《鹿鸣》："于《鹿鸣》，见君臣之有礼也。"③《孔子诗论》第二十三简写道："以乐词而会，以道交见善而俆，终乎不厌人。"④《孔子诗论》将诗章的结构与交往之道相结合，《记义》则偏重于对君臣这组特殊关系的认识。《诗序》认为《鹿鸣》为"燕群臣嘉宾"⑤ 之诗，与《诗论》和《记义》说法相同。《国语》和《左传》记载叔孙豹前往晋国，晋人以《鹿鸣》迎接他的故事。叔孙豹认为演奏《鹿鸣》表达的是"君之所以嘉先君之好"⑥ "君所以嘉寡君"⑦，说明春秋时期《鹿鸣》的演奏场合及对象是重大宴会，有君臣贵族参与。但是，《仪礼》中的《乡饮酒礼》《燕礼》和《大射》记载这三种礼仪也要演奏《鹿鸣》，这些场合显然不属于君臣之礼。关于这一问题，朱熹推测道："岂本为燕群臣嘉宾而作，其后乃推而用之乡人也欤。然于朝曰君臣焉，于燕曰宾主焉，先王以礼使臣之厚，于此见矣。"⑧ 朱熹认为，《鹿鸣》本来用于君臣之礼，它成为广义的宴饮之乐应当是由宫廷向民间推广的结果。这种推测符合该诗在历史上的使用情况，《记义》将《鹿鸣》归纳为"君臣之礼"，符合该诗的本义，也体现出其《诗》学与周代礼乐观念在春秋时期的形态契合。

《记义》论《彤弓》："于《彤弓》，见有功之必报也。"⑨ 春秋时期，卫宁

① 《春秋左传注》，第 1227 页。

② 徐元诰：《国语集解》，中华书局 2002 年版，第 505 页。

③ 《孔丛子校释》，第 54 页。

④ 《上海博物馆藏战国楚竹书·一》，第 152 页。

⑤ 王先谦：《诗三家义集疏》，中华书局 1987 年版，第 551 页。

⑥ 《国语集解》，第 179 页。

⑦ 《春秋左传注》，第 933 页。

⑧ 朱熹：《诗集传》，中华书局 1958 年版，第 100 页。

⑨ 《孔丛子校释》，第 54 页。

武子来聘鲁国时，鲁文公"与之宴，为赋《湛露》及《彤弓》"①，但宁武子认为文公赋这两首诗来迎接他，不符合诸侯欢迎来访使者的礼节。他说《湛露》表达的是"天子当阳，诸侯用命"，《彤弓》的适用场合则是："诸侯敌王所忾，而献其功，王于是乎赐之彤弓一、彤矢百、玈弓矢千，以觉报宴。"②据宁武子所言，赋《彤弓》表达的应是君王对有功之臣的奖赏。《尚书·文侯之命》叙述周平王对晋文侯的奖赏，其中就包括"彤弓一，彤矢百"。孔安国传："诸侯有大功，赐弓矢，然后专征伐。彤弓以讲德习射，藏示子孙。"③晋文侯保驾东迁有功，得到天子高级别的赏赐，享此殊荣。因此，《记义》总结《彤弓》主旨为"有功之必报"，符合《彤弓》一诗在春秋时期的使用情况。

《记义》篇论《采菽》："于《采菽》，见古之明王所以敬诸侯也。"④《采菽》是一首以诸侯朝见为题材的《雅》诗，《左传》和《国语》中有三则春秋时期引、赋此诗的例子。如晋侯赐乐于魏绛，以奖赏他辅佐自己处理戎狄关系、称霸诸侯的功劳。魏绛担心晋侯恃功骄纵，就引此诗来说明乐与安邦定国之道的关系。

> 臣愿君安其乐而思其终也。《诗》曰："乐只君子，殿天子之邦。乐只君子，福禄攸同。便蕃左右，亦是帅从。"夫乐以安德，义以处之，礼以行之，信以守之，仁以厉之，而后可以殿邦国、同福禄、来远人，所谓乐也⑤。

魏绛所引《诗》句选自《采菽》第四章。《记义》篇总结《采菽》表现的是"明王所以敬诸侯"，魏绛所引的诗句也都是赞美诸侯扶助天子。此外，季平子迎接小国国君时赋《采菽》，用法与天子接见诸侯类似，也与《记义》说法一致："十七年春，小邾穆公来朝，公与之燕。季平子赋《采叔》，穆公赋《菁菁者莪》。"⑥重耳在秦国，娶怀嬴，秦穆公宴请重耳，"赋《采菽》，子余使公子降拜。秦伯降辞。子余曰：'君以天子之命服命重耳，重

---

① 《春秋左传注》，第 535 页。

② 《春秋左传注》，第 535—536 页。

③ 孔颖达：《尚书正义》，阮元校刻《十三经注疏》，中华书局 1980 年版，第 254 页。

④ 《孔丛子校释》，第 54 页。

⑤ 《春秋左传注》，第 993—994 页。

⑥ 《春秋左传注》，第 1384 页。

耳敢有安志，敢不降拜？'"①子余认为秦穆公所赋《采菽》提到"天子之命服"，亦可证明《采菽》的适用场合确实是天子、诸侯这类规格的会面。综合这些史料中《采菽》的运用情况可以看出，《记义》对《采菽》的定位和判断，符合该诗在春秋时期的使用方式。

最后，《记义》对《淇澳》《狼跋》《蟋蟀》的论述，是关于卫武公、周公个人品质和陶唐故地尚俭守质的歌颂。从中可以看出其"德"之观念与《论语》一致。

《记义》论《淇澳》："于《淇澳》，见学之可以为君子也。"②在《论语·学而》中有子贡与孔子讨论此诗的文字，其切磋琢磨之说，亦可从劝学为君子的理路上贯通。该诗为赞美卫武公而作，《左传·昭公二年》记载，韩宣子"自齐聘于卫，卫侯享之。北宫文子赋《淇澳》，宣子赋《木瓜》"，杜注："言宣子有武公之德。"③切磋琢磨都是精益求精之义，诗歌赞美卫武公在礼仪和人格品质上精益求精，最终得以大成。

《记义》论《狼跋》："于《狼跋》，见周公之远志所以为圣也。"④《左传》记载晏子与齐侯论和、同之别，晏子言及羹、乐之和时，用到《狼跋》的诗句：

> 先王之济五味、和五声也，以平其心，成其政也。……君子听之，以平其心。心平，德和。故《诗》曰"德音不瑕"。⑤

关于"德音不瑕"，杜预解释道："义取心平则德音无瑕阙。"⑥晏子所引《诗》句即选自《狼跋》，他引用这首诗歌中的句子来说明乐之和者"心平""德和"的境界。晏子将"德音不瑕"，也就是"德和"的原因归结到"心平"，这种理解符合《狼跋》的本义。关于这首诗的主旨，朱熹写道："周公虽遭疑谤，然所以处之不失其常，故诗人美之。"⑦"德音不瑕"之句的潜在内涵，就有赞

---

① 《国语集解》，第 339 页。

② 《孔丛子校释》，第 54 页。

③ 《春秋左传注》，第 1228 页。

④ 《孔丛子校释》，第 54 页。

⑤ 《春秋左传注》，第 1420 页。

⑥ 《春秋左传注》，第 1420 页。

⑦ 《诗集传》，第 97 页。

美周公"闻流言不惑，王不知不怨"①这种平和心态的成分。这种平和的心态，是周公能够"不失其圣"的重要原因之一。晏子领悟到这一点，知道引"德音不瑕"一句，就能表达出"心平""德和"的内涵。《记义》将《狼跋》赞美的周公之圣归结为他的"远志"，认为周公的立志高远是他能在逆境中"不失其常"的原因。实际上，这种解释与"心平"是内在相通的——"心平"所以志远。郑玄认为这首诗赞美周公，主要是赞美他"闻流言不惑，王不知不怨"的品格，他的说法与《记义》篇"远志"之说相似。可见，《记义》对《狼跋》诗旨的认识，与晏婴是一致的。

　　《记义》论《蟋蟀》："于《蟋蟀》，见陶唐俭德之大也。"②《孔子诗论》第二十七简写道："孔子曰，《七衍》智难。"③所谓"七衍"，指的就是《唐风·蟋蟀》。所谓"智难"，也就是"知难"。《左传·襄公二十七年》记载：

　　　　郑伯享赵孟于垂陇，子展、伯有、子西、子产、子大叔、二子石从。赵孟曰："七子从君，以宠武也。请皆赋，以卒君贶，武亦以观七子之志。"……印段赋《蟋蟀》，赵孟曰："善哉，保家之主也！吾有望矣。"④

《孔子诗论》所谓"知难"、赵孟所谓"保家"，都是就《蟋蟀》体现的勤俭之德而言。《诗论》所说的"知难"，指知道处世之艰难，有忧患意识。难，通"戁"，谓恐惧。《荀子·君道》："故君子恭而不难，敬而不巩。"王引之曰："难，读《诗》'不戁不竦'之戁。"⑤"不戁不竦"，见于《诗经·商颂·长发》。毛传："戁，恐。竦，惧也。"⑥知难，亦可据之理解为深知守成之难。

　　《蟋蟀》出自《唐风》，唐地是晋国始祖叔虞的始封地。《诗谱·唐谱》论述《唐风》道："当周公召公共和之时，成侯曾孙僖侯甚啬爱物，俭不中礼，国人闵之，唐之变风始作。"⑦《毛传》解《蟋蟀》道："俭不中礼，故作是诗以闵之……此晋也而谓之唐，本其风俗，忧深思远，俭而用礼，乃有尧之遗风

---

①　《诗三家义集疏》，第545页。

②　《孔丛子校释》，第54页。

③　《上海博物馆藏战国楚竹书·一》，第157页。

④　《春秋左传注》，第1134—1135页。

⑤　王先谦：《荀子集解》，中华书局1988年版，第233页。

⑥　《诗三家义集疏》，第1112页。

⑦　十三经注疏整理委员会整理：《毛诗正义》，北京大学出版社2000年版，第440页。

焉。"①晋地有崇尚节俭的习俗，后人将这种"忧深思远"的传统溯源于唐尧的教化。季札观乐至于《唐风》，感叹道："思深哉！其有陶唐氏之遗民乎！"②《汉书·地理志》："河东……本唐尧所居，《诗·风》唐、魏之国也……其民有先王遗教，君子深思，小人俭陋，故《唐诗·蟋蟀》《山有枢》《葛生》之篇……皆思奢俭之中，念死生之虑。"③《记义》中的孔子盛赞《蟋蟀》的"俭德"，这种尚俭的思想在《论语》中也有所体现。《论语·八佾》："林放问礼之本。子曰：'大哉问！礼，与其奢也，宁俭；丧，与其易也，宁戚。'"④可见，即便对待祭祀，孔子也持尚俭的态度。

三、心志情声：战国论《诗》风格的表现

除了对春秋时期深厚传统的继承以外，作为战国秦汉之际写定的文本，《记义》篇论《诗》也与战国《诗》学有密切的联系。这主要体现在《记义》篇论《诗》与《孔子论诗》、荀子《诗》学和《礼记》所见《诗》学之间的共鸣。

首先，《记义》对《蟋蟀》《柏舟》和《蓼莪》的讨论，与《孔子诗论》有许多可对照之处。《记义》论《蟋蟀》的情况，上文已述。《记义》论《柏舟》："于《柏舟》，见匹夫执志之不可易也。"⑤《国风》中共有两篇《柏舟》，一篇在《邶风》，一篇在《鄘风》。两诗中均有能体现"执志之不可易"的诗句，在《邶风·柏舟》中，主人公用"我心匪石，不可转也。我心匪席，不可卷也"⑥来说明自己执志之坚定；在《鄘风·柏舟》中，女子对心上人有"之死矢靡它""之死矢靡慝"⑦的决心。"见匹夫执志之不可易也"，"夫"，《渊鉴类函》作"妇"，当是将《柏舟》看作《鄘风·柏舟》的结果。⑧《卫风·木瓜》孔颖达《正义》引作"见匹夫执志之不易"⑨。原诗用铺叙的手法表达"自反而

---

① 孔颖达：《毛诗正义》，《十三经注疏》，第 361 页。

② 《春秋左传注》，第 1163 页。

③ 班固撰、颜师古注：《汉书》，中华书局 1962 年版，第 1648—1649 页。

④ 杨伯峻：《论语译注》，中华书局 1980 年版，第 24 页。

⑤ 《孔丛子校释》，第 54 页。

⑥ 《诗三家义集疏》，第 129 页。

⑦ 《诗三家义集疏》，第 218—219 页。

⑧ 《孔丛子校释》，第 68 页。

⑨ 《毛诗正义》，第 328 页。

无阙之意"①, 是全诗中最能表达"执志之不可易"的诗句。《孔子诗论》对两篇《柏舟》也有论述, 第二十六简:"《北·白舟》, 闷。"②第十九简有"既曰天也, 犹有掮言"③之句, 虽然没有指明篇名, 但据"既曰天也"推测, 当指《鄘风·柏舟》中的"母也天只"。《诗论》从主人公表达的情感入手, 指出《邶风·柏舟》中主人公的郁闷之情和《鄘风·柏舟》中主人公的怨艾之感。《记义》则突出《邶风·柏舟》中主人公坚定不移之"志"。

《记义》论《蓼莪》:"于《蓼莪》, 见孝子之思养也。"④《孔子诗论》第二十六简:"《蓼莪》有孝志。"⑤都以生活劳苦而无力赡养父母的感叹为诗歌的主旨。所谓"孝子之思养""有孝志", 也都指孝子赡养父母的愿望。《左传·昭公二十四年》记载郑伯因王子朝之乱向晋国求助, 在与范献子的交谈中引"缾之罄矣, 惟罍之耻"⑥的诗句来激将晋人, 诱使晋国协助王室平定叛乱。郑伯引用的诗句出自《蓼莪》第三章, 关于这两句诗, 可以用朱熹的论述来理解:"犹父母不得其所乃子之责。"⑦《毛传》中"缾小而罍大"⑧, 则以之为父母年老, 其子正值壮年, 却不能赡养父母; 王室衰弱, 晋国实力雄厚称霸诸侯却不能救助王室。因此,《记义》和《孔子诗论》对《蓼莪》的理解与郑伯一致, 而没有像《毛传》那样把它理解为一首刺诗。

其次,《记义》篇对《木瓜》的论述与荀子传《诗》的传统有内在关联。《记义》篇论《木瓜》:"于《木瓜》, 见苞苴之礼行也。"⑨《孔子诗论》第十八简:"因《木苽》之报, 以喻其掮(悁)者也。"第十九简写道:"《木苽》, 有臧恧(藏愿)而未得达也。"第二十简:"……币帛之不可去也, 民性固然。其离志必有以逾也。其言有所载而后纳, 或前之而后交, 人不可觯也。"⑩《孔子诗论》对《木瓜》主旨的理解, 如"以喻其悁""有藏愿而未得达""隐志必有以逾", 主要是从情志表达的角度加以解说。《记义》的说法则比较直观,

① 《诗集传》, 第 15 页。

② 《上海博物馆藏战国楚竹书·一》, 第 156 页。

③ 《上海博物馆藏战国楚竹书·一》, 第 148 页。

④ 《孔丛子校释》, 第 54 页。

⑤ 《上海博物馆藏战国楚竹书·一》, 第 156 页。

⑥ 《春秋左传注》, 第 1452 页。

⑦ 《诗集传》, 第 146 页。

⑧ 《毛诗正义》, 第 459 页。

⑨ 《孔丛子校释》, 第 54 页。

⑩ 《上海博物馆藏战国楚竹书·一》, 第 148—149 页。

认为诗中的往来馈赠体现的是"苞苴之礼",《礼记·少仪》提到"苞苴",孙希旦曰:

> 郑氏曰:"苞苴,谓编束萑苇以裹鱼肉也。"……是苞苴编萑苇以裹鱼及肉也。亦兼容他物……《孔丛子》云"我于《木瓜》之惠,见苞苴之礼行",是也①。

可见,"苞苴"即赠以厚礼之义。《记义》将《木瓜》的往来之礼进一步解释为以礼厚报,这种说法可以在《左传》中找到依据,《昭公二年》记载,韩宣子"聘于卫……赋《木瓜》",杜注:"《木瓜》亦《卫风》。义取于欲厚报以为好。"②可见以《木瓜》喻厚报交好是春秋时期的古义。《记义》的解释符合《木瓜》在春秋时期的使用情况,也体现出孔氏《诗》学与礼乐传统的密切联系。西汉贾谊《新书·礼》有如下论述:

> 由余曰:"干肉不腐,则左右亲;苞苴时有,筐篚时至,则群臣附;官无蔚藏,腌陈时发,则载其上。"《诗》曰:"投我以木瓜,报之以琼琚;匪报也,永以为好也。"上少投之,则下以躯偿矣;弗敢谓报,愿长以为好。古之蓄其下者,其施报如此③。

可见,由余也把《卫风·木瓜》与苞苴之礼联系在一起。《史记·屈原贾生列传》记载,贾谊年轻时得到太守吴公的赏识,并被召至门下。吴公与李斯同邑,曾经师事李斯。李斯是荀子的学生,这样看来,贾谊引由余语,以苞苴之礼释《木瓜》一诗,当是上承荀子的《诗》学。用礼尚往来解释《木瓜》的说法,在儒家《诗》学中薪火相传,甚至连西汉的贾谊也成为继承者。王先谦称:"贾子本经学大师,与荀卿渊源相接,其言可信,当其时惟有《鲁诗》……是其原本古训,更无可疑。"④

最后,《记义》篇对《缁衣》的论述,与《礼记·缁衣》所见《诗》学观点是一致的。《礼记》成书于汉代,但《缁衣》反映的可能是战国前期的思想,

---

① 孙希旦:《礼记集解》,中华书局 1989 年版,第 941 页。

② 《春秋左传注》,第 1228 页。

③ 贾谊撰,闫振益、钟夏校注:《新书校注》卷第六,中华书局 2000 年版,第 215 页。

④ 《诗三家义集疏》,第 311 页。

其主要内容的形成时间可能与《孔子诗论》相近。①

《记义》论《缁衣》:"于《缁衣》,见好贤之心至也。"②《左传·襄公二十六年》记载澶渊会盟后,以晋国为首的诸国夺取卫国的懿氏,卫侯前往晋国,又被扣押。卫相国子展因此在与晋侯、齐侯和郑伯的宴会上赋《缁衣》之诗,叔向回应道:"敢拜郑君之不贰也。"③《缁衣》描写的是赠衣的场景,相互赠衣是春秋时期关系亲密的友人间表达情感的一种做法。《左传·襄公二十九年》记载子产与季札一见如故,为示好感,就有互赠衣、带的行为。《记义》将《缁衣》理解为"好贤之心",带有尚贤的色彩。《礼记·缁衣》载孔子"好贤如《缁衣》"④之语,两书对《缁衣》主旨的判断是一致的。

结　语

综上所述,《记义》篇论《诗》的先秦诗学性质,主要体现为以下三条特征。

首先,《记义》中的孔子论《诗》,在选材取诗的偏好上与《左传》《国语》等文献所载春秋时期的赋《诗》、用《诗》传统相契。其对多数《诗》篇主旨的把握,也都符合相关《诗》篇在春秋时期礼仪实践中的使用情况,或体现出与春秋时期历史背景相一致的文化观念。

其次,《记义》中的孔子论《诗》,与《论语》中的孔子论《诗》材料相契合。这样的《诗》例虽然不多,但从对其他《诗》篇的论说中,也常常能看到与《论语》和孔子一致的思想观念。

最后,除了文本形态的雷同以外,在对部分内容的解读中,《记义》也体现出与《孔子诗论》等战国文献的关联。这说明《记义》中孔子论《诗》的性质,是经过战国儒家书写的,较好地保留、传承了原始儒家论《诗》义理的一部文献。它不像《荀子》那样具有承前启后的开拓性,而是在忠实传承儒家学说的同时,体现出书写时代特色的一种先秦儒家论《诗》文本。

(作者单位:上海交通大学人文学院)

---

① 参见王锷:《礼记成书考》,中华书局 2007 年版,第 82—96 页。

② 《孔丛子校释》,第 54 页。

③ 《春秋左传注》,第 1116 页。

④ 朱彬:《礼记训纂》卷三十三,中华书局 1996 年版,第 802 页。

《白沙先生诗教解》的文本形态及其诗学观念

安家琪

在明代文学与思想史研究中,《白沙先生诗教解》的位置已得到大体揭示。[1]但对其文本形态与文本生成过程的相关考察,却尚存待发之覆。伴随20世纪以降思想史研究由文本中心主义到历史语境主义的转向,文本作者以"写"行事、"文本即行动"[2]的面向逐渐受到关注。"语境中的思想研究"对于文本意图的强调[3],亦提示着湛若水于特定时局下文本编纂的相应意图与策略选择。本文拟将《白沙先生诗教解》置于文本生成的具体语境之中,对其文本形态、编纂动机及诗学观念作一系统考察,以深化对《白沙先生诗教解》的认识。

一、《白沙先生诗教解》文本形态的生成

《白沙先生诗教解》系陈献章弟子湛若水于正德十六年(1521)编纂而成,以辑录陈献章古诗及诗论的方式,阐发陈氏的性理之学。其中前十卷先录白沙古诗,后附湛氏解说,"凡一百六十六篇,皆阐发性理之作"[4];其后另附五卷,名曰《诗教外传》。湛若水在《白沙先生诗教序》中如此解释自己编纂此书的目的:"白沙先生无著作也,著作之意,寓于诗也。是故道德之精必

---

[1]　如黎业明:《湛若水对陈白沙静坐学说的阐释——以〈白沙子古诗教解〉为中心》,《哲学动态》2009年第8期;章继光:《陈白沙诗学论稿》,岳麓书社1999年版;雍繁星:《一个诗人的"位置"——陈献章研究的回顾与反思》,《中国诗歌研究》2014年;雍繁星:《从性灵到性情——陈献章与明代主情文学思想》,《首都师范大学学报》(社会科学版)2007年第1期;孙学堂:《陈献章与晚明文学思潮》,《南开学报》(哲学社会科学版)2006年第4期。

[2]　昆廷·斯金纳:《言语行动的诠释与理解》,丁耘主编:《什么是思想史》,上海人民出版社2006年版,第157页。

[3]　刘顺:《经国之大业:中古文学与政治分析初步兼及张说的政治观念》,《上海师范大学学报》(哲学社会科学版)2019年第4期;安家琪:《文学书写与政治行动:"政治与文学"视阈下的王锡爵文章论》,《苏州大学学报》(哲学社会科学版)2019年第5期。

[4]　永瑢等:《四库全书总目》,中华书局1965年版,第2397页。

于诗焉发之，天下后世得之，因是以传，是为教。"①陈氏本人并不热衷于系统化的著书立说，其观念的阐明多寓于吉光片羽之中。《白沙先生诗教解》为湛若水于陈献章身后所辑，距陈氏下世已近廿一载。其编纂、成书与刊刻过程，完全没有陈献章本人的参与，因而，《诗教解》的体式选择与文本形态的呈现，很大程度上展现了湛若水对传播陈献章学术思想的策略考量。

湛若水的编纂策略，突出体现在《白沙先生诗教解》的篇章命名及《诗教外传》五卷的文本形态中。正德十二年，湛若水丁忧期满，在拜祭白沙之墓后，遂定居于西樵筑室。此后，湛氏即开始筹划笺注白沙古诗。正德十六年七月，《白沙子古诗教解》初稿完成，收录陈献章所作古诗一百六十七首，每首诗下附湛氏诠解，共分上下两卷。嘉靖三年（1524）八月，湛若水因在争"大礼"事件中，态度与世宗相左，遂由京官外迁为南京国子监祭酒。此后，湛氏重新修订《白沙子古诗教解》，对原本改动颇多，不仅裁撤了位于首卷的第一首诗歌《和杨龟山此日不再得韵》，将卷数由两卷划分为十卷；更辑录《诗教外传》五卷，附于十卷之后；并更定书名为《白沙先生诗教解》。②此亦表明，《诗教外传》的编纂与问世，是湛氏深思熟虑后的结果。《诗教外传》系湛氏摘录白沙以诗论道之句及其对诗歌的评论性文字，此五卷"皆献章语录之类，足与诗相发明者"③。《外传》的结撰体式基本沿袭《论语》，在篇目命名上，选择篇首第一句中关键性实词为题，如《语道第四》，"语道"二字取自首句"子云：'时振语道而遗事，秉常论事而不及道'"中"语道"的组合④；《学觉第五》，"学觉"二字取自首句"子语湛生曰：'学无难易，在人自觉耳'"中"学""觉"二实词⑤。行文中，则多记录陈氏言辞之文字，且常于每节之始冠以"子曰""子谓""子云"等文体标志，展现出鲜明的语录体特征。⑥而《白沙先生诗教解》正文十卷的命名，则全然承袭《论语》的篇章命名，取每一章第一节前二字为名，如《有学诸篇第一》，取自下文"有学无学，有觉无觉"⑦之前二字；《海布诸篇第五》，取自下文"海布剪黄云，岭

---

① 湛若水：《白沙先生诗教解》，《四库全书存目丛书》，集部第35册，齐鲁书社1997年版，第529页。

② 黎业明：《湛若水年谱》，上海古籍出版社2009年版，第57—78页；湛若水《白沙子古诗教解》，广西师范大学出版社2014年版，第4页。

③ 《四库全书总目》，第2397页。

④ 《白沙先生诗教解》卷十二，第595页。

⑤ 《白沙先生诗教解》卷十三，第598页。

⑥ 过常宝：《〈论语〉的文体意义》，《清华大学学报》（哲学社会科学版）2007年第6期。

⑦ 《白沙先生诗教解》卷一，第530页。

绵装白雪"①之前二字。尽管正文十卷中，每节径录陈氏诗歌，并未冠以"子曰""子云""子谓"等常见的语录体指示语引领全篇；但湛氏在序文中一再强调"诗以言志"的经传传统，②诸如"贤圣久寂寞，六籍无光辉"③"高明之至，无物不覆；反求诸身，欛柄在手"④等诗句，往往近乎个体自白与感悟，亦可视作典范语录体著述中常见的"结论式独语"形式。⑤

　　从文本生成的角度而言，语录体的生成有两种基本方式：以记录的方式形成记言体；以摘录的方式生成摘录体。记言体的生成常通过现场记录或延时追忆整理的方式，实现从语音符号系统到文字符号系统的语码转换，其过程多为从口头叙述到书面记载；摘录体则系依据实际意图，选择地摘录部分内容并加以呈现，生成过程多为从书面记载到书面记载，从一重语境进入另一重新语境。生成方式表现为篇际互文。⑥语录体产生之初，主要是通过在场的记录方式生成记言体，此后则渐呈由语音录述向文字摘录转化之势。《白沙先生诗教解》的文本生成，明显系由书面记载到书面记载的摘录式过程；且此一过程并非在同一种文体类型内部完成转换，而是由一种／多种文体形态（诗歌／尺牍／序文等）向另一种文体形态（语录体）的转化，实则系对诸种书面文字进行摘录、剪裁、拼接与组合的过程，也因此而失去了语录体原初意义上"时间切近，情境宛然"的现场感。在此意义上，《白沙先生诗教解》并非上古时期的典型语录体文本，而是展现出语境转换与语篇互文的特征。

　　《白沙先生诗教解》的语境转换与语篇互文，突出表现在《诗教外传》的文本生成方式上。《诗教外传》的文本生成以摘录与粘合为常见方式，这也是

---

① 《白沙先生诗教解》卷五，第 554 页。

② "甘泉生叙曰：《经》曰：诗言志。诗，其承也。志也者，各以言其所之也，承其志以达诸言也。"《白沙先生诗教解》，《四库全书存目丛书》，集部第 35 册，第 526 页。

③ 《白沙先生诗教解》卷一，第 535 页。

④ 《白沙先生诗教解》卷一，第 530 页。

⑤ "因为讲学之故，语录体著述在结构上多有'子曰'之类彰显圣哲身份的指示语。不少人以为语录体属问答体，其实在典范的语录体著述中，结论式的独语远多于迂繁的问答与论辩。以《论语》为例，记言共 480 则（纯记事 43 则），其中孔子独语就占 248 则，另有教诲或评论他人他事之语 77 则，与弟子或他人对话 96 则，弟子或他人独语 45 则，而弟子之间、弟子与他人对话仅 8 则。"刘伟生《语录体与中国文化特质》，《社会科学辑刊》2011 年第 6 期。

⑥ 殷祯岑：《语篇意义整合的过程与机制探析》，《当代修辞学》2018 年第 6 期；王志军《语体视角下语篇副文本系统的配置及耦合互文路径差异》，《当代修辞学》2020 年第 2 期；祝克懿《"语录体"的源起、分化与融合考论》，《当代修辞学》2020 年第 4 期。

生成语录体文本的一种基本处理原则。①湛若水摘录陈献章诗文中的相关论题，进行重新芟夷、拼接与组合，此为《外传》成体的基本方式：

> 子云：诗本温厚和平，深沉婉密，然后可望大雅之庭，不独作诗为然也②。
>
> 辱书。英特不群之气溢于言外，而其中耿耿欲与世抗，尤于诗焉见之。前数日，托倪指挥送去手书，弗及，想未达也。承以得卑官为喜，古之善处困者如是。虽然，未若忘之愈也，忘之都无事矣。诗本温厚和平，深沉婉密，然后可望大雅之庭。执事之作，其果近之乎？如其未近，则当易故求新，增其所未高，浚其所未深然，不独作诗为然也。卧病余旬，不能举动，感兹远别，又重违左右，强勉数纸，不能佳也③。

上引《诗教外传》对诗歌风格的论述，系湛若水在陈献章尺牍的基础上删减拼合而成，并将具有标示语性质的"子曰"置于段首，提示文本的语录体特征。在由书信体向语录体转换的过程中，文本展开的语境也由即时性的现场语境转向追述性的语境再现。摘录与粘合不仅体现在《诗教外传》的编纂思路中，亦贯穿于《白沙先生诗教解》的成书过程。《白沙先生诗教解》正文前录有《先生诗自叙》一文，然此文本系陈氏受广东地方官朱英所托，为朱氏诗集《认真子诗集》所作之序；但在湛若水的重新裁剪与编排之下，此文的后半段"都宪朱公以其所为诗编次成帙，题曰《认真子集》，授简于白沙陈献章，曰'为我序之'……公名英，字时杰，郴阳人，由进士历官，中外节用而爱人"④被芟夷，成为陈献章为《白沙先生诗教解》所作之序。新生成的篇章通过摘录与粘合等手段，囊括了其他语篇中的部分话语形式。这些在不同语篇中重复出现的话语，令新语篇与原语篇形成了语义上的互文关系。

尽管在粘合过程中，意义的传递基本没有变动，但相应的语体呈现却可

---

① 夏德靠：《〈论语〉文体的生成及结构模式》，《四川师范大学学报》（社会科学版）2013 年第 1 期。

② 《白沙先生诗教解》卷十二，《四库全书存目丛书》，集部第 35 册，第 597 页。

③ 陈献章撰，孙通海点校：《陈献章集》卷二《复胡推府》，中华书局 1987 年版，第 207 页。

④ 《陈献章集》卷一《认真子诗集序》，第 6 页。

能发生变化①：

　　子谓汪提举云：论诗者，当论性情；论性情者，先论风韵。无风韵
则无诗矣。今之言诗者异于是。情性佳矣，风韵自佳；情性之不真，亦
难强为之说②。
　　大抵论诗当论性情，论性情先论风韵。无风韵则无诗矣。今之言诗
者异于是，篇章成即谓之诗，风韵不知，甚可笑也。情性好，风韵自好；
性情不真，亦难强说，幸相与勉之。知广大高明不离乎日用，求之在我，
毋泥见闻，优游厌饫，久之然后可及也③。

《诗教外传》中所录"论诗者，当论性情"一节，本自陈献章《与汪提举》的
尺牍；湛若水则在不改变基本文意的前提之下，对原文中若干字词作以调整，
以适应上下文意或传递特定的语体风格："论诗者，当论性情；论性情者，先
论风韵"较之"大抵论诗当论性情，论性情先论风韵"，基本意义并无变动，
但在语体呈现上，却因句式的短小化与"者"字所导致的节奏顿断，而更彰
显出上古时期散文语句短小、节奏顿挫的古拙特征。④ 此种语体风貌的变化，
展现出湛若水为适应语录体产生之初的上古时期的语言习惯而有意对陈氏原
文做出调整。此外，陈氏原文中"篇章成即谓之诗，风韵不知，甚可笑也"
一句，实为补充说明其上句"今之言诗者异于是"。为了行文紧凑，适应语录
体篇幅短小的体式特征，湛氏删除了发挥解释与补充功能的"篇章成即谓之
诗，风韵不知，甚可笑也"一句，并径直截取其后面的内容，拼合于前文之

①　"语体是话语交际时，用于标记'说者'与'听者'之间相互关系的产物。语体的成立依赖于语
境偏离，必'两级对立而后存在'。'正式与非正式（书面体／口语体）''庄典与便俗（庄典体／白话
体）'是构成语体的两对基本范畴。语体在语境中形成，言说所服务的对象、场合、话题以及说者的言
说态度共同制约着语体的呈现。而语体的呈现手段，则包含语音与语法两类，也即意味着语音与语法
的交互作用将会决定话语行为的语体限度。"刘顺《语言演变及语体完形与"一代有一代之文学"》，
《上海师范大学学报》（哲学社会科学版）2017 年第 3 期。另可参见冯胜利《汉语韵律诗体学论稿》，
商务印书馆 2015 年版，第 67 页。
②　《白沙先生诗教解》卷十二，《四库全书存目丛书》，集部第 35 册，第 597 页。
③　《陈献章集》卷二《与汪提举》，第 203 页。
④　安家琪：《明代文章"复古"的政治诉求及其路径选择》，《文艺理论研究》2020 年第 4 期；安家
琪、刘顺：《中唐韩柳古文书写的可能与规则及其限度——以语体为视角》，《上海大学学报》（社会科
学版）2019 年第 3 期。

后。与此同时，湛氏再度做了字词上的更易——"佳"字较之"好"字，书面语色彩更浓，庄典度更高；"情性之不真"较之原文"性情不真"，则运用了"主之谓"的成句结构。作为上古汉语的一种典型语法结构，"主之谓"是先秦两汉古文写作的常见形态。"主之谓"结构出现在书面语中，始于西周，盛于战国，衰于两汉，因此，中古而后此结构在文章中的出现，某种程度上可视为作者对上古语法的有意效仿。[①]"主之谓"的表层结构是以"之"字隔断主谓句中的主语与谓语，"之"的存在与否并不影响整体语义的传达，但其出现却改变了原有语句的韵律结构。"之"字的嵌入弱化了语句节奏的密合度，将一个韵律单位分割成两个节奏单位，而在句中出现明显的停顿。所谓"之"字有舒缓文气之用，即强调其对语句韵律节奏的改变。[②]句中节奏单位的分化意味着各语法成分间结合松散、语法结构的明晰度降低，此正为秦汉古文的重要句法特征。基于对篇幅短小与模仿上古文章古朴语言的考量，湛若水对陈献章的原文进行不同程度更易与重组，展现出语录体发展到后期在文本生成方式上摘录粘合痕迹明显的特点。

二、《白沙先生诗教解》的编纂动机

陈献章对语言自身的局限性有着清晰感知，尝谓"道德乃膏腴，文辞固粃糠"[③]，"强而语之，必不能入"[④]，故其平素鲜有著述；然湛若水缘何在陈氏身后，重新编纂其文字以成书，此中当寄寓了湛氏及与其身份相当者的群体性诉求。嘉靖九年，阳明后学薛侃上《正祀典以敦化理疏》，为陆九渊、陈献章请从祀命。此疏中，为陆、陈二人心性之学争正统的意图十分明显：

> 孟子没而学晦，至宋周敦颐、程颢追寻其绪，陆九渊继之，心学复明……顾晦庵之学，既已若日星之章明于天下；而象山独蒙无实之诬，于今且四百年，莫有为之一洗者……翰林院检讨陈献章博而能约，不离人伦日用，而有鸢飞鱼跃之机。虽无著述，其答人、论学等书已启圣贤

---

① 王洪君：《汉语表自指的名词化标记"之"的消失》，《语言学论丛》第 14 辑，商务印书馆 1987 年版，第 158—196 页。

② 马建忠撰、章锡琛校注：《马氏文通校注》，商务印书馆 1988 年版，第 318—320 页。

③ 《陈献章集》卷一《和杨龟山此日不再得韵》，第 279 页。

④ 《陈献章集》卷一《与罗一山峰》，第 83 页。

之扃钥矣①。

此疏上后，陆九渊得以从祀；但陈献章则以"本朝儒臣，待公论定后再议"②，未能获官方从祀孔庙之允。若衡之以薛瑄从祀之始末，则湛氏作《诗教解》之个中缘由，亦可稍作推演。成化年间，已有官员提出请薛瑄从祀孔庙；但薛氏素标榜"无烦著作，直须躬行"③，其著述过少，遂成为反对者所援引的有力理由：

> （弘治元年冬十月）礼科右给事中张九功请罢荀况、马融、扬雄，进礼部侍郎兼学士薛瑄。下礼官集议，尚书周经等言扬雄已黜于洪武时，而薛瑄尝与元儒刘因并欲从祀。杨士奇谓其无著述而止④。
>
> 或者谓瑄于《六经》少所著述，宜不得与从祀⑤。

在当时以撰有羽翼六经、系统阐发经义的著述为入祀孔庙之基本条件的普遍知识氛围中，即便是为薛氏主张的阁臣徐阶，亦不能否认薛瑄"所著止《读书》一录，未能释然于罕所著述之疑"为其从祀所带来的客观阻力。陈献章在鲜有系统解经之著述方面，与薛瑄相类，故而薛侃奏疏中谓陈献章"虽无著述，其答人、论学等书已启圣贤之扃钥"，实则暗含对前朝薛瑄以"少所著述"而不得从祀孔庙之故事的警惕，故特以此论为陈氏转圜。但此次上疏，并未能有效促成陈献章从祀孔庙。陈氏所撰多"答人、论学等书"，而无解经类的"著述"，当为一个重要原因。⑥

在《白沙先生诗教解》卷首，湛若水开宗明义，明确标榜此书可视作陈献章"著作"之意：

> 甘泉生曰：夫《白沙诗教》，何为者也？言乎其以诗为教者也。何言乎教也？教也者，著作之谓也。白沙先生无著作也，著作之意，寓于

---

① 薛侃：《正祀典以敦化理疏》，潘相《曲阜县志》卷二十九，台湾学生书局 1968 年版，第 17 页。

② 陈镐：《阙里志》卷十二，明嘉靖刻本。

③ 张廷玉：《明史》卷二百八十二，中华书局 1974 年版，第 7229 页。

④ 李之藻：《泮宫礼乐疏》卷二，《景印文渊阁四库全书》史部第 651 册，台湾商务印书馆 1986 年版，第 46 页。

⑤ 唐顺之：《荆川先生文集·外集》卷一，《四部丛刊》本，台湾商务印书馆 1967 年版，第 367 页。

⑥ 黄进兴：《优入圣域：权力、信仰与正当性》，中华书局 2010 年版，第 235 页。

诗也。是故道德之精必于诗焉发之，天下后世得之，因是以传，是为教。
是故风雨霜雪，皆天之至教也；诗书六艺，皆圣人之至教也①。

若将湛若水着意提及"教也者，著作之谓"置于此前薛瑄从祀而不得的历史
语境之中加以考量，则湛若水于正德十六载编纂《白沙先生诗教解》，又于嘉
靖三年后修订初稿，增设语录体的《诗教外传》，很可能是有感于薛瑄以鲜著
述而不得从祀的前车之鉴，故摘编陈献章之诗文尺牍，以之作为白沙说经之
著述，为白沙从祀孔庙减少阻力：

> 侍御柯子迁之从甘泉子游，尚论于白沙先生之学有全集足征焉。言
> 于刘滦州体元曰："白沙之道教未遍行于北，北士之憾也。若以全集刻之，
> 俾北方学者诵其诗读其书，而知先生之道之学，非政务之先急者乎？"②

此处湛若水着意提及"北士""北方学者"，颇值注意。柯子迁以刻白沙先生
全集、令陈氏之学为北方学者所知，为当务之急。其所急者何，由万历十七
年（1589）杨起元撰写的《白沙先生全集序》一文，不难推之："盖是集之不
行久矣。甲申、乙酉之间，议先生从祀，缙绅士大夫多不识先生之学谓何，
赖大中丞赵麟阳携先生遗书在署，速梓而出之，观者始心服，而议遂定。"③
《白沙先生文集》的出版最初系由阳明后学、大中丞赵锦发起，于万历十三年
（1585）迅速刊刻而成。杨氏谓此书一出，改变了此前缙绅士大夫多不识白沙
之学的局面，观者始心服白沙，而陈献章得以从祀孔庙亦由此而定。可以说，
《白沙先生文集》的问世，是陈献章顺利入祀孔庙过程中的关键助推力量。由
此而反观柯氏"白沙之道教未遍行于北""俾北方学者诵其诗读其书，而知
先生之道之学，非政务之先急者乎"诸语，则"北方学者"事实上并非仅代
指地理空间意义上南北划分之下个体的地域归属，而是意味着在权力中心内
部能够对入祀孔庙的结果起关键甚至决定性作用的政治人物——"孔庙究属
国家祭祀要点，儒者本身对从祀人选并无法私相授受。孔庙所奉祀的人物，
无论进退与否，均须受朝廷的认可与节制。依惯例，从祀诸儒必得由廷议产

---

① 《白沙先生诗教解》卷一，第 529 页。
② 湛若水：《湛甘泉先生文集》卷十七《滦州刻白沙先生全集序》，清康熙二十年黄楷刻本。
③ 《陈献章集》附录，第 903 页。

生"①——令诸此在廷议中具有话语权的"北人"了解并支持陈献章，是陈氏得以入祀孔庙的前提；而刊刻文集一方面有利于陈献章学术思想的传播，将白沙的哲学思想与诗教观念渗透至官方与民间，另一方面，亦能够作为陈献章的解经著述，而为陈氏入祀提供客观形式上的合法性。同理，湛若水编纂《白沙先生诗教解》，很大程度上亦可能基于为陈献章争取入祀孔庙之机会的考虑；其在序文中着意强调"《诗》《书》六艺，皆圣人之至教也"②、此书"明先生之著作以别于后之诗流尔"③，也应意在借助圣人"以诗为教"的传统，来淡化时人对陈献章生前并无系统之解经著述的印象；而再度修订中，增设语录体的《诗教外传》五卷，则系借助此前圣贤传道讲学的传统范式与历史资源，树立并强化陈献章的大儒形象，凝聚时人共识。

　　在嘉靖九年陈献章入祀孔庙未获批允后，湛若水又辑《白沙先生至言》十卷，于嘉靖二十六年规模初定，体式上更近格言体。湛氏序曰："伏读先生之书，若文若诗，无虑数万言，曰博矣哉！如天之无不覆也，如地之无不载也。独惧夫学者读其书、颂其诗，而未必知约也。乃命门人钟周辈辑其要约，以便初学之览。"④"辑其要约，以便初学之览"，很可能与万历十三年赵锦刊刻《白沙先生文集》的意图相仿，以普及陈献章学术思想与增加著述数量的方式，为陈氏顺利从祀孔庙张本。

　　在为白沙从祀孔庙减少阻力而外，湛氏编纂《白沙先生诗教解》，尚有以白沙入室弟子自居、凸显自己得白沙之真传的意图。"甘泉还表明他自身是白沙之道的传人，并且排除其他门人。例如在《和杨龟山此日不再得韵》诗后，紧接着就是前面曾引的《示湛雨》诗，甘泉解说此诗云：'又借引绣罗，以比千变万化皆从本心应用。然则金针在我，又谁掇乎？盖佛氏所谓"莫把金针度于人"者，以金针比心，此心人人各具，我不能授之于人，人亦不能掇之于我。释氏可谓不识心者矣。此诗乃先生病革以示若水者，深明正学以辟释氏之非，其意至矣。'将白沙写给自己的诗放在第二首，承继白沙之道的意思，显露无遗。其批判佛家不能将金针授人的说法，暗示白沙将金针给了他。最后一语，不正是要强调白沙最终对甘泉的嘱咐，不但表明白沙是正学非禅

---

① 《优入圣域：权力、信仰与正当性》，第 187 页。
② 《白沙先生诗教解》卷一，第 529 页。
③ 《白沙先生诗教解》卷一，第 530 页。
④ 湛若水：《白沙先生至言》，《续修四库全书》子部第 936 册，上海古籍出版社 2002 年版，第 375 页。

学，亦有传法之意在。"①而湛若水在嘉靖三年重新修订《白沙先生诗教解》时，则将第一首诗《和杨龟山此日不再得韵》删去，将《示湛雨》变为全书首章的第一首诗，某种意义上也意在昭示一己为白沙入室弟子的身份。凸显自我身份的意识，亦会强化湛若水编纂《白沙先生诗教解》的使命感。

三、《白沙先生诗教解》的诗学观念及其影响

就书名而言，《白沙先生诗教解》的内容定位十分明确，系将陈献章的诗歌（包括若干论诗文字）作阐理教化之解读。此书既有对陈氏观点的直接摘录，又包含湛若水对原作的再度阐发。因此，其在内容呈现上，存在与陈献章本人诗学理念错位的可能，且此种错位可能缘于湛氏基于某种特定目的所作的着意构建。

尽管陈献章道学家的身份更为时人所重，但其对诗歌功能的理解则不同于传统重道轻文的观念："先儒君子类以小技目之，然非诗之病也。彼用之而小，此用之而大，存乎人。天道不言，四时行，百物生，焉往而非诗之妙用？会而通之，一真自如。故能枢机造化，开阖万象，不离乎人伦日用而见鸢飞鱼跃之机。若是者，可以辅向皇极，可以左右《六经》，而教无穷。小技云乎哉？"②陈氏以诗之为用，既可作一般意义上的抒情言志，又可用于阐发天道义理，故并非小技。传统理学家本于诗歌吟弄风月的面向而"类以小技目之"，但此种批评并非缘于诗歌自身表现功能的局限，而是"先儒君子"对诗歌的自我设限，故而窄化了诗歌的表现空间。较之传统道学家重道轻文的观念，陈氏尝试统合"诗""道"、兼顾诗歌之义理传递与美学功能的诗学观念，无疑更为通脱。③

陈氏尝言"平生磊魂心，尽向诗中泄"④，以"诗"即"心法"，为其所以教者。⑤故其论诗，首重"性情"。陈献章所言之"性情"并非仅局限于道学层面，诸如"诗之发，率情为之，是亦不可苟也矣，不可伪也矣"⑥"将道理

---

① 杨正显：《白沙学的定位与成立》，《思想史》第 2 辑，联经出版事业股份有限公司 2014 年版，第 19—31 页。

② 《陈献章集》卷一《夕惕斋诗集后序》，第 11—12 页。

③ 冯小禄：《从诗与道的统合看陈献章的诗史意义》，《中国韵文学刊》2007 年第 3 期。

④ 《陈献章集》卷四《寄李若虚宪副》，第 316 页。

⑤ 陈炎宗：《重刻诗教解序》，《陈献章集》附录一，第 700 页。

⑥ 《陈献章集》卷一《澹斋先生挽诗序》，第 10 页。

就自己性情上发出"①等言论，均提示着"性情"与个体多元的气质性格密切相关；只是作诗不应任性而发，性情之"正"与"真"，是成就自然好诗的前提：

> 欲学古人诗，先理会古人性情如何，有此性情，方有此声口，只看程明道、邵康节诗，真天生温厚和乐，一种好性情也②。
>
> 子谓汪提举云：论诗者，当论性情；论性情者，先论风韵。无风韵则无诗矣。今之言诗者异于是。情性佳矣，风韵自佳；情性之不真，亦难强为之说③。

白沙谓"君子一心，万理完具，事物虽多，莫非在我"④，由"心"能开拓出天地万物的面向，因此，欲作诗，先正性情；完养心气，情性真诚，方能令"情动于中而行于言"的诗歌具有正向的濡染与感发之力。

诗歌风韵是作者性情的外显，性情的佳与不佳，可透过风韵观之。气之动为风⑤，故"风"者，能鼓动万物，如风之偃草⑥；又由此而引申出"风神"之意。⑦陈献章以"风"强调诗歌的气格风貌与感发之力，"可一唱三叹，闻者便自鼓舞"⑧。韵，即诗歌中透显出的自然与人格境界："天命流行，真机活泼。水到渠成，鸢飞鱼跃"⑨。而"风韵"的达成，又需借助"语句、声调、体格"等要素具体呈现：

> 概观所论，多只从意上求，语句、声调、体格尚欠工夫在。若论诗家，一齐要到。庄定山所以不可及者，用句、用字、用律极费工夫……今且选取唐宋名家诗数十来首讽诵上下，效其体格音律，句句字字，一毫不

---

① 《陈献章集》卷二《次王半山韵诗跋》，第 274 页。

② 《白沙先生诗教解》卷十三，第 601—602 页。

③ 《白沙先生诗教解》卷十二，第 597 页。

④ 《陈献章集》卷一《论前辈言铢视轩冕尘视金玉》，第 55—56 页。

⑤ 许慎撰，段玉裁注：《说文解字注》，上海古籍出版社 1988 年版，第 677 页。

⑥ 《毛诗正义》卷一《周南·关雎·序》，阮元等校刻《十三经注疏》，中华书局 2003 年版，第 269—271 页。

⑦ 牟发松：《说"风流"——其涵义的演化与汉唐历史变迁》，《历史教学问题》2010 年第 2 期。

⑧ 《陈献章集》卷一《次王半山韵诗跋》，第 72 页。

⑨ 陈献章：《示湛雨》，《白沙先生诗教解》卷一，《四库全书存目丛书》，集部第 35 册，第 530 页。

自满，莫容易放过。若于此悟入，方有蹊径可循①。

作诗以斟酌声调、结构词句、推敲炼意为入学之门径，然诗之至者，当"不见安排之迹，一似信口说出"②，具自然平淡之妙，即苏轼所谓"渐老渐熟，乃造平淡；其实不是平淡，绚烂之极"③的境界。此种诗境追求，与陈献章"令此心在无物处""以自然为宗"④的心学本体论相适应。陈氏主张于致虚静坐中体道，证悟自得，以达成鸢飞鱼跃的自然境界。其《与林时矩》曰"宇宙内更有何事，天自信天，地自信地，吾自信吾；自动自静，自阖自辟，自舒自卷；甲不问乙供，乙不待甲赐；牛自为牛，马自为马；感于此，应于彼；发乎迩，见乎远。故得之者，天地与顺，日月与明，鬼神与福，万民与诚，百世与名，而无一物奸于其间"⑤，展现出由悟道自得进而走向自由、自足、自在、自然的生命境界。故陈氏论诗，亦以自然平易为尚：

> 诗之工，诗之衰也。言，心之声也。形交乎物，动乎中，喜怒生焉，于是乎形之声，或疾或徐，或洪或微，或为云飞，或为川驰。声之不一，情之变也，率吾情盎然出之，无适不可。有意乎人之赞毁，则《子虚》《长杨》，饰巧夸富，媚人耳目，若俳优然，非诗之教也⑥。

"诗"缘情，是心声心曲的外显，故当率性盎然出之，"本于自然不安排者"⑦；委曲掩饰，则流于浮夸伪饰。在诗歌风格的呈现上，陈氏亦推重平淡自然之风：

> 大抵诗贵平易，洞达自然，含蓄不露；不以用意装缀，藏形伏影，如世间一种商度隐语，使人不可摸索为工⑧。

---

① 《白沙先生诗教解》卷十三，第601—602页。
② 《白沙先生诗教解》卷十二，第595页。
③ 苏轼撰，顾之川校点：《苏轼文集·与二郎侄》，岳麓书社2000年版，第710页。
④ 《陈献章集》卷二《与湛民泽（七）》，第192页。
⑤ 《陈献章集》卷三《与林时矩》，第242页。
⑥ 《白沙先生诗教解》，第525页。
⑦ 《白沙先生诗教解》卷十二，第595页。
⑧ 《白沙先生诗教解》卷十三，第601—602页。

　　　　作诗尚平淡，当与风雅期。如饮玄酒者，器用瓦谓卮①。

陈献章以陶渊明自期，"若道渊明今我是，清香还属隔江人"②；并作《和渊明》
12 首，谱写心志。白沙揄扬渊明，以其诗歌通过古朴平淡的审美风格展现出
个体生命自由无碍的人格境界③；此种境界恰与白沙所向往的"放浪形骸之外，
俯仰宇宙之间。当其境与心融，时与意会，悠然而适，泰然而安。物我于是
乎两忘，死生焉得而相干"④之生命至境相契合。故陈氏主张好诗当词调古朴，
有优柔自得忘言之妙⑤。

　　自然平淡的诗风呈现，首先需要作者培养自我性情，"完养心气，臻极和
平"⑥，此系创作好诗的前提；但自然好诗并非直陈本意、不加克制：

　　　　看来诗真是难作，其间起伏往来，脉络缓急浮沉，当理会处一一要
　　到，非但直说出本意而已。此亦诗之至难……本于自然不安排者，便觉
　　好。如柳子厚比韩退之不及，只为太安排也⑦。

完养性情后，尚需留意诗歌的结构脉络、气韵流转。看似"不安排"、不锻炼
的自然好诗，却要从入门之初的精心打磨中来：下字、锻句、用律、声韵、
体格等环节要素，均需一一考量。

　　由上而论，陈献章论诗能够兼顾"诗"与"道"，并重视诗歌在言道过程
中的功能展现，不废诗之艺术法则。⑧陈氏尝谓"斯理也，宋儒言之备矣。吾
尝恶其太严……辞愈多而道愈窒"⑨，故在阐道说理时，有意回避呆板而缺乏风
致的形式呈现，"不著书，独好为诗"⑩，借助诗歌比兴之法喻形上之理。既是
以诗论道，则意味着对"道"的阐发需依托诗歌意在言外、含蓄不尽的美学

---

① 《白沙先生诗教解》卷十五，第 610 页。

② 《陈献章集》卷六《谢九江惠菊》（其一），第 568 页。

③ 李泽厚、刘纲纪：《中国美学史》第二卷，中国社会科学出版社 1987 年版，第 393—401 页。

④ 《陈献章集》卷四《湖山雅趣赋》，第 275—276 页。

⑤ 《白沙先生诗教解》卷十二，第 595 页。

⑥ 《白沙先生诗教解》卷十二，第 595 页。

⑦ 《白沙先生诗教解》卷十二，第 595 页。

⑧ 张晶：《诗学与心学中的陈白沙》，《社会科学辑刊》2002 年第 3 期。

⑨ 《陈献章集》卷二《复张东白内翰》，第 131—132 页。

⑩ 《重刻诗教解序》，《陈献章集》附录一，第 700 页。

特点，故陈献章论诗主张"将道理就自己性情上发出，不可作议论说去"①；追求诗与道的结合，推重兼具杜甫之"艺"与邵雍之"理"的诗歌。②而湛若水在《白沙先生诗教解》中，则着意强化陈氏借赋比兴"三义"以诗论道的诗教面向，将陈氏论诗的落脚点归结为"道"，"诗"则成为阐道之媒介。湛若水本人在"诗""道"之间，颇有重道轻艺的倾向：湛氏年三十而拜白沙为师，白沙谓之曰："子何不学夫诗，用以应世？"湛氏对曰："唐宋以降人作近体律诗，非惟虚费精神，工作对偶，又去三百篇愈远矣。水其作古选体乎……自兹以来必作古体，古淡之心存于中而发于外，一去对偶绮丽之习。"③故湛若水着意发明陈氏以"道"为旨归的诗教面向，其自身重道轻艺的价值认同当是一重重要的影响因素；另一方面，湛氏也意在以此配合其对陈氏大儒形象的构建，助力陈氏顺利入祀孔庙。如解陈氏"新蘘藤叶青，旧蘘藤叶白。新故理则然，胡为浪忻戚。扁舟西浦口，坐望南山石。东风吹新蘘，浩荡沧溟黑。须臾月东上，万里天一碧。安得同心人，婆娑共今夕"一诗，曰"兴而比也……新蘘则藤叶青矣，旧蘘则藤叶白矣。因言物有新旧，其理固然，何必以此动心为忻戚哉！此贵贱荣辱不同，不宜以此动心也"④，将诗中情景作心学命题之解。释"正当海阔天高处，不离区区跬步间"一联，谓"至近而有至远也"⑤，同样不离心学"远近之辨"的论题。释"湖西有一峰，天地得撑住。旁有龙塘峡，北有浮香坞。我行昆仑丘，一望一延伫。归来二三子，抵掌太极语"，则谓"赋而比也"，以为白沙借赋笔描摹的方式，以一峰擎天挂地比喻罗应魁扶植纲常之能力，"一望一延伫""抵掌太极语"则意在言己与罗应魁等二三子同归于"道"，于日用常行之中灼见并体悟太极之全体。⑥杨慎批评湛若水《诗教解》对白沙诗作的解读"篇篇皆附于心学性理，则是痴人说梦矣"⑦。杨氏之论虽言辞甚厉，但其聚焦方式却可佐证湛氏着意构建陈献章以诗传道之大儒形象的明确意图的存在。

在永乐以降台阁诗学长期占据主流诗坛的局面之下，诗宗盛唐成为一时

① 《陈献章集》卷二《次王半山韵诗跋》，第274页。
② 《陈献章集》卷五《随笔》，第517页。另可参见应爱萍《兼及二妙——诗道相融的白沙诗学理念》，《古代文学理论研究》2011年第32辑。
③ 《湛甘泉先生文集》卷十七《精选古体诗自序》。
④ 《白沙先生诗教解》卷三，第545页。
⑤ 《白沙先生诗教解》卷十五，第614页。
⑥ 《白沙先生诗教解》卷二，第537页。
⑦ 杨慎：《升庵诗话》卷七《陈白沙诗》，丁福保辑《历代诗话续编》，中华书局1983年版，第779页。

之风。陈献章在此背景下，引心学而入诗学，以诗传道，重性情之真率平和、诗风之自然平淡，其论诗"不若宋（濂）、方（孝孺）之偏，其影响所及，反与后来主张师心的公安派为近"①，可谓有明一代诗论由师古转向师心的重要过渡环节。②陈献章以"性情"论诗，将"性情"的涵涉范围由道学范畴扩展到个体的真实情感，此一转向，经由阳明心学的再度阐发，逐步演化为晚明重性灵的文学思潮。李贽论文重"真"、汤显祖重"情"以及袁宏道所谓"独抒性灵，不拘格套，非从自己胸臆流出，不肯下笔"，均重视个体情感的自然流露。③若将陈献章置于明代中后期的诗学发展脉络中予以观照，则其诗学思想不仅为当时诗坛生态注入了新的活力，亦开启明代中后期诗学重性灵、重情韵的先声。④而"甘泉尝撰《白沙诗教》，以惠学者"⑤的叙述也提示着，湛若水《白沙先生诗教解》的编纂，对陈氏诗教思想的阐发、强化与传播起到了一定程度的助推作用。

结　语

《白沙先生诗教解》作为湛若水辑录陈献章诗教说的一部语录体著作，其文本形态的生成主要表现为：借助呈现圣贤讲学内容的典范体式——语录体，通过摘录与粘合的方式，将陈氏在不同语境之下所产生的各类文体（诗歌、序跋、尺牍等）的相关内容剪辑拼合而成。其编纂动机，当主要聚焦于扩大陈氏学术思想的影响范围、助力陈献章入祀孔庙，亦兼及湛若水对彰显自身入室弟子之身份地位的考量。陈献章于有明一代得以从祀孔庙，其大儒地位得以被官方认可，一定程度上亦得益于湛若水《白沙先生诗教解》《白沙先生至言》的问世及后续《白沙先生文集》的编纂。王士祯《居易录》评《白沙先生诗教解》曰："如欲讲学，何不竟作语录"⑥，王氏意识到语录体解经著作是传统儒者讲学著述的重要标志之一，也意识到《白沙先生诗教解》并非传统意义上纯粹发明经义的语录体著述；然而，却忽略了湛若水在此中的策略

---

① 郭绍虞:《中国文学批评史》，百花文艺出版社 2008 年版，第 147 页。

② 《中国文学批评史》，第 371 页。

③ 《从性气到性情——陈献章与明代主情文学思想》。

④ 孙学堂:《陈献章与晚明文学思潮》，《南开学报》（哲学社会科学版）2006 年第 4 期。

⑤ 屈大均:《广东新语》卷十二，中华书局 1997 年版，第 348 页。

⑥ 《四库全书总目》，第 2397 页。

考量：湛氏努力将《白沙先生诗教解》构建为一部以诗传道的解诗著作，以诗歌（附湛氏注解）结撰为主体；却又大体模仿语录体的体式编纂而成——此种看似反常的组合方式，实可看作湛若水在陈献章个人书写偏好与官方导向之间做出的平衡——既顾及了陈献章"不著书，独好为诗"的书写习惯，又考虑到儒者以语录体著述的历史传统与是时有解经著作方得从祀孔庙的官方导向。而陈献章本无系统论诗之作，其诗学思想的文本构建、强化与传播，也在一定程度上得益于湛若水《白沙先生诗教解》的成书与刊行。

（作者单位：黑龙江大学文学院）

如聆謦咳：语录体与书院教学

鲁小俊　许　虹

　　作为一种散文文体，语录体应用很广，诸子、禅宗、道教、宋儒都有运用。关于语录体的内涵和外延，各家理解不尽相同，但有一点是公认的，即语录体与传道或教学活动关系甚密。其中与书院教学直接相关的是宋儒语录，而且"由于宋代理学对后世的巨大影响，元明清以后，谈语录者便基本特指以程朱语录为代表的宋人语录了"。① 不过，从书院发展的历程来看，语录体贯穿书院教学活动始终，不独宋代书院专有。学界对宋代书院与语录体的关联有过探讨②，本文拟将历代书院的语录体纳入考察范围，以进一步探究这一文体与书院教学的关系。

　　书院的语录体，从狭义上看，是书院教学活动中言论的记录；从广义上看，教学中引述的先贤语录、假设面对面语境而拟写的文稿，也可包括在内。本文所论为广义上的语录体，题中多用"语""说""谕""示""讲义""答问"，或在文中频繁使用"曰""云"等字词，是书院教学中以言论为主要内容的散文文体。具体的呈现方式，可以是单篇语录散文，如《白鹿洞揭示》《西涧书院释菜讲义》；也可以是文中或书中的语录体段落，如《湘绮楼日记》《杨度日记》记录的某段书院讲论；还可以是语录汇编而成的专书，如《云峰书院励学语》《致用精舍讲语记略》。

一、书院语录教学的三种形态

　　语录体在书院教学活动中的运用，大致有三种形态：引申先贤语录，记录师长讲论，拟想现场语境，可简称为引言、记言、拟言。

（一）引申先贤语录

　　主要指宋代以后书院对以朱子为代表的先贤语录的引用和发挥。"我辈今

---

① 任竞泽：《论宋代"语录体"对文学的影响》，《文学遗产》2009 年第 6 期。
② 李光生：《宋代书院与语录体》，《兰州学刊》2011 年第 2 期。

日为学，必学孔子；欲学孔子，必学朱子。"① 从语录入手，直观而简易，是学习孔子、朱子等圣贤的方便法门。具体做法，可以是录挂讲堂，如清光绪间南安诗山书院规定："监院于讲堂学舍，务将《钦定卧碑》、《圣祖训饬士子文》、列圣谕旨、朱子《白鹿洞揭示》、张子《西铭》、程子《四箴》、范浚《心箴》、欧阳公《暗室箴》、陈文恭公《学约十则》，录悬四壁，俾诸生常触目而懔步趋，亦教者之一助云。"② 壁间语录、圣谕并陈，以供士子随时观摩。可以是辑录专书，如明万历间庐陵明学书院所刊《先正要语钞》，就是一部语录书，摘编周敦颐、程颢、程颐、张载、朱熹、陆九渊、陈献章、王守仁、王艮、罗钦顺、邹守益、罗洪先等人语录。一册在手，略可概览诸贤思想的精要。也可以是在学规中引用语录，如明代胡居仁《续白鹿洞学规》，首条"正趋向以立其志"下，引孔、颜、孟、周、程、朱等圣贤语录。所引朱子语录如：

> 朱子曰："为学须思所以超凡入圣。如何昨日为乡人，今日便要为圣人，须竦拔后方始有进。""今日克念即可为圣，明日罔念即为狂矣。""古之学者始乎为士，终乎为圣人。"③

这一段引朱子语录十条，相当于朱子关于"立志"的语录选辑。又如清康熙间容城《正学书院会约》"立志"篇："先儒曰：'贤希圣，圣希天。'孔子十五而志于学，即希天也，故曰'五十而知天命'。吾辈为孔子徒，既择天下第一学术，即须学天下第一等人。""改过"篇："陆子曰：'涵养是主人翁，省察是奴婢。'吾辈大略俱是钝根人，请先为其奴者，须得《讼过法》，将平日声色货利病根逐一查简，直用纯灰三斗，荡涤肺肠，于此露出灵明，方好商量过端下落。"④ 这里引周子、陆子语录，并联系"吾辈"实际加以发挥（有时也化用前人成说），先贤语录由此在后世书院重新焕发生命力。

　　作为书院学规的纲领性语录，朱熹《白鹿洞书院揭示》被引用发挥的频率最高。明嘉靖间白鹿洞洞主朱资对《揭示》"敬读而发明之"，作《申明

① 王检心：《菊潭书院学约》，内乡县地方史志编纂委员会编《内乡县志》附录，生活·读书·新知三联书店1994年版，第879页。

② 黄懋和：《诗山书院课规十则》，戴凤仪《诗山书院志》卷七，《中国历代书院志》第10册，江苏教育出版社1995年版，第622页。

③ 胡居仁：《续白鹿洞学规》，《胡敬斋集》卷二，中华书局1985年版，第61—63页。

④ 赵士麟：《正学书院会约》，民国《容城县志》卷七，《中国地方志集成·河北府县志辑33》，上海书店2006年版，第547、549页。

晦翁先生洞规说》，在逐条阐释的同时，也加入自己的思考："近之学者，只在举业上做工夫，而于身心全无检束，殊不知举业正所以业此五伦也。从德业上做举业，立心自然正大，举动自然光明，发而为文章则为德言，措而为事业则为德行。他日为朝廷办大事，自然关系世教，与营媒青紫者自是不同。"①从"举业"说到"五伦""文章""事业"以至"大事"，所作引申的涉及面颇广。其他续拟之作如前引胡居仁《续白鹿洞学规》，分"正趋向以立其志""博穷事理以尽致知之方""审察几微以为应事之要""克治力行以尽成己之道""推己及物以广成物之功"②等条；清代原敬《白鹿洞书院续规》有"居敬以立基""随事以穷理""黾勉以力行""严密以克己""循理以处事""推己以待人"③诸条，都是对《揭示》的推衍或补充。又如清初窦克勤作《南阳书院学规序》，谓"昔朱子知南康军，立白鹿洞规，以简言括尽学旨，后世之学者奉为高曾规矩"，而南阳山长李来章（礼山）所订学规，"更推广其义而言之，且标出读书次序，使人不惑于耳目而一其趋向。读至此，又知礼山先生卫道之功甚大，而忧世之心亦良苦矣"。④这是朱子白鹿洞语录在其他书院的"再出发"。

（二）记录师长言论

这类语录的记录或整理者，有的是书院生徒，也有的是师长（山长或官员）本人。前者如《万木草堂口说》，后者如《起凤书院答问》。

清光绪间康有为在广州创办万木草堂，规定"学生各备笔记本一册，以记教师口说"⑤。梁启超也提到自己就读于草堂时，"与诸同学日札记其讲义"⑥。《万木草堂口说》就是康氏讲学时弟子所录笔记的传抄本。《口说》涉及的内容相当广博，有思想和学术领域的，如论朱熹云："明朝无一字不是朱子之学。""两汉行孔学，三国、六朝行刘歆伪古学，自宋至今，皆朱子之学。""朱

---

①　朱资：《申明晦翁先生洞规说》，郑廷鹄《白鹿洞志》卷六，白鹿洞书院古志整理委员会整理《白鹿洞书院古志五种》，中华书局1995年版，第225页。

②　胡居仁：《续白鹿洞学规》，《胡敬斋集》卷二，中华书局1985年版，第61—70页。

③　原敬《续规》，毛德琦《白鹿书院志》卷六，白鹿洞书院古志整理委员会整理：《白鹿洞书院古志五种》，中华书局1995年版，第1166—1168页。

④　窦克勤：《南阳书院学规序》，李来章《南阳书院学规》，四川大学古籍整理研究所编《儒藏·史部》第237册，四川大学出版社2010年版，第673—674页。

⑤　冼玉清著，陈汉才校注：《康有为与"万木草堂"》，康有为《长兴学记》附录，广东高等教育出版社1991年版，第114页。

⑥　梁启超：《三十自述》，《梁启超全集》第2册，北京出版社1999年版，第958页。

子不佩服吕东莱。""黄勉斋见朱子，适不在，卧于陋房三日，而朱子回。后朱子以女妻之，卒为大弟子。""北宋之学，发于范、欧阳，成于程子。南宋全是朱子之学。""西山蔡元定，为朱子大弟子，朱子不敢以弟子相待。""孔子之后，荀、孟甚似陆、朱。荀子似朱子，孟子似陆子。"①这些讲论注重知人论世、纵横比较，偶尔还提及生活琐事，虽是只言片语，但易于引起诸生的兴趣，启迪诸生的思考。《口说》还谈到生物、地理、历史等方面的知识，如："苔为生物之始。""地寿五万岁，邵子测以为七万岁。""地下五十里，煤之下有大兽骨，及介类。""荒古以前生草木，远古生鸟兽，近古生人。人类之生，不能过五千年。""英国有花长四尺，叶如剑，卷食人、兽，此草木最聪明者。"②这些说法未必准确，但确乎将诸生引入了一个斑斓的博物世界。梁启超曾述及当年的听课感受："先生每逾午，则升坐讲古今学术源流，每讲辄历二三小时，讲者忘倦，听者亦忘倦。每听一度，则各欢喜踊跃，自以为有创获，退省则醰醰然有味，阅久而弥永也。"③对照《口说》，仍可想见当日场景。同时期的昆明经正书院也规定："《论语》一书，于圣人一动一言，诸弟子无不微窥而备纪。山长品学俱粹，作止语默之间，其精者诸生亲炙之余，自必详载于日记。"④生徒谨录师长言论，这一行为本身就是对《论语》语录传统的继承。

　　同样在清光绪间，姚永朴曾主讲信宜起凤书院，离任后将其与诸生的对话整理刊行，名曰《起凤书院答问》。凡80条，提问者20人，分经、史、子、集、杂五部分。其中杂部10条为新学内容，如梁望洄问："近年各报馆多伤心于政府压制，求伸民权。其甚者，乃有革命流血等说。果可信否？"姚氏不赞同这种做法，认为"今日所最急者，莫如教育一事。与其救以空言，何如父诏其子，兄勉其弟，有财者输其财，有力者效其力"，"鄙意士君子处今日，惟当讲明学术，以忠孝为根本，以名节为藩篱，去私心以全公德，戒空言而求实效"⑤，他秉持的是教育兴国的理念。又如李逢先问："西人于日食、月食、彗星之类，皆以为可以豫推而知，不足为异。而中国圣王必因以恐惧修省。何与？"姚氏指出，中国古人同样知道日食等诸多原理，但"难全易败者，人

① 康有为著，姜义华、张荣华编校：《万木草堂口说》，中国人民大学出版社2010年版，第13页。

② 《万木草堂口说》，第15页。

③ 梁启超：《南海先生七十寿言》，《梁启超全集》第9册，北京出版社1999年版，第5212页。

④ 陈灿：《议订经正书院条规详文》附《诸生出入门簿例言》，《宦滇存稿》卷一，方国瑜主编：《云南史料丛刊》第10卷，云南大学出版社2001年版，第587—588页。

⑤ 姚永朴著，郭康松等校注：《起凤书院答问》，华夏出版社2013年版，第113—114页。

事也，故无时不戒惧焉，无时不省察焉"，"天象变于上，人事必修于下"①。这与姚氏所言"中国之长，在于道德之纯粹；泰西所长，在于政治之切实简易、技艺之精巧"②，都是对中西传统的深切体察。姚氏将这些授课内容整理出版，能够获得教益的也就远不止起凤书院诸生。从"口说""答问"到"语录"刊行，相当于将讲堂延伸到了书院之外，教育的普及意义由此得以部分实现。

（三）拟想现场语境

这一类型不是已有言论的记录，而是拟发表言论的文字形态。其主体是山长或官员，他们在拟想的现场语境中开示诸生。这些供讲学、训示、指点的文稿，以文字代口舌，具有"提前记录"的意味，也属于广义上的语录体。

清末张之洞担任学政"发落"诸生时，"凡士习得失，文学利病，不惜竭知详说。然漏刻有限，不能尽言。且子衿如林，到者不能共闻，闻者不能悉记"，因而后来在四川学政任上，"举当为诸生言者，条分约说，笔之于书，以代喉舌"，作《輶轩语》。考虑到受众的学识差异，"其间颇甚浅近，间及精深。缘质学非一，深者为高材生劝勉，浅者为学童告戒"。无论是深是浅，"要皆审切时势，分析条理，明白易行，不为大言空论。称心而谈，一无剿说"。③他为成都尊经书院生徒作《书目答问》，亦因"诸生好学者来问应读何书，书以何本为善。偏举既嫌绌漏，志趣学业亦各不同，因录此以告初学"④。

与张之洞见到的"蜀中士人，聪敏解悟，向善好胜，不胶己见，易于鼓动，远胜他省"⑤不同，房山云峰书院山长恽毓鼎作《云峰书院励学语》时，面对的生源情况差得多，"文学荒陋，乃出外省下远甚。外省谈文风者，至以顺属相訾謷，鄙为不足数"，恽氏"引以为深耻，愤然思有以振雪之，谓此邦文风之衰，由于读书者之少。而读书者之少，则由于学问未知门径。乃于从公之暇，草为此编，以代口舌"。这时也不必考虑受众水平参差的问题了，"惟取平易可行，不为过高之论"。同时劝导诸生："吾于史学词章，曾用几年苦功，稍有所窥。此编所言，皆真实语也，学者幸勿忽视。"⑥谆谆劝之，循循诱之，有如诸生就在对面。

---

① 《起凤书院答问》，第107—108页。

② 《起凤书院答问》，第99页。

③ 张之洞著，陈居渊编，朱维铮校：《书目答问二种·輶轩语一》，中西书局2012年版，第241页。

④ 《书目答问二种·书目答问略例》，第3页。

⑤ 《书目答问二种·輶轩语一》，第241页。

⑥ 苏蕴忠《序》，恽毓鼎《云峰书院励学语》卷首，《中国书院文献丛刊》第1辑第11册，国家图书馆出版社、上海科学技术文献出版社2018年版，第128页。

此类"提前记录"的优势，在于能够突破时间（讲者不能尽言）和空间（听者不能尽闻）的限制，最大程度地传播思想和学问。而且准确度高，可避免由他人笔录而出现的误记、漏记。而"提前记录"之所以仍可归入语录体，有别于一般意义上的"写文章"，其关键在于拟想了面对面的现场对话情境，内容上以浅易为主，语气上如话家常。若以今日学术期刊上的文章比之，"提前记录"与"写文章"，略近于"笔谈"与"专论"之别。

以上三种形态，从"言说—记录"的时态上看，大致有这样的对应关系：引申前贤语录，是对先哲智慧的致敬和传承；记录师长言论，是对当下或近期教学情况的留存；拟想现场语境，是立足现在写给后来者。略言之，引、记、拟三种形态，分别是书院语录体的"过去时""现在时"和"将来时"。

二、"过场"语言和"旁白""对白"

书院语录体的言说主体，是山长和官员；言说内容，是讲学、劝谕、训示；言说方式，主要是"独白"。师长关于讲学、劝谕、训示的"独白"之外，语录体还有三种成分值得注意，即"过场"语言和"旁白""对白"。

"过场"语言也是师长的言说，但与言说主题关系不大。语录体文是否记录"过场"语言，当在两可之间。有一些文稿记录了"过场"语言，从而将讲学内容置于具体情境之中，更易呈现讲学活动的现场感。例如明末庐陵训导许大益记录的《依仁会纪事》，对整个讲学流程都有记录。依仁会是白鹭洲书院的讲会，此次主讲者为吉阳大司马李懋明（兵部尚书李邦华）。经主办方遣人"造庐敦恳"，主讲者"逡巡固辞"，最终确定会讲事宜。讲学当日，一番礼让之后，知府林希有主持会讲：

> （林）公乃拱揖向（李）先生曰："不佞谬承上命，来守此土……故是举也，经营办给，则不佞之任。而阐明宗旨，启佑来学，则非老先生之雅望弗胜。惟先生进而教之。"
> 先生敛容逊谢曰："非浅陋所敢任也……念散乡学会如家常茶饭，无地不有，无岁不行。即鹭洲书院，创于万历年间……生等敢不勉自策励，仰副裁成。至抉微发蒙，则典型在望，断非浅陋敢当。"
> 公曰："先生明德，天下楷模，何多让。"①

---

① 刘绎：《白鹭洲书院志》卷七，《中国历代书院志》第 2 册，江苏教育出版社 1995 年版，第 677 页。

林知府申明职责所在，并对讲学寄予厚望。李懋明则谦逊不已，高度评价知府为振兴书院所作的贡献。接下来才是"诸生供讲案、列经书"，"出班就案"，李开始讲"伊尹耕于有莘之野"一章。许大益记录讲学全程，并称"此番盛典，自公首倡，规制仪节，备极情文"①。所谓"仪节"，经由"过场"语言得以较为完整地记录下来。

值得一提的是，这类"过场"语言，国外书院文献中亦可见到。如朝鲜高宗六年（清同治八年）汉浦书社《书社旬讲仪》关于"就位"礼仪的记述：

> 讲长让登于宾长曰："请先登。"宾长对曰："某不敢。"讲长再让曰："某固以请。"宾长对曰："某不敢。"讲长三让曰："愿勿固辞。"宾长对曰："某不敢闻命。"②

三让三辞，寥寥数语，与演讲主旨无甚关系，删去似也无妨。但保留此类"无关紧要"的文字，凸显的是仪式感和现场感，与许大益记录依仁书院讲会的"仪节"，其意义是相通的。

除了"过场"语言，一些描述现场反应的文字，参与营造了言说的现场感，是为"旁白"。如上引《依仁会纪事》记录的现场情形：

> 环桥观听，肃肃雍雍。是时江水骤涨，盖若助之澜而叠之韵者。踵至者多以不及领略为恨。③

第二日诸生又登门请教，李懋明再作阐发，"诸生闻言，惕然有省"。④这样的"旁白"，言及自然景观、听众状态，作为语录体的"副文本"，在再现现场情境方面，具有画龙点睛的作用。

因为现场感强，"旁白"也容易被反复提及，从而推动演讲内容的传播和接受。南宋淳熙八年（1181）二月，陆九渊赴南康拜访朱熹。他应朱熹之邀，

---

① 刘绎：《白鹭洲书院志》卷七，《中国历代书院志》第2册，江苏教育出版社1995年版，第678页。

② 柳重教：《书社旬讲仪》，邓洪波主编：《中国书院学规集成》卷三，中西书局2011年版，第1877页。

③ 《白鹭洲书院志》卷七，《中国历代书院志》，江苏教育出版社1995年版，第2册，第677页。

④ 《白鹭洲书院志》，第678页。

在白鹿洞书院讲"君子喻于义，小人喻于利"一节。义利之辨是一个老话题，陆九渊讲出了新意。他提出判断"君子""小人"的关键在于"志"："人之所喻由其所习，所习由其所志。志乎义，则所习者必在于义。所习在义，斯喻于义矣。志乎利，则所习者必在于利，所习在利，斯喻于利矣。"并且联系科举考试的现实，对这一话题做了发挥，勉励诸生无论是为士还是为官，都应"心乎国，心乎民，而不为身计"，最后表达了"愿与诸君勉之，以毋负其志"的愿望。① 这次讲学的效果甚好，"当时说得来痛快，至有流涕者"。朱熹也很感动，其时"天气微冷，而汗出挥扇"，离席而言曰："熹当与诸生共守，以无忘陆先生之训。"再三说："熹在此不曾说到这里，负愧何言。"② 事后朱熹请陆九渊书写讲义，刻石以资纪念，这就是《白鹿洞书院讲义》，又名《白鹿洞书院〈论语〉讲义》。自此之后，朱熹"与人言学必言立志，必言辨义利"③。不独朱熹，后世书院师长也频频提起这次感人至深的演讲：

> 陆子静登白鹿讲喻义一章，环而听者千人，田夫野老有闻而泣下者④。
>
> 昔陆子静会讲义利之辨，以为所喻由所习，所习由所志，而反覆于科举之学，令反观而端其趋，当日闻者无不竦息动心至于泣下⑤。
>
> 陆象山在白鹿洞讲君子喻义章，士有闻而泣下者⑥。

"义利之辨"的讲学与"至有流涕者"的现场紧紧联系，被后人反复传颂。说起陆象山的白鹿洞讲学，几乎必谈"闻者泣下"。以"流涕""泣下"为亮点的"旁白"，强化了讲学的现场感，也助力了讲学内容的长久传播。而后世说起"泣下"的主体，有称"田夫野老"的，有称"士"的，也有笼统称"闻

① 陆九渊：《白鹿洞书院讲义》，《陆象山全集》卷二十三，世界书局 1936 年版，第 174—175 页。

② 李子愿：《象山先生年谱》，《北京图书馆藏珍本年谱丛刊》第 32 册，北京图书馆出版社 1999 年版，第 39—40 页。

③ 李绂：《朱子晚年全论》卷八《跋金溪陆主簿白鹿洞书堂讲义后》按语，中华书局 2000 年版，第 336 页。

④ 李长春：《臬司李长春兴复洞学看语》，毛德琦《白鹿书院志》卷十，白鹿洞书院古志整理委员会整理《白鹿洞书院古志五种》，中华书局 1995 年版，第 1221 页。

⑤ 杨绳武：《钟山书院规约》晏斯盛跋，《丛书集成续编》第 78 册，上海书店 1994 年版，第 863 页。

⑥ 刘光蕡：《味经创设时务斋章程》，《烟霞草堂文集》卷八，《清代诗文集汇编》第 751 册，上海古籍出版社 2010 年版，第 281 页。

者"的。盖因原始文献没有明言"流涕"者为谁，后人遂有了发挥的余地；"异文"传递出来的现场感，也因此略有差别。

与"旁白"具有相近功能的还有"对白"。师长的讲论可以是"独白"，并且自成体系；有时也因弟子的质疑、追问而往复切磋，表达更为充分。师生互动的"对白"，在重现现场情境方面，比师长"独白"更有优势。姚永朴在信宜起凤书院，某日生徒甘尚仁问：

> 钱竹汀《跋方望溪文》云："望溪尝携所作曾祖墓志铭示李巨来，才阅一行，即还之。望溪恚，曰：'某文竟不足一寓目乎？'曰：'然。'望溪益恚，请其说。李曰：'今县以桐名者有五：桐乡、桐庐、桐柏、桐梓，不独桐城也。省桐城而曰桐，后世谁知为桐城者？此之不讲，何以言文？'望溪默然久之，然卒不肯改。"果有此事否？[①]

甘生问的是"果有此事否"，即钱大昕所记方、李之事属实否。姚山长若只答"有"或"无"，亦无不可。但他就此问题作了大段阐发，先称方苞即便单言"桐"，亦如江苏简称"吴"、浙江简称"越"，并无不可；再指出方苞《望溪集》中"未尝单言桐"；又称所谓方苞曾祖墓志铭来历不明；最后引李绂《周官书》跋语，证明方、李二人私交甚好，"必不如竹汀之所云也"。[②] 总之，姚永朴力证钱氏所记不可信。也正是甘生的提问，给他创造了辨析、澄清此事的机会，故而知无不言，言无不尽。

再如清末王闿运在衡阳船山书院，某日"周生来，问古文，告以近日所得，周云吾论甚奇"。因这一"奇"的评价，王山长又作了大段论说，《湘绮楼日记》记录如下：

> 夫学之逐末者，其始在厌常舍近，故益奇也。言治不已，……言学不已，……言仕不已，……举古昔之所谓布帛菽粟，皆以为景星庆云，此又宋儒传《中庸》后之别境，要皆自以至奇为至庸者，心目中无庸之非奇也。[③]

---

① 《起凤书院答问》，第97页。

② 《起凤书院答问》，第97—98页。

③ 王闿运著，吴容甫点校：《湘绮楼日记》第3卷，岳麓书社1997年版，第1807页。

王代功《湘绮府君年谱》云："府君因人心陷溺，风俗每下愈况，与诸生讲论时，深以道术将裂为惧，随事诱诲，冀正人心，愈浅近而闻者以为至高深，故特于周生发明其旨趣焉。"①王闿运这次畅论其旨，正是起于周生谈论的触发。

非学术性的内容，"对白"的现场效果往往更突出。清嘉道间路德主讲陕西多所书院，门下有位嗜酒的生徒，其饮酒"不论恶好""不论多少""不论迟蚤""不论饥饱"，因而群呼曰"四不论"。某日醉归：

> 余（路德）问曰："饮酒乎？"曰："然。""多乎？少乎？"曰："多。""酒清乎？浊乎？"曰："清。""余有浊酒一壶，能复饮乎？"曰："浊酒亦佳。但积滞肠胃间，经宿不化，次日犹作恶减饮。仓某向也饮之，今不敢矣。"余窃喜曰："四不论竟发此论，可教也。"因谓之曰："子但知酒之清浊，亦知饮汝酒者之清浊乎？余酒虽浊，其来处则清，是王宏之饷渊明、侯芭之馈子云也。子所饮酒清矣，其来处果不浊否？酒之清浊，可论可不论；招饮者之清浊，愿先生论之。"先生蹙然变容，若惭，若惧，若悔，若悟。余大喜，急呼酒至②……

由酒之清浊到"饮汝酒者"之清浊，这番妙论，乃因该生饮酒而起；但师之所论，又只是点到为止，接下来命该生"论之"；该生由此而若有所悟，师亦大喜。生活的哲理和智慧，在师生互相启发的"对白"中激发出来。

"对白"还有一种特殊情况，即生徒成为语录的主角，而师长反而居于附属位置。杨度曾在衡阳船山书院，受业于王闿运。《杨度日记》光绪二十五年（1899）十月二十八日，记有在书院的一段对谈：

> 师归，论庄子，论晋诗。余谓陆士衡、阮嗣宗两家，处处相反。陆拙阮灵，陆缓阮疾；陆迂回，阮超妙；阮体但可咏怀，以心无端倪，可以神光离合，无句相接，无句不接，源出风骚，言情之上乘也。然音调迅疾，不尚排张，以之言事述游，便落迹相，既无超妙之致，复乏从容

---

① 王代功：《湘绮府君年谱》，《北京图书馆藏珍本年谱丛刊》第178册，北京图书馆出版社1999年版，第270页。

② 路德：《四不论先生传》，《柽华馆文集》卷四，《清代诗文集汇编》第545册，上海古籍出版社2010年版，第348—349页。

之度。湘绮楼诗体兼阮、谢，然局度不及康乐，坐此病也。左太冲体亦
近阮，故只宜于咏史，断不宜于游山。师极以为然①。

这里杨度记录王闿运的言说甚为简略，记录自己的论说则颇为详尽。也许当
日确是王略杨详，而如此记法，其间自有一种自信在。尤其是"师极以为然"
的论说，也包括"湘绮楼诗体兼阮、谢，然局度不及康乐"云云，弟子对师
长有褒有贬，而师长皆予认同，昭示了书院语录在等级传递方面的双向意义。

三、从权威性、精粹性到平等化、生活化

权威性是语录体的重要属性。这"是单向的有等级的意义生成过程，意
义的给予者归根结底是作为师者的圣哲贤人"。② 书院的语录教学也不例外。
引申先贤语录，就是基于先贤语录的权威价值可以跨越时空产生影响。清光
绪三十四年（1908），京师大学堂"以朱子《白鹿洞揭示》及《教员、管理
员、学生规则》榜示全堂"③，这是《揭示》在七百余年后的异代回音。记录师
长讲论和拟想现场语境，皆旨在留下师长的言语论说，以备诸生日后反复研
习，或供其他求学者参考，其中的权威意义也是不言自明的。体现权威性的
具体内容，除了学术之外，一在训诫，二在劝勉。

例如师长对诸生的劝谕之文，多以"示诸生""谕诸生""告诸生""条
训"等为题，行文则以"诸君""尔等""尔诸生""尔诸君""诸君子"等称
谓展开。既用来批评生徒行为不当，也劝勉生徒砥行向学。如清乾隆间肥乡
清漳书院山长章学诚，批评生徒不够尽力："诸生渺忽视之，将院长薄植，不
足奉诸教生之答教耶？抑节省日力，以为剧饮闲谈之地耶？余甚为诸生不取
焉。""犹恐诸生未能深悉，故兹明白宣告，愿诸生勿惮烦苦，务取完篇。"④谆
谆之言，直陈其弊。也有正面鼓励的，如朱熹在建阳沧州精舍劝勉诸生：

> 书不记，熟读可记。义不精，细思可精。唯有志不立，直是无著力
> 处。只如而今贪利禄而不贪道义，要作贵人而不要作好人，皆是志不立

---

① 北京市档案馆编，杨念群点校：《杨度日记》，新华出版社 2001 年版，第 162 页。
② 刘伟生：《语录体与中国文化特质》，《社会科学辑刊》2011 年第 6 期。
③ 舒新城编：《中国近代教育史资料》，人民教育出版社 1981 年版，上册，第 159 页。
④ 章学诚：《清漳书院条约（一）》，《章氏遗书》第 5 册卷二十八，商务印书馆 1936 年版，第 31 页。

之病，直须反复思量，究见病痛起处，勇猛奋跃，不伏作此等人，一跃跃出，见得圣贤所说千言万语，都无一字不是实语，方始立得此志。就此积累功夫，迤逦向上去，大有事在。诸君勉旃，不是小事①。

立志是求学的根本，"志不立"便"无著力处"。这一理念对后世书院影响很大，即使清代书院在名义上已沦为科举的"附庸"，仍不遗余力地勉励生徒"中试官"更"中天下"。②无论是批评还是鼓励，语录体的权威性与师道尊严紧密相关。

而另一方面，语录体又有平等化的倾向，尤其在书院发展的后期，这一倾向更为明显，在一定程度上形成了对权威性的消解。

这种平等化，首先表现为师长与生徒的精神共情。师长在劝勉诸生时，能以师生情谊为出发点，有意弱化师长身份的尊贵感。如章学诚给清漳书院诸生的留别赠言开头即云：

> 院长与诸生言别，人世聚散，固无常期，师友切磋，要契终始。今者令君以贤迁要剧，院长亦别有过从，不复得与诸生朝夕讲求，乐观成效。中道别去，良用抚然③！

如此具有强烈抒情色彩的自白，无疑是容易拉近师生的心理距离的。又有师长不仅劝勉诸生，也表达共勉甚至自责之意。清咸丰间武陟河朔书院山长李棠阶有两道《谕诸生》，愿诸生"思之，勉之"④，"戒之，慎之"，同时也称："予虽耄，犹愿与诸生共勉焉。"⑤此类"共勉"之言，在示谕诸生的文稿中颇为常见。较常见的还有"自责"之言，如清光绪间泾阳味经书院山长刘光蕡谈及生徒装病逃课：

---

① 朱熹：《又谕学者》，郭齐、尹波点校《朱熹集》第7册卷七十四，四川教育出版社1996年版，第3902页。

② 鲁小俊：《书院考课与八股文——以清代书院课艺总集为中心》，《文学遗产》2017年第6期。

③ 章学诚：《清漳书院留别条训》，章学诚著、仓修良编注：《文史通义新编新注》，商务印书馆2017年版，第606页。

④ 李棠阶：《河朔书院谕诸生》，黄舒昺编：《中州名贤集》卷九，光绪十七年（1891）睢阳洛学书院刻本，第11b页。

⑤ 李棠阶：《谕诸生》，黄舒昺编《中州名贤集》卷九，光绪十七年（1891）睢阳洛学书院刻本，第12b页。

乃上届讲书之期，告病者二十有六人，昨则益至二十九人矣。窃思时无疫病，何以病者如是之多？晚间巡视号舍，逐人看视，则其病均在可有可无之间。仆乃恍然知所以多病之由，盖以仆之不德，而诸生之精神乃日即于疲玩也。仆不胜惭恶，席为之不安，惟有极力振奋以赎愆尤①。

将诸生逃课之由归结为"仆之不德"，以致"仆不胜惭恶，席为之不安"。这类示谕，师长尽可能以平等的姿态与诸生对话，而非高高在上地一味训斥，其中有言传身教和自我反省的深意，不宜纯视为客套谦辞。

书院语录体的平等化，其次表现在师长与生徒的学术共情。鲁迅幼时请教私塾先生："'怪哉'这虫，是怎么一回事？"先生答："不知道！"而且"他似乎很不高兴，脸上还有怒色了"。②不要随便提问，体现的是师长的权威。而在书院的学术研讨中，各种问题往往都是可以讨论的。而且有些山长担心学生不提问，因此自问自答。清康熙间福州鳌峰书院山长蔡世远作"或问"数条，乃"恐初学之士庸有蔽于旧习而不能脱者"，于是自撰了一些问题，并作解答：

或问曰：有志于圣贤之道者，治四书、六经可以得其义理矣，读史鉴可以详其作用矣。程朱之书，深奥反复，令人阅之生倦，不如用其心于诗文，尤可以传世而取名也。

又有云：吾从事于修身用世之学，彼性命精微之理似无庸深究者。

或问：吾读史而多不能记，何也？

或问：某于古文读之已多，往往不能下笔，何也？

或问：今之科举者竟有废弃诸书，但读八比以得科名者，是邪，非邪③？

---

① 刘光蕡：《谕味经诸生》，《烟霞草堂文集》卷八，《清代诗文集汇编》第 751 册，上海古籍出版社 2010 年版，第 270 页。

② 鲁迅：《从百草园到三味书屋》，《朝花夕拾》，江苏凤凰文艺出版社 2018 年版，第 44 页。

③ 蔡世远：《鳌峰书院学约》，故宫博物院编《故宫珍本丛刊》第 344 册，海南出版社 2000 年版，第 435—436 页。

通过这些问题，可以了解到某些生徒的学习状态：畏读程朱之书，觉得性理之学无用，学史学文多有难处，科举方面希望能走捷径。这些也都是正常现象，但可能不便或羞于跟师长交流。而师长以"或问"的形式予以解答，有助于引领生徒走出认知误区。

与权威性相关的，是精粹性。因为毋庸置疑，故以简明为宗，不必絮絮叨叨，而且可以给弟子和后学留下阐释发挥的余地。朱子《白鹿洞揭示》、陆九渊《白鹿洞书堂讲义》等早期经典书院语录，皆言简意赅，以精粹见长。而在书院发展的过程中，语录体又有生活化的趋势。

表现之一是铺陈繁富，篇幅变长。无论说理还是说事，不再满足于点到为止。如清乾隆间杭州崇文书院山长蒋士铨，与诸生谈起书院陋习：

> 近日书院先生，多因贫而馆，聊且相安。生徒什佰，或见或不见，不能识认，除课卷评点之外，一无训勉。……先生存不好意思之心，弟子操不在文章之柄。相蒙相市，卑鄙龌龊，与菜佣、牛侩持钱买物，反眼却不相识者，诚何以异？而且传递录旧，百计相诳，视会课如当差，重膏火如射利①。

苦口婆心，似乎不铺陈细说，不足以引起警戒。至于正面引导的内容，同样力求详尽。清光绪间湖南学政吴树梅在沅水校经书院劝学，按不同类别条分缕析。经学方面，"愿诸生由汉儒经说，辨典章制度之详；由宋儒经说，识平治齐修之理"；史学方面，提出"诸生当分门别类，切究精研，凡礼书、乐志、农田、水利、师律、兵谋，博览群编，期征实效"；舆地、算学、词章、西书方面，也皆有指导意见。② 不厌其烦，似乎不详尽罗列，不足以为诸生指示门径。

表现之二是不仅说理，还讲故事。故事能够佐证道理，也易于被听众接受。南宋景定五年（1264）文天祥知瑞州，出席当地西涧书院的释菜典礼并作了演讲。他有感于"风俗之弊""士行不立"，向诸生反复申明"君子德业之义"。至于"君子德业"的关键，则在于"诚"。为论证"天地间只有一个

① 蒋士铨：《杭州崇文书院训士七则》，蒋士铨著，邵海清校，李梦生笺《忠雅堂集校笺》，上海古籍出版社 1993 年版，第 2449 页。

② 吴树梅：《沅水校经书院劝学示》，求实书院编，邓洪波、彭世文校补：《求实书院学规续钞》，湖南大学出版社 2017 年版，第 220—226 页。

'诚'字，更颠扑不碎"，文天祥讲了两个故事。他讲到司马光五六岁时，家里女仆用热水脱胡桃皮，司马光却告诉姐姐说胡桃皮是"自脱"的，结果挨了父亲的批评。从此司马光不说谎话，"脚踏实地，做成九分人，盖自五六岁时一觉基之"。他又讲到刘安世早年追随司马光五年，某日请教如何能"诚"，司马光答曰："自不妄语入。"刘安世初觉容易，后每日检讨自己的言行，发现自相矛盾者很多。经过七年的实践，终于达到"诚"的境界。"元城造成一个言行一致，表里相应，盖自五年从游之久，七年持养之熟。"所以今之学者，以两位前贤为榜样，"由《乾》之君子，以至于《中庸》之圣人，若大路然，夫何远之有"？①讲述圣贤事迹，有情节，有细节，对于一心向学的生徒来说，更容易具有触动心灵的激励效果。

表现之三是语言趋向通俗浅近。这在明代尤为突出。究其原因，明代心学大兴，儒者多通过书院讲学传播思想，而且不少书院面向社会开放，有一种大众化的倾向。如嘉兴仁文书院，"会讲之日，如或山林布衣，力行好修，但愿听讲，不妨与进"。②常熟虞山书院"虞山会讲，来者不拒"，其理论依据是"人皆可以为尧舜，何论其类哉"。③影响所及，书院的讲学也偏于通俗易懂、轻松活泼。顾宪成在无锡东林书院讲学，就这样阐释《论语》中的"群居终日，言不及义，好行小慧，难矣哉"和"饱食终日，无所用心，难矣哉"：

> 人生天地间，日子不是胡乱度的，屋不是胡乱住的，饭不是胡乱吃的，朋友不是胡乱搭的，话不是胡乱说的，事不是胡乱做的。这个心极灵极妙，不是胡乱丢在一边的。今有人于此群居，终日只弄些闲口舌，斗些小聪明；又有人于此，饱食终日，更不用些心，做些勾当。我替他计算，他意中还过得去否？将来还得个好结果否？圣人不以显言数之，曰当如何当如何；亦不以直言断之，曰无如之何，而但曰"难矣哉"，所以使之惕然反求而自悟也④。

---

① 文天祥：《西涧书院释菜讲义》，《文天祥全集》卷十一，中国书店 1985 年版，第 263—265 页。

② 岳元声、岳和声：《仁文书院志》卷四《讲规》，《中国历代书院志》第 10 册，江苏教育出版社 1995 年版，第 113 页。

③ 耿橘等：《虞山书院志》卷四《会簿引》，《中国历代书院志》第 8 册，江苏教育出版社 1995 年版，第 91 页。

④ 顾宪成：《顾泾阳先生东林商语》，高攀等《东林书院志》卷三《中国历代书院志》，江苏教育出版社 1995 年版，第 7 册，第 203 页。

这当中的大部分文字，几乎就是白话。而冯从吾在西安宝庆寺讲学（此即关中书院前身），担心"农工商贾中有志向者"难以理解领会，又明确告知他们"所讲何事"："千讲万讲，不过要大家做好人，存好心，行好事。三句尽之矣。"①简洁明了地概括了讲学的要义。顾宪成近于演绎，冯从吾近于归纳，皆以浅显通俗为指归。书院向来有两大功能，一为兴学课士，二为教化大众。通俗浅近的语言风格，对后者的意义尤大。

结　语

四库馆臣对语录体多有批评。"文亦颇杂语录之体"，"其文亦类语录讲义"，这是负面评价；"无语录粗鄙之气"，"无宋末语录之俚语"，"无宋人语录之气"②，这是予以肯定。语录体之遭到贬斥，主要罪状是粗鄙俚俗。③然而一个不争的事实是，历代书院都广泛运用语录体，可见其自有独特的魅力。很难想象，如果是一味鄙俚，在属于精英文化的书院里，这种文体还能够经久不衰。

语录体的生命力，关键还在于它是一种富于感染力，能够取得较好的接受效果的文体，"鄙俚"仅仅是其诸多成分中的一小份而已。无论是引言、记言还是拟言，书院的语录体再现或模拟了面对面的现场情境，营造出近距离的接受氛围。现场情境中师长的"独白"本身就容易贴近接受者的心灵，"过场"语言和"旁白""对白"这些语录"副文本"，更增进了教学效果。书院语录教学在保持言说的权威性和精粹性的同时，又有平等化、生活化的倾向，这与书院师生关系总体上比较和谐融洽，以及书院大众化、普及化的办学趋向互为促进。更重要的是，师长主动降低姿态，消解权威性、精粹性，乃至落入"鄙俚"，恰恰使得语录体具有了某种自我解构的性质，文体的内涵由此更为丰富。清人朱泽沄谈起读《朱子语类》的感受，谓"诵读之下，謦咳如

---

① 冯从吾：《谕俗》，嘉庆《长安县志》卷十九，《中国方志丛书·华北地方》第227号，成文出版社1969年版，第507页。

② 陈著《本堂集》提要、陈琛《紫峰集》提要、林之奇《拙斋文集》提要、姚勉《雪坡文集》提要、许谦《白云集》提要，永瑢等《四库全书总目提要》，中华书局1965年版，第1408、1576、1366、1407、1432页。

③ 四库馆臣对"语录为文"的批评，与桐城派古文崇尚雅洁的观念密切相关。参见任竞泽：《论宋代"语录体"对文学的影响》，《文学遗产》2009年第6期。

生"①。书院的语录体，也易于让诸生和后学产生如聆謦咳的体验，这是历代书院普遍运用且行之有效的教学文体。

（作者单位：武汉大学文学院；苏州卫生职业技术学院基础部）

---

① 朱泽沄:《答乔星渚》,《朱止泉先生文集》卷四,《清代诗文集汇编》,上海古籍出版社 2010 年版,第 218 册, 第 255 页。

宋代书院与语录体

李光生

一、教育理想：书院与理学的一体化

书院之名不始于宋，书院具有教学功能也不始于宋，但书院兼具教学与研究之功能、讲明义理之精神以及开放自由之学风，进而成为知识分子寄托理想的阵地，却是在宋代奠定的。宋代书院与理学，有着天然的不解之缘。理学在书院的传播，始于孙复、石介、周敦颐。孙复、石介创泰山书院和徂徕书院招徒授业、讲习儒学，开理学于书院教育之先。作为理学的开山之师，周敦颐"孔、孟而后，汉儒止有传经之学，性道微言之绝久矣。元公崛起，二程嗣之，又复横渠诸大儒辈出，圣学大昌。故安定、徂徕卓乎有儒者之矩范，然仅可谓有开之必先。若论阐发心性义理之精微，端数元公之破暗也"[1]。其所创之濂溪书堂既是他终老之地，也是他讲学会友之所，朱熹《江州濂溪书堂记》一文在阐述理学道统的同时对周氏借书院传播理学给予高度评价。二程创伊皋书院宣扬理学，继周敦颐开创了书院传习理学的先河。

不过，书院与理学的一体化，却是在南宋完成的。与北宋理学家不太关注书院的情形不同，南宋理学家们大多有着很深的书院情结，深切地认识到了书院与理学的内在联系，《宋元学案》载："文靖（杨时）曰：学而不闻道，犹不学也。若庸亦曰：创书院而不讲明此道，与无书院等。"理学家情系书院，以朱熹为甚。据方彦寿《朱熹书院与门人考》，与朱熹有关的书院达 67 所之多，其中朱熹创建的 4 所，修复的 3 所，读书的 6 所，讲学的 20 所，曾经讲学而后人创建的 21 所，撰记题诗的 7 所，题词题额的 6 所。[2] 朱熹重要的理学著作，皆完成于其创建的书院。[3] 以淳熙六年朱熹兴复白鹿洞书院为代表的一些旧书院的兴复，是一个关键性的转折，也标志着理学家掀开了书院

---

[1] 黄宗羲原著，全祖望补修：《宋元学案》卷一一《濂溪学案上》，中华书局 2007 年版，第 482 页。

[2] 方彦寿：《朱熹书院与门人考》，华东师范大学出版社 2000 版，第 1—35 页。

[3] 邓洪波：《中国书院史》，东方出版中心 2004 年版，第 143 页。

运动的序幕。据统计，南宋书院总数为442所，是北宋的6倍；而在南宋书院中，淳熙年后的书院达402所。^①单纯以书院本身的数字多寡来分析书院运动，可能并不适宜，但以此为参照来了解当时书院繁盛的概貌大致是可以的。朱熹和吕祖谦商订裁量《白鹿洞书院记》，"惟恐一语之差，将变秀才为学究，而随缘说法，应病与药"，开出了"挹先儒淳固质实之余风，服《大学》离经辨志之始教，于以寻关洛之绪言"的方子，无疑反映了以朱熹为代表的南宋理学家以书院为理学讲习阵地的自觉意识。朱熹所写《白鹿洞书院揭示》以其强烈的道德性格与根本的淑世精神，明确标举理学精神，成为南宋书院学规及新教育理念的代表，为书院教育树立了可资效仿的典范。如阳枋任北岩书院堂长时，"学规一仍白鹿，士之信从者众"^②；又如应傃翁洲书院："翁洲为昌国之别名，理宗书以宠光其居第。先生遂以扁书院，延师其间，率其子弟及族之人，与夫乡之俊秀皆造焉。讲肄程式，一遵晦庵朱文公白鹿洞规。衿佩莘莘，礼乐秩秩，实乃为一方精舍之望"^③。朱熹的学生更是效仿有加，如其学生陈宓"创延平书院，悉仿白鹿洞之规"^④，陈文蔚《克斋揭示》一文后的按语无疑是《白鹿洞书院揭示（学规）》成为书院学规典范的最好诠释："近世学规，朱先生揭之于白鹿书院者已尽之矣。今掇其绪余以告来学之朋友，使知立身之大节，修为之次第。"^⑤从学规这种书院精神具体化的展现中，不难看出南宋书院教育的高潮。

南宋理学，学派别立，全祖望称："宋乾淳以后，学派分而为三，朱学也，吕学也，陆学也，三家同时皆不甚合，朱学以格物致知，陆学以明心，吕学则兼取其长，又复以中原文献之统润色之，门庭径路虽别，要其归宿于圣人则一也。"不仅学理"归宿于圣人则一"，就书院与理学一体化进程上，三家亦并无二致。每一学派都创办了一批各具特色的以自身学术思想为灵魂的书院，如朱熹复兴白鹿洞书院和岳麓书院、创武夷精舍和考亭书院，陆九渊在应天山精舍和象山书院讲学，吕祖谦在丽泽书院主讲。理学家以书院为基

---

① 邓洪波：《中国书院史》，第110—112页。

② 阳枋：《字溪集》卷一二《附录·纪年录》，《景印文渊阁四库全书》，台湾商务印书馆1986年版，第1183册，第456页。

③ 冯福京：《昌国州国志》卷二《翁洲书院记》，《景印文渊阁四库全书》，台湾商务印书馆1986年版，第491册，第289页。

④ 脱脱：《宋史》卷四〇八《陈宓传》，中华书局2004年版，第12312页。

⑤ 陈文蔚：《克斋集》卷七《克斋揭示》，《景印文渊阁四库全书》，台湾商务印书馆1986年版，第1171册，第76页。

地传播自己的学术思想，促进了书院的繁盛。正如邓洪波先生所言，理学家抛起的书院运动，使理学与书院从形式到内容相互渗透交融，形成一种互为依托、互为表里的结构形态，此世之所谓书院是理学的基地，理学是书院的精神。①

这是我们考察宋代语录体的前提背景。

二、宋代语录体：书院制度的直接产物

"语录"一词，最早见于《旧唐书·经籍志上》："《宋齐语录》十卷，孔思尚撰"，指对自己或他人言语的记录，多源于古代的教学活动。由孔子后学记录整理的孔子教学实录《论语》是现存最早的语录体著作。班固《汉书·艺文志》云："《论语》者，孔子应答弟子、时人及弟子相与言而接闻于夫子之语也。当时弟子各有所记。夫子既卒，门人相与辑而论纂，故谓之论语。"据张子开分析，语录体的特征有四：编纂之时，言谈主体人物已然故去；所"述"主体为教学内容，多用问答体和口语；既有当时实录，也有后代追记；流传于民间，属于私家著述。②"《论语》是私家著述的最早的一部书。"③先秦其他诸子著作中，《墨子》也属于语录体。或云《孟子》《庄子》等诸子散文皆为语录体，且认为《尚书》《战国策》《国语》等先秦史书以记言为主，主张"语录体是我国散文早期发展的主要形式"④。这种观点并没有认清语录体乃教学活动记录这一本质特点。

朱自清认为，语录体发轫于唐代佛教界，"唐代又有两种新文体发展。一是语录，一是'传奇'，都是佛家的影响。语录起于禅宗"⑤。这种观点被学术界包括《辞海》等工具书广泛采纳。诚然，朱氏为我们指明了语录体发生的另一源头，可谓独具只眼，但无视先秦诸子语录实不可取。禅宗语录的产生，梁启超以为"殆可谓为翻译文学之直接产物也"⑥。禅宗语录固然与佛典翻译有着关涉，然归根结底乃印度佛教文化诸多因素相互作用的结果。

---

① 邓洪波：《中国书院史》，第 136 页。

② 张子开：《语录体形成刍议》，载《武汉大学学报》（人文科学版），2009 年第 5 期。

③ 顾颉刚：《中国上古史研究讲义》，中华书局 2007 年版，第 3 页。

④ 褚斌杰：《中国古代文体概论》，北京大学出版社 1990 年版，第 482—484 页。

⑤ 朱自清：《经典常谈》，生活·读书·新知三联书店 1980 年版，第 134 页。

⑥ 梁启超：《佛学研究十八篇》，辽宁教育出版社 1998 年版，上册，第 168 页。

尽管语录体从先秦《论语》到唐宋禅宗语录，名称含义极其宽泛，文化内涵不尽相同，但由于两者都是对教学活动的记录、追忆或整理，皆采用口语，并在宋代得以合流，加之宋代理学对后世的巨大影响，元明清以后，谈语录者便基本特指以程朱语录为代表的宋人语录了。一般认为，宋人语录效仿自禅宗语录，如梁启超云："自禅宗语录兴，宋儒效焉，实为中国文学界一大革命。"①此论颇为含糊。实际上，宋人语录与先秦语录和禅宗语录一样，都是对教学活动的记录。前文所述，宋代理学家往往以书院为基地弘扬其学说，书院标举理学精神，书院与理学的一体化，使得书院教学中理学的讲习与传播成为题中之义。宋人语录实乃书院师生两人面对问答言谈时被弟子记录下来的语言汇编。周密《癸辛杂识》续集卷下"道学"载：

> 其所读者，止《四书》、《近思录》、《通书》、《太极图》、东西铭、语录之类。自诡其学为"正心、修身、齐家、治国、平天下"，故为之说曰"为生民立极，为天地立心，为万世开太平，为往圣继绝学"。其为太守、为监司，必须建立书院，立诸贤之祠，或刊注《四书》，衍辑语录，然后号为贤者，则可以钓声名，致膴仕……②

这是反理学人士对理学家后继者的批评，措辞极为严厉，但我们可以看到，建书院传播理学已成为锐不可当的社会文化主流，书院与理学的一体化也演变成建书院、立祠堂、刊《四书》、辑语录这样一种比较固定的行为模式。宋人语录体正是在书院与理学一体化的背景下产生，是书院制度的直接产物。

当然，宋人语录体不可避免地受到了先秦语录体和禅宗语录的影响，如对《论语》体裁的沿袭，《朱熹语类》分为"理气""鬼神""性理"等若干部类，其结构显然是《论语》的翻版；又如对禅宗语录俚俗语言的效仿，姚鼐《复曹云路书》云："言之无文，行而不远。当唐之世，僧徒不通于文，乃书其师语，以俚俗谓之语录，宋世儒者弟子盖过而效之。"③俚俗之语言特色，也是宋代语录体招致诟病的症结之一。

宋人语录体，《宋史·艺文志》著录了"语录二卷（程颐与弟子问答）"、"延平师弟子问答一卷"、"语录四十三卷（朱熹门人所记）"等，以及刘安世、

---

① 梁启超：《佛学研究十八篇》，上册，第168页。
② 周密撰，吴企明点校：《癸辛杂识》续集卷下"道学"条，中华书局1988年版，第241页。
③ 姚鼐著，刘季高校：《惜抱轩诗文集》卷六，上海古籍出版社1992年版，第106页。

谢良佐、张九成、尹焞、陆九渊等人的语录。比较突出而又编成了书的有《二程语录》《朱子语录》《南轩答问》和《象山语录》等。如《朱子语录》（又名《朱子语类》），是朱熹书院讲学的分类汇编，由其门人编集而成。后经过蜀人李道传、李性传兄弟等翻刻于池州和饶州，称为"语录""续录""后录"。黄士毅又汇集各录，分类为《语类》，共138卷，刻于蜀。王佖再编《续语类》40卷，刻于徽州。最后由黎靖德于南宋咸淳六年（1270），根据当时各地流传的三种《语录》和二种《语类》的刊本，相互参校，考其异同，补遗正误，削其重复，重新编定为《朱子语类》，共140卷。《朱子语类》既是研究朱熹哲学思想、教育思想、史学思想的重要史料，也是我们研究语录体这一文学体式和朱熹语录体散文成就的重要参考文献。

三、教育的与文学的视角：宋代语录体的评价问题

理学家讲学书院，善于采取问答式和点悟式的教学方式，点到即止，不作长篇宏论，以俚俗白话的语言，讲经论道。作为书院制度的产物，宋代语录体内容上注重推阐性命、关涉义理，语言上讲求方言口语、鄙俚通俗。这也正是书院讲学的本色所在。《朱子语类》无疑代表了宋代语录体的高峰，也最能体现宋代理学家以浅易俚俗的语言来进行书院教学的特色。如朱熹论"性"："论性，要先识得性是个什么物事。程子'性即理也'，此说最好。今且以理言之，毕竟都无形影，只是这一个道理。有如此道理，便做得许多事出来，所以能恻隐、羞恶、辞让、是非也。譬如论药性，性寒、性热之类，药上亦无讨这形状处，只是服了后，却做得冷、做得热，便是性。"[①]运用浅易俚俗之语透析深奥的哲理，见解精到，通俗易懂，容易为学生所接受。清儒朱泽沄："《语类》一书，晚年精要语甚多。五十以前，门人未盛，录者仅三四家。自南康浙东归，来学者甚众，诲谕极详。凡文词不能畅达者，讲说之间，滔滔滚滚，尽言尽意。义理之精微，工力之曲折，无不畅明厥旨。诵读之下，謦咳如生。一片肫恳精神，洋溢纸上。在当日诸门人，前后各得一说，彼此各闻一义，而后人读之，反聚前后彼此之各闻者，汇萃参伍，这处那处，表里始终，真有登高自卑，行远自迩，渐进渐高远之妙。是安可概以门人记录之不确而忽之？"[②]

---

① 黎靖德编：《朱子语类》卷四，中华书局 2007 年版，第 63—64 页。

② 钱穆：《朱子新学案》，巴蜀书社 1986 年版，第 157—158 页。

从教育角度言，宋代语录体作为书院教学的如实记录，寓深奥的义理于浅易俚俗的语言中，无疑是书院教学案例的成功标本。又如淳熙八年陆九渊在白鹿洞书院就"君子小人喻义利章"发论，"至其所以发明敷畅，则又恳到明白，而皆有以切中学者隐微深痼之病，盖听者莫不竦然动心焉"①。然宋末书院学风急功近利，许多理学家已没有了前辈学者的学问功夫，唯先儒语录是习，罗大经云："近时讲性理者，亦几于舍六经而观语录。甚者将程、朱语录而编之若策括、策套，此其于吾身心不知果何益乎！"②"括"乃总括、汇集之意，又称"帖括""括子"，"策括"当是抄录经史对策名篇、警段或相关的资料汇编，正如苏轼熙宁二年（1069）在《议学校贡举状》所说："近世士人纂类经史，缀辑时务，谓之策括……"套类乃类书之一种，与括类似乎没有本质的区别，两者都是科举应考的产物，相当于备考强化手册。书院教育执守六经、崇尚学术，本以"博学之，审问之，慎思之，明辨之，笃行之"为为学之序，以讲明义理、以修其身，以达"希圣""希贤"为奋斗目标，却成为策括类语录以应科举的工具，可见书院学风与当下世风的浇薄。语录的流行，在相当程度上意味着书院教育的偏离和学术精神的丧失。

就文学角度而言，宋代语录体作为一种文体形式，因其内容多涉性理和语言鄙俚凡俗，丧失对作品文学性的追求，对文学尤其是诗歌的发展产生了较大的负面影响，因而备受非议与指责。宋末江湖派领袖刘克庄的批评最为尖锐，其在《跋竹溪诗》云：

> 本朝则文人多，诗人少，三百年间，虽人各有集，集各有诗，诗各自为体，或尚理致，或负材力，或逞辨博，少者千篇，多至万首，要皆经义策论之有韵者尔，非诗也。自二三巨儒及十数大作家，俱未免此病。③

刘氏诗宗晚唐，认为宋无诗之论抑或过之，但确实切中了宋末理学笼罩下的诗文积弊。刘氏在《跋吴帅卿杂著·恕斋诗存稿》中又云："近世贵理学而贱诗，间有篇咏，率是语录、讲义之押韵者耳。"④直接把理学家的诗与押韵语录

---

① 朱熹著，郭齐、尹波点校：《朱熹集》卷八一，四川教育出版社 1996 年版，第 1634 页。
② 罗大经：《鹤林玉露》丙编卷六，中华书局 2005 年版，第 333 页。
③ 刘克庄：《后村先生大全集》卷九四，四部丛刊本。
④ 刘克庄：《后村先生大全集》卷一一一，四部丛刊本。

等同起来，所批判的矛头是理学家诗之代表——"击壤派"。对此，钱锺书先生有明确的表述："南宋诗人篇什往往'以诗为道学'，道学家则好'以语录、讲义押韵'成诗；尧夫《击壤》，蔚成风会。"①

说"理"是宋代语录体的重要特征，在诗歌上表现最普遍的是"理障"。清陈仅《竹林答问》载："问：'昔人论诗，谓不可堕入理障，然乎？'答：'宋儒以诗为语录，则不可。'""理障"本是佛家语，谓执着于文字而见理不真。诗歌中的"理障"，指过度说"理"破坏了诗歌的意境，妨碍了诗情的表达。中国古典诗歌自《诗经》始便奠定了重抒情、轻叙事的传统，本与说"理"尤其是所说之"理"乃"性理"之类的哲学命题相去甚远，如运用失当，必将理障丛生，诗意全无。朱熹无愧为文学素养最高的理学家，其《斋居感兴二十首》亦历来颇受诗论家的好评，却也不免于此，如："吾观阴阳化，升降八纮中。前瞻既无始，后际那有终。至理谅斯存，万世与今同。谁言混沌死，幻语惊盲聋。"其弟子兼女婿黄榦（勉斋）曰："两篇（按：上篇为"昆仑大无外"）皆是言阴阳，但前篇是说横看底，此篇是说直看底。……所谓直看者，是上自开辟以来，下至千万世之后，只是这个物事流行不息。"黄氏本意评朱熹说理之透悟，然横看直看，以诗"言阴阳"，到底与诗相去甚远。朱熹尚且如此，他如宋末理学家可想而知。"理障"是通向语录体的桥梁。如果用诗直说性理，无烘衬之趣，漫无余蕴，就成了有韵"语录"或"讲义"。②刘克庄上述所论，当有切肤之感。潘德舆更把刘氏之论推向极致，其《养一斋诗话》卷二云："宋诗似策论，南宋人诗似语录"，潘氏所言抑或过之，但语录体在南宋的巨大影响可见一斑。

逮及清代四库馆臣撰四库提要，"有韵语录"俨然成为经典批评术语而被频频使用于作家诗文集的批判中。兹举几例：

> 此集所载诸篇皆明白畅达，不事拘束，亦无语录粗鄙之气。（宋林之奇《拙斋文集》提要）
>
> 文亦多婉雅可观，无宋末语录之俚词。（宋姚勉《雪坡文集》提要）
>
> 其末年亦颇欲附托于讲学，然其诗比属高雅，究非有韵语录之比也。（宋吴芾《湖山集》提要）
>
> 性夫，讲学之家，而其诗气韵清拔，以妍雅为宗，绝不似宋末有韵

---

① 钱锺书：《谈艺录·谈艺录订补》，中华书局 1999 年版，第 545 页。

② 祝尚书：《论击壤派》，《文学遗产》2001 年第 2 期。

之语录。(宋艾性夫《剩语》提要)

　　盖学有本原，则词无鄙诞，较以语录为诗文者，固有蹈空征实之别也。(宋王炎《双溪集》提要)

这种以"语录"为界标的诗文评价准则同样被四库馆臣运用于元明清时期的诗文著作中，如：

　　然其诗理趣之中，颇含兴象，五言古体尤谐雅音，非击壤集一派惟涉理路者比；文亦醇古，无宋人语录之气，尤讲学家之兼擅文章者也。(元许谦《白云集》提要)

　　驷宗陈淳之学，诗文多涉性理，略似语录之体。(明刘驷《爱礼集》提要)

　　多讲易之文，其说皆宗程朱，诗则有韵语录也。(清王凤九《汇书》提要)

严格地说，宋代语录体原本只是书院教学内容的如实记录，并非文学创作。宋末理学家魏了翁《隆州教授通直郎致仕谯君墓志铭》云："论今士习之弊，不本之躬践，不求之经史，徒剿取伊洛间方言以用之科举之文。问文，则曰：先儒语录也。语录，一时门弟子所传抄，非文也。"①明代杨慎《陆韩论文》亦云："近世以道学自诡而掩其寡陋曰：吾不屑为文。其文不过抄宋人语录。"②或以语录为科举之门，或以语录掩道学寡陋，语录非文的观点都极为鲜明。然自刘克庄以"押韵语录"评当世理学家之吟咏(指击壤派)，语录体被视作理学家诗文的文体代表而被确定下来，而后又被清代四库馆臣作为经典批评术语广泛运用于历代诗文集的评价中，宋代语录体也因此模糊了其作为书院产物的历史面相。不过，作为宋代理学的衍生物，宋代语录体言必性理、言出俚俗的书写方式确乎给文学发展带来了不可估量的负面影响，从中恰也反映出宋代理学与文学之间不可逾越的隔膜，这在语录体诗上表现得尤为突出。宋代语录体因其文学性的缺失而备受非议与指责，固然与理学家重道轻文、

①　魏了翁：《鹤山集》卷七六，《景印文渊阁四库全书》，台湾商务印书馆 1986 年版，第 1173 册，第 193 页。

②　杨慎：《升庵集》卷五二，《景印文渊阁四库全书》，台湾商务印书馆 1986 年版，第 1270 册，第 441—442 页。

文以载道的文学思想息息相关，如程颐谓诗乃"闲言语"（《河南程氏遗书》卷一八），然作为书院制度的直接产物，宋代书院亦难逃其咎。

余　论

宋代语录体因其缺乏对文学性的诉求不仅成为经典批评术语被运用于负面的诗文评中，而且也被作为后世文选家悬挂的负面标准，如清人庄仲方《南宋文苑》的选文标准之一即以语录为界标："南宋说理文最为明达，虽北宋犹未及，惟近语录，无意为文者，皆不录。"①这里也明确指出了"语录"与文之间的距离。另一方面，宋代语录体多用方言口语、近乎白话的语言特色，承继了中国相沿已久的白话传统，促进了中国白话文学的发展与繁荣。胡适《国学文学史》说道："一千年前，就有许多诗人用白话作诗、作词了；八九百年前，就有人用白话讲学了；七八百年前就有人用白话作小说了。"②胡氏虽未明言"白话讲学"的具体所指，然按时间推算，当指理学家讲学于书院这一情形，也即宋代语录体的生成。宋以后的元戏、明清白话小说都隐约能看到宋代语录体的身影。清光绪二十七年（1901）更改全国书院为学堂，书院之名废止，宋代语录体亦随之落下帷幕。不过，对宋代语录体的研究，似乎远未结束。

（作者单位：四川师范大学文学院）

---

① 庄仲方：《南宋文苑》，江苏书局刊本，清光绪十四年。
② 胡适：《国学文学史》，东方出版社 1996 年版，第 148 页。

中国古代"学则体"的体制特征及嬗变

管宗昌

《管子·弟子职》是一篇针对幼小学校教育的法则，具有十分鲜明的文本属性和文体特征，此种文体当依此篇的文本所述称为"学则体"。此文体于古代文体相关论著未曾记载，但的确是一种特征明显、源流有迹的古代文体。它的确立有赖《弟子职》对其文体特征的开制，也需要与相关、相近文本做出比照，以厘清关联和界分。

一、《弟子职》与早期文体特征

《汉书·艺文志》曾单独著录"《弟子职》一篇"，列属"六艺略"之"孝经类"。说明此篇早期有单行本，后渐消失而从《管子》流传。本文特色鲜明，郭沫若、胡家聪都认为它是"田齐都城临淄稷下学宫的学则"[①]。不过，他们都没有从文体学角度对其明确定义。

《弟子职》的文本极具特色，篇名也极有深意，其所承载的若干内涵，与文本属性之间存在着切实而密切的对应。"弟子"在先秦时期既指年齿后生，又指学生。"职"字则蕴含着更为丰富的内涵，这些内涵与文本属性密切相关，也很大程度上标定着其所属文体的早期特征：

文本属性之一：立足一日之常。

职，《尔雅·释诂》："常也。"[②] 郝懿行曰："盖'寻、常'俱度长之名，因训为'长'。"[③] 所以，"职"有长时间所行之事、日常之事之义。结合《弟子职》文本看，本篇所教导的内容正是立足日常，并依一日中的时间次序编排相应事项。朱熹将《弟子职》编入《仪礼经传通解》，并将文本划分为九个部分："学则""早作""受业对客""馔馈""乃食""洒扫""执烛""请衽""退习"，这种划分基本合理。"学则"为总体原则和要求。从第二部分开

---

① 胡家聪：《管子新探》，中国社会科学出版社 2003 年版，第 360 页。

② 郝懿行：《尔雅义疏》，中华书局 2019 年版，第 32 页。

③ 《尔雅义疏》，第 32 页。

始，其所述时段与对应内容大致如下：早起（早作）—早上（早作之后，受业对客）—食时（馈馈，乃食）—食后（洒扫）—黄昏（执烛）—夜晚（请衽、退习），体现一日之常的基本属性，也保证了极为明确的可操作性和可重复性。

具备类似书写内容的早期作品，如《曲礼》《少仪》《内则》等，在这一方面与《弟子职》有着重要差别。这些作品都没有立足于一日之常，它们依照礼的不同内容、适用主体等进行段落编排，没有凸显依时间次序的日常性。

文本属性之二：从细微之事、细微之处着手。

职，《说文解字》："记微也。从耳戠声。"段玉裁："纤微必识是曰职。"① "职"字本有识记纤微之义，而结合《弟子职》文本看，这一特点恰相契合：第一，所述皆是细微之事。其所述内容包括"拚""盥漱""坐姿""进食""洒扫""举火"等。朱熹说："古者教小子弟自能言能食即有教，人至洒扫应对之类，皆有所习。"② 正言于此。第二，所述重在细微之处。如："馈馈"一节，关于食物的摆放细致描述："鸟兽鱼鳖，必先菜羹。羹胾中别，胾在酱前，其设要方。"可谓不厌其细、十分具体明确。

相似的文献如《曲礼》："凡进食之礼，左殽右胾，食居人之左，羹居人之右；脍炙处外，醯酱处内，葱渫处末，酒浆处右，以脯脩置者，左朐右末。"③ 两者虽然主体不同，但行文风格相近，都是具体明确、可操作的。

文体属性之三：突出祈使、强调实践。

《尔雅·释言》："俾，职也。"④ 郝懿行曰："使供职。"⑤ "俾者，《释诂》云：'使也。''从也。'从顺、使令皆与职义近。以从顺为职，职之卑者也；以使令为职，职之尊者也。"⑥ 所以，从尊者言就是使令、祈使，从卑者言就是顺从、执行。篇名"弟子职"要义之一就是祈使众弟子务必从事于此，这也决定了本文行文的祈使性、教导性语态。行文既有总体原则要求，也有行为实践规则的教定，而尤以后者为重。这一属性在《少仪》等篇中也有体现，但有所差异，后文详述。

文体属性之四：识记和口诵属性。

---

① 段玉裁：《说文解字注》，中州古籍出版社 2006 年版，第 592 页。
② 张伯行：《朱子语类辑略》，见《丛书集成初编》上海商务印书馆 1936 年版，第 644 册，第 39 页。
③ 孔颖达：《礼记注疏》，见阮元校刻《十三经注疏》，中华书局 2009 年版，第 3 册，第 2688 页。
④ 《尔雅义疏》，第 321 页。
⑤ 《尔雅义疏》，第 321 页。
⑥ 《尔雅义疏》，第 319 页。

职,《说文解字》:"记微也。从耳戠声。"朱骏声《说文通训定声》:"五官耳与心最贯,声入心通,故闻读者能记。"①《史记·屈原贾生列传》:"章画职墨兮,前度未改。"司马贞索引:"《楚词》职作志。志,念也。"②秦晓华说"职":"原是'识'的本字,表示听记,故字从耳。作动词,指掌管。"③殷寄明在谈到同源字"识"和"职"时说:"此二词俱有知义,为戠声所载之公共义。"④所以,"职"字有记和识之义,而尤为突出从耳入心,以通记忆。

《弟子职》在突出文本的识记属性时,尤为强调其从耳入心的通道功能,而在文本层面主要通过口诵性达到。所谓口诵性,是指文字以用于口头诵读为重要目的,通过良好的诵读属性达到不断重复、加深记忆、扩展流传的功用。通过口诵,既可以由己耳入己心,又可以由他耳入他心,口、耳、心达到贯通。《弟子职》的口诵性表现为:第一,句式形态以四言为主;第二,韵律的积极使用,朗朗上口,利于识记和传播。这一属性在《曲礼》《内则》等篇章中的表现均不如《弟子职》之明显,这是《弟子职》的重要文本特征。

所以,《弟子职》的篇名和文本之间有着密切的意义关联,通过篇名能够十分全面地透见本文的文本属性。《弟子职》所标示早期文体特征包括:适用场景为童蒙生徒的学校教育;立足一日之常;所述杂细;行文注重行为方法的具体明确性;口诵性、易记性。

二、学则体的文体定位

《弟子职》所属何种文体呢?古无记载。石一参《管子今诠》对《管子》进行重新编校,列此为首篇并重新定名为《学则》,自注曰:"篇名《弟子职》,兹取其篇中'是谓学则'一语名之。"定其性质为"齐学施教受业之纪律。"⑤石先生此法值得参考。原文为:

> 先生施教,弟子是则。温恭自虚,所受是极。见善从之,闻义则服。温柔孝悌,毋骄恃力。志毋虚邪,行必正直。游居有常,必就有德。颜

---

①　朱骏声:《说文通训定声》,武汉市古籍书店 1983 年版,第 179 页。

②　司马迁:《史记》,中华书局 1963 年版,第 8 册,第 2848 页。

③　李学勤主编:《字源》,天津古籍出版社、辽宁人民出版社 2012 年版,第 1048 页。

④　殷寄明:《汉语同源词大典》,复旦大学出版社 2018 年版,第 1546 页。

⑤　石一参:《管子今诠》,中国书店 1988 年版,第 13 页。

色整齐，中心必式。夙兴夜寐，衣带必饰；朝益暮习，小心翼翼。一此不解，是谓学则①。

"则"《说文解字》："等画物也。"② 段玉裁："等画物者，定其差等而各为介画也。今俗云科则是也。介画之，故从刀。引伸之为法则。"③《玉篇》："法也。"④《尔雅·释诂》："谓常礼法也。"⑤ 这些解释都突出了"则"之"法"义。《周礼·天官·大宰》有："以八则治都鄙。"郑玄也说："则，亦法也。典、法、则，所用异，异其名也。"⑥ 可见，"则"与"法"义甚相近相通。

早期礼仪文献以"则"命名的篇章还有《礼记·内则》。对于《内则》篇，孔颖达说："记男女居室事父母姑舅之法。……于《别录》属子法，以闺门之内规仪可则，故曰内则。"⑦ 刘向归之于"子法"，孔颖达以"事……之法""规仪可则"对之进行阐释，再次印证了"则""法"之间的近通性。

《学则》《内则》在文体意义上也确有相通之处：以礼仪法度为主要内容，突出法则的可遵可依。孔颖达又以"闺门之内，轨仪可则"释"内则"。"轨仪"一词又见《国语·周语下》："帅象禹之功，度之于轨仪，莫非嘉绩，克厌帝心。"韦昭注："轨，道也；仪，法也。"⑧ 指法则、仪制之义，突出可遵循可从事的规则和法度。从文本实际看，两篇作品都十分强调具体规则法度的陈述。这种具体性表现在：行为主体明确、行为规则明晰。在明晰性上，包括对行事之法的明晰交代，也包括对不同情况下适用不同规则的交代。如"男女未冠笄者，……若已食则退，若未食，则佐长者视具。"⑨ 是对"已食""未食"等不同情况下的行为方法分别交代。这类文章都属于礼仪法度类文章，规则法度是其基本内容，具体明确是其基本的文体特征。

可以说，《弟子职》是脱胎于礼仪法度类文章。此类文章并不少见，在行文内容、特征上相近的还有《礼记》中的《曲礼》和《少仪》。它们于《别录》

---

① 《管子校注》，下册，第 1144 页。
② 许慎：《说文解字》，中华书局 1963 年版，第 91 页。
③ 《说文解字注》，第 179 页。
④ 顾野王：《大广益会玉篇》，中华书局 2019 年版，第 585 页。
⑤ 郭璞注：《尔雅注疏》，上海古籍出版社 2010 年版，第 21 页。
⑥ 贾公彦：《周礼注疏》，见阮元校刻《十三经注疏》，中华书局 2009 年版，第 2 册，第 1390 页。
⑦ 孔颖达：《礼记正义》，见阮元校刻《十三经注疏》，中华书局 2009 年版，第 3 册，第 3165 页。
⑧ 徐元诰：《国语集解》，中华书局 2019 年版，第 103 页。
⑨ 《礼记正义》，第 3167 页。

均属"制度"。《礼记》诸篇据刘向《别录》共分九类：制度、通论、明堂阴阳、丧服、世子法、祭祀、子法、乐记、吉事。"子法"类仅有《内则》，单列一类。"制度"类文章较多，那么制度类文章和"子法"又有何关系呢？

"制度"一词最早可见《周易·节》："天地节，而四时成。节以制度，不伤财，不害民。"① 孔颖达："王者以制度为节，使用之有道，役之有时，则不伤财，不害民也。"② 指的是法度礼俗。单从字面看，"制度"和"子法"关联度应该很大，都属礼仪法度类文章。结合文本，其文本属性确实既相通又区别。相通处在于：均以礼仪法度为内容，"制度"类部分篇章和部分内容，体现出与"子法"类相似的具体明确性。当然，两类文章还是存在不同的文章特征：

第一，"制度"类文章更多原则精神类要求。

如《曲礼》有："奉席如桥衡。请席何乡，请衽何趾。席南乡北乡，以西方为上；东乡西乡，以南方为上。"③《内则》有："父母舅姑将坐，奉席请何乡。将衽，长者奉席请何趾。少者执床与坐，御者举几，敛席与簟，县衾箧枕，敛簟而襡之。"④ 关于为长者奉席，两者相近，但是"制度"类的《曲礼》增加和凸显了"席南乡北乡，以西方为上；东乡西乡，以南方为上"。这不是具体的行为方法，而是总体的原则和精神。

第二，"制度"类更侧重全面普适，顾及不同情况的不同适用规则。

如《少仪》的献物遗人之法即是。而《王制》等典型篇章，这种特征就更为明显，孔颖达说此篇为："记先王班爵授禄祭祀养老之法度。"⑤ 其中绝不仅仅局限于行为方法，而多涉及各种规则法度，保证不同情况均可包纳。

综上，从早期近似文献综合比照看，《内则》所属"子法"类和"制度"类文章有着极为密切的关联，有时并不易区分。但"子法"类显然在行为规则的具体明确性上更明显，这主要是由行为主体的特殊性决定的，主要针对晚辈男女、幼小，因而行为方式描述更具体。

《弟子职》在这一方面显然更具特色，其具体明确性是这些作品中最显著的。它与《内则》都以礼仪的规则方法为内容，以所述琐细和描绘具体为重

① 王弼：《周易正义》，时代文艺出版社 2008 年版，下册，第 562 页。

② 《周易正义》，下册，第 562 页。

③ 《礼记正义》，第 2683 页。

④ 《礼记正义》，第 3167 页。

⑤ 《礼记正义》，第 2681 页。

要文体特征，但是《弟子职》的祈使性、口诵性、一日之常等属性仍是鲜明的特色。"学则"一名一方面表明其文体属性为"则"，另一方面又表明其使用场景为"学"。这种文体同属礼仪法度大类，是此类中专用于学校场景的小类，特征明显，可以称为"学则体"。

三、学则体的演进与嬗变

这种所谓的"学则体"，从其历时发展看是否仍然合理？经历了怎样的演变？这又需要从它与"学规"的关系进一步阐述。

"学规"是中国古代学校教育中的重要存在。对于学则与学规的关系，学界有两种观点，一是认为学则隶属于学规，如吴莹："学规是为书院师生所共同遵守的规章制度的通称，一般包括学约、学则、学箴、戒条、揭示、教条等。"[①] 二是认为学规又名学则，如唐卫平："学规的名目亦很多，如学约、学则、学箴、规约、训约、训规、会规、揭示、堂训、堂规等等，因时因地因院而有不同。"[②] 从教育史研究的角度，如何表述显得不甚重要，但是从文学和文体学角度则必须明鉴。

"学规"的产生和发展与书院密切相关，宋代徐度《却扫编》卷上有载：

> 先生（戚同文）乃制为学规，凡课试讲肄，劝督惩赏莫不有法，宁亲归沐与亲戚还往，莫不有时，而曲尽人情，故士尤乐从焉[③]。

讲的是应天书院的早期举办人之一——戚同文定制学规，其内容不仅是针对为学，还包含课试讲肄、劝督惩赏、宁亲归沐等，内容涉及学习管理、奖惩制度、纪律管理，泛属学校管理制度。

当然，在书院教育出现之前，古代官学应早有相关规法制度，现存较早的是《奏太学规条》。其名为"规条"，其内容涉及：入学条件、在校行为规范、惩罚措施等。北宋至和年间的《京兆府小学规》是现存最早的一篇以"学规"命名的完整的学校制度文章，稍晚于戚同文学规。与《弟子职》相比，它们都超越礼仪教化与为学教导的范围，也泛属学校管理制度。

---

① 吴莹:《河南书院学规之教育理念探析》,《黑龙江高教研究》2012 年第 2 期。
② 唐卫平:《古代书院学规的教学论思想探微》,《船山学刊》2010 年第 2 期。
③ 徐度:《却扫编》,见《丛书集成初编》,上海商务印书馆 1936 年版,第 2791 册,第 22 页。

　　可见，"学规"产生之初，应受历代规条之影响，泛属学校管理制度。

　　在学规发展史上，朱熹显然是里程碑式的人物。作为著名的书院教育家，其教育理念深刻独举、影响深远，他为书院制定的相关文件同样引导了相关文章、文体的转型变革。从教育史的角度看，"学规"大致形成了三种传统：官学学规、蒙学学规和书院学规：

　　　　官学之"规"逐渐强调学校运作与生徒管理；书院之"规"意图纠正现实学风与官学之弊，注重讲明义理的道德教育；蒙学之"规"旨在训练蒙童日常学习、生活中的规矩礼节，以奠定其良好的道德行为基础[①]。

这是从教育史角度的划分，同样可以给文体考察提供重要参考。从朱熹开始，蒙学学规积极继承《弟子职》以来的文体特征，不仅使先秦时期的教育理念得以一定程度的恢复，在文体上也使学则体得以再生和发展。朱熹对古人以礼仪和技能教育入手的做法深表追慕：

　　　　古者教小子弟自能言能食即有教，以至洒扫应对之类，皆有所习。故长大则易语，今人自小即教做对，稍大即教作虚诞之文，皆坏其性质[②]。

蒙学学规能否前承"学则体"而堪称独立文体？这还需要考察与之相伴的其他学规类文章。因为官学之规涵盖宽泛，与所论话题差异较大，毋庸多论。所以，这里主要对比"书院学规"。

　　在朱熹的倡导和影响之下，"书院学规"一度产生了重要转向。朱熹的《白鹿洞书院揭示》名为"揭示"而未用"学规"，暗示了朱熹在此文上的变革，"揭示"意在宣谕诸人。关于此文的制作初衷，他讲道：

　　　　熹窃观古昔圣贤所以教人为学之意，莫非讲明义理，以修其身，然后推以及人，非徒欲其务记览，为词章，以钓声名，取利禄而已也。……苟知理之当然，而责其身以必然，则夫规矩禁防之具，岂待他人设之而

---

① 吴小玮：《中国古代学校的三种"学规传统"》，《大学教育科学》2013 年第 1 期，第 81 页。

② 张伯行：《朱子语类辑略》，《丛书集成初编》，第 644 册，第 39 页。

后有所持循哉①？

朱熹不满于当时的教育脱离圣贤之意，于是重新制定学规。其内容是"教人为学"，已经不是宽泛的学校管理制度；此文所反映的理念：明义理、修身心、推己及人，重视的是礼仪教育和德育，而非只有记览词章；在行文上则重视讲明义理，使众生"知其理之当然"。从"五教之目""为学之序""修身之要""处事之要""接物之要"宣谕，意在培养生徒道德品行。王阳明说："夫为学之方，白鹿之规尽矣"②正是此意。

这是朱熹对古代教育思想的重要承变，也是"学规"内涵变革的重要契机。这种转变包括：第一，"学"之内涵转向"教人为学"，针对学生的教育、为学，与学规泛指学校管理制度不同。第二，教育理念上重视礼仪和德育，而不只是词章做对等。第三，行文上注重阐明义理，而不是简单的禁止或祈使，开启全新风格。魏了翁曾说："白鹿之规五，温温乎先民之徽言；丽泽之规三，凛凛乎后学之大戒也，至矣备矣。"③正是此意。

明代《续白鹿洞学规》《布衣章潢为学次第八条》等都是古代书院学规典范，也是如此。这些学规与《弟子职》开端的"学则"有着较为明显的文体差异：

第一，书院学规缺乏具体明确性。这些学规不是针对蒙童，而是有一定基础或学业修养较高的生徒，所以，一般并不琐细具体，而是带有一定的精神性、原则性。

第二，书院学规更偏重义理阐发，有较强学理性。这与朱熹教育理念的影响有关，同时也跟受众属性相关。

虽然书院学规大致延承此路，多是"教人为学"之规。但是综合看来，明清以来，"学规"概念仍在渐趋宽泛，逐渐成为一类文章的总称。与"为学""学校管理"等有关的文章都可以称为"学规"。如清代张伯行所编的《学规类编》，其中容纳了蒙学类、箴铭类、管理制度类、教学讲义等各种文章。

相比之下，朱熹以来的蒙学学规则总体上遵循着较为确定的文体规范，他的《训学斋规》（又叫《童蒙须知》）尤值深究：

---

① 张伯行：《学规类编》，《丛书集成初编》，第676册，第2页。
② 王阳明：《王阳明全集》，北京燕山出版社2009年版，第4卷，第984页。
③ 曾枣庄主编：《宋代序跋全编》，齐鲁书社2015年版，第4958页。

　　夫童蒙之学始于衣服冠履，次及语言步趋，次及洒扫涓洁，次及读
书写文，及有杂细事宜，皆所当知①。

全文包括如上五个部分，其基本精神在于通过礼仪和行为养成来教育蒙童。
其文本属性包括：具体明确性、所述杂细。这些属性与《弟子职》相近。但
是《训学斋规》行文语气与《弟子职》有所不同，后者祈使语气明显，前者
则循循善诱，充分体现"训"之特征，如"大抵为人，先要身体端正。自冠
巾，衣服，鞋袜，皆须收拾爱护，常令洁净整齐。我先人常训子弟云，男子
有三紧。谓头紧、腰紧、脚紧。"②说服力和祈使性兼具，有循循善诱之功。

　　《程董二先生学则》由程端蒙、董铢撰写。程董受学朱熹、深炙其风。此
文有"居处必恭""步立必正""视听必端"等共十八条目，每条下有详尽说
明。"一则举其学问之宏纲大目，使人知所用力；一则定为群居日用之常仪，
而使人有持循。"③

　　之后，宋代还有真德秀《教子斋规》（可见《学规类编》）、明代陈淳《小
学诗礼》等也属此类蒙学学规。后者分为"事亲""事长""男女""杂仪"四
部分，共43则，以43首五言四句诗述写相关行为方法，形式独特，但仍具
有十分鲜明的具体明确性。

　　综合看来，这些蒙学学规有如下几个共同之处：第一，内容都是"教人
为学"，而非宽泛的学校相关种种。第二，以礼仪教化为中心，以日常杂细为
重点。第三，突出展现其行事方法，行文具体明确。第四，条文化明显，而
这些方面与《弟子职》在核心特征上相一致。至此基本可以确定《弟子职》
开端的"学则"，实是中国古代的一种文体——学则体。其文体要义包括：

　　第一，"学"，指"教人为学"而且主要用于学校场景，是学校中"教人
为学"的文章。

　　第二，其教育对象为蒙童生徒，这一受众属性直接决定了文体自身的特
殊存在。

　　第三，重视礼仪教化和生活技能教育，日常杂细为重点。

　　第四，行文具体明确，突出体现"则"之"法"义。

---

① 朱熹：《训学斋规》，见陶宗仪等编《说郛三种》，上海古籍出版社2012年版，第六册，第3330页。

② 朱熹：《训学斋规》，见《说郛三种》，第六册，第3330页。

③ 张伯行：《学规类编》，《丛书集成初编》，第676册，第6页。

当然，一种文体的存在，除了核心特征的延续外，也一定会出现历时的发展与变迁。"学则体"也是如此，其后期发展与变迁主要表现为：

第一，"一日之常"属性基本消失，逐渐演变为按不同内容进行条文罗列。

第二，口诵性向条文化演变。条文的特点是明晰，其目的在于提纲挈领，最终也是达到易于记忆之目的。

第三，与其他文体的交融互渗。如：与训体（如《训学斋规》）、与诗歌（如《小学诗礼》）、与箴体（明代方孝孺《方正学幼仪杂箴》）等。《小学诗礼》《方正学幼仪杂箴》等再次展现出强烈的口诵性特征。这些融合后的学则体文章，有效扩展了学则体的文本属性，也推动了这一文体的发展。

余 论

自《弟子职》开端的"学则"，以学校场景中的"教人为学"为内容，以蒙童为受众，偏重生活技能与礼仪教育，展现出琐细行文、具体明确的文本属性，突出体现"则"之"法"义。这种文体属性在中国古代源流有迹，在书院教育兴起之后，集中展现为蒙学学规。但是"学规"过于宽泛，并不适宜作为一种文体之称，更无法具体描述此类文章的文体属性。而"蒙学学规"同样也是一个宽泛概念，"蒙学"也无法有效界定其文体属性。如《敬斋箴》《训蒙条例》《高提学洞学十戒》等，虽是与蒙学相关的学规，但是它们的核心文体属性显然是属于"训""戒""箴"等，而不是突出"则"（法）。因而，均不适宜指称此类文体。

"学则"一称渊源有自（始自《弟子职》），另外，"学""则"二字都能较好地对应此类文章的行文属性，能界定一种文体。所以，"学则体"是真实存在、源流有迹的。《弟子职》标定了这种文体的早期文体特征，朱熹之后的蒙学学规对之进行了接续和复活，同时又展现出其作为一种文体合理的演进与嬗变。

（作者单位：汕头大学文学院）

甲骨文"王曰"及其思想文化史意义

谢炳军

中华文化中的"立言"观念从甲骨文的时代就显出雏形。甲骨卜辞主要是殷商时代占卜记录，见证着商人的言谈举止，反映着商代的思想文化。甲骨文中大量的"王曰""王占曰"的出现，在中国思想文化史中是值得注意的现象。以往学界对这个问题多从文字学的角度考论。[①]本文拟从思想文化史的视角切入，探讨甲骨文"王曰""王占曰"的内容以及其所反映的思想文化。文章的创新之处主要有三点：一是认为"王曰""王占曰"的句式创建了一种话语范式，它确立了一种崇高和权威的政治意义；二是探讨"王曰""王占曰"所包含的殷商时期的王权思想和神权观念的变化；三是讨论卜人、史官阶层的地位变化及其在中国古代思想文化史上的意义。

一、甲骨文的"王占曰"举隅

《甲骨文合集》（下文简称为《合集》）94 正："甲辰卜，亘贞：今三月光乎来。王固曰："其乎来，气至，佳乙。旬有二日乙卯允有来自光，以羌刍五十。"[②]"固"字，张秉权、李孝定等学者读为"占"。裘锡圭说："将此字释为'占'，是完全合理的。"又说"'占'的意思是根据兆象对吉凶做出判断"。这些学者的意见都是正确的。"固"是视兆之后做出判断的意思。为了行文简便，下文甲骨卜辞采用宽式，把"固"字写作"占"。在第一期武丁卜辞中，"王占曰"多见于典宾组卜辞。所谓典宾，就是甲骨卜辞按字体分出的一个类别，属于典型的宾组（黄天树称之为宾类），这类或者这组卜辞"书体风格雄健、整饬，字体比较大，笔划多瘦劲有力；部分卜辞笔划肥厚"。[③]这则卜辞的意思是说，甲辰这天占卜，名为"亘"的贞人卜问：这个三月名为"光"的人

---

① 参看裘锡圭：《从殷墟卜辞的"王占曰"说到上古汉语的宵谈对转》，《中国语文》2002 年第 1 期；孙超：《甲骨卜辞"王占曰"考——以〈甲骨文合集〉为例》，《黑龙江史志》2014 年第 11 期。

② 陈年福：《殷墟甲骨文摹释全编》第 1 卷，线装书局 2010 年版，第 12 页。

③ 黄天树：《殷墟王卜辞的分类与断代》，科学出版社 2007 年版，第 42 页。

会使唤下人来朝。王视兆判断说："光将使唤人来朝贡，到达的日期是乙日。"经过十二日，乙卯这天果真从光那边来人了，给王献上五十个割草的羌人。

在这则卜例中，只记录了商王武丁的占辞，却不见主持这次占卜活动的贞人"亘"的占辞，只有他的贞辞（也称命辞，即决疑事项）。《周礼·春官·大卜》："凡卜筮，君占体，大夫占色，史占墨，卜人占坼。"郑玄《周礼注》："体，兆象也。色，兆气也。墨，兆广也。坼，兆璺也。体有吉凶，色有善恶，墨有大小，坼有微明。尊者视兆象而已，卑者以次，详其余也。周公卜武王，占之曰：体，王其无害。凡卜，象吉、色善、墨大、坼明，则逢吉。"①据此，一次为王举行的占卜活动，君、大夫、史、卜人都有各自的占断任务，都会产生各自的占辞。这是周礼所设计的占卜原则。在甲骨卜辞中，为王举行的占卜，除了个别情况，一般只记录商王视兆后的占辞。

武丁占卜光派不派人送来羌人，事情的起因是"王寻"这件事。《合集》94 反："丙申，王寻，占光，卜曰：不吉，有求（从裘锡圭释），兹呼来。"寻，学界解说不一，李小安解为"迎"，李学勤解为副词"重"，裘锡圭解"寻舟"为"行舟"，②等等。其实，这则卜辞的"寻"不能解为副词"重"，因为它不是第二次占卜的卜辞，而是第一次占卜的。卜辞中记载的占卜时间是"丙申"，即六十甲子中的第三十三日，上引卜辞的占卜时间是"甲辰"，即六十甲子中的第四十一日。所以说"在此次占卜中，王有两次占辞，内容不同。刻在反面的是第二次占"③是不对的。那么，这里的"寻"是什么意思呢？笔者推测"寻"是一种祭名，是为某人平安出行而举行的一种祭祀仪式。这则卜辞的意思是，丙申这天占卜，商王举行"寻"祭，占卜"光"来不来上贡的事，商王视兆后判断说：不吉，有过失，如果光这个时候使唤人来。因为商王判断光这个时候派人来朝是不吉利的，所以光来朝之事被推迟了。过了九天的"甲辰"这天，武丁又让贞人占卜，这个时候商王是期盼着光派人来朝贡了，所以没有判断吉凶情况，直接推断使者的抵达日期。

商王的占辞代表着神意，它隐含着使者能在"乙"日到达就符合神意，就是吉利的。而甲辰日之后，最近的两个乙日是乙巳和乙卯。所以使者如果在这两个日子中的任何一个日期到达，武丁的预测都是准确的。武丁的准确

---

①　郑玄注，贾公彦疏：《周礼注疏》卷二十四，十三经注疏整理本，北京大学出版社 2000 年版，第763 页。

②　何景成编撰：《甲骨文字诂林补编》上册，中华书局 2017 年版，第 278—282 页。

③　《甲骨文字诂林补编》上册，第 280 页。

预测，无疑维护了占卜的权威地位和他的王权。而卜人、史官特地将商王准确预测的卜例记录和保存下来，也是一种自觉维护王权尊严的行为。商王和卜史的这些行为在中国思想文化史中具有重要的意义。

二、"王曰"内容的变化

甲骨学界将甲骨卜辞分为五期，第一期，一般认为是武丁卜辞；第二期，祖庚、祖甲卜辞；第三期，廪辛、康丁卜辞；第四期，武乙、文丁卜辞；第五期，帝乙、帝辛卜辞。[①]"王曰"卜辞的内容在这五期卜辞中有着显著的变化。

一方面是占卜的信仰和占卜事项的变化。武丁卜辞数量最多，"卜风最盛，现存卜辞几乎占了卜辞总数的一半"，[②]可见，这个时期王朝的占卜信仰最为坚定。小到武丁日常中与臣子的对话，大到祭祀和战争，贞人似乎遇事必卜。《合集》3297 正："……（2）戊戌卜，殻贞：王曰：'侯豹母（毋）归。'"（3）戊戌卜，殻贞：王曰：'侯豹，暾！余不尔其合，以乃史归。'"卜辞（2）贞人殻对武丁做出的"让侯豹不要归去"的决定进行占卜，以判断王的决定是否符合神意。卜辞（3）是就武丁对侯豹所说之话吉凶情况的占卜。武丁对侯豹说："侯豹，暾（感叹词)！我不会和你会合，带着你的史官回去吧。"[③]这两条卜辞体现了武丁处理君臣关系复杂的一面，即言行不一，他在侯豹面前说让侯豹带着使臣回去，而在贞人殻面前又说不宜让侯豹回去。可见，贞人会通过占卜的方式来确定武丁话语符不符合神灵的意志。但为了维护王的尊严，这类卜辞从未出现过验辞（即结果的吉凶情况）。

另一方面，包括"王占曰"在内的"王曰"卜辞，从第一期到第五期，商王的忧患意识是逐渐减弱的，尤其是第五期卜辞。第一期卜辞中，商王的担忧是多方面的。卜旬是否有忧患，时常心存忧患之念。《合集》139："癸亥卜，争贞：旬亡忧。王占曰：有求。五日丁未在臺圉羌……"这则卜辞是说，癸亥这天占卜，贞人争贞问：旬没有忧患。王视兆后判断说："有过失。"

---

① 董作宾:《甲骨文断代研究例》将世系、称谓、贞人、坑位、方国、人物、事类、文法、字形、书体作为甲骨断代的十个标准，分甲骨为五期，第一期，盘庚，小辛，小乙，武丁；第二期，祖庚，祖甲；第三期，廪辛，康丁；第四期，武乙，文丁；第五期，帝乙，帝辛。参见陈梦家:《殷虚卜辞综述》，中华书局 1988 年版，第 136 页。

② 陈炜湛:《甲骨文田猎刻辞研究》，中山大学出版社 2018 年版，第 4 页。

③ 黄天树主编:《甲骨拼合五集》，学苑出版社 2019 年版，第 4 页。

结果是第五日在辜地抓获羌人，这说明结果为吉利，与商王的预测是相反的，也即是商王的判断并不准确。田猎是否顺利，商王也时常感到艰险重重。《合集》199："己卯卜，争贞：今凶（从陈剑释早①）令龙田，从术至于瀍，获羌。王占曰：艰。"②这是商王一大早就让贞人争卜问田猎之事，王视兆后判断说："有艰险。"《合集》10306 反："王占曰：不其获。"这是田猎卜辞，武丁视兆后判断："田猎将没有收获。"商王还经常担忧过世的祖先是否伤害子孙。《合集》235："王占曰："唯父庚，唯求（咎）余。"这是商王视兆后说："是父庚给我造成过失。"商王还担忧边境被侵犯。《合集》6057 正："〔癸亥卜，殸贞：旬亡〕忧。五月。王占曰：有求，其有来艰，气至。七日己巳允有来艰自西。徵友角告曰："舌方出，侵我示罍田七十人。五〔月〕。（2）癸未卜，殸〔贞：旬亡忧〕。（3）癸巳卜，殸贞：旬亡忧。王占曰：有求，其有来艰，气至。五日丁酉允有来艰自西。沚戬告曰："土方围于我东鄙，蔑二邑。舌方亦侵我西鄙田。"这版卜辞是武丁担忧边境地区被舌方、土方侵犯的记录，在第一期中这类卜辞数量不少，这表明了武丁具有很强的忧患意识。武丁还会担心天象发生异常。《合集》10405："王占曰：有求。八日庚戌（史官笔误，应为庚午）有各云自东面母，昃亦有出虹自北歠于河。十月。"各云，即格云，到来的云。③东面母，地名。殷商时期，"以为虹能作祸祟。又视虹为有生机之物而能饮"。④这则卜辞的意思是，商王视兆后判断说："有过咎。"果然在十月再过八日的庚午，有从东面母到来的云，太阳偏西的时候也有从北边出来的虹饮水于黄河。《合集》11484 正："□丑卜，宾贞：翌乙〔未酒〕黍异（登）于祖乙□。〔王〕王占曰：有求，〔不〕其雨。六日〔甲〕午夕月有食；乙未酒，多工率条遣。"⑤多工，犹西周时期的"百工"，即多位熟悉手工艺的人的头领。率，副词，都。条遣，有学者释读为"遭遭"，⑥两字意思难以明了，但肯定与"有求"有关，含有过失之意。卜辞的大意是，贞人宾贞问：下个乙未日献上黍来酒祭祖先。武丁视兆后判断说："有过失，不会下雨。"果然过了六日的甲午这天傍晚有月食，第二天乙未举行了酒祭祖先的活动，多位手工艺业的头领工作上都有过失。

---

① 《甲骨文字诂林补编》下册，第 1021 页。

② 郭沫若主编，胡厚宣总编辑：《甲骨文合集》第 1 册，中华书局 1982 年版，第 50 页。

③ 于省吾：《甲骨文字释林》，中华书局 2009 年版，第 29 页。

④ 《甲骨文字释林》，第 29 页。

⑤ 胡厚宣主编：《甲骨文合集释文》第 2 册，中国社会科学出版社 2009 年版，第 607 页。

⑥ 《殷墟甲骨文摹释全编》第 3 卷，第 1087 页。

　　还值得注意的是，第一期卜辞中，商人对祭祀祖先所达到的预期效果有一个探索的过程。《合集》11497 正："丙申卜，殷贞：来乙巳酒下乙。王占曰：酒，唯有求，其有𤔲。乙巳酒，明雨；伐既，雨；咸伐，亦雨；㪣卯，鸟星。"① 下乙，即祖乙，与他天干日名相配，在乙日受祭。𤔲，《合集释文》释读作"酘"，② 陈年福释读作"殺"，③ 其义不详。鸟星，与天气的阴晴有关。《书·尧典》："日中，星鸟，以殷仲春。"孔安国《尚书传》："日中谓春分之日。鸟，南方朱鸟七宿。殷，正也。春分之昏，鸟星毕见，以正仲春之气节。"④《诗经·鄘风·定之方中》："星言夙驾。"郑玄《毛诗笺》："星，雨止星见。"⑤ 杨树达说："盖据事象言之，夕时星见为明日天晴之兆。"⑥ 杨先生之说可从。明，董作宾说："所谓'明'者，皆指天明之时也。"⑦ 伐，是举行酒祭时以人为牲的仪式。咸伐，赵诚说："全部进行了伐祭。"⑧ 这则卜辞的大意是说，丙申这天占卜，贞人殷贞问：下个乙巳日酒祭祖乙。王视兆后判断说："可以酒祭，只是还是有过咎，将有𤔲。"（过了十天，）乙巳这天酒祭祖乙，天明之时下雨了；给祖乙献上一部分人牲的仪式结束后，还是下雨；给祖乙全部献上人牲，也还是下雨；经过"㪣卯"仪式之后，鸟星出现。

　　第二期卜辞中，商王的忧患意识还没有明显的减弱。《合集》24135："辛未，王卜曰：余告多君曰：'朕（？）卜有求。'"朕字漫漶，联系文意，暂读为"朕"，是"我的"意思。多君，多位诸侯方伯。商王在辛未这天占卜，他卜问："我把我占卜有过咎的结果告知各位方伯。"商王是否应该对臣子说某些话，他都会征求鬼神的意见。甚至，商王与各位方伯交谈的内容是否得体也成为占卜的事项。《合集》24134："丁酉卜，疑贞：多君曰：'来弟以□。'王曰：'余其□□王。'十月。"这则卜辞虽然残缺，且有的文字也难以释读，但它的大概意思还是比较明了的，这是多君与王的对话。

---

① 《甲骨文合集》第 5 册，第 1649 页。

② 《甲骨文合集释文》第 2 册，第 608 页。

③ 《殷墟甲骨文摹释全编》第 3 卷，第 1089 页。

④ 孔安国传，孔颖达疏：《尚书正义》卷一，十三经注疏整理本，北京大学出版社 2000 年版，第 33 页。

⑤ 毛亨传，郑玄笺，孔颖达疏：《毛诗正义》卷三，十三经注疏整理本，北京大学出版社 2000 年版，第 238 页。

⑥ 杨树达：《杨树达文集之五·积微居甲文说》，上海古籍出版社 1986 年版，第 21 页。

⑦ 董作宾：《殷历谱》卷一，宋镇豪、段志洪主编：《甲骨文献集成》第 31 册，四川大学出版社 2001 年版，第 17 页。

⑧ 赵诚：《甲骨文虚词探索》，《古文字研究》第 15 辑 1986 年。

从《合集》看，第三、第四期"王曰"卜辞大为减少，王的占辞中言吉的频率提高。《合集》41249："辛未卜，中贞：今日辛未至于翌乙亥亡忧。王曰：吉。二月。"（出二）这是出组卜辞，是第三期卜辞。这则卜辞的意思是说，在二月辛未这天占卜，贞人"中"贞问："今天辛未到下一个乙亥日无忧患。"王视兆后说：吉。"王曰"卜辞的减少，意味着商王已经很少亲自参加占卜活动，他们的占卜信仰出现了一个明显的松懈期。否则，按照第一期史官记录占卜的惯例，"王占曰"和"王曰"的言语内容必被写进卜辞。

"王占曰"卜辞在第五期数量又剧增。商王的占辞出现了与前四期卜辞，尤其是第一期卜辞不同的一个显著的特点，即是逢占必言吉。在丧不丧失民众方面，王的占辞都是吉利。《合集》35345："不雉众。王占曰：引吉。"雉众，杨树达、沈培解为"失众"，[①] 可从。卜辞是说，不丧失民众，商王视兆判断说："接连吉利。"这版卜辞还载："其雉众。吉。"这里的"吉"应该也是商王的占辞。丧失民众，本来是不吉利的，商王依然判断吉利。在卜旬卜辞方面，王的占辞都是吉利，且这类卜辞很多。《合集》35530："（1）癸未〔王卜〕，贞：旬〔亡忧〕。王占〔曰：吉〕。在十二月。〔甲申壹〕上甲、工〔典其彡〕。（2）癸巳王卜，贞：旬亡忧。王占曰：吉。在十月又二，甲午彡日上甲、祭大甲。（3）癸卯王卜，贞：旬亡忧。王占曰：吉。在十月又二。甲辰壹大甲、祭小甲。（4）癸丑王卜，贞：旬亡忧。王占曰：吉。在正月。甲寅彡大甲、壹小甲。（5）〔癸〕亥王卜，贞：〔旬亡〕忧。王占〔曰：吉〕。在正月。甲〔子祭〕戈甲、肜〔小甲〕。"在征伐方面，王的占辞经常是吉利的。《合集》36518："乙巳，王贞：启，乎祝曰：盂方收〔人〕，其出伐，屯自高。其令东会〔于〕高，弗悔。不雨冓。王占曰：吉。"在年成丰歉上，都是大吉。《合集》36975："己巳王卜，贞：〔今〕岁商受〔年〕。王占曰：吉。"在田猎上，也都是逢占必吉。《合集》37365："……（2）乙亥王卜，贞：田丧，往来亡灾。王占曰：吉。获象七、雉卅。（3）戊寅王卜，贞：田喜，往来亡灾。王占曰：吉。"（4）〔辛〕巳王卜，〔贞〕：田喜，往〔来〕亡灾。王占曰：吉。"忧患意识的减少，是伴随着商王的享乐思想一起产生的。专家指出："帝乙帝辛时期田猎之辞亦至多。"[②] 这个时期的田猎已经沦为商王享乐的内容。郭沫若说："卜辞中帝乙时代之物特多，盖帝乙时代之坑窖多被发掘，它王同好田猎

---

① 沈培：《卜辞"雉众"补释》，《语言学论丛》第 26 辑，商务印书馆 2002 年版。

② 《甲骨文田猎刻辞研究》，第 4 页。

与否虽未可知，然足见殷时之田猎已失去其生产价值，而纯为享乐之事矣。"①
这是正见。

以《甲骨文合集》为统计资料，"王曰"类卜辞在全部五期卜辞中的变
化，虽然不全面，但是在很大概率上还是能说明问题：首先，占卜的信仰的
强度在武丁时最强，然后逐渐减弱，在帝乙帝辛时又有所回归；其次，占卜
作为古代朴素的民主形式，贞人阶层的权力逐渐被架空，无法形成强有力的
宗教组织，而王在占卜活动中逐渐占据至高无上的地位，成为占卜中唯一的
权威解释者；再次，"王曰"的句式建立了一种话语范式，带着一种仪式的神
圣意味，体现着崇高感和权威性，它对后世的"语体"和语录体的文章具有
直接影响，春秋战国诸子著作中的"子曰"是其形式的下移，是其变体；最
后，"王曰"类卜辞，对照未来的吉凶，实际上削弱了占卜的信仰的强度，本
质上卜人和史官阶层从自身内部瓦解了占卜的权威性。占卜信仰的变化和围
绕其产生的思想的变化，对中国思想文化的发展变化都有值得深入探讨的
空间。

三、"王曰"类卜辞的思想文化内涵

"王曰"类甲骨卜辞的出现，在中国思想文化史上至少有三个重要意义：

首先，王权和神权趋向统一，王通过解释天帝和诸神的意见巩固王权，
施行统治。

从上文所引包括"王占曰"在内的"王曰"类卜辞内容的变化看，殷商
时期的王权和神权逐渐集中到商王一个人的身上。这里所说的"神权"就是
商王逐渐垄断了解释帝命和神意的权力，神权成为商王希望加强自己统治地
位和维护正当性的"筹码"，成为赖以决策和行政的权力资源。《合集》14147
反："王占曰：乙未帝其令雨。"《合集》21081："戊〔戌卜〕，王贞：生十一
月帝雨。二旬又六日……"在甲骨卜辞中，只有商王能卜问天帝的意见，天
帝的意见的解释权归商王一个人所有。凭借帝命神意行事，在第五期卜辞中，
达到了顶峰。这个时期，商王的意志就是鬼神的意志，换而言之，商王只是
借助占卜这个途径来推行自己的意志。在帝辛那里，帝命神意已经成为可以
控制的领域。神权下落，成为王权的附庸。但神权是一把双刃剑。一方面，
王权和神权高度统一，且神权为王权服务，使王权在帝辛时期达到了巅峰，

① 郭沫若：《卜辞通纂》，台湾大通书局 1976 年版，第 540 页。

这对社会发展而言，是"社会走向文明的积极因素"。① 另一方面，它破坏了朴素的民主形式。从一定程度来说，以占卜为活动中心，集中了卜人和史官阶层，这些人都是当时的文化精英，是当时参政议政的重要群体，而随着王权和神权集中到商王一个人身上，这些人的话语空间逐渐被压缩，最后演变成集体失声，不再敢记载"不吉"之事。《尚书·商书·西伯戡黎》载：

> 西伯既戡黎，祖伊恐，奔告于王。曰："天子，天既讫我殷命，格人元龟，罔敢知吉。非先王不相我后人，惟王淫戏用自绝。故天弃我，不有康食。不虞天性，不迪率典。今我民罔弗欲丧，曰：'天曷不降威？大命不挚？'今王其如台。"王曰："呜呼！我生不有命在天？"②

祖伊看到了西伯姬逐渐征服诸侯方国，甚至把临近王畿的黎国打败了，这是一个危险的信号。所以他很着急，在西伯打败黎国后奔跑来进谏。他的进谏内容并没有说明周人军事力量有多强大，而是从商王自身原因说起。他进谏的核心观点是，天帝已经终结了对殷王的任命。他的第一个理由是，贤人和大龟占卜都不敢说殷吉利，言外之意，吉利之事，不敢告知王；凶险之事，更不可能告诉王。这反映出占卜机制失效了。祖伊的第二个理由是，先公先王在天之灵已经不帮助殷人子孙，因为商王过分贪图享乐和懈怠，这是自绝于祖宗神的行为，连在天帝左右的祖宗神都不愿意帮助其子孙，所以天帝抛弃殷人，殷人没有安稳的生活。在祖伊看来，帝辛之所以造成这样的政治危机，主要原因是，商王不能准确地预知天帝的意志，这是不蹈循占卜的惯常做法的结果。祖伊的第三个理由是，民间舆论对殷王的统治已经失望到极点，民心思变："天帝何不降下刑威？有大命可以称王的人，为何还不到来？"从祖伊的话语中，我们可以得知，殷王朝此时已经危机四伏，而且是危如累卵，它已经从自身内部迅速瓦解。但是，商王却很自信，因为他认为掌控了占卜的解释权，就是操控了鬼神的意志，这就是他的政治资本，所以他说"我生有寿命在天"，言外之意是，他的生命长短是由天帝说了算，民众的舆论奈他无何。进一步说，帝辛认为自己正是天帝的代言人，他的意志就是天帝的意志。而这在有识之士（如祖伊）看来，是连祖先都情愿绝祀也不愿在天帝那里为子孙说好话的行为，是亵渎神灵的行为。

---

① 晁福林：《试论殷代的王权和神权》，《社会科学战线》1984 年第 4 期。
② 《尚书正义》卷十。

帝辛不正确对待占卜和民意的做法在卜辞中都能找到例证。在第五期卜辞中，帝辛几乎没有举行预知天帝动向的占卜仪式，这正是祖伊所说的"不虞天性"。而在对待民众态度方面，帝辛又失君主作风。正如上文《合集》35347"其雉众。吉"所见，商王连丧失民众的兆象都判断为吉。《合集》39336："不利，吉。"即是说，占卜时出现不好的兆象，商王也判断为吉利。这种违背常理的做法，正是祖伊所说的"不迪率典"。在第五期卜辞中，除了商王逢卜必言吉的卜辞外，有大量的卜旬卜辞没有占辞和验辞，这时期贞人的名字几乎不再出现在卜辞中，贞人和卜人已经不愿意为这些占卜活动负责，已经不见第一期贞人在卜辞中署名而形成的成文不成文的专人专管卜辞的做法。占卜已经沦为商王炫耀智力的游戏。

其次，记录和保存王的言论的做法成为史官笔法，说明史官很早就有记言的自觉，是早期史官秉笔直书的实录精神的体现，这对后来良史文化有先行的意义。

在第一期卜辞中，"王曰"类的内容记载得最为详细和真实。《合集》5445正："（1）丁酉卜，亘贞：舌由王史。（2）贞：王曰舌来。"《合集》5445反："王占曰："吉，其曰舌来。"史，即事。由，读为"堪"，[1] 胜任的意思。这版卜辞是贞人亘对商王武丁的"王占曰"内容的占卜。《合集》6080："贞：王曰雷，舌方其出，不遘。"即贞问：王对雷说"舌方军队出行，不须征伐他们"是否可行。《合集》5930："贞：王占曰：菁，弓达。"[2] 即贞问：王视兆后的判断"会遇上，不会错失"准不准确。《合集》20255："辛亥卜，自贞：王曰：丁弓唉。十一月。"[3] 即在十一月辛亥这天占卜，自贞问：王作出的决定"丁日不宜唉"好不好。《合集》20256："丙辰卜，自贞：王曰：□我出我……束延，方立……"卜辞残，无法卒读，但也是自针对"王曰"内容举行的占卜。以上都是第一期卜辞。《合集》23805："……（3）丙寅卜，疑贞：卜竹曰：其出于丁宰；王曰：弜卟翼翌丁卯㑥，若。八月。（4）□巳卜，疑贞：肩曰：入。王曰：入。允入。"[4] 这版卜辞是第二期卜辞，保存了卜人名为"竹"的人的占辞，由此可窥见在占卜活动中，卜人也是有占辞的，但史官很少将卜人的占辞记录下来，而一般只记录王的占辞，以突出王的地位，因为"王占曰"的

---

① 《甲骨拼合五集》，第276页。

② 《殷墟甲骨文摹释全编》第2卷，第597页。

③ 《甲骨文合集释文》第2册，第1012页。

④ 《甲骨文合集》第8册，第3046页。

内容准确地预测未来是商王在贞人阶层中树立权威形象的一个重要途径。

从卜辞看，史官并不只是记录商王断占正确的卜例，也记载预测不完全正确甚至错误的占辞。《合集》641 正："癸酉卜，亘贞：臣得。王占曰：其得，唯甲、乙。甲戌臣涉舟，延，ɔ弗告。旬有五日丁亥牵。"①臣，奴隶。ɔ，人名，负责追捕逃跑的奴隶的官员。牵，逮捕。这则卜辞是说，癸酉这天占卜，亘贞问：是否能捉到臣。王视兆后判断说：将会捉到，在甲日或乙日。甲戌这天，逃跑的奴隶坐船逃走，延误了日期，ɔ这个官员并没有把这件事报告给朝廷。在第十五天的丁亥捉到了逃犯。从这则卜辞看，商王的判断并不完全正确。《合集》20036："辛卯卜，王：甲午日雨。不。"这则卜辞里，王的贞辞和占辞相同。这则卜辞是说，在辛卯这天占卜，（再过四天）甲午白天有雨。结果到了甲午这天，没有下雨。《殷虚文字丙编》368："（1）癸巳卜，争贞：今一月雨？王占曰：丙雨。（2）癸巳卜，争贞：今一月不其雨？（3）旬，壬寅雨。甲辰亦雨。"《殷虚文字丙编》369 是第 368 块卜骨的反面，其记录验辞："己酉雨。辛亥亦雨。"②这版卜辞的意思是说：（1）癸巳这天占卜，争贞问：今年一月会降雨？商王武丁视兆后判断说：丙日有雨。（2）癸巳这天占卜，争贞问：今年一月将不会降雨？（3）（结果）过了十天，壬寅这天下雨了。（第十二天）甲辰这天也下了雨。"而且，"（第十七天）己酉这天下了雨。（第十九天）辛亥这天也下了雨。"据此，一月虽然下了雨，但却不下在丙日，所以武丁的占辞并不准确。那么，史官为什么一再做记录的努力呢？吉德炜说："我怀疑这次的占验工作有‘不肯罢休’的倾向，总希望最后能得到一次丙日下雨，但等了整整两旬以后，贞人终于放弃了。"③这是合理的推测。史官把这则卜辞的验辞如实地记载下来，说明占卜存在的不准确率在史官看来可能是一件正常的事情，这对于编写卜书是有价值的材料。

最后，大量"王占曰"的记载，有利于文化精英和政治精英思考人神关系，让人们意识到神意的难以预测，有利于人们走出鬼神投下的巨大阴影，去迎接即将到来的人文曙光。

殷商晚期从武丁到帝辛有二百多年，几百年的占卜实践表明，履行神职的官员始终是为王朝服务、为王服务的人，没有获得可以与王权分庭抗礼的

---

① 《甲骨文合集》第 1 册，第 153 页。

② 张秉权：《殷虚文字丙编》，宋镇豪、段志洪主编《甲骨文献集成》第 4 册，第 228 页。

③ 吉德炜：《中国正史之渊源：商王占卜是否一贯正确？》，宋镇豪、段志洪主编：《甲骨文献集成》第 17 册，第 152 页。

政治地位，也就根本上无法形成独立的宗教组织。更值得关注的是，"殷周宗教活动——祭祀和占卜，不但没有起到巩固宗教地位的作用，相反却成了殷周宗教观内的自我否定因素"，[①] 实际上，贞人集团和商王在长期的占卜实践中，客观上逐渐产生了理性精神。从甲骨卜辞看，在对先公先祖的祭祀仪式中奉献了大量的牺牲，乃至人牲，但他们逐渐发现，这些祭祀活动并没有使他们获得鬼神的保佑。例如，商代禳灾求福的仪式被称为"御"，从武丁到帝辛，举行御祭的次数呈现出递减的趋势，尤其是第五期卜辞，已经很少举行御祭仪式。张玉金指出：

> 师组、宾组、历组和非王卜辞，都属于早期卜辞，若将这些组卜辞中记载的"御"的次数加在一起，则达到 640 次，占总出现次数的 96.8%。出组、何组、无名组中的"御"总出现次数为 21 次，占总出现次数的 3.2%。晚期的黄组卜辞竟然一次也未出现。卜辞中对"御"祭记载的减少，应反映殷人对"御"祭举行次数的减少。而举行次数的减少，可能反映出殷人对举行御祭作用认识的变化。可能是实践使殷人意识到，不祥的事来临后，举行御祭也不起作用，所以干脆就少举行，以至于不举行[②]。

占卜所预测的帝命神意并不都是准确的。从概率学的角度上看，占卜的准确率绝对不会次次命中，它必定存在不准确的情况。从甲骨卜辞看，占卜本质上是一种了解未知世界或帝命神意的途径。对它所显示的兆象的启示，商王也不是每次都采纳它的意见。《合集》19806："辛丑卜，王：夕出示壬母妣庚豕。不用。"即是说，辛丑这天占卜，王做出判断：晚上用豕侑祭示壬母妣庚。最后不采用此次占卜的建议。《合集》24402："曰贞：祝于庭。兹不用。"此言商王贞问：在庭举行祝祭仪式。最后未用此次占卜的启示。《合集》32171："戊寅卜：又妣庚五妃、十牢。不用。"此言戊寅这天占卜：用五个女奴、十头特养的牛侑祭妣庚。最后不用此次占卜的意见。《合集》32360："甲戌卜：乙亥王其彝于大乙宗。不用。"即是说，甲戌这天占卜：乙亥日王在大乙（成汤）宗庙举行彝祭仪式。最后不用此次占卜的意见。据笔者统计，《合集》中有 43 条明确标明"不用"的爻辞，其中第四期最多，有 29 条，占总

---

① 张持平、吴震：《殷周宗教观的逻辑进程》，《中国社会科学》1985 年第 6 期。

② 张玉金：《古文字考释论集》，广东高等教育出版社 2018 年版，第 66 页。

数的 67.4%。这与武乙、文丁时"王曰"类数量的稀少是有关系的。这个时期，商王的天神信仰有了怠慢的迹象。《史记·殷本纪》载："帝武乙无道，为偶人，谓之天神。与之博，令人为行。天神不胜，乃僇辱之。为革囊，盛血，卬而射之，命曰'射天'。"[①] 这是说，武乙行为不合常道，他用泥土或木头做成人的模样，称它为"天神"，并与之下棋博弈，比试智力，命令手下代替天神移动棋子，天神没有取胜，武乙就侮辱天神；又用皮革制造袋子，盛满动物的血，将此袋子抛向天空，并用弓箭射击它，武乙还命名这种游戏为"射天"。侮辱和射击天神的行为，表明了武乙对天神的不满情绪。这种不满情绪，在一定程度上可看成是对人神关系的思考。在武乙看来，天神的智力和武力并没有比他高明，但却可以通过作祟的方式伤害人间。所以，武乙的行为包含着更多不服气和无奈的因素。

人神关系一直是先秦时期政治精英和文化精英思索的一个重要问题。以商王为核心的统治集团亲自参加占卜活动，例如第一期和第五期中的商王，在长期的占卜实践之中，他们积累了丰富的占卜经验，对占卜的准确率他们心知肚明。人的智力因素参与到占卜活动中并且决定用不用兆象所启示的鬼神之意，表明了人文因素在商末在逐渐增加。

对天神的失望，让商王逐渐将目光转向祖宗神灵，并形成了一套严密的周祭制度。这种祭祀制度中，商王使用翌、彡、祭、壹、劦五种祭典轮番且周而复始地祭祀先公先王先妣。对祖宗神的祭祀和崇拜，是孝道思想萌芽和发展的一个重要条件。商末商王对王朝信仰的调整，在思想文化史中有重要的意义。

余　论

"王曰"类甲骨卜辞，如果汇编成册，就是一本商王的语录。它是研究商代的王权、神权及由之所见的思想文化等课题的第一手材料。"王曰"句式的出现，意味着商王亲自参加了占卜活动，并且成为占卜活动的核心人物，王权和神权在这个过程中逐渐融为一体。贞人和史官阶层是为王工作的官员，他们始终都没有借助宗教活动凌驾于王权之上的念头，他们忠诚地服务于王朝，所以不可能形成独立于王权之外且与王权分庭抗礼的宗教组织，这也就注定了中华文明在世界文明史中的独特一面。以王为核心的贵族阶层参与占

---

① 司马迁：《史记》，点校本二十四史修订本，中华书局 2013 年版，第 134 页。

卜活动，并亲自视兆断占，有利于这些政治精英和文化精英发现占卜的弊端和神意的难测，从而有利于将目光投向更需他们关注的人间。从"王曰"类卜辞内容的变化以及史官记载卜辞的方式看，商代的宗教信仰从格外关注天帝到非常重视祖宗神，史官如实地记载下了这些卜辞，甚至将"王曰"中的感叹词（例如《合集》3297正）都记录了下来，如此可见史官记录的即时性和实录性，这种踏实的实录精神被历代的良史所传承，对史传文学有着积极和深远的影响。

（作者单位：广东外语外贸大学中文学院）

制从长庆辞高古：

元、白制诰的话语训诫与体式新变

刘　顺

　　穆宗长庆三年（823），时任杭州刺史的白居易有《余思未尽加为六韵重寄微之》诗，称誉元稹变革诏令文体之功绩曰"制从长庆辞高古"。[①] "知制诰"本为李唐"士人之极任"，为王廷喉舌，具有极佳的政治前景与巨大的政治影响力。故而，"王言"的体式或文风的调整、变化通常有其明确的政治意图。但在后世的唐代文学研究中，由于唐诗的文体优势及学科本位的限制，即使元、白的诏令变革受到一定的关注，过于偏好书写技法的讨论，却不免与诏令作为"王言"的角色定位相偏离。而在"新体"与"旧体"讨论上以骈、散为考量标准的选取，也同样体现出古典文学研究在涉及政治话题时的应对乏力。[②] 相较之下，历史学界对于王言之制的研究持续有年，在诏令的体制及

---

① 白居易撰，朱金城笺校：《白居易集笺校》，上海古籍出版社 2016 年版，第 1532 页。此句自注曰："微之长庆初知制诰，文格高古，始变俗体，继者效之也。"

② 鞠岩《唐代制诰文改革与古文运动之关系》（《文艺研究》2011 年第 5 期，第 50—57 页）自制诰改革的谱系构建中确立元、白的历史地位；王永波《元白的郎官知制诰经历与制诰文创作》（《中华文化论坛》2019 年第 6 期，第 100—107 页）较为具体地分析了元、白制诰的文本特点。刘曙初《制从长庆辞高古——论元白对制诰文体的改革》（《古籍研究》2005 年第 2 期，第 81—94 页）对元、白制诰作了详细的文本分析，并讨论了制诏"新体"与"旧体"的相关问题；周京艳《中唐元、白制诰研究》（《北京大学学报》2012 年第 4 期，第 86—94 页）认为元、白制诰内容真实、形式自由，摆脱了先前制诰形式和内容上的缺点，并具有制诰少有的文学性；傅绍磊《论宦官内争与元稹及其制诰改革》（《西南交通大学学报》2009 年第 5 期，第 52—60 页）自内廷的政治格局讨论元稹的制诰改革，有明确的突破传统研究路径的意图。朱红霞《代天子立言——唐代制诰的生成、传播与文学研究》（上海人民出版社 2017 年版）对制诰的生产机制等问题作了较为详尽的研究，但制诰政治功能的解读犹留存有较大的拓展空间。

体式与生成机制及程序①、知制诰群体②、诏令的政治功能③等方面均有较为系统而专深的讨论。但以上研究，以诏令的政治功能而言，则主要集中于政令发布、官员任免及事态处置之上，诏令通常作为政治事件的佐证材料出现于行文之中，而较少留意作为"王言"的诏令在形成与维护政治共识中的作用。此种作用既表现于诏令文本对于某种"共识"意图的直接表达，亦伴随于政治事件具有倾向性的行文之中。④元、白对于制诰的变革，其意图并不在于诏令语言表达的精准或质朴。重申诏令的政治训诫功能⑤，确立适当的中央权威介入地方政治的方式，并由此为元和、长庆之际的政治生活提供规则与共识，应是元、白更为核心的政治意图。

一、"中兴"之下的挑战：元和、长庆之际的局势

元和十五年（820）正月庚子，宪宗崩殂，穆宗继位，明年改元长庆，后安史之乱的李唐又进入了一个特定的历史时期。相较于以改变德宗朝中央——地方互动规则，重新制定政治秩序，有"中兴"之誉的宪宗，"再失

---

① 主要研究成果有中村裕一《唐代制敕研究》（汲古书院 1990 年版）、《唐代官文书研究》（中文出版社 1991 年版）、《唐代公文书研究》（汲古书院 1996 年版）、《隋唐王言の研究》（汲古书院 2003 年版）；刘后滨《唐代中书门下体制研究——公文形态、政务运行与制度变迁》（齐鲁书社 2004 年版）；王兴振《北魏王言制度研究》（甘肃人民美术出版社 2018 年版）；代国玺《汉代古文形态新探》（《中国史研究》2015 年第 2 期，第 23—49 页）；禹成旼《唐代德音考》（《中国史研究》2006 年第 2 期，第 101—109 页）。

② 主要研究成果有傅璇琮《唐翰林学士传论》（辽海出版社 2005 年版）；毛蕾《唐代翰林学士》（社会科学文献出版社 2000 年版）；刘万川《唐代中书舍人与文学》（人民出版社 2017 年版）；赖瑞和《唐代高层文官》（联经出版公司 2016 年版）。

③ 主要研究成果有富谷至《文书行政的汉帝国》（刘恒武、孔李波译，江苏人民出版社 2013 年版）、魏斌《"伏准赦文"与晚唐行政运作》（《中国史研究》2006 年第 1 期，第 95—106 页）、《唐代赦书内容的扩展与大赦职能的变化》（《历史研究》2006 年第 4 期，第 21—35 页）。

④ 目前在中古史研究领域，陆扬是较早关注政治之语言维度的历史学者："清流文化涉及的一个重要方面是语言与政治的关系，这是当下中国史研究中一个非常薄弱的环节。我们生活在只认可赤裸裸的权力的时代，虽然日常生活里，人们仍不断要从刻板的官方文字中咀嚼出政治风向的滋味，而对在古代的政治和礼仪空间中曾拥有至高权威的文辞表达，反而失去了敏感，这是令人遗憾的。"（《唐帝国与清流文化》，北京大学出版社 2015 年版，第 15 页）但由于语言与政治问题的复杂度，中古文史研究在此问题上的讨论存在极大的提升空间。

⑤ "训诫臣下"，本是王言应有的制度功能，但多因事因人而发，或作常规性的文本表述。

河朔"的穆宗在两唐书中是一位守成无力的君主。① 但如若将"德宗——宪宗——穆宗"作为一个相对完整的历史时期予以观察，宪宗对于德宗政治惯例的挑战，在穆宗时期方始得到最终的检验。自建中至长庆，乃是不同的力量交互纷争，表达诉求与底线，并经历分化与重组的历史时段。②"元和中兴"虽然一度提升了中央王廷的权威及其介入地方事务的能力，但依赖于军事征讨与赏赐利诱的运作方式，无疑会导致国家社会治理成本的激增而难以为继。③ 与之相应，此一时期，也是一个观念纷杂、原有共识被逐步侵蚀而空洞化的思想时刻。

元和十二年，宪宗平淮西吴元济，十四年，再定淄青李师道。"自广德以来，垂六十年，藩镇跋扈。河南、北三十余州，自除官吏，不供贡赋，至是尽遵朝廷约束。"④ 通过连续的军事征讨，唐帝国稳定了河南⑤，并借助魏博田弘正的向化，而连带形成了对于河朔三镇的有效控制。虽然，宪宗持续多年的军事行动，并不能在地方行政制度上根本动摇藩镇的地位，亦无力彻底改变河北三镇的政治立场，但河南地方的"去平卢化"⑥ 以及河北"将""兵"势

---

① "穆宗乘章武恢复之余，即位之始，两河廓定，四鄙无虞。而俛与段文昌屡献太平之策，以为兵以静乱，时已治矣，不宜黩武，劝穆宗休兵偃武。又以兵不可顿去，请密诏天下军镇有兵处，每年百人之中，限八人逃死，谓之'消兵'。帝既荒纵，不能深料，遂诏天下，如其策而行之。而藩镇之卒，合而为盗，伏于山林。明年，朱克融、王廷凑复乱河朔，一呼而遗卒皆至。朝廷方征兵诸藩，籍既不充，寻行招募。乌合之徒，动为贼败，由是复失河朔，盖'消兵'之失也。"（刘昫《旧唐书》卷172，中华书局2002年版，第4478页）

② "总起来说，和唐前期相比，唐后半期的社会更是一个各种力量汇聚纷争的场所，因而也是一个价值观念冲突而颇为混乱的时代。这并不是说这一阶段的社会在政治文化上不再具有共识和凝聚力，而是说这种共识因政治和社会的不稳定而变得游移不定。所以对于唐后半期政治和社会行为的分析必须特别注意其在世变下所具有的特殊意义。藩镇和中央的关系就是体现游移不定的政治价值观的典型例子。"（陆扬《清流文化与唐帝国》，北京大学出版社2016年版，第19页）

③ "自宪宗征伐四方，国用已空虚。上即位，赏赐左右及宿卫诸军无节，及幽镇用兵久无功，府藏空竭，势不能支。"（司马光《资治通鉴》卷242，中华书局1997年版，第1980页）

④ 《资治通鉴》卷241，第1970页。

⑤ 安史之乱后唐帝国对河南地方藩镇的经营，李碧妍《危机与重构——唐帝国及其诸侯》（北京师范大学出版社2015年版）第一章作了极为详尽的论述，可参看。

⑥ "随着'元和中兴'在河南的实现，以平卢藩镇瓦解为标志的河南'顺地化'过程就此完成。但在实现了河南政治地理版图的重构后，一波新的政治对抗与社会矛盾也正在河南悄然酝酿。这一以'骄兵'问题为表征的藩镇军乱，见证了平卢系时代结束后，河南军政集团从一体化到军队的地方化与节帅的中央化趋势，也预示着地方军人集团的强势崛起。"（《危机与重构——唐帝国及其诸侯》，第112—113页。）

力的崛起①，业已改变了地方节镇原有的权力结构，新的地方军事格局与新的权力结构均意味着明确新的权力边界与游戏规则的必要。洪迈在《容斋三笔》中言及安史之乱后的地方权力格局曰：

> 　　唐世于诸道置按察使，后改为采访处置使，治于所部之大郡。既又改为观察，其有戎旅之地，即置节度使。分天下为四十余道，大者十余州，小者二、三州，但令访察善恶，举其大纲。然兵甲、财赋、民俗之事，无所不领，谓之都府，权势不胜其重，能生杀人，或专私其所领州，而虐视支郡。元结为道州刺史，作《舂陵行》，以为"诸使诛求符牒二百余通"，又作《贼退示官吏》一篇，以为"忍苦哀敛"。阳城守道州，赋税不时，观察使数遣诮责，又遣判官督赋，城自囚于狱。判官去，复遣官来按举。韩愈《送许郢州序》云："为刺史者常私于其民，不以实应乎府，为观察使者常急于赋，不以情信乎州，财已竭而敛不休，人已穷而赋愈急。"韩皋为浙西观察使，封杖决安吉令孙澥至死。一时所行大抵类此。②

地方节镇对于州县的控制是其权力扩张的制度性渠道，李唐王廷自代宗时即尝试赋予州刺史相对节镇、观察的独立地位③，但自代宗、德宗之际的政局走向而言，其相关政令在河南、河北等独立性较高的地区，多为纸上之具文。元和时期，经过持续的军事行动，地方强藩父子相承的权力过渡方式再难为继，李唐希望主导地方州县废置与人员任免的意图，终于得到了一个有效落实的历史契机：

> 　　（元和十四年夏四月）丙寅，诏："诸道节度、都团练、防御、经略等使所管支郡，除本军州外，别置镇遏、守捉、兵马者，并合属刺史。如刺史带本州团练、防御、镇遏等使，其兵马额便隶此使。如无别使，即

---

① "河朔藩镇半割据时代开始的广德元年至长庆元年，正好是成德将校集团慢慢消解，魏博牙军集团尚未真正独立。这一时期无论是魏博、成德还是幽州，在'帅''将''兵'三级权力结构中，皆是'帅'控制着整个藩镇的命运。"（秦中亮《河朔藩镇性格说再检讨》，《学术月刊》2019 年第 12 期，第 159—168 页）

② 洪迈：《容斋随笔》，上海古籍出版社 1998 年版，第 497 页。

③ "（大历十二年）五月，辛亥，诏都团练使外，悉罢诸州团练守捉使。又令诸使非军事要急，无得擅召刺史及停其职务，差人权摄。又定诸州兵，皆有常数，其召募给家粮、春冬衣者，谓之'官健'；差点土人，春夏归农、秋冬追集、给身粮酱菜者，谓之'团结'。"（《资治通鉴》卷 225，第 1839 页）

属军事。其有边于溪洞连接蕃蛮之处，特建城镇，不关州郡者，不在此限。"①

元和十四年，宪宗对于地方的军事行动大体告一段落。但其在制度层面确立州对于节镇、观察权限的分割，是否能够在帝国的政治运行中得到践行，原有的权力所有者群体又会展现出何种态度、采用何种应对策略，均因为元和十五年，宪宗的突然死亡而充满了不确定的风险。前朝的政治设计，其政治运作的实际检验与效应，便自然而然地留给了穆宗君臣。

宪宗的努力提振了皇权的威信，但"中兴"的耀眼辉光之下，是治理成本激增所导致的生民的困窘。元稹曾作《田家词》曰："牛吒吒，田确确，旱块敲牛蹄趵趵。种得官仓珠颗谷，六十年来兵蔟蔟，月月食粮车辘辘。一日官军收海服，驱牛驾车食牛肉。归来收得牛两角，重铸锄犁作斤劚。姑春妇担去输官，输官不足归卖屋。愿官早胜仇早覆，农死有儿牛有犊，誓不遣官军粮不足。"②克制的表达之下，是诗人对生民之苦的怜悯。虽然，早在贞元时期，元稹即积愤于藩镇的跋扈③，但目击生民之困，却使其试图寻找一个更为合理的治理之道。元和十三年，时为通州司马的元稹作《连昌宫词》曰："今皇神圣丞相明，诏书才下吴蜀平。官军又取淮西贼，此贼亦除天下宁。年年耕种宫前道，今年不遣子孙耕。老翁此意深望幸，努力庙谋休用兵。"④在此诗中，元稹对元和初年制举试策中已清晰表述的"消兵"观念，作了再次确

① 刘昫:《旧唐书》卷15，第467页。

② 元稹撰，周相录校注:《元稹集校注》，上海古籍出版社2011年版，第685页。

③ "时贞元十年已后，德宗皇帝春秋高，理务因人，最不欲文法吏生天下罪过。外阃节将，动十余年不许朝觐，死于其地不易者十八九。而又将豪卒愎之处，因丧负众，横相贼杀，告变络绎，使者迭窥。旋以状闻天子曰:'某邑将能遏乱，乱众宁附，愿为帅。'名为众情，其实逼诈，因而可之者又十八九，前置介倅因缘交授者十四五，由是诸侯敢自为旨意，有罗列儿孩以自固者，有开导蛮夷以自重者，省寺符篆固于几阁。甚者拟诏旨，视一境如一室，刑杀其下，不啻仆畜。厚加剥夺，名为进奉，其实贡入之数百一焉……仆时孩騃，不惯闻见，独于书传中初见理乱渐萌，心体悸震，若不可活，思欲发之久矣。"(《元稹集校注》，第853—854页)

④ 《元稹集校注》，第706页。关于此诗撰写的时间问题参见陈寅恪《元白诗笺证稿》，生活·读书·新知三联书店2001年版，第63—75页。

认。①而白居易在伤生民之苦②及主张销兵的问题上，与元稹有着高度的认同。其《策林·销兵数》曰："臣窃见当今募新兵，占旧额，张虚簿，破见粮者，天下尽是矣。斯则致众之由，积费之本也。今若去虚名，就实数，则一日之内十已减其二三矣。若使逃不补，死不填，则十年之间又十减三四矣。故不散弃之，则军情无怨也；不增加之，则兵数之销也。"③无论是减轻民众负担、降低政治运作的制度成本，还是为应对中央——地方关系的新局势，"销兵"顺理成章地成为处理宪宗朝政治遗产、实现治理方略调整的一个表征。而对于元白而言，如何为朝野间确立稳定的共识，以解决藩镇以及其他社会问题，是二人在元和初年之后的再次合作所面临的更为艰巨的挑战。而政治经验的增长与政治识度的提升以及二人所共同具有的"词臣"身份，使得二人的政治应对更倚重于"王言"的制度性权威。④

长庆元年四月，元稹为《戒励风俗德音》曰：

末俗偷巧，内荏外刚，卿大夫无进思进忠之诚，多退有后言之谤；士庶人无切磋琢磨之益，多销铄浸润之谮。进则谀言诏笑以相求，退则群居杂处以相议。留中不出之请，盖发其阴私；公论不容之词，实生于朋党。擢一官则曰恩皆自我，黜一职则曰事出他门。比周之迹已彰，尚矜介特；由径之踪尽露，自谓贞方。居省寺者，不能以勤恪莅官，而曰务从简易；提纪纲者，不能以准绳检下，而曰密奏风闻。献章疏者，更相是非；备顾问者，互有憎爱。苟非秦镜照胆，尧羊触邪，时君听之，

---

① "微臣以为将欲兴礼乐，在先富黎人；将欲富黎人，在先息兵革。息兵革之术，臣请略言之。"（《元稹集校注》，第821页）

② "九月降霜秋早寒，禾穗未熟皆青干。长吏明知不申破，急敛暴征求考课。典桑卖地纳官租，明年衣食将何如？剥我身上帛，夺我口中粟。虐人害物即豺狼，何必钩爪锯牙食人肉？不知何人奏皇帝，帝心恻隐知人弊。白麻纸上书德音，京畿尽放今年税。昨日里胥方到门，手持敕牒榜乡村。十家租税九家毕，虚受吾君蠲免恩。"（《白居易集笺校》，第223—224页）

③ 《白居易集笺校》，第3510页。

④ "这种共事也不只是私人意义上的情感互助，还有通过文学实践来伸张政治理念的意味。这是他们第二次得以利用朝廷的政治空间来推行他们的文学主张。和元和初年的不同之处在于，这次不再是以强调讽喻的新乐府为中心，而是以元稹的制诰改革为中心，白居易成为元稹的追随者。这一运动对于后世的影响虽然不及元白体新乐府大，但在当世却对确立两人的文宗形象会有实质性的帮助，这一效应未必是靠他们的诗作就能完全获取的。元稹一反当时制诰风格中流行的刻意属对和用典巧俗的表达方式，追求肃穆而晓畅的风格，典雅而透辟的语句。"（陆扬《孤独的白居易：九世纪政治与文化转型中的文人》，《北京大学学报》2019年第6期，第104—121页）

安可不惑？①

长庆元年三月，元稹与李德裕、李绅劾奏钱徽取士不公，穆宗诏王起、白居易重试，黜落贵游子弟多人。四月，元稹草《戒励风俗德音》。制文对自卿大夫至士庶人之不同阶层；居省寺者、提纪纲者之不同身份均作了极为严厉的指斥。于元稹而言，元和、长庆之际风气浇薄、人心窳败，言与行、名与实呈现出高度分裂的状态。官僚全体的自利取向、军将与内廷的跋扈、士人的浮薄无一不在侵蚀着"公""忠"等政治德性的内涵。此时期的思想世界，已非"二元世界观"所能概括。毕竟，"二元的世界"在各自的领域内，依然具有一个稳定的价值标准。②而前者，则更类似于一个表里"两歧"的结构。公开的政治言论以德性相标榜，但实际的行动逻辑却以私利为进退；人际交往则追逐实利、彼此相轻好为捕风之论，俯身谄媚的话语姿态之下，多是压抑扭曲的屈辱与伤痛；是非无定，鼓唇掉舌者众。凡此种种，均意味着这是一个诚信基础被动摇的历史时期：

> 太行之路能摧车，若比人心是坦途。巫峡之水能覆舟，若比人心是安流。人心好恶苦不常，好生毛羽恶生疮……不独人间夫与妻，近代君王亦如此。君不见，左纳言、右内史，朝承恩，暮赐死。行路难，不在水，不在山，只在人情反覆间。③

"人心难测"是此时期诗文写作中，颇易观察的主题偏好。顾况《行路难》曰："一生肝胆向人尽，相识不如不相识。"刘禹锡《竹枝词》曰："长恨人心不如水，等闲平地起波澜。"权德舆《答客问》曰："先师曰：'人藏其心，不可测度。'庄生亦云：'人心险于山川，难于知天。'噫夫！醇化为醨，利胜于义久

---

① 《元稹集校注》，第1017—1018页。
② "我过去曾使用两个概念来界定中古思想的基本格局。第一个概念其实是一组：'外儒内佛'和'外儒内道'，另一个则是'二元世界观'……对于两元之间的关系，中古存在着各式各样的看法，无论观点如何，大都以这两元或两种场域的存在为前提。这种二分法往往有把本体、超俗看得比现象、现世为高的倾向，但也不完全如此。人们还是可以肯定儒家经典和教诲的神圣性，然后再承认超俗理想的存在，也有人把价值的重点放在礼教或以君主为代表的国家，对超俗的境界存而不论，乃至轻视其事。"（陈弱水《唐代文士与中国思想的转型》，广西师范大学出版社2009年版，第67页）
③ 《白居易集笺校》，第170—171页。

矣。"①孟郊《择友》曰："兽中有人性，形异遭人隔。人中有兽心，几人能真识。"对于"人心"概括与警惕的文字所在多有，白居易的《行路难》只是当时情绪氛围中，并不特出的一篇文字。②在此时期的唐人小说中，常可见到道教徒炼丹而终功亏一篑以及士人遇妖的情节，虽然自小说的故事情节而言，两者间有着较为明显的差异，但"真伪"难辨却是文本中共同的思想预设。甚而在稍晚时段的小说中，开始老猿化形为妇人而责其夫以恩义的"人兽之别"的情节。③不同文本类型中，所流露出的情绪感受，形成了一种迥异于盛唐时期的时代感。④"真假难辨"的时代感受，自然有其知识论的基础，但其所展现出的日常生活领域名实的分裂，却有着明确的政治效应。虽然，一个话语纷争、共识游移的时期，并不一定意味着政治的晦暗，反而会有催生知识领域应对挑战之兴趣与勇气的可能，但对于帝制时代的社会控制而言，若无"名定而实辨"的语言控制，则难有"循名责实"的政治操作。⑤

二、政治训诫：元、白制诰的文本分析

陈寅恪先生在《元白诗笺证稿》第四章《艳诗及悼亡诗》中，曾言及

---

① 权德舆撰，郭广伟校点：《权德舆诗文集》卷30，上海古籍出版社2008年版，第463页。

② 关于此时期士人道德感受的考察，可参见拙文《中唐时期文儒的转型与宋学的开启》，《学术月刊》2009年第3期，第122—130页。

③ "袁氏俄觉，大怒而责恪曰：'子之穷愁，我使畅泰，不顾恩义，遂兴非为。如此用心，则犬彘不食其余，岂能立节行于人世耶。'恪既被责，惭颜惕虑，叩头曰：'受教于表兄，非宿心也。愿以饮血为盟，更不敢有他意。'汗落伏地。"（裴铏《传奇》，上海古籍出版社编《全唐五代笔记小说大观》，上海古籍出版社2000年版，第1145页）

④ "贺知章'金龟换酒'的那片厚意，汪伦对待朋友的那份深情，李白、杜甫、高适等人'醉眠秋共被，携手日同行'的那份惬意，处处使人感到温暖、和谐……而杜甫《忆昔》诗中所说的'天下朋友皆胶漆'，正是对盛唐时代人际关系的总体印象。"（孟二冬《中唐诗歌之开拓与新变》，北京大学出版社2006年版，第8页）

⑤ "同'正名'论一样，'名实'论可以从语言控制和角色定位两个层面发挥出政治作用。第一，从语言控制角度看，如果通过政治手段去'制名以指实'，就可以克服'名'的随意性、相对性或定义的多样性、不确定性给社会带来的危害，从而使臣民的语言和思维最大限度地朝有利于专制统治的方向统一。通过'名定而实辨'即'名'对'实'的规范和制约，可以使'名'所象征的规则、规范发挥作用，实现社会有效控制的理想。第二，从角色定位的角度看，通过'循名责实''形名参同'的政治操作手段，使统治者能够明确无误地判断是非，促使臣下不折不扣地发挥才能。"（曹峰《中国古代"名"的政治思想史研究》，上海古籍出版社2017年版，第70—71页）

"凡士大夫阶级之转移升降，往往与道德标准及社会风习之变迁有关"①，并以此解释元稹在情感上的选择，而目之为"工于投机取巧之才人"。陈先生敏锐地注意到新旧两种道德并行所产生的对抗以及特定个体对此状态的适应与利用，自是史家的卓识。但其聚焦社会阶层变迁的研究取径，却自然难以对语言维度在政治生活中的影响予以较高的关注。虽然，其亦曾留意元、白在制诰变革上的成就，但并未深论元、白的政治意图与政治效应。而关于元稹德行的评价，也让陈寅恪先生很难认可《戒励风俗德音》之类的文字并非因于惯例，而是出自一种深思熟虑的政治思考。由于两《唐书》、《资治通鉴》中对其交结宦官、与裴度交恶的书写，元稹在唐宋而后的历史评价中，常被视为德难配位者。② 与之同时，相较于制度的构建、谋略的规划、纷争的解决等可以具体考察的政治功绩，名言领域追求名正言顺、名以责实似乎不过是政治言论的旧调，且其成效高低亦难短期检验，故而，此类政治思考与践行常被治史者所忽视。元、白在制诰领域的变革，也由之成为文学史研究的"适恰"话题，而弱化了其作为一种社会治理方式的典范意义。

长庆三年前后，业已离开权力中枢的元稹作《制诰序》曰：

> 制诰本于《书》，《书》之诰命训誓，皆一时之约束也。自非训导职业，则必指言美恶，以明诛赏之意焉。是以读《说命》则知辅相之不易，读《胤征》则知废怠之可诛。秦汉已来，未之或改。近世以科试取士文章，司言者苟务刊饰，不根事实，升之者美溢于词，而不知所以美之之谓；黜之者罪溢于纸，而不知所以罪之之来。而又拘以属对，蹐以圆方，类之于赋判者流，先王之约束，盖扫地矣。③

元和十五年二月，元稹以祠部员外郎试知制诰。长庆元年十月，元稹罢学士，出为工部侍郎，其知制诰的时长不足两年。在《制诰序》中，元稹回溯了制诰的源头，并由此确定其为"一时之约束"的经典功能。其功能的践行，以"训导职业"与"指言美恶"为基本路径。元稹对于"制诰本于《书》"的强调，其根本意图，并不在于语言形式上的回复秦汉或三代。虽然，在行文中，

---

① 陈寅恪：《元白诗笺证稿》，第 85 页。

② 元稹身后政治评价的污名化，参见吴伟斌：《元稹评传》，河南人民出版社 2008 年版，第 287—384 页。

③ 《元稹集校注》，第 1007 页。

有对近世以来之制诰"拘以属对、跼以圆方"的批评，但元、白制诰并不回避属对的使用，而是强调以制诰典范的政治功能引领其修辞技法的选择。制诰既为"一时之约束"，实可视为政治生活中的训诫话语。[①]"训诫"作为一种警示性的话语表达，其首要的功能，在于提示被训诫者的制度性身份及与此相关的政治德性与能力。元和十五年，元稹草《郑涵授尚书考功郎中冯宿刑部郎中制》，词曰：

> 敕：二帝三王之所以仁声无穷，绩用明而刑罚当也。尚书郎专是两者，畴将若予？佥曰：涵文无害，可以彰善恶；宿思无邪，可以尽哀矜。庶尹百吏之能否，四海九州之性命，用汝参断，汝其戒之。夫刻则害善，放则利淫，滞则不通，流则自挠。惟是四者，时考之难。亟则失情，缓则留狱，深则碍恕，纵则生奸。惟是四者，时刑之难。八者不乱，然后可以有志于理矣。[②]

此篇制文为人事任免而发布，但元稹却自考功郎中与刑部郎中的制度性身份，言说其政治职责、政治德性与行政才能的相关规定与期待，乃是以具体的人事任免为契机，重申官员的"职分"意识。此制与长庆元年的《批宰臣请上尊号第二表》相参，即可见出元稹的用意。"况今四海虽清，物力方困；六戎虽伏，边备尚劳；百吏虽存，官业多旷；万目虽设，纪律未张。有此四者，不遑荒宁。思与卿士夙夜俾乂，卿宜为我提振大法，修明政经，慑宁戎夷，阜康黎庶。四者既理，名焉用之！"[③]"官业多旷""纪律未张"是元稹对长庆元年政局的认知，而在同年发布的《戒励风俗德音》中，亦有大体接近的表述。在名实分裂，难以循名而责实的现状之下，若期待政治风气的改变，对于"名"的谆谆告诫，就成为"正名""名定而实辨"的前提。在政治生活中，"正名"既可以新的语词来反映或引导生成特定的社会现实与思想现象，亦可表现为通过对原有语词的使用，以重申某种广义的包含观念与惯习的制度。"敕：吏部郎中杨嗣复：官天下之文武，重事也。兵部郎中二员，一在侍

---

① "简单来说，'训诫'是一种兼具道德性、政治性和宗教性的警告，用来提醒政教人物在现世的基督教世界秩序中守持好自己的本职工作。"（刘寅《"训诫话语"与加洛林时代的政治文化》，《历史研究》2017年第1期，第123—140页）本文对于元、白制诰功能的分析受益于刘寅论文的讨论。

② 《元稹集校注》，第1139页。

③ 《元稹集校注》，第1030页。

从，不居外省。旁求其一，颇甚难之。而执事者皆曰：'近代以文章词赋之士为名辈，由此者坐至公卿。闲达宪章，用是稀少。'而吏曹郎嗣复，州里秀异，议论宏博，宜其以所长自多。然而操剸吏事，细大无遗，用副简求，允谓宜称。"①制文借揄扬杨嗣复的行政之才，指斥近代文士的崇尚"清流"而鄙薄实务的风习②，并以"州里秀异"的表述，赞誉杨嗣复的优良品行，从而与当时关于科举、铨选与士风问题的讨论形成对话。③由于政治制度可借助强制性权力、理性算计与文化浸染的不同路径，对个体或集体行动及其自我角色定位产生约束作用④，故而，应对"官业多旷""纪律未张"以及引导政治新方向的有效方式，即是对官员制度性身份的再度确认与赋予新义。此种举措，不仅包含身份、德性与才能的种种表述，同时亦隐含了对于清晰权力边界的要求，而这也是"训诫"话语的另一政治功能。此一点对于元和、长庆之际中央—地方关系而言，正是建立互动规则与边界的重要方式。

长庆元年，元稹有《王沂可河南府永宁县令范传规可陕州安邑县令制》，文曰："敕：前汴宋亳颍等州观察推官、殿中侍御史、内供奉赐绯鱼袋王沂……比制，诸侯吏府罢则归之有司，以叙常秩。近或不时以闻，谬异前诏。朕申明之，以复故典。而去岁司徒弘以沂等入觐，因献其能。越在后庚之前，

---

① 《元稹集校注》，第 1137—1138 页。

② 关于唐代的"清流文化"，陆扬《清流文化与唐帝国》（北京大学出版社 2015 年版）一书作了颇有创见的讨论，可参看。另拙文《燕许大手笔的成立及其对李唐中后期政治文化的影响——以知制诰的职务要求为视角》（《中国学术》待刊）亦有讨论。

③ "然而，崇重本朝冠冕为何会发生'天下奔竞而无廉耻'的现象？其意当在指崇重冠冕的背景下废乡官、行科举导致的变化。乡官既废，入仕者皆须奔命于朝，加上入仕者众，科举遂成为当时处身权力圈外的士人追求仕进的较佳管道。因此发生并扩大入仕资格的竞争。其次，吏部既总全国人事之权，铨选也成为争夺职位的场所，观乎唐代前期铨选多次引发参选者与吏部主事之间的冲突，不难理解争官竞职的激烈程度。由此观之，柳芳《修乡党之行》、柳冕《奔竞之风》等说，大抵出自废乡官、行科举的背景。"（王德权《修身与理物——中唐士人自省风气的两个面向》，《台湾师大历史学报》2006 年第 35 期，第 1—46 页）

④ "政治制度对人们行动的约束机制除了强制性权力之外，还有算计和文化两种主要的途径。……算计路径认为，制度影响行动者的主要方式在于，它为行动者提供某种确定性，以确知其他行动者当前和未来的行为。具体来看，制度提供了有关其他行动者行为的信息、协议和执行机制，以及对违规行为的惩罚措施。文化途径认为，制度为解释和行动提供了道德性或认知性的模板，个体被视为深深嵌植入制度世界的一种实体。这个由符号和惯例要素构成的制度世界为行动的解释提供了过滤机制，不仅解释外在的场景，也同时解释行动者的自我认识，从而建构起一系列行动。"（马雪松《政治世界的制度逻辑》，光明日报出版社 2013 年版，第 95 页）

且宠上台之请。命汝好爵，时予加恩，勉字邦畿，无虐黎献。"① 主导地方州县官员的任命，是李唐自代宗以来遏止地方势力过大的明确的政治意图。但在中央与地方的互动中，前者的实际控制能力与其权威通常会受到地方强势力量的对抗，进而形成纸上具文与实际行政各行其是的态势。对于元和、长庆之际的王廷而言，借助宪宗的政治遗产，重申制度，以此确立新时期的权力边界和互动规则，方是将宪宗时期中央—地方关系常态化的终极检验。元和初期，宪宗本即有整顿秩序的诏令发布，但并未能得到有效的执行，而元和时期的元稹正是此政治态势下的失意者。其身后，由白居易执笔的墓志中，曾追述其元和初期的政绩曰：

> 服除之明日，授监察御史。使于蜀，按任敬仲狱得情。又劾奏东川帅违诏条过籍税。又奏平涂山甫等八十八家冤事。名动三川，三川人慕之，其后多以公姓字名其子。朝庭病东诸侯不奉法，东御史府不治事，命公分台而董之。时有河南尉离局从军职，尹不能止。监察使死，其柩乘传入邮，邮吏不敢诘……浙右帅封杖杖安吉令至死，子不敢愬。凡此者数十事，或奏，或劾，或移，岁余皆举正之。②

元稹在监察御史任上，其所行使的乃是制度权力，举措的依据同样也源于制度条文。其本是宪宗整顿秩序的执行者，却因此而成为复杂局势下的牺牲品。只是漫长的外贬生涯，似乎并未改变元稹对于"制度"在政治运行中之作用的认识。在重回权力中枢后，"制度"依然是其规约政治行动逻辑、规则与权力边界，最为依赖的思想资源。于此而外，经义、故事以及特定的政治情境，也会充当元、白"职分"训诫的正当性依据。

长庆元年，元稹有《加陈楚检校左仆射制》："门下：昔楚师多寒，楚子巡而抚之，士皆如挟纩，明号令之可以动人也……於戏！《书》云：'功懋懋赏'，言其当也；《传》曰：'舍爵策勋'，言其速也。"③"故事"并不一定会凝定为规则或制度，但其作为例示却同样会为特定的政治行动提供正当性的依据。在元和、长庆之际的诏令中，援引历朝及当代"故事"，通见于元、白二人。但在引经为据上，元稹除《尚书》《左传》外，尚有《礼记》《春秋》（《起复

---

① 《元稹集校注》，第 1185—1186 页。

② 《白居易集笺校》，第 3736 页。

③ 《元稹集校注》，第 1073 页。

田布魏博节度等使制》)、《诗经》(《崔弘礼可郑州刺史制》)、《周礼》(《高端等授官制》),《论语》(《批宰臣请上尊号第二表》),但白居易元和长庆间以中书舍人身份所草制诰,引经为据的数量则甚少,《裴度李夷简王播郑绲杨于陵等各赐爵并回授男爵制》用《礼记》而外,难得一见。制诏依经为据,本有据经立制与依经决事的文本意图,由于中书舍人在中唐而后的两制草诏格局中地位相较翰林学士已相对边缘^①,其所草诏令多与具体政务相关。白居易元和、长庆之际诏令的特点,也是遵循"职分"的表现。元稹引经为据亦殊非仅为行文典雅、庄重的需要,乃是试图由此将儒家义理植入政治生活,从而引导王朝政治的价值观念。其《赠田弘正等母制》曰:"门下:检校司徒田弘正母、赠韩国太夫人郑氏等,诗云:'哀哀父母,生我劬劳''欲报之德,昊天罔极'。子欲养而亲不待之词也。朕有臣弘正等,皆社稷之臣也。或寄重股肱,或亲连肺腑。而克忠于国,克孝于家。歌康公念母之诗,感日碑见图而泣。朕方推广孝,以阐大猷,乃诏有司,深惟赠典。"^②制文对于臣子忠、孝称扬及其所传递的以忠臣孝的路径选择,在中唐的政治生活中,并无太多的特出之处。但对于特定官僚群体封赠的制度化并以之为王廷处理中央—地方关系的重要方式,却是始于穆宗时期,其中应有元稹的贡献。^③而元稹另一值得关注的贡献,是其对忠、孝内涵的具体化,并再次将政治官僚的"忠""孝"置入社会治理的框架之下,以标示权力之"公"。其奉命之作《沂国公魏博德政碑》曰:

　　陛下语宰相曰:"弘正在魏,吾何患焉?"即日内出五诏,诏弘正为

---

① "元和初,学士院别置书诏印。凡赦书、德音、立后、建储、大诛讨、拜免三公将相曰'制',百官班于宣政殿而听之。赐与征召、宣索处分之诏、慰抚军旅之书、祠飨道释之文、陵寝荐献之表,答奏疏赐军号,皆学士院主之,余则中书舍人主之。"(王钦若《册府元龟》卷550,中华书局2003年版,第6600页)另参见吴晓丰《中晚唐两制草诏格局的形成及演变》,《史学月刊》2020年第1期,第29-42页。

② 《元稹集校注》,第1254页。

③ "中宗时期只及于亡父,玄宗时期方父母并举;穆宗以降始确立宰相与使相固定追赠二代。赦文规定追赠的等级基本上与子孙官品、官职对应,然而若一赠再赠,先世的授封品级可能超越与子孙品阶的对应;穆宗以后,宰相、使相之先世皆获得允许累赠的保障。简言之,官员是否有幸成为荣宠的对象,必须考量其官职于官僚体制中的地位,以及与皇帝亲近的程度。而安史之乱后中央统治力的弱化,也使得后期封赠资格较前期放宽许多,封赠内容亦较前期更加优渥;不稳定的政局与中央权威的渐衰,促使皇帝更需要广泛施恩以笼络内外官员。"(郑雅如《亲恩难报——唐代士人的孝道实践及其体制化》,台大出版中心2014年版,第252—253页)

中书令，节度于镇。且诏父子皆为帅，以大其威。十一月甲寅，成德献状曰："弘正自去魏，魏人哭之，镇人歌之。奉宣诏条，除去僭异，犹魏政也。且臣闻之，德之至者有二，政之大者有三。三政：一曰仁，为惠政；二曰法，为善政；三曰谦，为和政。二德：一曰忠，为令德；二曰孝，为吉德。今弘正献魏博六州之地，平淄青四代之寇，入镇冀不测之泉，可以为忠矣。祖考食宗庙，父子分土疆，兄弟罗轩冕，可以为孝矣。始初，山东键闭束缚，泳而游之，歌而舞之，可以为仁矣；始初，山东逼越废怠，裁而制之，举而用之，可以为法矣；始初，山东傲狠侵取地，德以让之，功以助之，可以为谦矣，谦、法、仁、孝，资之以忠，不曰德政，谓之何哉？"①

德政碑同样是中晚唐国家权力渗入地方的象征物。②其对地方的影响不仅体现于作为政治荣誉的光环、碑石形制的景观效应，同时也在于德政碑文文本中观念表达所具有的传递政治共识的作用，会影响或改造相关区域日常的政治话语，并由之制约行动者的形象确立与行动选择。在中央控制地方能力有限或被明显弱化的时代，共识的凝定可以让地方精英形成与王廷大体相近的政治话语与修辞习惯。在此基础上，易于达成对于政治生活之性质与目标的共同理解，进而共同维护政治互动的规则、默契与平衡。元稹在德政碑中所传递的是王廷对以节镇为代表的地方官员更为具体的职分要求。而此种要求以治民理政为旨归，更成为地方难以挑战的正当性依据。长庆元年，元稹作《牛元翼可深冀等州节度使制》，词曰："夫以尔之材力，而取彼之凶残，是犹以火焚枯，以石压卵，螳螂据辙，鸡肋承拳，万万相殊，破之必矣。而况于镇之黎人，皆朕之赤子；尔之部曲，即朕之卒徒。闻尔鼓鼙之音，怀尔椒兰之德。吾知此辈，谁不革心？尔其寒者衣之，饥者食。无废室庐，无害农稼。苟获戎首，置之藁街。下以报忠臣之冤，上以告先帝之庙。在蚩蚩从乱，予又何诛？於戏！杀人盈城，尔其深戒；孥戮誓众，朕不忍言。"③是年，成德变乱，移镇未久的田弘正罹难，长安王廷不得不再次兴兵征讨。授牛元翼节

---

① 《元稹集校注》，第1295—1296页。
② 仇鹿鸣对德政碑颁授、书写与建立的相关程序与物质形态及政治功能作了较为系统的研究，但对德政碑文本的分析则未多关注。参见仇鹿鸣《权力与观众——德政碑所见唐代的中央与地方》，荣新江主编《唐研究》第19卷，北京大学出版社2013年版，第79—111页。
③ 《元稹集校注》，第1087页。

度使制即草于此一时期。制文中对于百姓之苦再三致意，虽然有政治策略的考量，但对于以民生为旨归的政治理念的念兹在兹，却自有一片赤诚、蔼然动人的力量。[①]

经义、制度、故事而外，"情境"对于话语训诫的正当与适恰，亦有着不应漠视的影响。情境中有行动者的情感、诉求、正当性资源、行动偏好、力量比对等诸多因素的交互作用，故而，对于"情境"的感受与认知，是政治识度的重要表现。在制文中，元稹展现出极佳的政治判断力。"长庆初，幽州军士作乱，诏授刘悟检校司空、幽州节度使。元稹行制曰：'朕以辽阳，自我康宁，姑欲抚之以仁，示之以礼，而守臣婴疾，慕吏擅权，挠政行私，亏恩剥下，过为捶楚，妄作威灵，不均飨士之举，但养乘轩之鹤，致之挠变，职此之由。不有将材，孰惩儿戏！'唐自广德以来，垂六十年，藩镇跋扈，河南北三十余州自除官吏，不供贡赋。此判可谓明见万里之外。"[②]识度是一种综观情境并能作出正确抉择而具有某种天才意味的能力，其既是唐人考量士人的流行标准，也是知制诰者能够胜任职务的内在要求。[③]元稹的政治识度在五代宋初曾颇受称誉，[④]但随着政治德性的污名化，在后世所建立"元才子"的经典形象中，其也不再被视为李唐颇有建树的政治人物。

元稹制诰的训诫话语所指向的人员，因翰林学士制诏的特点，主要指向中高级的官僚，但在类似于《戒励风俗德音》中亦对普通士人作出训诫，其

---

① "王二丈禹偁，忽一日阁中商较元和、长庆中名臣所行诏诰，有胜于《尚书》者，众皆惊而请益之，曰：'只如元稹《行牛元翼制》云："杀人盈城，汝当深戒；孥戮示众，朕不忍闻。"且《尚书》云："不用命，戮于社。"又云："予则孥戮汝。"以此方之，《书》不如矣。'其阅览精粹也如此，众皆伏之。"（潘汝士《丁晋公谈录》[外三种]，中华书局2012年版，第21页）

② 蒋一葵撰，项笃寿（木石居）校《木石居精校八朝偶隽》卷三，明木石居刻本。

③ 对于此问题，拙文《燕许大手笔的成立及其对李唐中后期"清流文化"的影响——以知制诰的职务要求为视角》曾有较为细致的讨论。

④ 冯贽《云仙杂记》中有一则关于元稹的记载，可见时人的接受态度。"元稹为翰林学士，朝退，行钟廊。时初日映九英梅，隙光射稹，有气勃勃然。百僚望之，（曰）：'岂肠胃文章映日可见乎？'"（冯贽《云仙杂记》，《景印文渊阁四库全书》，台湾商务印书馆1986年版，子部第1035册，第651页）王溥《五代会要》亦有关于元稹识度的记载："（周显德）五年七月诏曰：'朕以寰宇虽安，烝民未泰，当乙夜观书，校前贤阜俗之方，近览元稹《长庆集》，见在同州时所上《均田表》，较当时之利病，曲尽其情。俾一境之生灵，咸受其赐。传于方册，可得披寻。因令制素成图，直书其事，庶王公观览，触目惊心，利国便民，无乱条制。背经合道，尽系变通。但要适宜，所冀济务。繄乃勖旧，共庇黎元。今赐元稹所奏《均田图》一面，至可领也。'"（王溥：《五代会要》卷25，上海古籍出版社2006年版，第402页）

训诫对象体现出整体覆盖的态势，而面向宦官这一特殊群体的制诰，则恰恰补足了此一整体覆盖的缺环。其《宋常春等可内侍省内仆局令制》曰："汝其往哉，予用训尔。夫处众莫若顺，犯众则不安；约身莫若廉，奉身则不足。推是两者，引而伸之，然后入可以近天子之光，出可以护持军将之旅矣。罔或失坠，以贻后艰。勉当柱国之荣，无忘立表之誓。"① "内廷权力系统的制度化"是唐德宗时代，皇权主动应对危机的产物。通过参与日常政务的制度性权力的赋予，宦官成为李唐权力结构中的重要板块，也是唐代中后期诸多重大政治事件的谋划或参与者。虽然，宦官群体中不乏德才尚佳者，但饱受诟病者亦所在多有。故而，在较长的历史时期，对于宦官的群体性排斥是流行的接受态度，元稹在后世的污名化也与其"结交宦官"存有关联。元稹的制文特别提醒宦官勿跋扈、勿贪婪，以谦和、廉谨为"职分"。至此，元稹政治训诫已可完全覆盖李唐外朝与内廷的不同群体。不同群体的政治品格、行政才能、权力边界均含括于其"职分"之下，而制度、经义、故事与情境则构成了理解"职分"的依据。无论元稹通过制诰的训诫是否能够有效改变元和、长庆之际的政治文化，其具有系统的政治考量却毋庸置疑。

三、元、白制诰的形式变革

元稹制诰在文本形式上的变革，在唐代文学研究中是一传统的话题。特别是最近十余年来，更有了较为集中的讨论。但相关研究虽已能在李唐制诰脉络演进的长程视野之下，考察元稹制诰的文体变革，而于唐前尤其是两汉制诰的形态，却少作专门的比对参照。由此，便会在理解"与三代同风"的当世评价上留下有待补足的缺环。与此同时，元稹对于话语训诫的运用，以其制诰最有成绩亦最有影响，但在其其他文体的书写中，同样易于观察到对于话语训诫功能的强调。而若放宽考量的群体范围，也可发现，大体前后的历史时期，话语"训诫"在不同士人的言论与书写实践中均有所呈现。在此意义上，可以说，元稹制诰对于政治训诫的理解，发生于一个变革剧烈、"追

---

① 《元稹集校注》，第 1218 页。

寻确定性"的知识氛围中。①

长庆元年，白居易作《元稹除中书舍人翰林学士赐紫金鱼袋制》盛赞其能曰：

> 敕：仲尼曰："志有之，言以足志，文以足言，言之无文，行而不远。"故吾精求雄文达识之士，掌密命，立内庭，甚难其人，尔中吾选。尚书祠部郎中、知制诰、赐绯鱼袋元稹，去年夏拔自祠曹员外，试知制诰。而能芟繁词，划弊句，使吾文章言语与三代同风。引之而成纶綍，垂之而为典训。凡秉笔者，莫敢与汝争能。是用命尔为中书舍人，以司诏令。尝因暇日，前席与语，语及时政，甚开朕心。是用命尔为翰林学士，以备访问。②

"与三代同风"是白居易对于元稹制诰之能的称誉，同样的表述也出现于元稹《沈传师授中书舍人制》中③，可谓二人在制诰功能理解上的共识。而据"与三

---

① 妹尾达彦系统谈论了九世纪的中国社会，以之为向具有近代特有的各项特征的社会转变的起点之重要时期。隋唐王朝政权的建立，立足于新型世界宗教和普遍主义、融合各种文化，"可是其后新政权的凝聚力削弱，在不断分权化以及国际关系不断恶化的过程中，开始了对世界宗教为代表的普遍主义的批评，以及罗马、波斯及汉帝国时代的古典文化复兴，在这一潮流中形成了近代国家。在中国，以汉帝国的古典文化的复兴和批判佛教为契机，9世纪形成了'近代化'的浪潮。这一变化的背景，为科学技术的发展，经济、政治、社会制度的变革，财政的集权化等。"（《九世纪的转型——以白居易为例》，《唐研究》第 11 卷，北京大学出版社 2005 年版，第 485—524 页）其另有《韩愈与长安——9 世纪的转型》，《唐史论丛》第 9 辑，三秦出版社 2007 年版，第 1—28 页。

② 《白居易集笺校》，第 2954 页。

③ "（沈传师）而又焕有文章，发为辞诰，使吾禁中无漏露之患，而朕言语与三代同风，勤亦至矣。"（《元稹集校注》，第 1109 页）

代同风"在李唐时期出现的频次，也可见二人对此理解的用心。① 元稹追溯诏令源头于《尚书》，既在于强调其诰誓训诫的功能，亦有其文章体式上的借鉴意图。《尚书·大禹谟》曰：

> 　　帝曰：来，禹，降水儆予，成允成功，惟汝贤……汝惟不矜，天下莫与汝争能。汝惟不伐，天下莫与汝争功。予懋乃德，嘉乃丕绩，天之历数在汝躬，汝终陟元后。人心惟危，道心惟微，惟精惟一，允执厥中。无稽之言勿听，弗询之谋勿庸。可爱非君？可畏非民？众非元后何戴？后非众罔与守邦？钦哉！慎乃有位，敬修其可愿，四海困穷，天禄永终。惟口出，好兴戎。朕言不再。②

《尚书》中的诰誓典训，以敬天畏民、恪尽职守为常规内容。而在文体形式上，则主要有尔汝面谕的对话式；序德能、言理道再及警训之言的层级结构；语言则以短句为主，但并不排斥偶对。在此三类文体特点中，又尤以尔汝面谕式与警训诫谕更具文体上的"变体"识别度。

尔汝面谕的言说方式，有利于拉近言说双方的情感距离，使得在上位者的训诫有与下位者同一处境的适恰与真诚。在政治生活中，政治训诫的力量并不主要来自于语词的意义，而更依赖于语词与情感及其他联想的连接能力。③ 由尔汝面谕所营造的话语氛围极易形成言说双方的一体感受，故而，成为化解分歧、凝聚认同的极佳方式。《尚书》诰誓式的政治言说，无疑更能适

① 以《全唐文》为据，"与三代同风"除上引两例外，共十一处，其中论唐文者三处。吕才《叙葬书》："及其子孙富贵不绝，或与三代同风"（董诰等编《全唐文》卷160，中华书局1990年版，第1642页）；张说《唐昭容上官氏文集序》："雅颂之盛，与三代同风"（《全唐文》卷225，第2275页）；邢巨《应文辞雅丽科对策并问》："圣唐之简易盛德大业，与三代同风"（《全唐文》卷301，第3054页）；许孟容《穆公集序》："班孟坚谓：有汉文章与三代同风"（《全唐文》卷479，第4898页）；林蕴《上安邑李相公安边书》："是以司马迁、班固得弄刀笔，夸大汉功德炳然与三代同风"（《全唐文》卷482，第4926页）；权德舆《祭独孤台州文》："此文德含章，炳然与三代同风"（《全唐文》卷509，第5177页）；梁肃《丞相邺侯李泌文集序》："王泽洽、颂声作，洋洋焉与三代同风"，白居易《请厚礼以致大贤也》："国家有天下二百年，政无不施，德无不备，唯尊贤之礼未与三代同风"（《全唐文》卷670，第6830页）；《策林·议文章》："何虑乎皇家之文章不与三代同风者欤"（《全唐文》卷671，第6853页）；公乘亿《复河湟赋》："爱及我后，混成区域自然与三代同风"（《全唐文》卷813，第8558页）；薛昭文《陈十事疏》："两汉之诗书之盛，与三代同风也"（《全唐文》卷843，第8867页）。
② 孔颖达：《尚书注疏》，北京大学出版社1999年版，第93页。
③ 以赛亚·伯林：《观念的力量》，译林出版社2019年版，第8页。

应以"礼治"为尚的政治文化或中央王廷控制力有限的政治形势。但也因为对此一体感的要求，言说者应根据言说对象的认知与道德感受等能力的高低调整话语策略，整体而言，语义密度不宜过高。因此，政治言语行动中，简明、清晰的话语表达最为适宜。《尚书》而后至李唐，唯西汉制诏最能保有此种风格。《文心雕龙·诏策》概述制诏之历史曰：

> 其在三代，事兼诰誓。誓以训戒，诰以敷政，命喻自天，故授官赐胤。《易》之《姤》象："后以施命诰四方。"诰命动民，若天下之有风矣。降及七国，并称曰命，命者，使也。秦并天下，改命曰制……观文、景以前，诏体浮杂，武帝崇儒，选言弘奥。策封三王，文同训典；劝戒渊雅，垂范后代；及制诰严助，即云厌承明庐，盖宠才之恩也。孝宣玺书，责博于陈遂，亦故旧之厚也。①

西汉诏令以武帝时期之选言弘奥、劝戒渊雅最足称道，其中又以封三王策为其典型。故而，元稹制诰"与三代同风"另一参照的典范，当为西汉武帝诏令。

> 於戏！小子胥，受兹赤社！……建尔国家，封于南土，世世为汉藩辅。古人有言曰："大江之南，五湖之间，其人轻心。"杨州保疆，三代要服，不及以政。於戏！悉尔心，战战兢兢，乃惠乃顺，毋桐好轶，毋迩宵人，维法维则。《书》云："臣不作威，不作福，靡有后羞。"……王其戒之。②

西汉的文书制度承袭秦制，而又追拟周代，形成命令文书之"法治传统"与

---

① 刘勰撰，詹锳义证：《文心雕龙义证》，上海古籍出版社 2011 年版，第 726—736 页。
② 姚鼐纂，胡士明等标校：《古文辞类纂》卷 36《汉武帝封广陵王策》，上海古籍出版社 1998 年版，第 431 页。又《封燕王策》："维六年四月乙巳，皇帝使御史大夫汤庙立子旦为燕王。曰：於戏，小子旦，受兹玄社！朕承祖考，维稽古，建尔国家，封于北土，世为汉藩辅。於戏！荤粥氏虐老兽心，侵犯寇盗，加以奸巧边萌。於戏！朕命将率徂征厥罪，万夫长，千夫长，三十有二君皆来，降期奔师。荤粥徙域，北州以绥。悉尔心，毋作怨，毋俷德，毋乃废备。非教士不得从征。於戏！保国艾民，可不敬与！王其戒之。"（司马迁《史记》卷 60，中华书局 1999 年版，第 2112 页）另有《封齐王策》，文本语体相近。

策书之"礼治"传统并行的格局，以适应汉家杂王霸道而治之的治国方略。①武帝封三王策模仿《尚书》，以"尔汝"面谕的谆谆告诫，构成陈义简远而又殷勤温厚的语言风格。②元稹制诰中，颇为明显的文体特征之一，即为此"尔汝"式体例的运用。

长庆元年，成德军乱，元稹草《起复田布魏博节度等使制》，词曰："田布，咨尔先臣，惟国元老，首自河朔，来朝帝庭。……以尔布诗书并习，忠孝两全。尝用魏师，克正淮蔡。素行恩信，共著勋庸。岂无奋激之徒，为报寇仇之党？且魏之诸将，由尔父之崇高；魏之三军，蒙尔父之仁爱。昔既同其美利，今岂忘其深冤？尔其淬砺勇夫，敬恭义士……"③田弘正移镇成德，亡于兵乱，虽导源于河北强藩极高的独立性与渐趋膨胀的利益诉求，但王廷举措失宜亦有以致之。况长期军事行动之后，穆宗朝本已有策略调整的意图，再起兵锋乃是政治正确之下的被迫应对。元稹制文有对田弘正罹难的痛惜、对孝子田布的慰勉与同仇敌忾的一体之愤，但行文之中总有一缕王廷力不能致的无奈。在元稹的制文中，此种尔汝面谕的表述方式，颇为常见，但此制却有其特出之处。自此一制文，不仅可以观察到政治规训所试图营造的一体性的情感认同，更能感受此种训诫话语作为特定时期政治策略的限度以及其中所隐含的一定程度的无力感——这是是时中央—地方特定格局之下的文本应对。元和十五年十二月末，白居易任主客郎中、知制诰，在当时的两制格局中，地位与影响不及元稹。但相较于其在早年《策林·议文章》主要

<hr/>

① "总括来说，秦代革新先秦文书体例，创立了新的文书制度。而这些革新皆为汉所承袭，汉承秦制，并非虚言，文书制度正是如此。同时，汉代对秦代文书制度有着重要发展。这里仅言诏令文书方面。汉初在承袭秦代制、诏之余，又追拟周代制定策书，无疑是对诏令体系的重大改革。制、诏是单纯的命令文书，反映的是秦代的'法治'传统；而策书具有鲜明的礼仪特征，反映的是周代的'礼治'传统。因此，汉代的诏令体系就成为礼法兼综、王霸并用的体系。"（代国玺《汉代公文形态新探》，《中国史研究》2015年第2期，第23—29页）

② "自五十八篇（《尚书》）而后，起衰周至五代之末，又千数百载间，其为诏令温厚简尽，而犹时有三代之遗法者，惟西汉为然。其进退美恶，不以溢言没其实，其申饬训戒者皆至诚明白，节缓而思深。至丛脞大坏之余，其施置虽已不合古道，当人心，然犹陈义恳到，雍容而不迫。此其一代之文流风未泯。顾犹不可及，又况文实兼盛哉！"（蒋瑎《西汉诏令序》，曾枣庄、刘琳主编《全宋文》，上海辞书出版社2006年版，第133册，第207页）

③ 《元稹集校注》，第1079页。

自"尚质抑淫，著诚去伪"的角度，理解"与三代同风"①，再任词臣的白居易已认同元稹对于政治训诫的理解，其制诏也体现出在元稹主导下的变革态势。作为重要的合作者，白居易此时期的中书制诰，同样亦有对"尔汝"面谕书写方式的频繁使用。其《张聿可衢州刺史制》曰："敕：中散大夫、行尚书工部员外郎、上柱国、吴县开国男、食邑三百户张聿：内外庶官，同归共理；牧守之任，最亲吾人。盖弛张举措由其心，赏罚威福悬其手。若一日失其职，一郡非其人，而未达于朝听之间，为害已甚矣。选授之际，得不慎也？以尔聿前领建溪有理行，次临潋郡著能名，用尔所长，副吾所急……"② 由于"尔汝"面谕式制诏的使用，受限于帝—臣之间的身份与情感距离，中书制诰因所草诏令的政治影响有限，故而，即使其采用"尔汝"面谕的书写方式，也缺少某种谆谆告诫、情意深重之感。但此类书写方式在不同等级制诰中的使用，却恰可证实此时期政治训诫尝试达成的官僚群体的覆盖效应。

在元、白的制诰变革之前，李唐制诰而有"如西汉时文"之誉者为贾至。③但贾至制诏非以"尔汝"面谕式见长，而尤擅于制尾的警示训诫。④ 这也正是《尚书》与汉武帝封三王策的文体特征。在元、白尤其是前者的制诰中，制尾警示训诫所在多有。其文本形式之一，即以"於戏"为发端，但非位高权重者则难得一见。其《授李愿检校司空宣武军节度使制》曰："於戏！睢阳在尔之东，张巡效忠之诚尚在；夷门在尔之境，侯嬴报恩之迹犹存。又安知憧憧往来之徒，不有以仁义匡于尔者？勉服休命，其惟戒之。"⑤《授王播刑部尚书诸道盐铁转运等使制》："於戏！知人则哲，宪考能之；顾兹不明，敢有贰事？尔其追奉先眷，佐予冲人，忠尽始终，以服休命。"⑥白居易《韦绶从右丞授礼

---

① "王者删淫词，削丽藻，所以养文也。伏惟陛下诏主文之司，谕养文之旨。俾辞赋合炯戒讽喻者，虽质虽野，采而奖之；碑诔有虚美愧词者虽华虽丽，禁而绝之。若然，则为文者必当尚质抑淫，著诚去伪，小疵小弊，荡然无遗矣。则何虑乎皇家之文章不与三代同风者欤？"（《白居易集笺校》卷65，第3547—3548页）

② 《白居易集笺校》，第2887—2888页。

③ "贾（至）为玄宗巡蜀分命之诏，历历如西汉时文。"（李舟《独孤常州集序》，董诰《全唐文》卷443，第4520页）

④ 《命三王诏》云："咨尔元子等，其听朕命，谦恭祗敬，以见师傅；矜庄简肃，以见众官；慈恤惠爱，以养百姓；忠恕哀矜，以折庶狱；色不可犯，以临军政；犯而必恕，以纳忠规。"（宋敏求《唐大诏令集》卷36，中华书局2008年版，第155页）

⑤ 《元稹集校注》，第1063页。

⑥ 《元稹集校注》，第1104页。

部尚书薛放从工部侍郎授刑部侍郎丁公著从给事中授工部侍郎三人同制》："於戏！贞百工，平五刑，典三礼，皆重任清秩，予无爱焉。盖欲表二三子道不需行，而明予一人德无不报也。"①另一形式则为，无"於戏"，或无发端之辞，直接警示训诫。如元稹《崔倰可守尚书户部侍郎制》："朕保其始，尔思其终。始终不渝，乃可用义。"②白居易《武昭除石州刺史制》："尔宜酬乃己知，副我朝奖。抚獯戎杂居之俗，安离石重困之人。勉而莅之，其任不细。"③不同形式的警示训诫，均以对被训诫者"职分"的强调为重点。于此，足可见出元和、长庆之际政治文化的时代特点。而文学研究界对此文体现象，在思想解读而外，多自骈散之分的角度分析其文体变化。④但"以儒家思想为宗旨"的表述，如若止步于一般性的结论，则不免会遮蔽政治语境的影响。在元、白制诰的训诫中，因被训诫者身份、处境与可利用资源之差异的相应表述，其关于儒家义理的选择，也会因事而有不同。同时，以骈散之别为视角，亦有其限度。至少在元白制诰中，无论新体、旧体均不乏偶对者，应政治训诫所需而追求简洁、得体而从容的文本风格，才是"芟繁词、划弊句"的根本目的，而骈散的技法采用要视此而定，片面追求去骈用散，或不免受当世之讥。⑤

结　语

自元和十五年二月，以"祠部员外郎试知制诰"至长庆元年十月罢翰林学士，元稹的词臣经历不足两年，而白居易的二任词臣的时长，也大体如之。但以元稹为主导的制诰变革却在元和、长庆之际的政治史中留下了不可磨灭的痕迹。元、白以对宪宗政治遗产及穆宗朝政治现状的认识，尝试通过政治训诫强化官僚群体职分意识，以期应对时代的危机，平稳实现国家治理策略

① 《白居易集笺校》，第 2949 页。

② 《元稹集校注》，第 1110 页。

③ 《白居易集笺校》，第 2997 页。

④ "所谓'历历如西汉时文'，有两层含义：内容上，以儒家思想为宗旨，代皇帝罪己责躬，有如西汉时皇帝所下罪己诏；形式上，不纯用骈体，引入散句，骈散间行，气体朴厚，有如西汉时骈散杂糅的文体。"（鞠岩《贾至中书制诰与唐代古文运动》，《北京大学学报》2010 年第 4 期，第 74—80 页）

⑤ "贞元中，刘忠州任大夫科选，多滥进。有无名子自云山东野客，移书于刘：'……其常衮之徒，令天下受屈。且衮以小道矫俗，以大言夸时，宏词曾下登科，平判又不入等，徒以窃居翰苑，谬践掖垣，虽十年掌于王言，岂一句在于人口！以散铺不对为古，以率意不经为奇。作者见之痛心，后来闻之抚掌。'"（王定保撰，姜汉椿校注：《唐摭言》卷 13，上海社会科学院出版社 2003 年版，第 274—275 页）

的转变。经义、制度、故事与情境成为元、白政治训诫的正当性资源；制度身份、德性、才能与权力边界则成为"职分"的内涵，而其训诫则试图达成自外朝而内廷的完整覆盖。在此意图之下，元白制诰回眸《尚书》、西汉武帝诏令，并由此完成了文本形式上的变革，达致王言"与三代同风"的政治效应。而若放宽眼界，此时期作为一个特殊的寻求确定性的历史时期，在诸如墓志、碑铭、送序、厅壁记、箴、诫、诗等不同文体，均出现了指向"职分"的训诫话语。因而，在此意义上，元、白的制诏变革实际发生于一个群体性的认知氛围之中。

（作者单位：黑龙江大学文学院）

从夷变夏

——十六国诏令文书所见胡主对君权合法性的诉求

郭晨光

西晋末叶，匈奴、鲜卑、氐、羌、羯等五胡民族趁机占据中原，出现了"十六国"政权。从西晋灭亡到北魏太武帝太延五年（439），灭北凉重新统一北方，前后约 124 年。这些政权以淝水之战（383）为界，分为前后两期，前期有成汉、前赵、后赵、前燕、前秦、前凉六国，另有代国和冉魏不入十六国之列；后期政权有后秦、后燕、南燕、北燕、后凉、南凉、西凉、北凉、西秦、大夏，另有西燕不入十六国之列。[①]"中原板荡，戎狄交侵，僭伪相属，生灵涂炭，故文章黜焉。"（《北史·文苑传》）笔者据相关史籍、类书的统计，文章共 326 篇，诏令敕书 110 篇、章奏表启 93 篇、书信 48 篇、经序经记 40 篇、经论等 15 篇、诫子书 4 篇、檄文 8 篇、符命 4 篇。胡主的各类诏令及文书数量最多。若以传统意义上的文学家和文学作品作为标准，衡量其文学思想或艺术成就，确实价值略低。

散居的五胡处于游牧向农耕、部落联盟向皇权组织的过渡。他们称王称帝，建年号，备命官礼仪，按照中原传统模式建立国家。《册府元龟》卷 219《僭伪部·总序》称其"俱僭大号，各建正朔，或称王爵，并专诛赏，传世垂祚，历岁弥久"，若用这个标准衡量，十六国是传统封建社会中的"偏霸""僭伪"王朝。华夏族的正统地位受到冲击，出现了夷可主夏的正统观，否认夷夏有别、贵夷贱夏的思想。如石勒曾问徐光"朕方自古开基何等主也？"（《晋书·石勒载记》）慕容德也有类似疑问，"朕虽寡薄，恭己南面而朝诸侯，在上不骄，夕惕于位，可方自古何等主也？"（《晋书·慕容德载记》）"何等主"之问即君权合法性问题上的思考。诏令文书包含着胡主即位、罪己大赦、实施政令等内容，蕴含着对自身政权、帝位合法性的理念建构，是胡主身份认同的鲜明呈现。若将其作为切入点，探究夷狄之君对君权合法性的政治诉求，以及这种观念演进之意涵，则是一个更有意义的问题。

---

① 参见《中国大百科全书·历史卷》"十六国"条，中国大百科全书出版社 1992 年版，第 923 页。

一、"血胤"与"德行"：王言文书所见胡主之自我认同

十六国政权更迭基本凭借武力，加之受儒家民族观、"夷夏之辨"的影响，传统政治文化"君权神授"的理念捉襟见肘。东晋五胡十六国和南北朝时期争夺正统，其中一个重要标准即血胤（或血统）。东晋和宋、齐、梁、陈因其华夏族的身份而以正统自居。从上古开始的民族融合，血统和种族的差异，仍是不可回避的现实。五胡"各言应历数，人谓迁图鼎"（《魏书·匈奴刘聪传序》），只要接受了代表华夏传统的礼乐文明，就可以成为正统，其理论依据在于"天命靡常，惟德是辅"的天命观。如刘渊曰：夫帝王岂有常哉？大禹生于西戎，文王生于东夷，顾惟德所授耳"（《晋书·刘渊载记》）苻坚也言："帝王历数岂有常哉，惟德之所授耳"（《晋书·苻坚载记》），君德可以弥补血统上的劣势。

（一）有关诏令文书中所见胡主对夷狄身份的认同意识。是否自认"夷狄"，是胡主自我认同意识的前提。据《十六国春秋》《晋书》等所载，胡主自视夷狄，如石勒面对刘琨劝降，称"吾自夷，难以效"；面对王浚的怀疑，也说"勒本小胡，出于戎裔"。鲜卑慕容氏汉化程度较高，慕容廆称与晋"华裔理殊"。苻融反对苻坚南征的理由也是"国家，戎族也，正朔不会归人"，对其夷狄身份并不避讳、排斥 ①。建立了稳定的政权后，一些胡主旋即恢复本来的种姓面目。如刘曜《下令议除汉宗庙改国号》"除宗庙、改国号，御以大单于为祖"、赫连勃勃下书改姓赫连氏等。有些政权对治内范围的族群还有细致的划分，如王度上疏称佛为外国之神，"非诸华所应祠奉"。石虎下书则称："朕出自边戎，忝君诸夏，至于飨祀，应从本俗。佛是戎神，所应兼奉，其夷赵百姓有乐事佛者，特听之。"（《晋书·石季龙载记》）由"夷""赵"百姓分别叙述看，"夷人"与"赵人"应不相同，"夷人"在后赵国内似有所指，即包括氐、羌等部族在内的"六夷"诸部 ②。王度将石赵视为华夏政权，石虎则承认自己为戎族，认可佛教信仰。

人口居少数，又极少有文化传统的胡人如何建立一个号召汉人的华夏式

① 以"羌""鲜卑""氐"等族称并非蔑视。胡人之间的鄙视伴随着侮辱性的词，如前秦称姚苌"小羌"、后秦称苻登为"氐贼"、鲜卑称前秦为"逆氐"，不能视为对其民族身份的蔑视。"虏"是一种贱号，晋宋之际的建康精英多以此称呼活跃于华北农牧交错地带的人群与政权，如北魏被称为索头虏/东虏/北虏，赫连夏被称为西虏/佛佛虏等"，参见徐冲《"西虏"与"东虏"：谢灵运〈劝伐河北书〉所见华北局势与历史认识》，《复旦学报》2020年第3期。

② 李圳：《后赵国史》，陕西师范大学2017年博士学位论文。

政权，除了祖述共同的祖先尧舜，还主动将自己与过往中原华夏政权在血统上作出认同。如《太平御览·偏霸部》引崔鸿《十六国春秋·前赵录》载刘渊令曰："今晋氏犹在，四方未定，可仰尊高皇初法，且称汉王，权停皇帝之号，听宇宙混之，当更议之"①，超越王权的无疑是皇帝权力，晋氏犹在，便不能承晋。借用匈奴与汉的舅甥关系的传说，如刘渊曰："吾又汉氏之甥，约为兄弟，兄亡而弟绍，不亦可乎？"（《晋书·刘元海载记》）舅甥关系并非直系血亲，可能迫使汉赵对其历史做了修订。宋赵明诚《金石录》卷二〇有"伪汉司徒刘雄碑"之跋尾，引碑文曰："公讳雄，字符英，高皇帝之胄，孝宣帝玄孙，值王莽篡窃，远遁边朔，为外国所推，遂号单于，累叶相承，家云中，国以为桑梓焉"②。刘雄为刘渊之弟，已经将舅甥关系升格为炎汉后裔。其后《即汉王位下令》追尊汉氏祖考，痛斥曹氏、司马氏祸乱皇汉，即位乃是"大耻未雪，社稷无主"。刘曜于光初二年（319）称帝，《下令议除汉宗庙改国号》揭露了刘渊、刘聪"立汉祖宗之庙"在于"以怀民望"，皇汉血胤是维护其正统性的依据。

胡主的认同意识还可从选用年号上一窥究竟。新王登基、颁布诏令需重定正朔以显示奉天承运，用年号即奉正朔。据统计，胡主重复使用前代年号最多的是汉代和西晋③。汉代大一统政权正好弥补胡主这方面的心理落差，石勒、苻坚及臣子时常攀附汉代君臣。其中胡主重复使用次数最多的当属晋惠帝年号，如太安、永兴、永康、永宁等，借这位并不遥远的正统皇帝的年号来唤起人们的认同。还有基于政治的务实考量，这在前燕建立华夏式政权中起了关键作用。"时二京倾覆，幽、冀沦陷，庶刑政修明，虚怀引纳，流亡士人多襁负归之"（《晋书·慕容廆载记》），根源在于"二赵以后的民族矛盾激化，需要招抚大量士人皆是原晋时旧人，需要获得他们的认可"。④见诸史书有：河东裴嶷、代郡鲁昌、北平阳耽、北海逢羡、广平游邃、北平西方虔、渤海封抽、西河宋奭、河东裴开、渤海封弈、平原宋该、安定皇甫岌、兰陵缪恺、会稽朱左车、太山胡毋翼、鲁国孔纂、平原刘赞等，提高了慕容氏的文化水准，为建立割据东北的前燕奠定了基础。

汉族政权亦以血胤作为争取正统的依据。据现存文献，张祚《下书摄皇

① （宋）李昉等：《太平御览》，中华书局1960年版，第574—575页。

② 金文明：《金石录校证》，上海书画出版社1985年版，第374页。

③ 张骏飞：《从年号看十六国政权之文化与政治取向》，《江苏教育学院学报》2007年1期。

④ 蒋福亚：《刘渊的"汉"与慕容廆的"晋"旗号》，《北京师范大学学报》1979年第4期。

帝位》是五凉政权唯一的称帝诏书。"戎狄乱华，胡、羯、氏、羌，咸怀窃玺"，盛赞曾祖张轨"神武拨乱，保宁西夏"，称帝目的即"扫秽二京，荡清周魏，迎帝旧都"。这则诏书将前凉的正统性与晋愍帝相联系，"改建兴四十二年为和平元年"（《晋书·张轨传》），谢艾《献晋献帝表》（残）也说："登三纬地，乘六御天，靖扫妖氛，广清妖类"，强调"华夷之辨"。梁启超将古人判定为正统的依据之一列为"以前代血胤为正"[1]，以汉人血统排斥戎狄，诉求政权的合法性。凉州地理位置远离华北、关中，西晋灭亡后，孤悬于西陲，与刘曜形成对峙。从张祚之祖张寔起，前凉就成为割据政权，步入十六国之列，心系晋室目的在于继承西晋血胤、正朔。"《晋书》以僭伪诸国为《载记》，前凉张氏、西凉李氏，不失臣节，仍归《列传》，此史例之善者也。"[2] 张轨自西晋就以封疆大吏的身份经营河西，"凉州虽地处戎域，自张氏以来，号有华风"（《魏书·胡叟传》），张氏一门成为前凉的肇基人和经营者。家与国早已是密不可分的统一体。几代君主诏令中反复使用的关键词即可反映这种认同意识，如"负荷"较早出自《左传·昭公七年》，有担负、继承之意。张轨《下令将归老益阳》"负荷任重"、张天锡《遗郭瑀书》"负荷大业"。重复引用先祖所用古语是强化文化传统继承的重要方式，通过尊祖敬宗暗示继承皇位的合法性，"国"成为"家"模式的放大。

（二）诏令文书中对君主德行的内在要求。胡主缺乏"天命""大义"名分，强化和重构自身至高无上的权威，需要利用上天无所不至的神力。"敬天""畏天"成为对君主德行的内在要求。"罪己诏"最能体现敬畏之心。受汉儒天人感应、阴阳灾异学说影响，帝王面对灾异须战战兢兢、谦恭自罪。胡主诏书中称"不德""寡德""无德""不天""朽暗""虚薄""眇眇"，通过自谦、内省表达"畏天"观念，劝农桑、减赋役、免田租、济鳏寡、省刑狱，所施德政与汉族帝王并无二致，展现帝王仁慈、宽厚的美德。胡主多部族首领、智者、巫觋出身，保留了游牧民族尚"淫祀巫祝"的风俗[3]，对各种妖怪、精孽、特殊星象尤为敏感，对"异"的恐惧远大于"灾"。今人视为迷信的星占、预言、兽异等知识作为统治者、士人共同接受的"理性"，是支撑政权合法性的重要基础。这也成为催生胡主罪己诏的原动力。如建武六年（340）六

---

① 梁启超：《中国历史研究法》，中华书局 2009 年版，第 198 页。

② （清）钱大昕著，杨勇军整理：《十驾斋养新录》，上海书店出版社 2011 年版，第 122 页。

③ 如《晋书·李雄载记》述其"母罗氏死，雄信巫觋言，多有忌讳，至欲不葬"，有些胡主会采取巫术，如雩云祈雨、祭山川神、禁屠宰等。

月大旱，白虹经天，石虎两次下书，体恤民生、大赦囚犯。同月又"时白虹出自太社，经凤阳门，东南连天，十余刻乃灭"（《晋书·石季龙载记》）。白虹通常预示着兵戈之事，甚至君王的驾崩、亡国，是不祥之兆。同月两次白虹引起了石虎的畏恐，《因天变下书求极言》是三次罪己诏中文章最长、态度最为恳切的。以"朕以眇薄""朕之不明"，愿意以己身承受天谴，"每下书蠲除徭役，休息黎元，庶俯怀百姓，仰禀三光"表明自己在人事上有所作为，都是对君德的描写。"天文错乱，时气不应，斯由人怨于下，谴感皇天"，面对上天的警示，求直言以指陈时政。沮渠蒙逊于义熙八年（412）两次下书大赦，第一次"内省诸身，未知罪之攸在"，态度似不诚恳。直到《又下书大赦》"内省多缺，孤之罪也"，又引《书》"百姓有过，罪予一人"，以归罪资格反证君权的合法性。君德能够消弥灾异、化凶为吉。相比慕容暐因风雨不调下书，只有短短两句，颇为敷衍，可知对"灾""异"之不同态度。

还有因祥瑞、臣下请上尊号而下诏罪己。天人感应理论中，灾异说和祥瑞说是一体两面，君王有时会表达戒惧之情，如石虎于建武三年（337）获玄玉玺而下书拒上尊号、张寔于建兴三年（316）获皇帝玺而下令求直言。国运短祚、政权变更频繁，祥瑞成为人们迅速接受新王朝、天子的凭据。臣属根据祥瑞请加尊号，如石勒下书言"孤猥寡德，忝荷崇宠，夙夜战惶，如临深薄，岂可假尊窃号，取讥四方！"面对石虎等再三陈情，于咸和五年（330）"僭称赵天王，行皇帝事"。石虎于咸康九年（334）下书"皇帝之号，非所敢称。且可称居摄赵天王，以副天人之望"，"居摄"即居天王之位，摄行政事。此事在《资治通鉴》卷95简要叙述如下，（石）虎曰："皇帝者盛德之号，非所敢当，且可称居赵天王"，"盛德"是获得天命、成为皇帝的先决条件，"天王是仅次于皇帝，同时又能体现'天人之望'的特殊位置"[①]，也是一个经历考验的过程，以观其是否符合天命。

二、"天下"与"国家"：诏令文书所见胡主之睥睨意识

十六国割据政权林立，分裂动荡时代，正统是所有割据政权努力达到的目标。时人视为正统的是皇帝的"绝对权威"和天下政令的统一。如苻坚全盛之时，诏令的传送"自长安至于诸州……二十里一亭，四十里一驿"（《晋书·苻坚载记》），仿照汉代"十里一亭"的规定，以"文书御天下"。胡主

① （日）谷川道雄：《隋唐帝国形成史论》，上海古籍出版社2011年版，第246页。

没有"天下共主"的名义，在割据秩序中缺乏权威性。陈寅恪指出北朝民族问题"不仅在胡汉之间，而且在胡人与胡人之间"①。诏令文书是国家意识形态的传声筒，无论是胡主亲撰，还是其身边的近臣代笔，都是胡主本人认识和观念的真实反映，其中"天下"作为关键词，反映了胡主及割据政权对"天下"和"国家"的认识。

据笔者统计，所见十六国胡主王言文书中使用"天下"用语，共计22条，大致可分为三类：（1）超出本国范围的含义，指全中国，如慕容廆《与陶侃笺》"不能灭中原之寇，刷天下之耻"，慕容皝《与庾冰书》"天下皆痛"，慕容超《下书讥复肉刑》"纲理天下"，慕容泓《与苻坚书》"与秦以虎牢为界，分王天下"，慕容冲《命詹事答苻坚》"孤今心在天下"，张祚《下书摄皇帝位》"往受晋禅，天下所知"，赫连勃勃《与沮渠蒙逊盟文》"若天下有事"。

（2）指代本国境内、国家全境，如刘曜《下书封乔裕和苞》"可敷告天下"，石虎《下书清定选制》"先帝创临天下"，慕容垂《济河下令》"天下既定"，苻坚《燕平下诏大赦》"大赦天下"，《下诏分遣侍臣问民疾苦》"今天下既无丞相"等。

（3）古代天下用法的传承。其中有的指具体朝代，如刘曜《下令议除汉宗庙改国号》"光文以汉有天下岁久"、冯跋《下书葬高云》"昔高祖为义帝举哀，天下归其仁"；还有虚指古代的，如石虎《因天变下书求极言》"盖古明王之理天下也"、慕容晖《答慕容恪、慕容评》"且古者以天下为荣"等。

外交文书中使用"天下"一词仅有《与苻坚书》《命詹事答苻坚》《与沮渠蒙逊盟文》三则，可见胡主没有在外交活动中更多采用。王言文书中往往显示一种各守疆域、互不侵犯的思想。胡主认识到自己拥有"天下"，同样，其他胡主也是拥有"天下"的。"天下"成为"本国""国家"的代名词（此处的"天下"与"国家"在地理和族群范围上是等同的）。在古代传统政治观念中，存在天下与国家二元结构。"天下"有广狭之分，"一为日月所照，人迹所至的普天之下，一指四方之内的'国'"②。前者"天下"的一个含义是地理、空间意义上的（"天下"还有价值意义上的，详次节），自汉代起，就成

---

① 陈寅恪著，万绳楠整理：《魏晋南北朝史讲演录》，黄山书社2009年版，第196页。

② 邢义田：《天下一家——中国人的天下观》，载刘岱主编《中国文化新论·根源篇》，联经出版公司1981年版，第441—442页。

为包含"夷狄"在内、方圆万里的帝国辽阔疆域。[①]胡主认识到拥有的"天下"显然是指后者，是一个权力体，试图让"天下"向"国家"回归。崔鸿《呈奏〈十六国春秋〉表》界定"十六国"标准为"建邦命氏"，即建立独立的国家政治体制。许多胡主自称"国家"，如刘聪痛斥王鉴"慢侮国家，狂言自口，无复君臣上下之礼"（《晋书·刘聪载记》），石勒宣称："国家应符拨乱，八表宅心，遗晋怖威，远窜扬越"（《晋书·劬续传》）。各割据政权有着明确的"国家"意识，对于治内和治外有着清楚的划分。

在天下与国家的二元结构中，胡主眼中的"天下"是可分的。如李雄"乃频遣使朝贡，与晋穆帝分天下"（《晋书·李雄载记》）南凉秃发利鹿孤称王，鍮勿仑说："昔我先君肇自幽、朔，被发左衽，无冠冕之义，迁徙不常，无城邑之制，用能中分天下，威振殊境"（《晋书·秃发利鹿孤载记》）。天下可"分"的观念是一种权宜策略，既然短期内谁都无法一统天下，退而求其次分割天下，使胡主渴望的正统性具有某种"可分性"。表现在外交文书中，如石虎致书李寿，"欲连横入寇，约分天下"（《晋书·李寿载记》），追求的是一种类似"约"的关系，国与国之间强调诚信原则。如赫连勃勃《与沮渠蒙逊盟文》"今我二家，契殊曩日，言未发而又笃爱之心，音一交而怀倾盖之顾，息风尘之警，同克济之诚，戮力一心，共济六合。若天下有事，则双振义旗，区域既清，则并敦鲁、卫。夷险相赴，交易有无，爰及子孙，永崇斯好"，追求地位的平等和互相照应。

那么，在割据政权并立的多元中心，如何彰显"唯我独尊"的天子地位？外交诏令文书展现了胡主的自我优越感和睥睨意识。例如：

> （苻）坚遣使送锦袍一领遗冲，称诏曰："古人兵交，使在其间。卿远来草创，得无劳乎？今送一袍，以明本怀。朕于卿恩分如何，而于一朝忽为此变！"慕容冲命詹事回答，亦称"皇太弟有令：孤今心在天下，岂顾一袍小惠……"（《晋书·苻坚载记》）

苻坚自称"朕""诏"，慕容冲作为昔日之臣子、爱侣，不念旧情但依旧使用等级更低的"孤""令"以示礼节。还有"李寿将李宏自晋奔于季龙，寿致书请之，题曰赵王石君。季龙不悦，付外议之，多有异同。中书监王波议曰：

'……寿既号并日月，跨僭一方。今若制诏，或敢酬反，则取消戎裔。宜书答之，并赠以楛矢，使寿知我遐荒必臻也。'"面对非君臣关系，石虎使用书状形式的外交文书而非制诏。楛矢一直是中原王朝记录东北古族朝贡的象征物，通过对楛矢的强调（而非泛称"贡方物"），石虎可能向李寿昭示其统领周边部族的意味。没想到李寿却借此夸耀："李宏既至蜀汉，李寿欲夸其境内，下令云：'羯使来庭，献其楛矢'"（"下令"在《资治通鉴》卷九六《晋纪十八》作"下诏"），季龙闻之怒甚，黜王波以白衣守中书监"（《晋书·石季龙载记》）。在外交中公然称其为"羯使"，而且使用了等级更高的"诏"①。

胡人之间的互相夸耀，更像是一种外交运作中的文字游戏，伴随着一些微妙的表达方式，如黄始二年（397），奚牧任并州刺史，其书"称顿首，钧礼抗之，责兴侵边不直之意。兴以国通和，恨之。有言于太祖，太祖戮之"（《魏书·奚牧传》）。北魏与后秦互为敌国，奚牧作为地方长官，致书姚兴却称"顿首"，与后秦主是均礼，被姚兴所杀。苻坚《下令国中》将东晋皇帝司马昌明视为尚书仆射，把东晋视为本国境内。赫连勃勃《下书改姓赫连氏》自云赫连与天连，将都城取名"统万"，反映了特殊的"凌驾四夷"中心观。割据政权在对等国家关系中，追求自居上位的名分关系。这种心态、表达方式也发生在与南朝汉族政权之间，如"（建元）二年、三年，芮芮主频遣使贡献貂皮杂物。与上书欲伐魏，谓上'足下'，自称'吾'"（《南齐书·芮芮列传》）。柔然不称南齐皇帝为"陛下"，而称为较自己地位低的"足下"，自称时用的是对下人使用的"吾"②。还有：

> 自梁、魏通好，书下纸每云："想彼境内宁静，此率土安和。"梁后使其书乃去"彼"字，自称犹著"此"，欲示无外之意。收定报书云："想境内清晏，今万国安和。"梁人复书，依以为体。（《北齐书·魏收传》）

外交文书中固定用语原为"想彼境内宁静，此率土安和"，被魏收改为"想境内清晏，今万国安和"，以示南北不分彼此，有交好之意。双方的矛盾在于外交文书的问候起居（安否）之语使用了"境内""率土"等词语，其中"率土"用于自己起居，"率土"一词出自《诗经·小雅·北山》"普天之下，莫非王土，

---

① 此处"下令"原本应为"下诏"，是后代史官认为其非正统，用春秋笔法改之。参见拙文《从"下诏"到"下书"——〈十六国春秋〉等史书的春秋笔法》，《海南大学学报》2021 年第 2 期。

② 如齐高帝遗诏中写道："吾本布衣素族，……公等奉太子如事吾。"（《南齐书·齐高纪》）

率土之滨，莫非王臣"，指皇帝统治的无限疆域，问候对方使用"境内"，不是用于天下共主，而是统治疆域有限的君主的用语。"无外之意"指东魏和南梁将对方视为有限的"天下"（狭义"天下"概念，即"国家"），而将"此"即自己的统治疆域视为无限（广义"天下"概念），两者是一种视自己为上而将对方置于其下的"对等"关系。"梁人复书，依以为体"，也采取了同样的做法。更改之后的文书成为南北之间外交公文的固定之"体"，成为当时固定程式用语。这样的例子还见于太建十四年（582）陈向隋递交的文书中，"后主益骄，书末云：'想彼统内如宜，此宇宙清泰。'隋文帝不悦，以示朝臣。"（《南史·陈本纪》）未使用"率土""境内"而使用"宇宙""统内"等词语，但意义大致相同。在外交秩序中坚持以自我为中心，同时维持基本的邦交。

三、"勤王"与"称帝"：诏令文书所见胡主之夷夏之辨

天下不仅指地理、空间上的内涵，"价值意义上的天下与空间意义上的天下具有同一性，即表现出超越种族、宗族、地域和国家的普世文明特征，只要接受了发源于中原的中华文明的那套礼仪典章制度，就可以成为天下中的一个部分"，[①]强调教化的功用。普天之下教化也有难以企及之处，"夷夏之变"伴随着天下主义而产生。"非我族类，其心必异"，强调夷夏之防。夷夏作为相对的、可以变动的一体两面，不斤斤于地理、血统意义上的区别，强调夷夏之间的互转。不仅有夷狄被汉化，也有汉人被胡化的反向[②]，核心在于"文化之辨"。传统夷夏观给五胡争取君权合法性带来了窘境，他们解放思想，为自身争取君权的合法性，就是一个以夷变夏、化夷为夏的过程，自然消弭了夷夏之别。

五胡自西汉开始不断内迁，西晋时"关中之人百万余口，率其少多，戎狄居半"（江统《徙戎论》），覆盖黄河中下游、汾河和渭水流域。五胡政权的核心族群并非塞外远徙而来的入塞民族，而是在汉晋时期已经居住在华北、太行山两侧，"刘、石、慕容、苻、姚皆世居中国，虽族类不同，而其豪杰好

---

① 许纪霖：《天下主义／夷夏之辨及其在近代的变异》，《华东师范大学学报》2012 年第 6 期。

② 据《资治通鉴》卷一一六《晋纪三八》载，北燕冯跋于太平三年（411），"以其太子永领大单于，置四辅"，胡注曰："太子领大单于始于刘汉，时置左、右辅而已，跋增前辅、后辅"，即类似单于台的机构。冯跋为汉人，长期与鲜卑族混居，已高度胡化，以汉人而称"大单于"证明所谓"夷狄入于华夏则华夏之，华夏入于夷狄则夷狄之"的说法。

恶之情，犹与中原不甚异"①，他们同汉人一样，是西晋王朝版图内的主人。五胡一直存有对晋室的尊崇，早在晋武帝太康十年（289），慕容廆谋于众人曰："吾先公以来，世奉中国。且华夷理殊，强弱国别，岂宜与晋同竞乎？何为不和，以害百姓？"乃遣使降晋（《晋书·慕容廆载记》）张祚《下书摄皇帝位》也说"戎狄乱华，胡、羯、氐、羌，咸怀窃玺"，唯独缺少鲜卑。可见慕容氏"尊晋勤王"的正统观。那么胡人是否只能勤王、佐命天子，而不能自命天子？这是各政权追求君权合法性上需要解决的关键问题。

（一）同鲜卑一样，河西的前凉、西凉和北凉遥尊晋室、保宁域内。与中央政府建立文书联系以取得政治身份、权力来源，对其遣使奉表，享受对方虚封的爵位、官号。五凉国主大多以统一河西为己任，没有问鼎中原的壮志，至多称"凉公""凉王""河西王"②。前凉一直以晋臣自居，后臣属东晋，谢艾有《献晋献帝表》（残），曾参与遣使通表活动。他们倾慕窦融保据河西的历史，如张轨"阴图保据河西，追窦融故事"，李暠《自称凉公领秦凉二州牧奉表诣阙》即依托东晋进行"东伐"的宣言，希望中央理解其"依窦融故事"成"桓文之业"的决心，《复奉表》请求对方承认几个儿子的军政权力。李暠《手令诫诸子》，《资治通鉴》胡注曰："李暠得敦煌，亦称藩于晋，起谦德殿，其志犹张氏也。"实际上，西凉称藩于东晋，却不奉行东晋正朔，推行自己的历法。李暠在改年庚子（400）、改元建初（405）时，还遣使朝贡于北魏。（《魏书·私署凉王李暠传》）

恭谨地事奉东晋、北魏，又保持着独立性，是在夹缝中求生存的河西政权的共同选择。沮渠蒙逊称凉州牧时，河西还存南凉、西凉、后凉。南凉依附后秦，蒙逊于弘始三年（401）作《上疏于秃发利鹿孤》自称"臣""弟"，称对方"陛下""圣旨"，减少西凉、南凉的双重压力。即位河西王作《下书伐秃发傉檀》"东苑之戮，酷甚长平；边城之祸，害深猃狁"，细数傉檀之罪。与东晋、北魏两个大国的交往上，《上晋安帝表》称"少康之兴大夏，光武之复汉业"，《上魏太武帝表》也说"美咏侔于成康，道化逾于文景"，太武帝平凉前诏公卿历数其子茂虔之"罪状"，其三即"取两端之荣，邀不二之宠"（《魏书·沮渠蒙逊传》）。俄藏吐鲁番文书 Д x.02670v《揖王入高昌城事》，

---

① 叶适：《习学记言序目》，中华书局 1977 年版，第 468 页。

② 似乎只有前凉张祚、张天锡称"帝位"，吕氏后期即"天王位"，这样的时期较短。

称宋少帝为天子，云《宋书》之茂虔而不用《魏书》之牧犍[1]，视刘宋为正统。茂虔437年向刘宋遣使奉表，并献《周生子》十三卷、《时务论》十二卷、《三国总略》二十卷、《俗问》十一卷、《十三州志》十卷、《文检》六卷、《四科传》四卷、《敦煌实录》十卷、《凉书》十卷、《汉皇德传》二十五卷、《亡典》七卷、《魏驳》九卷、《谢艾集》八卷、《古今字》二卷、《乘邱先生》三卷、《周髀》一卷、《皇帝王历三合纪》一卷、《赵畋传》并《甲寅元历》一卷，《孔子赞》一卷，合一百五十四卷。又求晋、赵《起居注》诸杂书数十件（《宋书·氏胡传》），这是西晋亡后南北最早的图书交流活动。取得代表汉文化正统的支持，以名自身之正统。

（二）在华北、太行山腹心区域，早在晋怀帝永嘉二年（308）、光初元年（318），刘渊、刘曜就曾相继称帝。汉赵并未形成稳定的政权，杀害怀、愍二帝，注定激起晋人的强烈反抗。《晋书·刘曜载记》后附史臣曰："胡寇不仁，有同豺豕，役天子以行觞，驱乘舆以执盖……自古篡夺，于斯为甚"。反映了晋唐之间的普遍观念，即胡人称帝本身就不正当。最早获得后继国家认可法统地位的是石赵政权[2]，占据中原，囊括长安、洛阳二都，石勒被徐光称为"中国帝王"（《晋书·石勒载记》）。继任者石虎病逝，"石季龙死，中国乱"（《晋书·宗室传》），开魏晋南北朝夷狄称"中国"之先。石赵是五胡之中封建化水平最低的羯族所建，石勒早年曾被贩为耕奴，最具反抗意识。刘曜停赵王之授，石勒下令："帝王之起复何常邪！赵王赵帝，孤自取之。名号大小，岂尔所节邪？"更像与前赵的决裂宣言而非要建国称帝。同年臣下请上尊号，石勒下书称："岂可假尊窃号，取讥四方！昔周文以三分之重，犹服事殷朝；小白居一匡之盛，而尊崇周室"（《晋书·石勒载记》），仍将佐命天子作为政治目标。刘琨劝降石勒称"自古以来诚无戎人而为帝王者，至于名臣建功者，则有之矣"，石勒假意推举王浚为天子，使者王子春说："自古诚胡人而为名臣者实有之，帝王则未之有也"，虽有欺诈成分，也显示了社会总体并不认可胡人称帝。石赵灭国后，姚弋仲仍告诫诸子勿作天子（《晋书·姚弋仲载记》）。姚弋仲世代为羌酋，为石赵重臣，石勒、石虎相继称帝的情况下尚如此说。

胡人建国称帝经历了复杂的思想转变，表现出过于依赖外界的某种政治

---

① 吴震：《俄藏"揖王入高昌城事"文书所系史事考》，载殷晴主编《吐鲁番学新论》，新疆人民出版社2006年版，第53—60页。

② 罗新：《十六国北朝的五德历运问题》，《中国史研究》2004年第3期。

符号，"秦汉以来，确立皇权合法性的手段有四，一是符谶，二是德运，三是封禅，四是传国玺"①。刘曜、石勒都是获得传国玺才称帝。《御览·偏霸部》引崔鸿《十六国春秋·前燕录》载，群臣请上尊号，慕容儁令曰："吾本幽漠射猎之乡，被发左衽之俗，历数之箓宁有分邪！卿等苟相褒举，以觊非望，实匪寡德所宜闻也"，认为自己未合"历数之箓"。然仅过了数月，获得了皇帝玺，以及对石虎当年所得"华山玉版"之"岁在申酉，不绝如线。岁在壬子，真人乃见"重新阐释②，"燕人咸以为儁之应也"（《晋书·慕容儁载记》），于永和八年十一月（352）即皇帝位，年号元玺，下书追尊祖考。慕容德称帝也经历了复杂的思想斗争，据《晋书·慕容德载记》和《初学记》载，同时获得谶文和玺文，下诏增名"备德"，才下定决心称帝。可见胡人面对皇帝尊号时的怯懦、自卑心理。

这种局面直到前秦建元六年（370），苻坚相继灭前燕、仇池、前凉、代国，基本统一北方后发生了变化。据洪亮吉《十六国疆域治》卷四《前秦》，共占有 22 州、124 郡、610 多县③，版图东到沧海，西达龟兹，南至襄阳，北极沙漠，可谓盛极一时。面对代王涉翼犍，苻坚自诩前秦为"中国"，苻融认为征伐西域"虚耗中国"（《晋书·苻坚载记》），苻坚君臣坚定地称自己为中国。石赵将民族分为不同等级，"苻坚称'中国'，'中国'不仅占据中原的地理含义，而且具有不分汉族与四夷、民族融合的政治含义"④。《御览·人事部》引车频《秦书》曰："苻坚时，四夷宾服，凑集关中四方种人，皆奇貌异色。"前秦所体现的华夏传统，已大大消弭了人们对其的异族感，《洛阳伽蓝记》"左末城"条云："城中图佛与菩萨，乃无胡貌。访古老，云是吕光伐胡所作。"⑤苻坚命吕光西征，当地人眼中氐人吕光及代表的苻秦政权不是"胡"，西域诸国才是"胡"。前秦获得了空前的正统性，"五胡之盛，莫之比也"。在此过程中逐渐产生了"混六合为一家"的大一统思想。五胡都把建立一个囊括"华夷"的无限疆域，实现天下一家作为最高目标，征服"东南一隅未宾

① 刘浦江：《"五德终始"说之终结——兼论宋代以降传统政治文化的嬗变》，《中国社会科学》2006年第 2 期。

② 童岭：《〈晋书·慕容儁载记〉记石虎所得玉版文》，《文史知识》2014 年第 5 期。

③ 洪亮吉：《十六国疆域治》，商务印书馆 1936 年版，第 161—245 页。

④ 李方：《前秦苻坚的中国观与民族观》，《西北民族研究》2010 年第 1 期。

⑤ 杨衒之撰，范祥雍校注：《洛阳伽蓝记》，上海古籍出版社 1978 年版，第 265 页。

王化"的东晋，才能真正实现"以夷变夏"，如苻坚下书云①：

> 吴人敢恃江山，屡寇王境，宜时进讨，以清宇内，便可戒严，速修戎备。发州民则十丁遣一，兵若门在灼然者，为崇文义从。朕将登会稽复禹迹，伐国存君，义同三王。其以司马昌明为左仆射，谢安为吏部尚书，桓冲为侍中，势还不远，可并为起第②。

公然将代表正朔的南方汉族政权斥为"吴人"，朱熹《纲目》凡例书法云："犯顺曰'寇'，中国有主，则夷狄曰'入寇'。"③将自己比附上古三王，恢复华夏疆域。视自己为"华"，东晋为"夷"，居高临下地看待东晋君臣。有意识地高举地域标准，模糊、突破了华夷之辨，从而实现了华夷互变。至此胡族政权纳入了华夏历史序列中成为既成事实，为北方胡族政权的华夏化奠定了基础，实为中古政治文化的一大变局。

　　淝水之战后华北陷入了巨大的混乱，"北方瓜分而云扰，各恃其部曲以弹压士民而用之，无非浊也"④。十六国前期六国，后期竟有十国，再加上西燕、翟魏和拓跋魏，是十三国。民族矛盾再次上升为主要矛盾。前秦建立的尊胡族政权为正统的新传统，大大鼓励了胡人称王称帝自信心，不再顾及"无戎人而为帝王"的迂腐说教。原属苻坚的各部落酋长纷纷叛秦，如西秦开国君主乞伏国仁曾说："苻氏以高世之姿而困于乌合之众，可谓天也。夫守常迷运，先达耻之，见机而作，英豪之举。吾虽薄德，借累世之资，岂可睹时来之运而不作乎！（《晋书·乞伏国仁载记》）自称大都督、大将军、大单于。文化水平较低的羌酋姚苌在苻坚死前公然要求"禅让"、吕光《下书讨乞伏乾归》"乾归狼子野心，前后反复。朕方东清秦、赵，勒铭会稽，岂令竖子鸱峙洮南。且其兄弟内相离间，可乘之机，勿过今也。其敕中外戒严，朕当亲讨"，模拟苻坚诏书中睥睨天下的口气。《御览·兵部》引赫连勃勃《功德碑》曰："我皇诞命世之期，应天纵之德。仰协时来，俯从民望。属奸豪鼎峙之际，群凶岳立之秋。故运筹命将，举无遗策。亲御六戎，则有征无战，五稔之间，而治

---

① 《御览·兵部》引萧方等《三十国春秋》文字有小异，"吴人敢恃江山，僭称大号，轻率犬羊，屡寇王境，朕将巡狩省方，登会稽而朝诸侯，复禹绩而定九州。今王师所临，必有征无战，伐国存主，义同一"，第1481—1482页。

② 《御览·偏霸部》引崔鸿《十六国春秋·前秦录》，中华书局1960年版，第590页。

③ 朱熹著，朱杰人、严佐之、刘永翔主编：《朱子全书》，上海古籍出版社2002年版，第3493页。

④ 王夫之：《读通鉴论》，中华书局2013年版，第399页。

风弘阐矣",嗜勇好杀的赫连勃勃居然引用苻坚诏书中"有征无战",营造仁德之君的形象。在他们身上看不到刘渊、石勒、慕容廆等建国时怯懦的身影,只有舍我其谁的使命感,《魏书·匈奴刘聪传序》所谓"各言应历数,人谓迁图鼎",更像这一时期的写照。

结　语

诏令文书展现了胡主的自我认同,以及对自身政权、帝位合法性的理念建构。各民族之间以及与汉族之间的互相学习、碰撞、冲突,在儒家"大一统"观念的影响下,表面上各胡族政权均以华夏礼乐文明承袭者自居,张扬自身为正统,斥他人、他族为"僭伪",实际上各政权对华夏传统的认同上有了归属感,其中一个重要表现即胡主建号称帝,将自身纳入中华皇权主义秩序的"皇帝化"。胡人与汉人一样,皆有资格称"中国帝王",产生了华夷互变、华夷皆正统的思想。如赫连勃勃《下书改姓赫连氏》,恢复自己的匈奴种姓,但将国号定为"大夏",又造《大夏龙雀刀铭》,标榜自己是以大禹为代表的夏王朝政权的继承者,自我认同为"中国"。《春秋》所谓的华夷互变,变的是诸侯,不变的是天子。天子是礼的核心,礼是夷夏的标准,故而夷夏是诸侯在以天子为核心之"天下"秩序中的身份定位。[①]所谓夷夏之防的根本即诸侯不可攘夺天子之位,夷狄不可为天子。从思想观念上说,十六国时期的华夷互变是对传统华夷观的一大进步。胡主成为中国帝王,不仅是汉化以及融入华夏传统的过程,同时也是反思和修正中华道统谱系的过程,展示了皇权制度的"开放性"和政治思想的"多元性"。同为胡族立国的北魏拓跋氏,用时五十三年统一了北方,政权的稳定性远超前秦,而且表现出对中华文化更加全面的理解,"继承慕容鲜卑的燕国和苻氏秦国的伟业,按照'五德始终'的正统理论,确定自己的国家为'土德',标榜自己的国家为中国正统王朝"[②]。北魏成为中国历史上第一个被纳入正史的胡族政权,十六国各政权的正统化建设不啻有先导之功。

（作者单位：北京师范大学汉语文化学院）

---

① 李晶:《夷夏观的转变和天下观的再造——从思想史看明清更替对"中国观"的影响》,《思想战线》2018 年第 1 期。

② 张德寿:《高闾民族观述论》,《中国边疆史地研究》2003 年 2 期。

明珠与火光：朱子晚年明德论思想的跃动

——以《朱子语类》相关语录为中心的讨论

翟奎凤

朱子晚年解释《大学》"明明德"说，"明德者，人之所得乎天，而虚灵不昧，以具众理而应万事者也。但为气禀所拘，人欲所蔽，则有时而昏；然其本体之明，则有未尝息者。故学者当因其所发而遂明之，以复其初也"①。明德，可谓本心与性理的贯通、统一，与以"虚灵不昧"解明德相呼应，晚年朱子也常以明珠、宝珠、火光比喻性理、明德本体之明。佛教典籍常以明珠、宝珠比喻佛性，晚唐高僧宗密在《圆觉经道场修证仪》中说到"虚灵不昧似明珠"，朱子晚年以"虚灵不昧""明珠"论明德性理受到宗密的影响②。

中国哲学有着悠久的以"镜"喻"心"的传统，早在《庄子·应帝王》中就说"至人之用心若镜，不将不迎，应而不藏，故能胜物而不伤"。在宋明时期，程朱、阳明也常以镜论心③。在朱子与门人的讨论中，常以"镜""鉴"比喻心本体、明德，"明明德"犹如磨镜："所谓'明明德'者，求所以明之也。譬如镜焉：本是个明底物，缘为尘昏，故不能照；须是磨去尘垢，然后镜复明也"④。但在晚年他对"镜""鉴"之喻有所反思，如说"镜犹磨而后明。若人之明德，则未尝不明。虽其昏蔽之极，而其善端之发，终不可绝。但当于其所发之端，而接续光明之，令其不昧，则其全体大用可以尽明"⑤，此条

---

① 朱熹：《四书章句集注》，朱熹撰，朱杰人、严佐之、刘永翔主编：《朱子全书》，上海古籍出版社、安徽教育出版社 2010 年版，第 6 册，第 16 页。

② 参见拙文《虚灵不昧与朱子晚年明德论思想跃动的禅学背景》，《哲学研究》2020 年第 10 期。

③ 参见陈立胜：《宋明儒学中的"镜喻"》，《孔子研究》2009 年第 1 期。

④ 朱熹：《朱子语类》卷十四，《朱子全书》，第 14 册，第 440 页。此条是廖德明所录，约在 1186 年（朱子 57 岁）。从这里我们可以看出，朱熹仍然重视孟子的"良知良能"之说及其与《大学》"明德"之间的思想关联。参朱汉民、周之翔《朱熹〈大学〉"明明德"诠释的理学意蕴》，《哲学研究》2012 年第 7 期，第 36 页。

⑤ 《朱子语类》卷十四，《朱子全书》，第 14 册，第 434 页。沈僴：字杜仲，永嘉人。戊午（1198，朱子 69 岁）以后所闻。

为沈僴录于戊午（1198 年，朱子 69 岁）以后。当学生郭友仁以"磨镜"来比喻"明明德"之学问进修工夫时，朱子说"公说甚善。但此理不比磨镜之法"，《语类》接着记载，说到朱子配合肢体语言进行讲说："先生略抬身，露开两手，如闪出之状，曰：'忽然闪出这光明来，不待磨而后现，但人不自察耳。如孺子将入于井，不拘君子小人，皆有怵惕、恻隐之心，便可见。'"①此条为郭友仁录于 1198 年，朱子 69 岁时。这里"露开两手，如闪出之状"非常形象，"忽然闪出这光明来，不待磨而后现"②，非常鲜明地体现了晚年朱子对"本体之明未尝息"的肯定、肯认！这两条文献都是在朱子去世的前两年内所说，强调了明德本体本有之明，反思镜喻之不足，即镜子需要磨才会明，而明德本体是常明常新的，只不过人们在日常生活中没有体认到这一点。为了突显本体的这种能动性、自足性，晚年朱子常以明珠、宝珠来比喻性理、明德和本心，目前学界关于这方面的讨论还较少。

一、明珠与天理、明德

相对"镜""鉴"之喻，朱子晚年似更喜欢以明珠、宝珠来比喻性理和心本体。在朱子文集中，很少有用"明珠""宝珠"来喻性理的语句，但是在《语类》中这种用法非常多。

朱子说："理在气中，如一个明珠在水里。理在清底气中，如珠在那清底水里面，透底都明；理在浊底气中，如珠在那浊底水里面，外面更不见光明处。"③此条为胡泳所记，时在戊午（1198 年），朱子 69 岁。此理气通人物禽兽而论，相对来说，禽兽禀气浊，人禀气清，从根本上来说，所含之理一样，但因禀气有清浊，理的呈现及其功能表现也就有很大差别。这段语录后面还接着一句话，"问：'物之塞得甚者，虽有那珠，如在深泥里面，更取不出。'曰：'也是如此。'"朱子的这个说法有点类似于黑格尔，贺麟曾以黑格尔的绝对理念比作朱子所说太极，贺麟认为在黑格尔"太极堕入形气界就是

---

① 《朱子语类》卷十七，《朱子全书》，第 14 册，第 578 页。

② 禅宗里关于"古镜不磨""照天照地"的公案颇多，朱子"不待磨而后现"之语可能也受此影响，南宋比朱子稍前的释师一禅师（1107—1176）就有一诗说到"古镜不磨还自照，淡烟和露湿秋光"（法应集、普会续集《禅宗颂古联珠通集》第十七，河北省佛教协会虚云印经功德藏倡印《续藏经》，第 65 册，第 579 页上）。

③ 《朱子语类》卷四，《朱子全书》，第 14 册，第 203 页。

自然。自然就是太极的外在存在（aussichsein），或太极的沉睡，或不自觉的理。换言之，自然、物质，或朱子所谓气，就是顽冥化的理智（versteinerte intelligenz）"[1]。对于朱子这里理气、珠水之喻，后世的讨论，多认为朱子有理气二元、理为实体化的倾向，田智忠认为"强调'理在气中，如一个明珠在水里'，这还是强调理是理、气是气，二者决定是二物，不相混合。在此角度看，理必然是实体形式的存在"[2]。比喻有其形象处，也必有其不恰当处，应该说朱子也无意把理实体化，但珠水之喻就容易给人以理气二元、理为独立存在实体的认知倾向。

《语类》卷一百一十七载朱子论如何化解私欲时说：

> 盖天理在人，亘万古而不泯，任其如何蔽锢，而天理常自若，无时不自私意中发出，但人不自觉。正如明珠大贝，混杂沙砾中，零零星星逐时出来。但只于这个道理发见处，当下认取，簇合零星，渐成片段。到得自家好底意思日长月益，则天理自然纯固。向之所谓私欲者，自然消靡退散，久之不复萌动矣。若专务克治私欲，而不能充长善端，则吾心所谓私欲者日相斗敌，纵一时按伏得下，又当复作矣。初不道隔去私意后，别寻一个道理主执而行，才如此，又只是自家私意。只如一件事，见得如此为是，如此为非，便从是处行将去，不可只恁休。误了一事，必须知悔，只这知悔处便是天理[3]。

此条未系记载者，是针对周谟的提问作的回答。周谟约在朱子五十岁时来学，此后跟朱子过从甚密。朱子这段话的大意是，要从根本、正面解决问题，不能盯着私欲，私欲是末的问题，要从正面立其大本，明其明德，久而久之，自然私欲消退。从这里来看，天理作为本体有能动性，天理是未尝息的本体之明，天理如太阳光，私意如乌云。"无时不自私意中发出"可以有两种理解，一是太阳光从乌云的缝隙中闪现照射进来，二是即使乌云密布，太阳光也可以从乌云中透出微光，使得白天不会像黑夜那样完全漆黑。换句话说，私意中有天理之善的因素在里面，把一隙之光、微弱之光不断扩充放大，就是"簇

---

①　贺麟：《黑格尔哲学讲演集》，上海人民出版社 2011 年版，第 597 页。

②　田智忠：《简论陈淳与"去实体化"路向趋势的开启》，朱人求、乐爱国主编：《百年东亚朱子学》，商务印书馆 2015 年版，第 315 页。

③　《朱子语类》卷一百一十七，《朱子全书》，第 18 册，第 3678 页。

合零星，渐成片段"的意思，这样天理纯固就是朗朗乾坤、光天化日之景象。

朱子上面这段话实际上与陆九渊所尊奉的孟子所说"先立乎其大者，则其小者弗能夺也"的思想主张是相通的。类似"先立乎其大"的思想，朱子还说：

> 今来朋友相聚，都未见得大底道理。还且谩恁地逐段看，还要直截尽理会许多道理，教身上没些子亏欠。若只恁地逐段看，不理会大底道理，依前不济事。这大底道理，如旷阔底基址，须是开垦得这个了，方始架造安排，有顿放处。见得大底道理，方有立脚安顿处。若不见得大底道理，如人无个居着，趁得百十钱归来，也无顿放处；况得明珠至宝，安顿在那里？自家一身都是许多道理。人人有许多道理，盖自天降衷，万理皆具，仁义礼智，君臣父子兄弟朋友夫妇，自家一身都担在这里。须是理会了，体认教一一周足，略欠缺些子不得。须要缓心，直要理会教尽。须是大作规模，阔开其基，广阔其地，少间到逐处，即看逐处都有顿放处。日用之间，只在这许多道理里面转，吃饭也在上面，上床也在上面，下床也在上面，脱衣服也在上面，更无些子空阙处。尧、舜、禹、汤也只是这道理。如人刺绣花草，不要看他绣得好，须看他下针处；如人写字好，不要看他写得好，只看他把笔处[①]。

此条为叶贺孙所记，在辛亥以后（1191 年），即朱子 62 岁后。"大底道理"可以说即是天理本体、公共而根本的善。这里"明珠至宝"也可以理解为"自天降衷"的"仁义礼智"。

《语类》卷十五载：

> 问："《大学》之书，不过明德、新民二者而已。其自致知、格物以至平天下，乃推广二者，为之条目以发其意，而传意则又以发明其为条目者。要之，不过此心之体不可不明，而致知、格物、诚意、正心，乃其明之之工夫耳。"
>
> 曰："若论了得时，只消'明明德'一句便了，不用下面许多。圣人为学者难晓，故推说许多节目。今且以明德、新民互言之，则明明德者，所以自新也；新民者，所以使人各明其明德也。然则虽有彼此之间，其

---

① 《朱子语类》卷一百二十一，《朱子全书》，第 18 册，第 3822—3823 页。

为欲明之德，则彼此无不同也。譬之明德却是材料，格物、致知、诚意、正心、修身，却是下工夫以明其明德耳。于格物、致知、诚意、正心、修身之际，要得常见一个明德隐然流行于五者之间，方分明。明德如明珠，常自光明，但要时加拂拭耳。若为物欲所蔽，即是珠为泥涴，然光明之性依旧自在①。

朱子看来，《大学》最根本的就是"明明德"，"格物、致知、诚意、正心、修身"都是明明德的具体工夫条目。明德就像明珠，本自光明，为物欲遮蔽就像污泥覆盖明珠。然而，即便被污泥覆盖，其光明之性并不会因此而泯灭。此条为余大雅所记，约在朱子 59 岁。明珠常自光明，与镜子光明依靠外在之光不同，明珠是"自光明"，自己本身就能发光。明德为物欲遮蔽，就像明珠被泥水污染，但是即便被污染，这也是外在的表面的，内在的光明之性依然自在。

二、宝珠与性理、本心

朱子以"明珠"喻性理大概是在 59 岁之后，粗略来说 60 岁后的朱子喜以"明珠"比喻性理。相比"明珠"，"宝珠"之喻在《语类》中出现的频率更高，而且这些材料多是朱子 65 岁以后所说。

朱子把"性理"比作宝珠：

问："或问'气之正且通者为人，气之偏且塞者为物'，如何？"曰："物之生，必因气之聚而后有形，得其清者为人，得其浊者为物。假如大炉熔铁，其好者在一处，其渣滓又在一处。"又问："气则有清浊，而理则一同，如何？"曰："固是如此。理者，如一宝珠。在圣贤，则如置在清水中，其辉光自然发见；在愚不肖者，如置在浊水中，须是澄去泥沙，则光方可见。今人所以不见理，合澄去泥沙，此所以须要克治也。至如万物亦有此理。天何尝不将此理与他？只为气昏塞，如置宝珠于浊泥中，不复可见。然物类中亦有知君臣母子、知祭知时者，亦是其中有一线明处。然而不能如人者，只为他不能克治耳。且蚤、虱亦有知，如饥则噬

---
① 《朱子语类》卷十五，《朱子全书》，第 14 册，第 491—492 页。

人之类是也。"①

此条为曾祖道所记，在朱子 68 岁。朱子这里实际上表达了理一气异的思想，万物的差别在于气禀的不同，其根本之理是一样的。清者、好者为人，浊者、渣滓为物。圣贤、愚不肖、万物之差别，如宝珠在清水、浊水、浊泥中。圣人气质清爽，性理辉光自然发露在外，而愚不肖者，气质比较浑浊，就像宝珠在浑浊的水中，需要把泥沙清洗掉，珠光才能发见于外。而清洗泥沙，就相当于克治、变化气质的修养功夫。万物昏塞，如宝珠被浊泥完全遮蔽，虽然一些动物身上也偶尔流露一些善性的光辉，但也只是一线光明，而且动物没有反思、反省、克治的理性能力，无法自我扩充其德性之善的光辉。

类似的，朱子还说：

有是理而后有是气，有是气则必有是理。但禀气之清者，为圣为贤，如宝珠在清冷水中；禀气之浊者，为愚为不肖，如珠在浊水中。所谓"明明德"者，是就浊水中揩拭此珠也。物亦有是理，又如宝珠落在至污浊处，然其所禀亦间有些明处，就上面便自不昧。如虎狼之父子，蜂蚁之君臣，豺獭之报本，雎鸠之有别，曰"仁兽"，曰"义兽"是也②。

此条为李儒用所记，在朱子 70 岁。此条与上条曾祖道所记是一致的，"有是理而后有是气，有是气则必有是理"强调理气不离。虽理气不可分离，但理所在之气有清浊不同而表现为万物在知觉、德性与智慧上的千差万别。在朱子看来，明明德，就是在浊水中把明珠清洗干净；实际上应该是说把浊水变清、变化气质，让宝珠辉光自然显露。

朱子又说：

孔子所谓"克己复礼"，《中庸》所谓"致中和""尊德性""道问学"，《大学》所谓"明明德"，《书》曰"人心惟危，道心惟微，惟精惟一，允执厥中"，圣贤千言万语，只是教人明天理，灭人欲。天理明，自不消讲学。人性本明，如宝珠沉溷水中，明不可见；去了溷水，则宝珠依旧自明。自家若得知是人欲蔽了，便是明处。只是这上便紧紧着力主

---

① 《朱子语类》卷十七，《朱子全书》，第 14 册，第 575 页。
② 《朱子语类》卷四，《朱子全书》，第 14 册，第 203 页。

定，一面格物。今日格一物，明日格一物，正如游兵攻围拔守，人欲自消铄去。所以程先生说"敬"字，只是谓我自有一个明底物事在这里。把个"敬"字抵敌，常常存个敬在这里，则人欲自然来不得。夫子曰："为仁由己，而由人乎哉！"紧要处正在这里①。

此条为董铢所记，在朱子 67 岁或之后。朱子认为，圣贤苦口婆心，说了很多道理，无非就是让人明天理。明了天理，自然不需要讲学。这里他说"人性本明，如宝珠沉溷水中，明不可见"，以宝珠来比喻人性，显然此性即是人所禀受的天理。人一旦认识到欲望习气遮蔽了本性光明，这种认识能力本身就是光明本性的流露，这样通过格物的工夫，销铄欲望之遮蔽，本性光明自然就能不断扩充。

朱子论孟子"夜气"时也把"心"比作宝珠：

> 问"夜气"一章。曰："气只是这个气，日里也生，夜间也生。只是日间生底，为物欲梏之，随手又耗散了。夜间生底，则聚得在那里，不曾耗散，所以养得那良心。且如日间目视耳听、口里说话、手足运动，若不曾操存得，无非是耗散底时节。夜间则停留得在那里，如水之流，夜间则闸得许多水住在这里，这一池水便满。次日又放干了，到夜里又聚得些小。若从平旦起时，便接续操存而不放，则此气常生而不已。若日间不存得此心，夜间虽聚得些小，又不足以胜其旦昼之梏亡，少间这气都干耗了，便不足以存其仁义之心。如个船阁在干燥处，转动不得了。心如个宝珠，气如水。若水清，则宝珠在那里也莹彻光明；若水浊，则和那宝珠也昏浊了。"又曰："'夜气不足以存'，非如公说心不存与气不存，是此气不足以存其仁义之心。伊川云：'夜气所存，良知良能也。'这'存'字是个保养护卫底意。"又曰："此段专是主仁义之心说，所以'此岂山之性也哉'下便接云：'虽存乎人者，岂无仁义之心哉？'"又曰："此章不消论其他，紧要处只在'操则存'上。"②

此条为沈僩所记，在朱子 69 岁以后。总体上来看，这段话是强调气的重要性，如果没有气，仁义之心也就干瘪了，无从展现，气类似能量，仁义之心、性

---

① 《朱子语类》卷十二，《朱子全书》，第 14 册，第 367 页。

② 《朱子语类》卷五十九，《朱子全书》，第 16 册，第 1900—1901 页。

理是机能，没有能量，机能、功能没法运转。当然，这种气，主要来讲是说清明之气，存养主要是存养此清明之气。清气是"正能量"，浊气可谓是"负能量"。"心如个宝珠，气如水"，与前面以性理为宝珠是一个道理，这里的"心"指的是仁义之心、本心，此心与性为一、与理为一。这段话实际上是强调了气与养气的重要性。而在一定意义上，气由心生，特别是白天，操存修养根本上来说还是"集义"、从思想上明理，进而调整意识、心理和情绪进入一种中和状态，这样清明之气、浩然之气可以"油然而生"。

在朱子，根本上来说，性理作为形上之道，有空无虚灵的特点，并非形下实体性存在，而且理气是不可分离的一个存在，把一个存在划分形而上下、理与气，这是人的理性对存在的一种解析，但是把性理比作宝珠，把气质比喻为水，就容易造成性理如宝珠为独立实体性存在的误解。当朱子说"性如宝珠，气质如水。水有清有污，故珠或全见，或半见，或不见"时，学生就问"先生尝说性是理，本无是物。若譬之宝珠，则却有是物"，朱子就说"譬喻无十分亲切底"[1]。这条材料为龚盖卿记于朱子65岁时。既然是比喻，就不可能完全恰当。明珠、宝珠之喻主要是强调人人皆有来自上天的光明之性，而且此光明本性生生不息。此光明本性之所以不能显现，主要是因为气质之性的遮蔽。

三、佛教语境下的宝珠之喻

以"明珠""宝珠"比喻佛性真如本心，佛经禅典中屡屡言及，朱子对此是很清楚的："敬则常在屋中住得，不要出外，久之亦是主人。既是主人，自是出去时少也。佛经中贫子宝珠之喻亦当。"[2]"贫子宝珠"的故事见于《妙法莲华经卷第四·五百弟子受记品第八》："譬如贫穷人，往至亲友家，其家甚大富，具设诸肴膳，以无价宝珠，系着内衣里，默与而舍去，时卧不觉知。是人既已起，游行诣他国，求衣食自济，资生甚艰难，得少便为足，更不愿好者。不觉内衣里，有无价宝珠。与珠之亲友，后见此贫人，苦切责之已，示以所系珠。贫人见此珠，其心大欢喜。"[3]此无价宝珠比喻人人本具的光明本性、常清静的佛性，人人皆有此无尽宝藏，但很多人对此没有意识，甚至不

---

① 《朱子语类》卷七十四，《朱子全书》，第16册，第2525页。

② 《朱子语类》卷三十一，《朱子全书》，第15册，第1115页。

③ 鸠摩罗什译：《妙法莲华经》第四，《大正藏》，第9册，第29页中栏。

自信，还像穷人一样到处乞讨生活。《法华经》这个譬喻故事，广为流传，影响很大。《二程遗书》卷六就载有"贫子宝珠"四字，但没有具体评论，应该说程子、朱子对此故事背后所表达的义理是肯定欣赏的。此宝珠在理学话语中，可以比喻为性理、明德。朱子还说"天之所赋于我者，如光明宝藏，不会收得；却上他人门教化一两钱，岂不哀哉！只看圣人所说，无不是这个大本"①，这显然也是化用了佛教"贫子宝珠"的故事。类似的，56岁在《答陈同甫》信中，朱子也说"今乃无故必欲弃舍自家光明宝藏而奔走道路，向铁炉边查矿中拨取零金，不亦误乎？"

佛经中还常说一种清明光亮、法力无边摩尼珠或如意珠，鸠摩罗什所译《佛说华手经》中说"譬如无价宝摩尼珠，能除一切众生衰恼，得安隐乐"②。唐佛陀多罗译《圆觉经》中说"譬如清净摩尼宝珠，映于五色，随方各现，诸愚痴者，见彼摩尼，实有五色"，对此，释延寿在其《宗镜录》中有引述，宗密在其多部著作中更是有深入阐发。如在《圆觉经道场修证仪》中，宗密对此解说曰"如意宝珠明又净，映于外物现青黄，愚者执为真实色，因兹争短或争长"③。在《圆觉经大疏》中，宗密又有进一步解说"摩尼体性莹净绝瑕，都无色相，由性净故一切众色对则现，中青黄赤白黑五色，各各随方而现"、"摩尼喻圆成实性，即前所显之理也。现色喻依佗起性，即前幻也。愚人见定是青黄，喻遍计所执性，即前尘垢也"、"无计执之人，即此珠种种色，一一清净，一一同体，悉是圆珠妙用应现，无体可破"，又说"然前之镜喻但一面明，又云因磨而现，表二空之理破执方显，对执得名。今摩尼珠本净本明，十方俱照，故以显后法界之宗也"④。唐代澄观认为"摩尼珠体空净喻理，所现众色喻事也"⑤。显然，在佛书中，明珠、宝珠即是指这种比喻真如法性的摩尼珠，宗密实际上也指出了佛经中镜喻的不究竟，不如宝珠之喻圆妙。镜、珠二喻在佛书中均有大量出现，西蜀仁王钦禅师云"'灵光洞照。迥脱根尘。体露真常。不拘文字。心性无染。本自圆成。但离妄缘。即如如佛。'⑥且要他从这里趣入。便有没意智汉。才闻怎么说话。便向自己色身内髑髅前认个昭

---

① 《朱子语类》卷一百二十一，《朱子全书》，第18册，第3836页。

② 鸠摩罗什译：《佛说华手经》第一，《大正藏》，第16册，第131页上栏。

③ 宗密述：《圆觉经道场修证仪》第七，《续藏经》，第74册，第418页下栏。

④ 宗密述：《圆觉经大疏》中卷之一，《续藏经》，第9册，第360页下栏。

⑤ 别行疏、宗密随疏钞：《华严经行愿品疏钞》第二，《续藏经》第5册，第251页上栏。

⑥ 此句为古灵神赞禅师语，参见宋道元辑；朱俊红点校：《景德传灯录》（上），海南出版社2011年版，第230页。

昭灵灵底。隐隐地似一面古镜，如一颗明珠，亘古亘今，照天照地"。朱子对佛书相当熟悉，特别是宗密的这些表述，显然对他晚年的思想有影响。对此，鲍永玲也指出："宗密在《圆觉经大疏钞》中以'摩尼宝珠'说心体：'其珠之光明，即衣里透彻，常自照暇。对物不对物，明无增减。此明坚实莹净，内外无瑕，纵影像有无，种种变易，明亦不变，常自坚净，即喻心之寂体也。'此段文字突出'灵知'的普遍性、恒照性，而后朱熹亦常用宝珠喻'明德'或'性体'"①。鲍永玲还认为西方哲学中也有类似的看法，"如康德谓：'这个好意志也还是像宝珠似的，会自己发光，还是个自身具有全部价值的东西。它的有用或是无结果，对于这个价值既不能增加分毫，也不能减少分毫'"。②吴展良也认为"儒家主性善，相信人皆可以为尧舜，佛教则认为人皆有佛性，人人皆可成佛。两家说法皆肯定人心本然的光明，而朱子性如宝珠之说，实深受佛教'摩尼宝珠'说的影响。基督教则认为人有原罪，必须遵循天启律法并信靠上帝才能得救。伊斯兰教认为人软弱无知，有赖真主、先知与律法的引导，否则必将犯罪。双方对于人性的看法不同，然而基督教与伊斯兰教对于爱人、无私、公义、光明、合理等德性的看重，实与儒、佛两家相通"③。可见，本体、德性的光明之喻在中西思想史上有着普遍性。

在佛学语境下，摩尼宝珠还有一种神奇的能力，那就是能使浊水变清，就是说宝珠能使其所处的浊水环境变清，此化浊为清的法力，也表明道、本体、明德有其自身的能动性，所以在一定意义上可以说，人能弘道，道亦能弘人。

四、火光之喻与明德、仁德

除了明镜、明珠、宝珠之喻，朱子有时也把明德比喻为"火"，他说：

> 问："或谓'虚灵不昧'，是精灵底物事；'具众理'，是精灵中有许多条理；'应万事'，是那条理发见出来底。"
> 曰："不消如此解说。但要识得这明德是甚物事，便切身做工夫，去

---

① 鲍永玲：《"种子"与"灵光"：王阳明心学喻象体系通论》，上海书店 2012 年版，第 83 页。

② 《"种子"与"灵光"：王阳明心学喻象体系通论》，第 83 页。

③ 吴展良：《圣人之书与天理的恒常性：朱子的经典诠释之前提预设》，姜哲、郭西安主编：《比较经学：中国经学诠释传统与西方诠释学传统的对话》，上海人民出版社 2018 年版，第 409 页。

其气禀物欲之蔽。能存得自家个虚灵不昧之心，足以具众理，可以应万事，便是明得自家明德了。若只是解说'虚灵不昧'是如何，'具众理'是如何，'应万事'又是如何，却济得甚事！"

又问："明之之功，莫须读书为要否？"

曰："固是要读书。然书上有底，便可就书理会；若书上无底，便著就事上理会；若古时无底，便著就而今理会。盖所谓明德者，只是一个光明底物事。如人与我一把火，将此火照物，则无不烛。自家若灭息着，便是暗了明德；能吹得着时，又是明其明德。所谓明之者，致知、格物、诚意、正心、修身，皆明之之事，五者不可阙一。若阙一，则德有所不明。盖致知、格物，是要知得分明；诚意、正心、修身，是要行得分明。然既明其明德，又要功夫无间断，使无时而不明，方得。若知有一之不尽，物有一之未穷，意有顷刻之不诚，心有顷刻之不正，身有顷刻之不修，则明德又暗了。惟知无不尽，物无不格，意无不诚，心无不正，身无不修，即是尽明明德之功夫也。"①

此条为吕焘记于朱子70岁时，即是朱子去世前一年说的话。从这里看出，朱子越到晚年越强调实际践履，不尚知解空谈，只要切实做为善去恶的功夫，去除气禀、物欲的遮蔽，把固有的虚灵不昧之心豁显出来，就能够"具众理"，可以"应万事"，这就是明明德。"明"的工夫可以包括"就书理会"、"事上理会"、"就而今理会"。朱子强调"明德"是"一个光明底物事"，就像"一把火"，用来照物的话，就能看清外物。如果自己的这把火熄灭了，就是暗了明德；把火吹着，继续明亮，又是明其明德。朱子认为，八条目中的格物、致知、诚意、正心、修身，说的都是明明德的功夫，相应地，"齐家、治国、平天下"，这三条是新民的功夫。

朱子还说"人性如一团火，煨在灰里，拨开便明"②，这里所说"性"是"天命之性"，是明德，"灰"比喻气质欲望、烦恼习气。朱子晚年反复强调此如火一般的本体之明"未尝息"，如说"明德未尝息，时时发见于日用之间。如见非义而羞恶，见孺子入井而恻隐，见尊贤而恭敬，见善事而叹慕，皆明德之发见也。如此推之，极多。但当因其所发而推广之"③。平常人在日常生活

---

① 《朱子语类》卷十四，《朱子全书》，第14册，第438页。此条为吕焘在朱子70岁时所记。
② 《朱子语类》卷四，《朱子全书》，第14册，第206页。此条为魏椿在朱子59岁时所记。
③ 《朱子语类》卷十四，《朱子全书》，第14册，第434页。

中都有善的辉光显现，这种善的辉光就来自明德，把善心善行扩充开来，就是明其明德。

有学生问："'明明德'，是于静中本心发见，学者因其发见处从而穷究之否？"朱子说：

> 不特是静，虽动中亦发见。孟子将孺子将入井处来明这道理。盖赤子入井，人所共见，能于此发端处推明，便是明。盖人心至灵，有什么事不知，有什么事不晓，有什么道理不具在这里？何缘有不明？为是气禀之偏，又为物欲所乱。如目之于色，耳之于声，口之于味，鼻之于臭，四肢之于安佚，所以不明。然而其德本是至明物事，终是遮不得，必有时发见。便教至恶之人，亦时乎有善念之发。学者便当因其明处下工夫，一向明将去。致知、格物，皆是事也。且如今人做得一件事不是，有时都不知，便是昏处；然有时知得不是，这个便是明处。孟子发明赤子入井。盖赤子入井出于仓猝，人都主张不得，见之者莫不有怵惕恻隐之心。
>
> 人心之灵莫不有知，所以不知者，但气禀有偏，故知之有不能尽。所谓致知者，只是教他展开使尽①。

人心最为灵妙，可以知晓任何事情和道理，但为气禀所拘、物欲所乱，蔽于感官，明德就昏暗了。但明德终究是光明的，气禀物欲无法完全障蔽其明，因此，即便是最恶的人，也会有善念流露，这就是明德透出的一隙之光。人做错了事，浑然不觉，这就是明德昏了，而一旦认识悔悟到错误，这就是明德之光的显现。格物、致知都是明明德、拓展本体之明的工夫。

钱穆认为此条"与阳明言致良知大意相似。惟朱子著意在明明德之前一明字上，王学后人张皇明德，遂有现成良知之诮"②。而杨祖汉认为"朱子虽有这些说法，但不能把朱子理解为与陆王同调，朱子虽然肯定明德在心中随时可发现，但并不主张心即理""朱子此说并不同于陆王言'心即理'及'致良知'，钱先生认为朱子此条与阳明之说相似，并不正确"③。我们认为，朱子关于明德、人心之灵的说法确与阳明良知之说有相通之处。当然，朱子更多还是说性即理，警惕心即理之说，后人常批评阳明学中有混情识为良知的流

---

① 《朱子语类》卷十四，《朱子全书》，第 14 册，第 436—437 页。

② 《朱子新学案》第二册，九州出版社 2011 年版，第 509 页。

③ 杨祖汉：《朱子与康德敬论的比较》，《杭州师范大学学报》（社会科学版）2018 年第 4 期，第 2 页。

弊，朱子似早有鉴于此。性即理与心即理，心与性并非截然对立，性、心、理有着内在贯通性，其中差别非常微妙。在朱子的论说中，明德是性理，也是本心。

朱子还常强调人心本自光明，如说：

> 学者常用提省此心，使如日之升，则群邪自息。他本自光明广大，自家只着些子力去提省照管他，便了。不要苦着力，着力则反不是[①]。

> 盖心地本自光明，只被利欲昏了……且如人心何尝不光明。见他人做得是，便道是；做得不是，便知不是，何尝不光明。然只是才明便昏了[②]。

> 盖天之所以与我，便是明命；我之所得以为性者，便是明德。命与德皆以明为言，是这个物本自光明，显然在里，我却去昏蔽了他，须用日新[③]。

这些语录多出自朱子晚年，如果将其放到阳明《传习录》中也不会觉得太突兀。可见，朱子学与阳明学是有相通之处的，特别是朱子晚年的很多语句，甚至可以看作阳明学的先声。

朱子还说"天地生物之心固未尝息"[④]，由此，明德与生生之仁德也是贯通的。朱子也常以镜喻心与仁，如说：

> 仁与心本是一物。被私欲一隔，心便违仁去，却为二物。若私欲既无，则心与仁便不相违，合成一物。心犹镜，仁犹镜之明。镜本来明，被尘垢一蔽，遂不明。若尘垢一去，则镜明矣[⑤]。

> 仁即是心。心如镜相似，仁便是个镜之明。镜从来自明，只为有少间隔，便不明[⑥]。

> 公犹无尘也，人犹镜也，仁则犹镜之光明也。镜无纤尘则光明，人能无一毫之私欲则仁。然镜之明，非自外求也，只是镜元来自有这光明，

---

① 《朱子语类》卷十二，《朱子全书》，第 14 册，第 360 页。

② 《朱子语类》卷十二，《朱子全书》，第 14 册，第 379—370 页。

③ 《朱子语类》卷十六，《朱子全书》，第 14 册，第 505 页。

④ 《朱子语类》卷七十一，《朱子全书》，第 16 册，第 2393 页。

⑤ 《朱子语类》卷三十一，《朱子全书》，第 15 册，第 1109 页。

⑥ 《朱子语类》卷三十一，《朱子全书》，第 15 册，第 1116 页。

> 今不为尘所昏尔。人之仁，亦非自外得也，只是人心元来自有这仁，今
> 不为私欲所蔽尔。故人无私欲，则心之体用广大流行，而无时不仁，所
> 以能爱能恕"①。

这些话也多出自朱子 60 岁以后的晚年，可见，朱子晚年虽然多用明珠、宝
珠来讲明德性理乃至本心，但是在论及仁与心时，他仍然延用镜喻，以镜之
光明来比喻仁德。仁是性理，这里说"仁与心本是一物"、"仁即是心"，显
然，这些与陆王"心即理"之说有相通处，性理与心是一体贯通的，之所以
不"一"，主要是因为私欲的间隔。

结　语

　　明德、仁德本自光明，之所以不明，朱子多强调这是由于气禀、物欲、
私欲遮蔽了本有光明之性。气禀清浊是先天的气质之性，物欲、私欲主要是
出于感官欲望，实际上还应包括思想观念。回过头来再看朱子《大学章句》
所说"明德者，人之所得乎天，而虚灵不昧，以具众理而应万事者也。但为
气禀所拘，人欲所蔽，则有时而昏；然其本体之明，则有未尝息者。故学者
当因其所发而遂明之，以复其初也"②。"复其初"就是让本有光明完全豁显，
就是回归本体。西方有些哲学家也强调哲学的根本努力就是回归本体。这一
点应该说在佛老那里体现得尤为明显。本体有先天性，回归本体，应该说即
是回归先天。就儒家而言，这是片面的。孟荀可以视为孔子思想之两个向度，
相对来说，孟子强调先天本有，而荀子强调后天礼法教育的重要性。总体上
来看，宋明理学无论是程朱还是陆王，都是过于强调先天，只不过在这一点
上陆王体现得更为明显。强调先天、本体，有个体性，后天人文教化，注重
社会性。实际上，社会环境，文化教育，对人的成长非常重要。人完全离开
社会、语言文化、教育，甚至会堕落为狼孩、虎孩。孔子、荀子非常强调人
作为类、群存在的重要性，注重学习教育。对儒学而言，先天、后天都是重
要的，两者要中和起来。人类创造的所有文化，相对自然来说似是后天的，
相对每个个体来说，又有先天性，所有有意义、有价值的思想文化也可以看
作"道"、"本体之明"在人类思想观念中的自我表现。当然，在现实世界中，

---

① 《朱子语类》卷九十五，《朱子全书》，第 17 册，第 3226 页。
② 《四书章句集注》，《朱子全书》，第 6 册，第 16 页。

人们的心灵世界汩没于感官经验与固执的观念世界，以基于身体的形下世界为存在的基础性甚至唯一意义，不承认神圣与超越维度，因而在变幻无常的现实世界中就容易感到生命是无意义的荒原。这样来说，古典世界中对光明本体灵动性的论述①，在今天唯形下之"物"为真的思想观念中也有着非常重要的现实意义。

（作者单位：山东大学哲学与社会发展学院）

---

① 光明意象在儒佛道乃至在不少宗教中是普遍存在的，老庄相关讨论，可参见邓联合：《老庄哲学中的光明意象释义》，《哲学研究》2021 年第 12 期，作者认为老庄光明之说是对儒家明德论的批判，此则未必。

卿大夫当政与《左传》书写的新变

方　韬

　　春秋是中国古代社会变化最剧烈的时期之一。至其中后期，诸侯国君逐渐失去对国家的掌控，卿大夫登上政治舞台的中心[①]。许倬云将春秋诸侯国卿大夫贵族发展分为九期，第六期（前 572—前 543）的卿大夫家族最多最活跃[②]，晋六卿、鲁三桓、郑七穆已开始轮流执政。晁福林指出，在晋楚弭兵大会（前 546 年）前，卿权已实现对君权的超越[③]。需要注意的是，霸主晋国正卿赵武是晋楚弭兵之会的倡导者，其执政八年（前 548—前 541）大体在许倬云氏所分第六期的末尾。这时期诸侯国卿权达到顶点。赵武与诸侯国卿大夫一起推行偃武修文的政策：提倡辞令，赋《诗》言志，将春秋卿大夫贵族文化推向高峰。这种文化彰显出卿大夫阶层的志向主张，与春秋前期诸侯为政大为不同。而且，此时正值孔子（生于襄公二十二年）童年，昌盛的卿大夫贵族文化对孔子的影响不容低估。卿大夫作为春秋社会的中坚阶层，学界对其研究颇多[④]。但从卿大夫当政与《左传》书写的关系角度进行的研究，尚付阙如。因此，笔者尝试着做些探索。

[①]　"前 600 年左右的春秋中期发生了一次礼制重构，是应对社会现实的变化而更新旧的标准。这次礼制重构似乎是扩大了高级贵族的特权。"（罗泰著，吴长青、张莉、彭鹏等译：《宗子维城：从考古材料的角度看公元前 1000 至前 250 年的中国社会》，上海古籍出版社 2017 年版，第 403 页）我们认为，这个时间与卿大夫开始专权的时间接近。譬如，晋国赵盾专权与赵穿弑君，鲁国东门襄仲杀嫡立庶。

[②]　许倬云著，邹水杰译：《中国古代社会史论：春秋战国时期的社会流动》，广西师范大学出版社 2006 年版，第 38 页。

[③]　晁福林：《论周代的卿权》，《中国社会科学》1993 年第 6 期。

[④]　童书业：《春秋左传研究》，中华书局 2006 年版；《中国古代社会史论：春秋战国时期的社会流动》；段志宏：《周代卿大夫研究》，台北文津出版社 1994 年版；何怀宏：《世袭社会：西周到春秋的社会形态研究》，北京大学出版社 2011 年版；马卫东：《春秋时期贵族政治的历史变迁》，吉林大学出版社 2011 年版。此外，刘丽文：《春秋的回声》，北京燕山出版社 2000 年版等也有所涉及。

一、卿大夫执政的书写：任贤与尊礼

卿大夫阶层是春秋社会的中坚，也是诸侯国执政的核心力量。《左传》有"为政"一词，即"执政"义。僖公七年《左传》："郑有叔詹、堵叔、师叔三良为政"①，三良皆郑国卿大夫。春秋时期诸侯国由卿大夫执政牧民是政治常态，而执政国卿屡被称为"民之主"。那么，在《左传》的书写中，卿大夫执政是否存在着前后的分期与界别呢？

晋楚弭兵之际，卿权已超越君权。具体而言，襄公二十五年晋赵武执政可能是分水岭。春秋前期，君主是"神之主民之望"，肩负世俗与宗教的双重职责②。君主享有至高的权威。"君，天也"，"君命无二"，都是这种情况的写照。中后期，卿权超越君权后，国君失势选择妥协。出奔在外的卫献公为重返卫国，与权臣宁喜达成妥协，承诺放弃执政权③。国君从掌控政权与宗教祭祀的双重领袖到仅保留国家祭祀的宗教领袖身份，这显然是巨变。

这时期卿大夫已公开讨论如何执政。讨论执政牧民是政治思想的表达，卿大夫唯有完全掌握政权后才敢剖露。春秋前期国家大计都由君主裁定，卿大夫虽握有强大的行政权力，但只是国君的副手，所谓"君之贰"。而到襄公二十五年，郑国子产、然明、子大叔已相互问询如何为政这一问题。《左传》云：

> 晋程郑卒，子产始知然明，问为政焉。对曰："视民如子。见不仁者，诛之如鹰鹯之逐鸟雀也。"子产喜，以语子大叔，且曰："他日，吾见蔑之面而已，今吾见其心矣。"子大叔问政于子产。子产曰："政如农功，日夜思之，思其始而成其终，朝夕而行之。行无越思，如农之有畔，其过鲜矣。"④

上年然明预言晋程郑将卒，子产此时知晓然明是贤人，向他请教为政之道。然明以鹰逐鸟雀喻为政者当逐杀那些不仁有害的人。子太叔也请教子产如何

---

① 左丘明撰，杜预集解：《左传（春秋经传集解）》卷五《僖公上》，上海古籍出版社1997年版，第263页。

② 《中国古代社会史论：春秋战国时期的社会流动》，第24页。

③ 《左传（春秋经传集解）》卷十八《襄公五》，第1048页。

④ 《左传（春秋经传集解）》卷十七《襄公四》，第1041页。

为政，子产以农功的思行结合为喻。这两次为政的讨论皆用譬喻，非常生动。前者主要阐述如何治理国民，后者强调执政者要将思行有机结合。角度不同，但皆是对卿大夫执政的思考。

春秋后期，象征诸侯盛衰的天命已不再受重视，人才的争夺更激烈。卿大夫普遍认为，执政之要首在选拔贤才。襄公二十九年吴季札出聘会鲁叔孙豹，说道："吾闻君子务在择人。"① 早在春秋前期，"一些人物认识到，能否使能任贤，关系国家的兴衰。晋阳处父说：'使能，国之利也'"②。但将其提至首位，则是卿大夫当政后的观念。昭七年晋文士伯也指出："故政不可不慎也。务三而已：一曰择人，二曰因民，三曰从时"③，重视择人成为当时执政者的共识。

赵武执政时期，左氏对卿大夫任用贤才有很细致的书写，最著名的故事是"楚材晋用"与"绛县老人"。襄公二十六年楚大夫伍举遭谗奔晋，其友声子为令尹子木言明"虽楚有材，晋实用之"，历数楚国数次失败与楚才辅晋的关系④。声子言论实质夸大了楚材在晋所起的作用，但令尹子木却愿意接受，反映出在晋楚争霸背景下执政者对智力资源的高度重视。近乎同时，襄公三十年晋国城杞之绛县老人因知古历数而为赵武重视，并向其谢罪⑤。这种重视贤才的态度，与楚难分轩轾，使小国畏而心服，鲁国季武子认为"勉事之而后可"⑥。

任用贤才固然重要，但并非为政的根本原则。众所周知，礼是春秋社会的特点之一，顾炎武指出："春秋时，犹尊礼重信，而七国则不言礼与信矣。"⑦ 西周春秋时，"礼的功能和目的是达到上下有则、财用有节、长幼有序、班爵有等的等级秩序"⑧。礼亦是执政的原则，陈来称为"礼政"⑨。以礼论政是这时期卿大夫政治思想的中心。

---

① 《左传（春秋经传集解）》卷十九《襄公六》，第 1120 页。

② 刘泽华：《先秦政治思想史》，天津人民出版社 2019 年版，上册，第 75 页。

③ 《左传（春秋经传集解）》卷二十一《昭公二》，第 1291 页。

④ 《左传（春秋经传集解）》卷十八《襄公五》，第 1064 页。

⑤ 《左传（春秋经传集解）》卷十九《襄公六》，第 1136 页。

⑥ 《左传（春秋经传集解）》卷十九《襄公六》，第 1136 页。

⑦ 顾炎武撰，黄汝成集释：《日知录集释·周末风俗（外七种）》卷十三，上海古籍出版社 1985 年版，第 1005—1006 页。

⑧ 陈来：《古代思想文化的世界》，北京大学出版社 2017 年版，第 278 页。

⑨ 《古代思想文化的世界》，第 280 页。

　　作为盟主正卿，赵武上任即明确其重礼轻利的执政思路："令薄诸侯之币，而重其礼"①，在与楚国的交往中"敬行其礼"，以赢得道义上的主动。因此，在襄公二十七年弭兵大会上，赵武以德礼自持不与楚令尹子木争先，次年子木卒，赵武丧之如同盟。同时，襄公二十六年赵武退还了奔晋的齐大夫乌余侵占的诸侯土地，此举深得诸侯国的拥护，"诸侯是以睦于晋"。

　　盟主的施政方略必然对诸侯国产生影响。这时期郑子产是诸侯国施政以礼的代表。子产未为国卿时，已以知礼闻名。郑国卿族倾轧不止，行人公孙挥预言子产将执政止乱，根据是子产"让不失礼"。的确，子产对政治秩序与规则的准确把握是他执政的基础。尽管如此，季札仍告诫他："子为政，慎之以礼。不然，郑国将败。"②子产刚执政，作封洫作丘赋，损害了贵族利益。子驷氏欲杀之，上卿子皮斥责道："礼，国之干也。杀有礼，祸莫大焉。"③子皮认为礼是治国的根本，而子产正是践行之人。在子产治理下，郑国政治外交有条不紊，与礼无违。不仅如此，子产生活亦严守礼仪，新出土清华简《子产》篇说道："子产不大宅域，不建台寝，不饰美车马衣裘。"④

　　以礼为政还体现在卿大夫的谥号中。谥号是对天子诸侯乃至卿大夫贵族一生功绩与品行赋予的精练概括。《左传》中赵武称赵文子始于赵武执政，之前未称谥，与其前后执政的范宣子士匄、韩宣子韩起在执政前称谥皆不同。左氏是否有意突出赵武这个"文"的时代呢？赵武执政八年中，众贤大夫谥"文"者多且显，著者有：齐鲍文子、齐陈文子、卫大叔文子、卫北宫文子、卫公叔文子、卫孙文子等。《逸周书·谥法解》："经纬天地曰文，道德博厚曰文，学勤好问曰文，慈惠爱民曰文，愍民惠礼曰文，赐民爵位曰文。"⑤据董常保的梳理，上述诸大夫谥"文"除孙文子存疑外，其他皆为"愍民惠礼"⑥。可以看出，对"礼"的尊奉是其共同点。如襄公二十八年《左传》："陈文子曰：'先事后贿，礼也。小事大，未获事焉，从之如志，礼也。'"⑦这是典型的以礼论政。

　　不过，这种以礼施政的风气好景不长。在赵武死后的第五年（昭六年）

①　《左传（春秋经传集解）》卷十七《襄公四》，第 1033 页。

②　《左传（春秋经传集解）》卷十九《襄公六》，第 1122 页。

③　《左传（春秋经传集解）》卷十九《襄公六》，第 1141 页。

④　李学勤：《清华大学藏战国竹简》，中西书局 2016 年版，第 6 册，第 137 页。

⑤　黄怀信：《逸周书汇校集注》，上海古籍出版社 1995 年版，第 678—680 页。

⑥　董常保：《〈春秋〉〈左传〉谥号研究》，四川大学出版社 2013 年版，第 180 页。

⑦　《左传（春秋经传集解）》卷十八《襄公五》，第 1093 页。

郑铸刑书。子产认识到卿大夫贵族"以礼治国"不可持续，故不顾叔向的劝诫，在郑国推出成文法，以救末世之弊。有学者认为，郑"铸刑书"的重要意义是"把法的因素引入了旧礼制"①。这意味着以法代礼的时代开启。赵武时代是春秋卿大夫礼治的最后一缕阳光。

二、卿大夫的辞令书写：从有理到尚辞

精彩辞令贯穿整部《左传》。据统计，记录外交辞令的语言多达两万五千余言，占《左传》全书的七分之一②。但"辞令"一词仅见襄公三十一年："（公孙挥）又善辞令……且使多为辞令。"③郑行人公孙挥善于辞令，执政大臣子产尽其才，使其多为辞令。"富有辞令"是《左传》的特点，为何"辞令"一词出现如此晚？

值得注意的是，相较"辞令"，"有辞"出现较早。讨论"有辞"的主体与"辞"内涵的变化，有助于我们理解辞令。桓公十年《左传》："虢仲谮其大夫詹父于王。詹父有辞，以王师伐虢。"同年："冬，齐、卫、郑来战于郎，我有辞也。"④杨伯峻、徐提《春秋左传词典》"有辞"条将此释为"有理"⑤。据此，有辞是比较抽象的理，并无具体的言辞支撑，何怀宏称为"政治理性"⑥。虢仲为诸侯，其谮告大夫詹父于王，周王判断詹父有理，并同意用王师伐虢，事实上构成周王朝与诸侯国间的关系。齐卫郑三国联合伐鲁，但鲁国认为自己有理，三国伐鲁是无理非正义的。宣公十五年《左传》："不讨有罪，曰'将待后，后有辞而讨焉'，毋乃不可乎？"⑦晋伯宗建议晋侯立刻讨伐有罪的潞人，等将来有理由再讨伐是不可行的。上述"有辞"之事多发生于诸侯国，与诸侯间的争端有关。诸侯国重视"有辞"，试图在国际争端中占据道义的制高点。

当"有辞"主体为卿大夫个体，要试图说服对方，仅靠政治理性是不够的。"辞"落实为具体言辞内容，就必须考虑言说的效果：对方是否愿意接

---

① 郑开：《德礼之间》，生活·读书·新知三联书店 2009 年版，第 402 页。

② 武惠华：《左传外交辞令探析》，《中国人民大学学报》1994 年第 4 期。

③ 《左传（春秋经传集解）》卷十九《襄公六》，第 1163 页。

④ 《左传（春秋经传集解）》卷二《桓公》，第 103 页。

⑤ 杨伯峻、徐提：《春秋左传词典》，中华书局 1985 年版，第 267 页。

⑥ 《世袭社会》，第 138 页。

⑦ 《左传（春秋经传集解）》卷十一《宣公下》，第 619 页。

受？那么，有辞的内涵也发生了变化。宣公十二年《左传》："晋鲍癸当其后，使摄叔奉麋献焉，曰：'以岁之非时，献禽之未至，敢膳诸从者。'鲍癸止之，曰：'其左善射，其右有辞，君子也。'"①有辞与善射相对，显然指大夫的才能。摄叔这番话说得得体漂亮，鲍癸认为其善于辞令。成公二年《左传》："不然，寡君之命使臣，则有辞矣。曰：'子以君师辱于敝邑，不腆敝赋……况其不幸，敢不唯命是听？'"②鞌之战后齐国上卿国佐与晋主帅郤克交涉，有辞指国佐接下来的那番辞令。此处的"辞"有实际的内容，"有辞"更重视言说的技巧和效果。

春秋前期，辞令在诸侯国外交中扮演了重要角色。如僖公四年"楚屈完对齐桓公"，僖公三十年"烛之武退秦师"等。当时国际政治的主题是诸侯争霸，战争是常态。辞令固然重要，但效果相对有限。卿大夫当政后，"晋国贵族的主要关心点从国际上称霸转移到国内的斗争"③，而楚有吴为后患，晋楚实现弭兵。《左传》襄公二十五年："武也知楚令尹。若敬行其礼，道之以文辞，以靖诸侯，兵可以弭。"④赵武认为重视外交辞令的作用，可达到安靖诸侯制止战争的效果。辞令经盟主卿大夫提倡后成为外交的重要内容。

那么，赵氏所言"文辞"与辞令有何关系？钱锺书认为，"文辞指宣传而兼外交辞令"⑤。马银琴则认为"文辞指动听的言辞"，"文仍然作为辞的修饰语出现"⑥。从文学角度立论，此说固然不错，但从文辞实质的功能考量可能还不全面。刘知几《史通·叙事》说："古者行人出境，以词令为宗；大夫应对，以言文为主。"⑦文辞应包括大夫应对的文与行人出境的辞令。钱锺书所说可能更准确。辞令为文辞一端，其运用是否得体与行人的修养素质密切相关。更重要的是，辞令的内在肌理受制于当时的政治文化。研究者指出，春秋仍处于"德礼"文化主导的时代。礼是压倒一切的政治、经济、社会和文化主题⑧。《左传》重文辞实质是对礼的推崇，如《艺概》所谓"左氏尚礼，

---

① 《左传（春秋经传集解）》卷十一《宣公下》，第588页。

② 《左传（春秋经传集解）》卷十二《成公上》，第644页。

③ 赵鼎新著，夏江旗译：《东周战争与儒法国家的诞生》，北京联合出版公司2020年版，第97页。

④ 《左传（春秋经传集解）》卷十七《襄公四》，第1033页。

⑤ 钱锺书：《管锥编·左传正义》，生活·读书·新知三联书店2007年版，第365页。

⑥ 马银琴：《"文"名的确立与"文"的自觉》，《中原文化研究》2016年第5期。

⑦ 刘知几撰，浦起龙通释：《史通》卷六《叙事》，上海古籍出版社2009年版，第161页。

⑧ 《德礼之间》，第393页。

故文"①。左氏也说："文辞以行礼也。"郭店楚简《语丛·二》指出："文生于礼"②。文辞背后实质是对礼的考量。

重礼兴文是赵武时代外交的特点。晋楚弭兵大会前，宋人与赵武有一番宴享上的宾主文辞。但行文中忽然插入孔子的评论显得突兀，历代注家多有歧异。襄公二十七年《左传》："六月丁未朔，宋人享赵文子，叔向为介。司马置折俎，礼也。仲尼使举是礼也，以为多文辞。"③ 杜预注："赵武、叔向因享宴之会，展宾主之辞。故仲尼以为多文辞。"④ 举，《经典释文》引沈文阿言认为举是记录⑤。仲尼当是后来看到这次宴享的文辞记录，深有感慨。但服虔认为，举是举用。他认为，孔子聘辞即取此次宴享之辞，故左氏不复详录⑥。孔子是否吸纳这次文辞入其礼学，孔颖达以为"此文甚略，本意难知"⑦。但这次宴享宾主间有不少辞令流传开来，并引起孔子的兴趣则无疑。

盟主正卿提倡辞令，诸侯国无不重视。这时期卿大夫的代表为子产。公孙侨所为辞令，言辞委婉，切中利弊，合乎周代礼制。襄公二十五年郑子展子产率车七百乘入陈，并向晋献捷。晋人问陈之罪，子产之辞化解了盟主的责问。《左传》云："文子曰：'其辞顺。犯顺，不祥。'乃受之。"⑧ 言辞要合乎礼的原则。《礼记·礼器》指出："礼，时为大，顺次之，体次之，宜次之，称次之。"⑨ 辞顺是春秋人判断言行是否合于礼的标准⑩。子产指出周代宗法礼制的核心在血缘。而陈本异姓，忘周之大德，与楚侵陵郑国。郑与晋皆曾受命周平王拱卫王室，因此，赵武只能接受。

在晋楚弭兵的背景下，子产辞令的外交作用被发挥到最大，并为孔子称许。襄公三十一年子产使人尽坏晋馆垣以容郑进贡的车马，表达对盟主晋国

---

① 刘熙载：《艺概·文概》，上海古籍出版社 1978 年版，第 4 页。

② 荆州市博物馆编：《郭店楚墓竹简》，文物出版社 1998 年版，第 203 页。

③ 《左传（春秋经传集解）》卷十八《襄公五》，第 1077 页。

④ 《左传（春秋经传集解）》卷十八《襄公五》，第 1080 页。

⑤ 杜预注，孔颖达疏：《左传注疏》卷二十八，阮元校刻《十三经注疏》，台北艺文印书馆 2007 年版，第 645 页。

⑥ 服虔曰："以其多文辞，故特举而用之，后世谓之孔氏聘辞，以孔氏有其辞，故传不复载也。"（《左传注疏》卷二十八，第 645 页）

⑦ 《左传注疏》卷二十八，第 645 页。

⑧ 《左传（春秋经传集解）》卷十七《襄公四》，第 1036 页。

⑨ 郑玄注，孔颖达疏：《礼记注疏》卷二十三，《十三经注疏》，台北艺文印书馆 2007 年版，第 450 页。

⑩ 李冠兰：《先秦礼学与文体批评》，《南京大学学报》2015 年第 5 期。

怠慢郑伯的不满。当晋来责问时，子产一番辞令使赵武重修诸侯之馆，诸侯皆受益。叔向目睹其辞令之功，极力称赞。襄公二十五年《左传》："仲尼曰：'志有之：言以足志，文以足言。不言，谁知其志？言之无文，行而不远。晋为伯，郑入陈，非文辞不为功。慎辞哉！'"[①]左氏借孔子之口阐述了志、言、文的关系，强调文辞的重要性。好文辞才能充分表达思想与情感。郑入陈，若无子产之辞不能建功。辞令的内容与形式也可相得益彰[②]。《礼记·表记》云："情欲信，辞欲巧。"[③]孔子重视辞令，孔门四科即有言语。子贡以"利口巧辞"在春秋末期"存鲁，乱齐，破吴，强晋而霸越"[④]，为诸侯上宾。

辞令关乎诸侯国外交的成败，如何制作辞令就很关键。《周礼·春官·大祝》提到"六辞"[⑤]，首要是外交辞令。"辞令的用处，是要当前见效"[⑥]。欲使对方听从，就必须重视技巧。辞令通常先由诸侯国卿大夫集体草拟润色[⑦]。制作适宜的辞令，考验着执政者对外交事件的认知判断。襄公二十六年《左传》云："子产曰：'不获。受楚之功，而取货于郑，不可谓国，秦不其然。若曰"拜君之勤郑国。微君之惠，楚师其犹在敝邑之城下"，其可。'弗从，遂行。秦人不予。更币，从子产，而后获之。"[⑧]子产对此事复杂性有更深刻的认识：秦因楚得郑人，而利用楚功获利于郑，不符合秦的身份。但秦楚为同盟，郑不能贬损楚国。子产精心安排秦楚两大国在这件事中的位置，既顾全秦国的颜面，又达到郑国赎人的目的。子太叔开始不从子产之说，遭遇失败。子产更改辞令，体现出深邃的外交洞察力。

卿大夫当政后，盟主霸国的政治方针由向外扩张转向国内争权。因此，赵武顺应历史潮流，晋楚实现弭兵。赵氏提倡辞令，使之成为诸侯国外交的重要内容，诸侯国对辞令的重视也达到新高度。这时期辞令贯穿着尊礼的思想，子产为首的郑国卿大夫所制辞令代表了当时的最高水准。

---

① 《左传（春秋经传集解）》卷十七《襄公四》，第 1036 页。

② "辞令内容要诚信，但文辞一定要得体动听，这也是其'言文'思想的另一个表述。"（董芬芬《试论春秋外交辞令的文学地位》，《南京师范大学学报》2011 年第 3 期）

③ 《礼记注疏》卷五十四，第 920 页。

④ 司马迁：《史记》卷六十七《仲尼弟子列传》，中华书局 2013 年版，第 2674 页。

⑤ 郑玄注，贾公彦疏：《周礼注疏》卷二十五，《十三经注疏》，台北艺文印书馆 2007 年版，第 383 页。

⑥ 方孝岳：《中国文学批评·中国散文概论》，生活·读书·新知三联书店 2007 年版，第 42 页。

⑦ 参见《左传》襄公三十一年文，董芬芬文亦有论述。

⑧ 《左传（春秋经传集解）》卷十八《襄公五》，第 1054 页。

三、卿大夫的赋《诗》书写：国与家中的个体情感

《汉书·艺文志》云："古者诸侯卿大夫交接邻国，以微言相感，当揖让之时，必称《诗》以喻其志。盖以别贤不肖而观盛衰焉。"①赋《诗》是春秋诸侯大夫外交的重要方式，透过赋《诗》内容也可观察赋《诗》者的志趣。《左传》赋《诗》始见于鲁僖公二十三年，秦穆公与晋公子重耳的宴享上。但明确提出"诗以言志"说则晚在襄公二十七年。僖公二十三年至襄公二十七年间，《左传》已载 14 次赋《诗》活动。这是何故？

《尚书·尧典》即有所谓"诗言志，歌咏言"之说②。何谓"志"？据闻一多的考释，"志有三个意思：一、记忆，二、记录，三、怀抱"③。有研究者进一步指出，"早期的'志'更多体现一种集体的记忆，即便把'志'理解为'怀抱'，对于参与个体来说，表达的也是群体的愿望和要求，所以'诗'所言之'志'也是集体意志，而非个人怀抱"④。朱自清在考察《左传》赋诗后也认为："从外交方面看，诗以言诸侯之志，一国之志。"⑤研究者倾向于认为早期的"志"是集体或国家意志的体现。春秋中后期，赋《诗》主体的身份发生变化：卿大夫由诸侯外交使臣成为诸侯国的主政者。这显然会影响到言"志"的内涵，值得深入分析。

春秋前期赋《诗》是诸侯国间的外交活动，赋《诗》者为诸侯或卿大夫，以两人间的酬答为主。所赋《诗》篇紧扣当下的政治活动，表达诸侯国的意志与诉求。襄公十四年晋率诸侯伐秦，至泾河边诸侯不敢前进。叔向见鲁卿大夫叔孙豹，"叔孙豹赋《匏有苦叶》，叔向退而具舟"。杜注："义取于'深则厉，浅则揭'。言己志在于必济。"⑥这里"己志"并非叔孙个人意志的体现，身为鲁国国卿，意在表明鲁国服从盟主之令，必济泾水而击秦。叔向、叔孙豹虽素交好，但在此并无私人情感的流露。

多个赋《诗》主体出现时，通过赋《诗》来表达意志需要一定的规则。诸侯国宴享赋《诗》活动遵循的原则是"歌诗必类"。有学者指出，早期中

---

① 班固：《汉书》卷三十《艺文志》，中华书局 1962 年版，第 1756 页。

② 关于《尚书·尧典》成书的时间历来有争议。顾颉刚等认为此成篇不会早于战国，参见顾颉刚《中国上古史研究讲义》，中华书局 1988 年版，第 9—13 页。

③ 闻一多：《歌与诗》，《闻一多全集》，湖北人民出版社 1993 年版，第 10 册，第 8 页。

④ 王齐洲："诗言志"：中国古代文学观念发生的一个标本，《清华大学学报》2010 年第 1 期。

⑤ 朱自清：《朱自清古典文学论文集》，上海古籍出版社 1981 年版，第 206 页。

⑥ 《左传（春秋经传集解）》卷十五《襄公二》，第 907 页。

国的类概念主要用于指导行动①。那么，"歌诗必类"具体如何呢？襄公十六年《左传》："晋侯与诸侯宴于温，使诸大夫舞，曰：'歌诗必类。'齐高厚之诗不类。荀偃怒，且曰：'诸侯有异志矣。'"孔颖达疏："歌古诗，各从其恩好之义类。高厚所歌之诗，独不取恩好之义类，故云'齐有二心'。"②孔颖达所言恩好即善义。类在宗法社会"被赋予了强烈的伦理道德意义，最突出的表现就是'类'有'善'义"③。对晋国而言，齐为同盟国，基本的善意在于表达对盟主的服从。齐国卿高厚所歌诗未达此意，荀偃认为齐怀有二心。高厚为齐卿大夫，但荀氏指出"诸侯有异志"说明卿大夫所赋《诗》表达的是诸侯国意志。

晋楚弭兵前后，卿大夫成为诸侯国外交宴享的主角，赋《诗》活动相当频繁。赵武执政八年，共7场赋《诗》，18位参与者，赋《诗》23首④。尤其赵武主导的三场卿大夫赋《诗》将春秋赋《诗》推向高潮。值得注意的是，襄公二十七年赵孟与郑国七大夫赋《诗》，昭公元年赵孟与鲁郑大夫赋《诗》，两次活动皆在郑伯款待赵武的宴享上，赋《诗》成为卿大夫间的交流，而郑伯变成旁观者。先看襄公二十七年的垂陇之会：

> 郑伯享赵孟于垂陇，子展、伯有、子西、子产、子大叔、二子石从。赵孟曰："七子从君，以宠武也。请皆赋，以卒君贶，武亦以观七子之志。"子展赋《草虫》，赵孟曰："善哉，民之主也！抑武也，不足以当之。"伯有赋《鹑之贲贲》，赵孟曰："床笫之言不逾阈，况在野乎？非使人之所得闻也。"子西赋《黍苗》之四章，赵孟曰："寡君在，武何能焉！"子产赋《隰桑》，赵孟曰："武请受其卒章。"子大叔赋《野有蔓草》，赵孟曰："吾子之惠也。"印段赋《蟋蟀》，赵孟曰："善哉，保家之主也！吾有望矣。"公孙段赋《桑扈》，赵孟曰："'匪交匪敖'，福将焉往？若保是言也，欲辞福禄，得乎？"卒享，文子告叔向曰："伯有将为戮矣。诗以言志，志诬其上而公怨之，以为宾荣，其能久乎？幸而后亡。"叔向曰："然，已侈，所谓不及五稔者，夫子之谓矣。"文子曰："其余皆数世之主也。子展其后亡者也，在上不忘降。印氏其次也，乐而不荒。乐以安民，

① 李巍：《相似、拣选与类比：早期中国的类概念》，《社会科学》2021年第2期。

② 《左传注疏》卷三十三，第573页。

③ 曹建国：《从"歌诗必类"到"赋诗断章"》，《人文论坛》2005年卷。

④ 《世袭社会》，第134页。

不淫以使之，后亡，不亦可乎！"①

郑伯宴享赵武，郑七大夫陪从。赵武认为郑君尊宠自己，故请七大夫赋《诗》，以完成国君的厚赐，借此"观七子之志"。需要注意，赵武言七子之志，强调的是个体意志而非代表的诸侯国意志。七子为卿大夫有其家，学者指出："家的准确含义应是以卿大夫家族为核心，以采邑为基础的地方政权。"②卿大夫有独立于国君的家族利益。而当卿大夫站到政治舞台中央赋诗言志时，其不止表达出诸侯国的意愿，也坦露着家族心声。可见，卿大夫所言之志存在着公、私两个层次。他们"私"的意志并非如"西方浪漫主义者自然抒发自己的感情"③，而是交织着家族利益与个体境遇。稍加比较，即可见这种公私的差别。昭公十六年《左传》载韩起请郑六卿赋《诗》云："宣子曰：'二三君子请皆赋，起亦以知郑志。'"杨伯峻注："六卿之志足以表示郑国之志。"④而事实上，韩起更希望了解郑国意志而非六卿个体的意愿，故限定了"知郑志"的主题，六卿赋不出郑《诗》。

赵武更关注卿大夫个体的意志。赋《诗》主题为光宠来宾，赋《诗》者当遵从"歌诗必类"的规则，根据自己的身份、境遇来选择诗篇。除伯有外，六卿赋《诗》皆有光宠赵武的内容，从其回应可知。值得注意的有两点。其一，赋《诗》展现出卿大夫主体的职责与担当。子展赋《草虫》，印段赋《蟋蟀》，为赵武称赞。《草虫》有"我心则降"，子展表达要降心接民，赵武称其民之主。《蟋蟀》有"好乐无荒，良士瞿瞿"，印段意在表达戒惧不荒而顾礼仪，赵武称其为保家之主。这两首赋《诗》强调卿大夫的职责：爱民与尊礼。其二，赋《诗》是卿大夫间的情感交流。子太叔赋《野有蔓草》，以"邂逅相遇，适我愿也"表达初见赵武的欣喜，这是不涉国事的个人情感，赵武用"吾子之惠"表示谢意。子产赋《隰桑》，而赵武表示愿受其卒章："心乎爱矣，遐不谓矣；中心藏之，何日忘之"，意在请子产规诲。子产知礼博物闻名诸侯，赵武之意体现出贤大夫间的信任相惜。这种情谊超越了诸侯国间的利益，与襄公二十九年季札北上对鲁叔孙豹、齐晏婴、郑子产、晋叔向的劝诫相类，为君子之交。借助赋《诗》贤大夫表露出个体的心声。

---

① 《左传（春秋经传集解）》卷十八《襄公五》，第 1079—1080 页。

② 马卫东：《春秋时期贵族政治的历史变迁》，吉林大学出版社 2011 年版，第 45 页。

③ 季广茂：《隐喻视野中的诗性传统》，高等教育出版社 1998 年版，第 121 页。

④ 杨伯峻：《春秋左传注》（修订版），中华书局 2016 年版，第 1532 页。

伯有赋诗挑战了歌诗必类的规则。《左传》:"伯有赋《鹑之贲贲》",孔颖达疏解道:"伯有赋此诗者,义取人之无善行者,我以此为君,是有嫌君之意。"①伯有赋《诗》完全偏离光宠赵武的主题,表达出对郑伯的不满。赵武深感意外,用"非使人之所得闻"来敷衍。宴享之后,赵武对叔向说:"伯有将为戮矣。诗以言志,志诬其上而公怨之,以为宾荣,其能久乎? 幸而后亡。"②伯有泄私愤于众,扬家丑于外人,必将为自己招来祸患。敢赋《诗》挑战君权,也与伯有"侈而愎"的性格有关。可见,卿大夫赋《诗》言志有时无视规则,更多是个体性格与家族利益的表达。

卿大夫赋《诗》挑战了歌诗必类的规则,也突破了赋者不解的边界。赋《诗》的前提是参与者熟知诗篇,因此赋《诗》者不阐说诗旨。但昭公元年赵武、鲁叔孙豹、郑子皮在郑的赋《诗》却有例外:

> 礼终乃宴。穆叔赋《鹊巢》,赵孟曰:'武不堪也。'又赋《采蘩》,曰:'小国为蘩,大国省穑而用之,其何实非命?'子皮赋《野有死麕》之卒章,赵孟赋《常棣》,且曰:'吾兄弟比以安,尨也可使无吠。'穆叔、子皮及曹大夫兴,拜,举兕爵,曰:'小国赖子,知免于戾矣。'"③

叔孙豹赋《鹊巢》,"喻晋侯有国,赵孟治之"以赞美赵氏,赵武回应"不堪"符合常理。叔孙又赋《采蘩》,随即阐明"小国为蘩,大国省穑而用之,其何实非命?"杨伯峻注:"自赋自解,仅见于此传。"④为何叔孙氏要打破赋《诗》规则,自赋自解呢? 有研究认为"他恐赵武不能理解"⑤。但陈震《左传日知录》指出:"穆叔在会,矫矫著节,郑人特为加礼。又被赵孟庇狗,不受楚戮,故于赵孟曲致绸缪。"⑥昭公元年诸侯大夫在虢盟会,鲁国季孙氏趁机率军伐莒,楚人据此认为鲁破坏同盟,扣押孙叔豹。叔孙豹不愿求获免而贿赂盟主宠臣,为赵武赞赏,故赵氏请于楚而获释。孙叔豹赋《采蘩》再作解释,旨在感激赵武并表达对盟主的臣服。赋《鹊巢》赞美赵武委婉,而自赋自解的

---

① 《左传注疏》卷三十八,第 647 页。

② 《左传 (春秋经传集解)》卷十八《襄公五》,第 1079—1080 页。

③ 《春秋左传注》(修订版),第 1337 页。

④ 《春秋左传注》(修订版),第 1337 页。

⑤ 赵逵夫:《叔孙豹的辞令、诗学活动与美学精神》,《文学评论》2007 年第 4 期。

⑥ 李卫军:《左传集评》,北京大学出版社 2016 年版,第 1501 页。

《采蘩》更直出胸臆①。郑行人子羽说"叔孙绞而婉"，此处赋诗无疑符合切直又婉转的特点。

何怀宏认为："在贵族政治中，有一种对于理性的追求，有一个可以品评议论的空间，但它自然仅限于贵族的内部。"②而卿大夫赋《诗》言志正是这种品评议论的展现，与春秋前期的诸侯国外交赋《诗》已不可同日而语。卿大夫赋《诗》交流时，不时挣脱礼的束缚，将自己的志愿表达得清晰显豁，这彰显出卿权强盛期的自信。赋《诗》所言之志也由春秋早期的诸侯国之志过渡到卿大夫个体之志，实现了志为个体心声的转变。

四、卿大夫的预言书写：从家族到个人

预言是人类对未来世界的一种认知方式。在上古先民中，由于原始宗教与神秘思维的存在，预言的运用十分普遍。在先秦典籍中，《左传》存在着大量的预言，成为一道独特的文化景观。预言解释叙事的因果关系。李惠仪《〈左传〉的书写与解读》对《左传》中的征兆（包括预言）进行了细致的探讨，她指出："因果关系的原则与动因，主要由预言家负责分析。"③显然，预言对叙事结构的影响是巨大的。宇文所安说："《左传》的叙事结构，与其说是围绕着人物、情节建立起来的，还不如说更多的是围绕着对于后果的先见之明建立起来的，围绕着诠释征象的能力——尤其是人物之行为方面那些能够预兆结果的征象——建立起来的。"④既然叙事是由先见之明左右的，那么左氏反复暗示的事件结局就有与众不同的意义。《左传》预言有单个预言说一人一事，也有多个预言为某一大事张本，其重要性未可等量齐观。可将这些预言分为单一预言与预言组。相对前者的偶然性，后者才是左氏预言叙事的重心。

春秋前期，左氏预言群组的中心在诸侯。往往诸侯国君的命运可通过天命神谕等预言来暗示。重耳流亡多国，"有识"的卿大夫、诸侯都预言晋公子"天之所启""天将兴之"，必将返晋主诸侯。同时，晋献太子申生鬼魂与狐

---

① 董运庭：《春秋诗话笺注》云："穆叔赋二诗，无非是挖空心思，巴结赵孟、巴结晋国而已。"（董运庭《春秋诗话笺注》，中国社会科学出版社2013年版，第55页）大意是不差的。

② 《世袭社会》，第142页。

③ 李惠仪著，文韬、许明德译：《〈左传〉的书写与解读》，江苏人民出版社2016年版，第141页。

④ 宇文所安著，田晓菲译：《他山的石头记》，江苏人民出版社2006年版，第70页。

突的对话，晋献公筮嫁伯姬于秦的卦象都预言了晋惠公韩之战失败被俘的结局①。这些预言都带有不可抗拒的天意，而能否得到上天的眷顾是诸侯兴替的关键。值得注意的是，通过卜筮或神异的力量来预言卿大夫命运者也仅限于在战国时期成为诸侯的晋魏氏（毕万）、齐陈氏与鲁季孙氏②，没有例外。

尽管春秋时期诸侯纷纷宣称得到天命③，但在等级观念森严的《左传》中，未及卿大夫。因此，春秋中期左氏预言群组的中心由诸侯转向卿大夫家族时，卿大夫的命运主要据人事预言来推定。晋国郤氏灭族是春秋政治史上的大事。左氏有四则预言来暗示。成公十三年郤锜来鲁国乞师而不敬，鲁仲孙蔑指出"郤氏其亡乎！"④成公十四年卫侯享郤犨，郤氏傲。卫宁殖论"苦成家其亡乎！"⑤成公十五年三郤害晋良臣伯宗和栾弗忌，晋韩厥论"郤氏其不免乎……不亡何待？"⑥成公十六年郤至赴周献楚捷，屡称其伐。单襄公语："温季其亡乎！"⑦其中三则分别据郤锜、郤犨、郤至骄横的行事预言其将亡。但除最后一则称"温季亡"外，其他三则皆言"郤氏亡"或"苦成家亡"，左氏显然重在郤氏家族而非个体。三郤的个体性格特征并未得到充分展现，呈现的是一个骄横将亡的卿大夫世族。

赵武执政时期，《左传》预言群组更关注卿大夫个体。其中主要有三组预言：子产执政，伯有将亡，赵武之死。前两者涉及郑国内政的变迁。童书业《春秋史》指出："当春秋后半期，郑国因连受晋、楚两国军事和经济上的压迫，弄得民穷财尽，盗贼蜂起"，"郑国的内政比较他国格外难治。"时势造英雄，郑国需要子产这样杰出的政治家，"由他来勉强维持危局"⑧。因此，左氏用预言反复暗示了子产将执政这件大事。《左传》襄公二十六年郑行人公孙挥认为："子产其将知政矣。让不失礼。"⑨襄公二十九年，季札聘郑与子产一

①　参见《〈左传〉的书写与解读》，第141—149页。

②　参见《左传》闵公元年、庄公二十二年、闵公二年。季孙氏在战国初脱离鲁国，独立为小诸侯国费。参见童书业《童书业史籍考证论证集》，中华书局2005年版，第480—487页。

③　罗新慧：《春秋时期天命观念的演变》，《中国社会科学》2020年第12期。

④　《左传（春秋经传集解）》卷十三《成公下》，第721页。

⑤　《左传（春秋经传集解）》卷十三《成公下》，第733页。

⑥　《左传（春秋经传集解）》卷十三《成公下》，第743页。

⑦　《左传（春秋经传集解）》卷十三《成公下》，第769页。

⑧　童书业：《春秋史》，上海古籍出版社2003年版，第241页。

⑨　《左传（春秋经传集解）》卷十八《襄公五》，第1053页。

见如故，并言："政必及子。"①同年郑裨谌与然明讨论郑政时说："天祸郑久矣，其必使子产息之。"②可见，无论郑国内外都认为子产将执政。襄三十年，子产始施政于郑。

本阶段预言的巅峰是赵武之死。赵文子主晋国仅八年，但政绩显赫，得到自上而下的广泛认可。这在《左传》的卿大夫书写中绝无仅有。其标志是周天子遣使慰劳赵武。昭公元年《左传》："天王使刘定公劳赵孟于颍，馆于雒汭。"③周天子派使者慰劳诸侯卿大夫，是前所未有的事情。这固然是周王室继续衰微的表征，但也反映出霸国执政卿大夫达到了权势荣耀的顶峰，甚至可与春秋前期的霸主诸侯相侔。宣公三年《左传》写道："定王使王孙满劳楚子。楚子问鼎之轻重大小焉。"④异姓的楚庄王大兵压境威胁到周王室的存亡，周定王派王孙满慰劳是无奈之举。而周景王主动派刘定公慰劳赵武，这显然是极高的褒奖。

因此，赵武之死成为当时最重要的事件。所有预言集中在襄公三十一年、昭公元年，即赵武离世的前夜。赵武将卒引起巨大关注，缘于其在诸侯国中举足轻重的地位。襄公三十年的澶渊诸侯大夫之会本为救宋之灾，但未实现归宋财的目标。鲁国叔孙豹从赵武的言语方式上判断其衰老将死。襄公三十一年《左传》："（穆叔）语之曰：'赵孟将死矣。其语偷，不似民主。且年未盈五十而谆谆焉如八九十者，弗能久矣……'"⑤。未盈五十是未充满五十之数而至六十，赵孟此时当有五十七八，故自称"老夫"⑥穆叔所说并未涉及赵武言语的内容，而是从其说话絮叨苟且的情态，推断其缺乏雄心壮志，命将不久。

《左传》不仅从赵武的言语情状，更从其行为动作揭示出其将死之态。昭公元年《左传》："赵孟视荫，曰：'朝夕不相及，谁能待五？'后子出，而告人曰：'赵孟将死矣。主民，玩岁而愒日，其与几何？'"杜预敏锐指出："荫，日景也。赵孟意衰，以日景自喻。"⑦日影是太阳偏西的状态，赵武年老意衰，流露出对现世人生的留恋。且答秦后子之言显然是拒绝作长远的规划。《国

① 《左传（春秋经传集解）》卷十九《襄公六》，第 1122 页。

② 《左传（春秋经传集解）》卷十九《襄公六》，第 1131 页。

③ 《左传（春秋经传集解）》卷二十《昭公一》，第 1186 页。

④ 《左传（春秋经传集解）》卷十《宣公上》，第 547 页。

⑤ 《左传（春秋经传集解）》卷十九《襄公六》，第 1152 页。

⑥ 杜预注、杨伯峻注认为"未盈五十"乃四十七八，或当有误。参见孟世平《"下宫之难"发生原因新探》，《晋阳学刊》2013 年第 6 期。

⑦ 《左传（春秋经传集解）》卷二十《昭公一》，第 1193 页。

语·晋语八》也记此事，秦后子说得更清楚："今赵孟相晋国，以主诸侯之盟，思长世之德，历远年之数，犹惧不终其身；今忨日而瀇岁，怠偷甚矣，非死逮之，必有大咎。"① 为政者深谋远虑犹恐不及，而赵武放弃自己的职责是其濒临死亡的征兆。

赵武衰老将逝是中原诸侯国的大危机。这些预言表面就赵武而发，实质也是对其开创的这个短暂盛世的忧虑。鲁国叔孙豹指出赵武死后，韩起将主政晋国，但其性格懦弱，不足以主盟诸侯②。而国际间局势动荡，小诸侯国的处境愈加艰难。昭公元年叔向指出，在赵武之后，晋国如果示弱，楚王必将求诸侯。同年《左传》记郑游吉在楚灵王即位后聘楚事："归，谓子产曰：'具行器矣。楚王汰侈，而自说其事，必合诸侯，吾往无日矣。'"③ 楚灵王刚即位，其表现出的贪婪势态已让诸侯国大夫畏惧。后来事态发展正如叔向所言，楚灵王即位数年后开始暴虐诸侯。因此，赵武执政八年可谓国际间短暂的黄金时期。

因此，赵武是"那一和平优雅与文质彬彬，然而极其短暂的时代的象征，甚至是他所代表的世族社会的象征"④，何怀宏认为赵武谥"文""是一个准确的谥号，这也不仅是一个人的死，而是一个时代的结束"⑤。左氏是怀着十分惋惜的笔调来书写赵武之死。李惠仪认为："或许，为了质疑晋国霸主的地位，《左传》才会把赵武描写成一个在执政期间说话唠叨、毫无主见、容易妥协、缺乏远见、行事悲观的大臣。"⑥ 这种说法可能是值得商榷的。

小　结

春秋是中国历史由宗法封建社会向帝制官僚社会转变的重要时期。《左传》是严格按照时间叙事的编年体史著。左氏记载的255年历史中，不同阶段特点各异，故其叙事书写也会发生相应的改变。春秋中后期，诸侯国卿大夫的权力超越国君后，《左传》的书写发生了剧烈的变化。通过考察赵武执政的八

① 韦昭:《国语解》卷十四《晋语八》，上海古籍出版社1998年版，第472页。
② 《左传（春秋经传集解）》卷十八《襄公五》，第1085页。
③ 《左传（春秋经传集解）》卷二十《昭公一》，第1205页。
④ 《世袭社会》，第136页。
⑤ 《世袭社会》，第127页。
⑥ 《〈左传〉的书写与解读》，第159页。

年，可以发现如下变化：

第一，卿大夫的执政书写。卿大夫在主导政权后，开始讨论此前为诸侯专断的治国大计；同时，卿大夫们贯彻着贤能政治的主张，而这些主张都奉行尊礼的政治原则。第二，卿大夫的辞令书写。春秋早期的"有辞"强调政治争端中的道义与理性，中后期的"辞令"更侧重言辞的技巧与说服力。晋楚弭兵，国际间相对和平，盟主正卿赵武提倡外交辞令，郑因子产擅于辞令，而为诸侯国瞩目。第三，卿大夫的赋《诗》书写。春秋赋《诗》在赵武执政期达到鼎盛。不仅提出"赋诗言志"说，而且卿大夫间的赋《诗》也超越了诸侯国外交的层面，体现出卿大夫贵族个体的主张与志趣。第四，卿大夫预言的书写。《左传》预言群的重点从诸侯、卿大夫家族逐渐下移到赵武时期的卿大夫个体。子产执政与赵武之卒都有多个预言为其张本。赵武之卒寄托了《左传》叙事者对一个时代终逝的深深惋惜。《左传》上述书写变化是卿大夫当权执政后的产物。卿大夫成为春秋历史舞台的主角，他们创造出春秋时期最具特色的贵族君子文化，对后世产生了深远的影响，值得我们继续思考。

（作者单位：北京师范大学文学院）

"王者之迹熄而诗亡，

诗亡然后《春秋》作"探赜

——兼论对《汉书·艺文志》的影响

李轶婷

《孟子·离娄下》云：

> 王者之迹熄而诗亡，诗亡然后《春秋》作。晋之《乘》，楚之《梼杌》，鲁之《春秋》，一也。其事则齐桓晋文，其文则史，孔子曰"其义则丘窃取之矣"。①

这段材料可以看作关于先秦学术史嬗变的记载。其中"王者之迹熄而诗亡，诗亡然后《春秋》作"更是被后世广泛征引，然而对其阐发从古至今众说纷纭，莫衷一是。由此，也从侧面说明了此记载为后世留下了广阔的阐释空间，不仅触及中国早期学术的基本问题，而且潜在的文化内蕴对后世著述，特别是对史书编撰也产生了深刻影响，这在《汉书·艺文志》中有明显体现。

一

孟子"善说《诗》"②，特别是"诗亡"理论的提出得到《汉志·六艺略》的继承。

（一）释"迹熄诗亡"

对"诗亡"的理解要追溯到其所处的"王者之迹熄"的时代。关于"王者"，赵岐注云："王者，谓圣王也。"通观《孟子》"王者"多指涉行王道、行仁政及爱民保民的圣王。孟子言："禹恶旨酒，而好善言；汤执中，立贤无方；

---

① 焦循撰，沈文倬点校：《孟子正义》卷十六，中华书局1987年版，第572—574页。
② 张须：《论诗教》，《国文月刊》1948年第69期。

文王视民如伤，望道而未之见；武王不泄迩，不忘远；周公思兼三王，以施四事，其有不合者，仰而思之，夜以继日，幸而得之，坐以待旦。"①可见，"王者"或"圣王"不仅指禹、汤、文王与武王，更主要的还指以他们为代表的或如周公渴望"仰而思之，夜以继日；幸而得之，坐以待旦"向他们学习的历代贤君明君。关于"迹"，最具代表性的评述：如赵岐注云："太平道衰，王迹止熄"，只是概言"太平道衰"是其背景，何谓"迹"却语焉不详；孙奭疏云："周之王者风化之迹熄灭"指王者"风化之迹"；朱熹云："平王东迁，而政教号令不及于天下也"指"政教号令"；顾镇《虞东学诗·诗说》"迹熄诗亡说"条云："洎乎东迁而天子不省方，诸侯不入觐，庆让不行而陈诗之典废，所谓迹熄而诗亡也。"②所以，顾氏所言"迹"谓行庆让和陈诗之典；朱骏声《说文通训定声》云："《孟子》'王者之迹熄而《诗》亡'，'迹'即'遒'之误。"③《说文解字》释"遒"云："遒，古之遒人，以木铎记诗言。"④《左传》襄公十四年杜预注引逸《书》云："遒人，行人之官也。木铎，木舌金铃。徇于路，求歌谣之言。"⑤宋翔凤《孟子赵注补正》曰："《孟子》'王者之迹熄'，'迹'当作'遒'，言王国无遒人之官，而诗遂亡矣。"⑥均肯定"迹"指采诗制度或活动⑦。然而，也有学者认为，采诗制度说与上古礼乐制度的实际情况有所出入，其指涉的范围也难以周延，故认为"王迹"指朝聘之礼⑧。

综上，究竟何种解释更接近孟子的本意，从《孟子·滕文公下》或许能找到答案：

世衰道微，邪说暴行有作……孔子惧，作《春秋》……圣王不作，诸侯放恣，处士横议，杨朱、墨翟之言盈天下……孔子成《春秋》而乱

---

① 《孟子正义》卷十六，第569—571页。

② 顾镇：《虞东学诗》，《文渊阁四库全书》，台湾商务印书馆1983年版，第89册，第383页。

③ 朱骏声：《说文通训定声》，武汉市古籍书店影印1983年版，第181页。

④ 许慎撰，段玉裁注：《说文解字注》，上海古籍出版社1981年版，第199页。

⑤ 左丘明传，杜预注，孔颖达疏：《春秋左传正义》卷三十二，北京大学出版社1999年版，第1065页。

⑥ 王先谦辑：《皇清经解续编》卷四，《清光绪十四年南菁书院刊》，第10—11页。

⑦ 有学者指出"迹"为采诗制乐。参见周颖南：《"王者之迹熄而诗亡"解》，《第六届诗经国际学术研讨会论文集》，学苑出版社2005年版，第124页。

⑧ 俞志慧：《君子儒与诗教——先秦儒家文学思想考论》，生活·读书·新知三联书店2005年版，第118—121页。

臣贼子惧[①]。

参照"王者之迹熄而《诗》亡，《诗》亡然后《春秋》作"，可知孔子作《春秋》源于"世衰道微"，或"圣王不作"或"王者之迹熄"，均指西周末年朝纲解纽而导致的礼乐崩坏。"诗"是宗周社会礼乐文明的重要组成部分，作为其基础的礼乐文明崩解势必导致"诗亡"。《史记·周本纪》云："昭王之时，王道微缺……（穆王）王道衰微……懿王之时，王室遂衰，诗人作刺。"[②]西周中期以降，周王室日渐衰败。到西周末年，旱灾等天灾频仍，百姓多遭离乱，西周也终在天灾人祸的夹峙中瓦解。虽然平王东迁庚续周祀，但已经没有了先前的权威，周公亲力构筑的宗周礼乐文明趋于崩塌。尽管在春秋前期还有所延续，然而在春秋后期还是不可避免地趋于凋零，因此"王者之迹熄"的下线也应划分至春秋后期，而且这与诗亡而《春秋》作的年代也一致。周室衰微，礼坏乐崩，正是"王者之迹熄而诗亡"的时代背景。既然如此，那么这里的"道"与"迹"所指也应同一，即宗周礼乐文明。再回看上述诸家的各种解释，如"风化""政教""庆让""陈诗"以及采诗制度等总归不出礼乐的框架，是其具体而微的表现。"迹熄"，无疑指的是"礼坏乐崩"。西周末春秋初，随着社会生产力的日益发展，加之诸侯国经济体制的不断改革，整个政治形势发生了很大变化，周天子权势式微，而诸侯和卿大夫却日渐崛起。这一切所带来的结果是，作为西周礼的根本的分封制与宗法制的瓦解，以及以"亲亲""尊尊"宗法原则对"乐"进行改造的终结。如《论语·季氏》云："孔子曰：'天下有道，则礼乐征伐自天子出；天下无道，则礼乐征伐自诸侯出。自诸侯出，盖十世希不失矣；自大夫出，五世希不失矣；陪臣执国命，三世希不失矣。天下有道，则政不在大夫。天下有道，则庶人不议。'"[③]孔子指出礼乐崩溃的根本所在，即天子、诸侯，大夫与陪臣之间出现了等级关系极度混乱的局面，随之而来的是旧有礼乐制度和秩序被打破乃至摧毁。

　　由此"王者之迹熄"即指与圣王相关的一系列礼乐制度和秩序的崩塌，也是《诗》亡的社会政治背景，在此基础上来讨论《诗》亡的问题。

---

① 《孟子正义》卷十三，第452—459页。

② 司马迁撰，裴骃集解，司马贞索隐，张守节正义：《史记》卷四《周本纪》，中华书局1959年版，第1册，第134—140页。

③ 何晏注，邢昺疏：《论语注疏》卷十六，北京大学出版社1999年版，第254—255页。

翻检关于"《诗》亡"的研究，主要体现于如下说法：《风》亡说[①]、《雅》亡说[②]、《颂》亡说[③]、《风》《雅》亡说[④]、《风》《雅》《颂》亡说[⑤]，"变风""变雅"亡说[⑥]等等。其中，魏源和马瑞辰都做了细致的分析。魏源《王风义例篇下》言："夫以《颂》及正《雅》亡，则《春秋》当起于幽、厉，何俟东迁？以为变《风》亡，则王迹岂熄于陈灵之世？《春秋》曷始隐、桓？至《雅》降为《风》之说，壹似上合'迹熄'，下接《春秋》，故惑之者众。则是谓《诗》非自亡而夫子亡之，《风》非自降而夫子降之，其害义诬经尤甚。"[⑦]马瑞辰《风雅正变说》曰："《序》云：'《雅》者，正也，言王政之所废兴也。'此兼《雅》之正变言之。盖雅以述其政之美者为正，以刺其恶者为变也。文、武之世，不得有《变风》《变雅》。夷、厉、宣、幽之世，有《变风》，未尝无《正风》，有《变雅》未尝无《正雅》也。"[⑧]从材料中可见，无论是魏源言"以《颂》及正《雅》亡，则《春秋》当起于幽、厉"，还是马瑞辰言："夷、厉、宣、幽之世……有《变雅》未尝无《正雅》也"，至少在周厉王或更早周夷王的时代，

---

① 李如箎首先肯定"序《诗》，《国风》《雅》《颂》各从其体"，对"《黍离》之诗降为《国风》是《诗》亡"的说法予以否定，并论证《国风》中亦有"本于人情，而止乎礼义"之作，是"先王之泽未泯"的表现，所以"《诗》亡"指"《国风》无见"。参见氏著《春秋说·〈诗〉亡然后〈春秋〉作》，《东园丛说》卷上，商务印书馆 1937 年版，第 2 页。

② 朱熹《孟子集注》云："'《诗》亡'，谓《黍离》降为《国风》而《雅》亡也。"参见氏著《四书章句集注》，中华书局 1983 年版，第 368 页。王通《中说·礼乐篇》曰："《诗》亡"指《小雅》亡，顾炎武《日知录》曰："《诗》亡"指《二南》、《豳》、《雅》亡。钱穆亦云："孟子之所谓诗亡，乃指雅颂言也。"又因"雅颂本相与为用"，故云："孟子之所谓诗亡，即指雅亡言也。"参见氏著《读〈诗经〉》，《中国学术思想史论丛》，台北东大图书公司 1976 年版，第 1 册，第 124 页。

③ 赵岐注云："王者，谓圣王也。太平道衰，王迹止熄，颂声不作，故诗亡。"参见《孟子正义》卷十六，第 572 页。

④ 吴淇云："所谓《诗》亡者，盖以王迹之熄耳。王迹既熄，则辀轩之使（"采诗"之官）不出而《风》亡，朝聘之礼不行而《雅》亡。"参见氏著《六朝选诗定论》，《四库全书存目丛书补编》，齐鲁书社 1997 年版，第 47 页。杨伯峻云："圣王采诗的事情废止了，《诗》也就没有了；《诗》没有了，孔子便创作了《春秋》。"参见氏著《孟子译注》，中华书局 1960 年版，第 192 页。

⑤ 顾镇云："《诗》者，《风》《雅》《颂》之总名，无容举彼遗此。参见《虞东学诗》，《文渊阁四库全书》，第 89 册，第 383 页。

⑥ 范宁《春秋穀梁传序》云："于是就大师而正《雅》、《颂》，因鲁史而修《春秋》，列《黍离》于《国风》，齐王德于邦君，所以明其不能复雅。"参见范宁集解，杨士勋疏《春秋穀梁传注疏》，北京大学出版社 1999 年版，第 6 页。是祖述郑康成、服虔以为变《雅》亡。

⑦ 魏源全集编辑委员会编校：《诗古微》，《魏源全集》，岳麓书社 2004 年版，第 1 册，第 208 页。

⑧ 马瑞辰撰，陈金生点校：《毛诗传笺通释》，中华书局 1989 年版，第 10 页。

就已经出现了《变雅》，而现在将时间推迟至"《春秋》作"的时代明显不合理①。更有从《诗》的整体而言，如王柏曰："凡言《诗》，《风》《雅》《颂》俱在其中，非独以为《雅》诗也。"所以，借用王氏"非独以为某诗也"的阐释框架，上述所有情况皆可以置于其中。但如果回归《孟子》原典，以那个时代为立足点，此阐释可能偏离了《孟子》原意，或至少不是孟子表述的理论重点，因而值得进一步探讨。

在围绕"《诗》亡"的争论中，正确理解"诗"是解决问题的关键。"王者之迹熄而诗亡"，换言之，如果"王者之迹"不熄就会"诗存"。那么以此为切入点，探究"诗存"时的"诗"，也就明白了"诗亡"之"诗"的指涉。对于周人而言，"礼"在实际生活中占据重要地位，如"三礼"中《周礼》即专以周代命名。但是，"礼"并非孤立而是与"乐"关系密切②。然而诗又从属于乐，如郑樵《乐府总序》曰："礼乐相须以为用，礼非乐不行，乐非礼不举。自后夔以来，乐以诗为本，诗以声为用，八音六律为之羽翼耳。仲尼编《诗》，为燕享祀之时用以歌，而非用以说义也。"③《周礼·春官宗伯·大师》曰："大师掌六律六同，以和阴阳之声……皆文之以五声……皆播之以八音……教六诗……。"④以六德为之本，以六律为之音。显然，"六诗"是由乐官之长的太师负责，并被置于"五声""八音""六德""六律"中而被演奏。刘濂《乐经元义》言："六经缺《乐经》，古今有是论矣。愚谓:《乐经》不缺，三百篇者《乐经》也，世儒未之深考耳。"⑤此说虽言过其实，但也充分表

---

① 周厉王的时代在公元前841年以前，《春秋》则始于鲁隐公，而鲁隐公元年为公元前722年，二者间有明显差距。

② 裘锡圭认为"礼"字的"豐"应从"岂"从"珏"，与"豆"无关，"豐"本是一种鼓的名称。参见氏著《甲骨文中的几种乐器名称》，朱东润等主编《中华文史论丛》，上海古籍出版社1980年版，第2辑，第7—172页。由此推翻了王国维首倡且半世纪以来占统治地位的"豐为盛玉以奉神人之器"说。参见氏著《释礼》，《观堂集林》卷六，中华书局1961年版，第291页。其后，林沄发表《豊豐辨》进一步指出"豊"字从珏从壴（即鼓），并言"这至少反映古代礼仪活动正是以玉帛、钟鼓为代表的"。参见氏著《古文字研究》，中华书局1985年版，第12辑，第193页。于省吾也指出:"'豐'当与乐有关。"参见于氏著《甲骨文字诂林》，中华书局1996年版，第3册，第2788页。行礼必有乐相从，而在所有的乐器中，鼓"为群音之长也"，参见虞世南《五经要义》，《北堂书钞》卷一百八，中国书店1989年版，第414页。"为五声之君"，参见陈旸《乐书》，《文渊阁四库全书》，第211—499页。最具震慑力与神秘性，故古文"豐"以"岂"代表乐。

③ 郑樵撰，王树民点校:《通志二十略》，中华书局1987年版，上册，第883页。

④ 郑玄注，贾公彦疏:《周礼注疏》卷二十三，北京大学出版社1999年版，第714—717页。

⑤ 朱载堉:《律吕精义·内篇》卷五，人民音乐出版社1998年版，第173页。

明三百篇所具有的"乐"性不可低估。诗隶属于乐并为礼服务，从西周到春秋中叶皆如此，"诗与乐是合一的，乐与礼是合一的"①，三者在精神气质上相通。诗就独立性而言微乎其微，可以说只是作为陪衬出现在典礼仪式上，与自身涵摄的内容多半没有关系②。因此，这里的"诗"所指不仅仅是文本意义上的诗，还指诗的生产实践活动，并带有礼乐文化的性质，也等同于"诗亡"之"诗"。"诗亡"意味着诗乐所具有的特殊政教工具意义的丧失③，即政治上的"诗教"之亡④。正如侯外庐云："西周的支配思想在这时已经成为形式的具文、背诵古训的教条了。所谓《诗》、《书》、礼、乐的思想，在这时已经失去灵魂，成了好像礼拜仪式上宣读的'经文'。"⑤这种形式化的趋向是同春秋以来"礼崩乐坏"的过程相伴而行、互为表里的。随着周天子权威的衰落，礼日益丧失其维系世道人心的权威而徒具形式，"诗"也不再是礼乐教化的重要载体，而与乐渐相分离，与礼的精神相去益远⑥。

（二）《汉志》对"《诗》教"精神的沿承

《汉志·六艺略·诗》序云："故古有采诗之官，王者所以观风俗，知得失，自考正也。"⑦其中，"王者"行为与"采诗"的关系和孟子所言"王者之迹熄"与"诗亡"的关系似乎有着潜在关联。"王者之迹熄"必然导致"诗亡"，"诗亡"即成为"王者之迹熄"的象征，故"王者"行为与"采诗"相互间的关系也应密不可分，试作分析。

这里的"风俗"如何理解？《汉书·地理志》云："凡民函五常之性，而其刚柔缓急，音声不同，系水土之风气，故谓之风；好恶取舍，动静亡常，随君上之情欲，故谓之俗。"⑧孔颖达《正义》云："《蟋蟀》云：'尧之遗风。'

---

① 顾颉刚：《〈诗经〉在春秋战国间的地位》，《古史辨》，上海古籍出版社 1982 年版，第 3 册，第 366 页。

② 刘毓庆：《西周春秋间〈诗〉之文化角色的变迁》，《福建师范大学学报》2003 年第 4 期。

③ 夏静：《礼乐文化与中国文论早期形态研究》，中华书局 2007 年版，第 112 页。

④ 徐复观：《两汉思想史》，九州出版社 2014 年版，第 3 册，第 236 页。另：蔡卞云："所谓《诗》亡者，非《诗》亡也，礼义之泽熄焉而已矣。'变风''变雅'之作而知止乎礼义，当是时《诗》尚存也，惟其礼义之泽熄，然后《诗》之道亡矣。"参见蔡卞《杂解·诗序统解》，《毛诗名物解》卷二十，《景印文渊阁四库全书》，台湾商务印书馆 1986 年版，第 70 册，第 609 页。《毛诗大序》曰："礼义废，政教失"，孔《疏》曰："礼义者，政教之本，故先礼义而后政教。"参见《毛诗正义》卷一，第 17 页。

⑤ 侯外庐等：《中国思想通史》第 1 卷，人民出版社 1957 年版，第 38 页。

⑥ 姜广辉主编：《中国经学思想史》第 1 卷，中国社会科学出版社 2003 年版，第 466 页。

⑦ 班固撰，颜师古注：《汉书》卷三十《艺文志》，中华书局 1962 年版，第 6 册，第 1708 页。

⑧ 《汉书》卷二十八下《地理志》，第 1640 页。

乃是民感君政，其实亦是俗也。此俗由君政所为，故言旧俗。言旧俗者，亦谓之政……言风俗者，谓中国民情礼法可与民变化者也……若其夷夏异宜，山川殊制，民之器物、言语及所行礼法，各是其身所欲，亦谓之俗也。如此者，则圣王因其所宜，不强变革。"① 可以说对班固"风俗"之义做了很好的注释。孔氏认为"风俗"主要包含两方面：一是"君政所为""民感君政"的"民情礼法"，这类风俗的形成与统治者兴趣爱好的导引和化民有道的教化政策的实施密切相关；二是"若其夷夏异宜，山川殊制，民之器物，言语及所行礼法"，即因民族风习、地理环境和器物语言不同而形成的风俗礼法，这类风俗与统治者情欲兴趣爱好有关，但与教化政策并没有直接联系。《艺文志》之"风俗"主要指前者，从"君政为本"和"民感君政"的教化立场出发。这不仅意味着班固认为"观风俗"是统治者制定的一项重要政策，并将其完全纳入到权力政治的轨道中，更重要的是，它还充分体现了汉代士人对礼乐文化与政治建设的需要。如《汉书·王尊传》载王尊上奏云"丞相衡、御史大夫谭位三公，典五常九德，以总方略，一统类，广教化，美风俗为职"②，董仲舒云"南面而治天下，莫不以教化为大务……教化行而习俗美"③，刘向云"宜兴辟雍，设庠序，陈礼乐，隆雅颂之声，盛揖让之容，以风化天下"④，等等。可见，在汉代士人的思想观念中，"政治不是权力的问题，而是文化的问题"⑤，汉代士人希望建立一个向下能移风易俗、化民有道，向上能风衰俗怨，反映民心民情的礼乐文化机制。而诗教无疑是其重要的政教工具之一，通过"采诗""献诗"以"观风俗"，进而"知得失""自考正"，从而补察时政以"知天下"。所以，"采诗"说源于汉人并非偶然，汉代统治者已意识到"移风易俗不能诉诸政治强力，只有通过长时期的教化才可望有成。但'百里不同风，千里不共俗'，倘不先深知各地传统之异而加以疏导，则大传统的教化亦终无所施"⑥。足见，汉代士人"采诗"之"诗"与孟子"诗亡"之"诗"，都是对传统诗教精神的继承，不仅仅是为统治阶级的政治服务，而且还承载着儒家礼乐文化建设的重担。

接着，来看《汉志·诗赋略》序云：

---

① 《毛诗正义》卷十三，第904页。

② 《汉书》卷七十六《赵尹韩张两王传》，第3231页。

③ 《汉书》卷五十六《董仲舒传》，第2503—2504页。

④ 《汉书》卷二十二《礼乐志》，第1033页。

⑤ 龚鹏程：《汉代思潮》，商务印书馆2005年版，第39页。

⑥ 余英时：《士与中国文化》，上海人民出版社1987年版，第135页。

　　　传曰："不歌而诵谓之赋。登高能赋，可以为大夫。"……学《诗》之
　士，逸在布衣，而贤人失志之赋作矣。大儒孙卿及楚臣屈原离谗忧国，
　皆作赋以风，咸有恻隐古诗之义①。

此序所言实本于刘向，非班固一人之见，从某种程度而言也可以说是代表汉人的普遍看法。班固认为"学《诗》之士，逸在布衣，而贤人失志之赋作"，并且所作之赋"咸有恻隐古诗之义"似乎顺理成章，但细究会发现在这个嬗变过程中，其实隐藏了诸多问题。学《诗》之士失志后为什么不是延续"《诗三百》"的抒情特性继续作"诗"而改为作"赋"？这里作为文体的"赋"究竟和"诗"有多大差别？还保留了哪些"诗"的特点？在情感的传达，特别是表现失志的情感时，"赋"是否比"诗"更容易让士人抒发？"赋"的文体格式较"诗"而言又有哪些变化？变化又是如何实现的？等等，牵涉出一连串问题，而班固都没有解答，只是举了荀卿和屈原的例子以印证自己的论断。从"春秋之后，周道浸坏。聘问歌咏不行于列国"，到荀屈已经过了数百年，时间跨度之大、赋体嬗变过程之复杂或许是班固没有具体解释上述问题的原因之一。我们所能知道的是：班固认为"古诗"与"赋"关系密切②。

　　班固明确提出"赋者，古诗之流也"③是在《两都赋序》，云："或曰：赋者，古诗之流也。昔成康没而颂声寝，王泽竭而诗不作。大汉初定，日不暇给。至于武宣之世，乃崇礼官，考文章，内设金马石渠之署，外兴乐府协律之事，以兴废继绝，润色鸿业。是以众庶悦豫，福应尤盛，《白麟》《赤雁》《芝房》《宝鼎》之歌，荐于郊庙。《神雀》《五凤》《甘露》《黄龙》之瑞，以为年纪。故言语侍从之臣，若司马相如虞丘寿王东方朔枚皋王褒刘向之属，

① 《汉书》卷三十《艺文志》，第6册，第1755—1756页。

② 马积高：《赋史》，上海古籍出版社1987年版，第6页。

③ 汉宣帝"讲论六艺群书，博尽奇异之好"，诏王褒作赋歌颂圣主之得贤臣，并以之待诏金马门，"数从褒等放猎，所幸宫馆，辄为歌颂，第其高下，以差赐帛。议者多以为淫靡不急。上曰：'不有博弈者乎，为之犹贤乎已。辞赋大者与古诗同义，小者辩丽可喜，辟如女工有绮縠，音乐有郑卫，今世俗犹皆以此虞说耳目，辞赋比之，尚有仁义风谕，鸟兽草木多闻之观，贤于倡优博弈远矣。'"参见《汉书》卷六十四下《王褒传》，第2821、2829页。汉宣帝认为辞赋具有与《诗经》（即所谓"古诗"）同样的"仁义风谕"功能和作用，虽然只是为其好之辞赋辩护，但也有提高辞赋地位之意，尽管未直言赋源于《诗》，但已然引出赋为《诗》之流的观点。参见巩本栋《汉赋起源新论》，《学术研究》2010年第10期。

朝夕论思，日月献纳；而公卿大臣，御史大夫倪宽、太常孔臧、太中大夫董仲舒、宗正刘德、太子太傅萧望之等，时时间作。或以抒下情而通讽谕，或以宣上德而尽忠孝，雍容揄扬，著于后嗣，抑亦雅颂之亚也。"①从中可见，班固也没有阐述由"古诗"而"赋"的逻辑嬗变，以及两种文体之间的联系，而主要是着眼于赋体创作的"法度"与"经义"糅合而成的标准②。无论是刘向等言"风谏""仁义风谕""抒下情而通讽谕"，还是班固言"宣上德而尽忠孝"，以至汉宣帝言"大者与古诗同义，小者辩丽可喜"，都是汉人观念中赋所具备的"古诗之义"，是"尚有仁义之观""贤于倡优博弈远矣"的政治功用和伦理精神，也是他们将赋看成"古诗之流"极其重要的一个原因③。结合"不歌而诵谓之赋，《传》曰：'登高能赋，可以为大夫'"言春秋在政治外交上的赋诗活动，从而与之后谈到的"诗"形成联系，也并没有意味着从诵读方式上确定赋体之义，只是史家基本态度与价值取向的体现。可以说《诗赋略》是把"赋体创作与《诗》的关系建筑在共同的社会功能上，这就使得其对赋体兴起的描述，强调了与'赋诗'之制的消亡之间似断实连的关系。这种关系的实质恰如孟子谓'《诗》亡然后《春秋》作'时的思路一样，旨在突出《诗》教精神的不亡"④。可见，诗赋文体虽有变化，但对《诗》教精神的秉承始终不变，这可以说是班固论述"赋者，古诗之流也"的真正意图。

二

孟子明言"孔子作《春秋》"，可视为对孔子与《春秋》的双重肯定，兹从以下方面展开论述。

（一）释"孔子作《春秋》"

"诗亡然后《春秋》作"与"孔子惧，作《春秋》"，表明孟子认为孔子是通过"作"完成《春秋》的，而孙盛、卢钦和马端临等均言仲尼"修"《春

---

① 萧统编，李善注：《文选》卷一，上海古籍出版社1986年版，第1册，第1—3页。
② 曹虹：《从"古诗之流"说看两汉之际赋学的渐变及其文化意义》，《文学评论》1991年第4期。
③ 孙福轩、周军：《"源于诗"与"属于诗"——赋学批评的政治内涵和诗学维度之发覆》，《浙江大学学报》2014年第6期。
④ 《从"古诗之流"说看两汉之际赋学的渐变及其文化意义》。

秋》①，然而孔子自言是"述"《春秋》，一部《春秋》出现了三种不同的完成方式又该如何理解？皇侃释"述而不作"时云："述者，传于旧章也。作者，新制作礼乐也。孔子曰：言我但传述旧章而不新制礼乐也。夫得制礼乐者，必须德位兼并，德为圣人，尊为天子者也。所以然者，制作礼乐必使天下行之。若有德无位，既非天下之主，而天下不畏，则礼乐不行；若有位无德，虽为天下之主而天下不服，则礼乐不行，故必须并兼者也。孔子是有德无位，故述而不作也。"②这里"作"被定义为"新制作礼乐"，在此语境下，"作"的主体就只能是那些德位兼并的天下之主。孔子虽德为圣人，却有德无位，自然并无制作之权而只能做"述"的事业。然而，孔子作为无位之圣人虽然没有制作礼乐之权，但并不代表就没有在文化上创新的机会，也就是说孔子仍然拥有"作"的权力。

汪荣宝云："然广言之，则凡有所创始皆谓之作，不必以礼乐为限。《论语》云：'盖有不知而作之者，我无是也。'包注云：'时人多有穿凿，妄作篇籍者，故云然也。'是凡以新意创著篇籍，亦皆是作。"③可见，"作"不一定指典籍从无到有的制作，似乎还包括以新意改造过的典籍，事实上汉人着重的正是这一点。在汉代学术史上，今古文经学对于孔子和六经之间的关系，有着截然相反的看法。今文经学家以为六经大部分是孔子所作，而古文学家则主张六经都是前代的史料，孔子只不过对此加以整理而已。这种分歧的深层含义在于：今文学认为孔子是"素王"是政治家，六经里面固然有前代的史料，但这只是孔子"托古改制"的手段，实则六经中蕴藏孔子的微言大义④。就史料来看，孔子的行为只能是"述"，但孔子在整理时寄寓微意、实现政治构想，从而达到文化创造的高度，就此言之孔子的行为就称得上"作"，"作《春秋》"也只有这种解释才显得切实。由此，"修《春秋》"与"作《春秋》"二者也就不矛盾了，它们的差异只在于视角的不同：一是从史料出发，一是从义理出发。俞德邻亦云："'王者之迹熄而《诗》亡，《诗》亡然后《春秋》作。'《春秋》非孔子自作也，晋之《乘》，楚之《梼杌》，鲁之《春秋》三

---

① 孙盛云："仲尼修《春秋》列三统，为后王法。"又卢钦云："孔子因鲁史记而修《春秋》，制素王之道。"参见朱彝尊《经义考》，中华书局1998年版，第870页。马端临云："按《春秋》古经，虽《汉艺文志》有之，然夫子所修之《春秋》，其本文世所不见，而自汉以来所编古经，则俱自三传中取出，经文名之曰正经耳。"参见马端临：《文献通考》，中华书局1986年版，第1564页。

② 程树德撰，程俊英、蒋见元点校：《论语集释》，中华书局1990年版，第435页。

③ 汪荣宝撰，陈仲夫点校：《法言义疏》，中华书局1987年版，第165页。

④ 朱维铮编：《周予同经学史论著选集》，上海人民出版社1988年版，第7页。

史所述，其事莫过于桓文，其文则史也，孔子谓丘窃取三书之义，所谓'述而不作'者也。"可见，就史实而言，孔子言"述"；就史义而言，孟子言"作"。

接着，看《孟子》之《滕文公下》与《离娄下》相关记载：

> 世衰道微，邪说暴行有作，臣弑其君者有之，子弑其父者有之，孔子惧，作《春秋》。《春秋》，天子之事也。是故孔子曰："知我者其惟《春秋》乎，罪我者其惟《春秋》乎？"①
>
> 昔者禹抑洪水而天下平，周公兼夷狄、驱猛兽而百姓宁，孔子成《春秋》而乱臣贼子惧②。
>
> 王者之迹熄而诗亡，诗亡然后《春秋》作。晋之《乘》，楚之《梼杌》，鲁之《春秋》，一也。其事则齐桓晋文，其文则史，孔子曰"其义则丘窃取之矣"。③

虽然孔子作《春秋》是僭越之为，"时人见弹贬"，但也是"正王纲""遏人欲""存天理"，为千秋万代"虑至深远"之为。尽管孔子从正反两面分析了《春秋》带给自己的后果，加之所处时代弊一定大于利，但还是义无反顾"作《春秋》"并寄寓王法，希望通过《春秋》表达"称天而治"④的诉求，借此伸张自己的政治主张，而孟子强调孔子作《春秋》就是对这种精神的褒扬和肯定。此外，孟子将孔子和大禹与周公并举，已然把孔子看作了"王"，如《孟子·尽心下》云："由尧舜至于汤五百有余岁，若禹、皋陶则见而知之，若汤则闻而知之。由汤至于文王五百有余岁，若伊尹、莱朱则见而知之，若文王则闻而知之。由文王至于孔子五百有余岁，若太公望散宜生则见而知之，若孔子则闻而知之。"⑤汤、文王均为贤王，孔子与之并列，毫无疑问孟子将孔子也视为贤王，所不同的是无冕之王。《孟子·万章上》云："匹夫而有天下者，德必若舜禹，而又有天子荐之者。故仲尼不有天下。"⑥照此看来，孟子显然认为孔子有做天子的资格，从而开启了《淮南子》《春秋繁露》中孔子为"素

---

① 《孟子正义》卷十三，第 452 页。
② 《孟子正义》卷十三，第 459 页。
③ 《孟子正义》卷十六，第 572—574 页。
④ 谭嗣同：《上欧阳中鹄》，蔡尚思等编《谭嗣同全集》，中华书局 1981 年版，下册，第 463 页。
⑤ 《孟子正义》卷二十九，第 1034—1036 页。
⑥ 《孟子正义》卷十九，第 649 页。

王"的观念。

由材料中可见，《春秋》之所以"作"根本在于"世衰道微"或言"王者之迹熄"，以致出现"邪说暴行""臣弑君""子弑父"背离朝纲、颠覆伦理等种种倒行逆施之事，整个社会伦常秩序极尽崩塌。在西周天下一统的贵族宗法制社会中，礼乐征伐之事是唯有天子才可以决定的重任，但此时"天子"效力尽失。在这种情况下，孔子作了《春秋》，所谓"知我者其惟《春秋》乎！罪我者其惟《春秋》乎"，赵岐注云："知我者，谓我正王纲也；罪我者，谓时人见弹贬者。言孔子以春秋拨乱也。"朱熹注引胡氏曰："仲尼作《春秋》以寓王法，惇典、庸礼、命德、讨罪，其大要皆天子之事也。知孔子者，谓此书之作，遏人欲于横流，存天理于既灭，为后世虑，至深远也。罪孔子者，以谓无其位而托二百四十二年南面之权，使乱臣贼子禁其欲而不得肆，则戚矣。"①《春秋》做了本该"天子"做的事，代表了天子的权位，可见孟子赋予了《春秋》从未有的极高地位。对于《春秋》产生的效果，孟子用了比喻的说法，即"孔子成《春秋》而乱臣贼子惧"就相当于"禹抑洪水而天下平，周公兼夷狄，驱猛兽而百姓宁"。"乱臣贼子"就如"洪水""夷狄""猛兽"，如果将其"抑""兼""驱"，就会使天下太平，百姓安宁，所以惩治"乱臣贼子"的结果也应如此，《春秋》代天子立法，从而发挥其治国平天下的功能。

在孟子看来，孔子所作《春秋》与《乘》《梼杌》以及鲁《春秋》相通处均在于"其事"与"其文"，客观记录、书写与反映了历史，"其义"则是不同于三者的独特之处，孔子赋予了鲁《春秋》新义，如王充《论衡·超奇》云："孔子得《史记》以作《春秋》，及其立义创意，褒贬赏诛，不复因《史记》者，眇思自出于胸中也。凡贵通者，贵其能用之也。"②西晋杜预《春秋左氏传后序》云："仲尼修《春秋》，以义而制异文也。"皮锡瑞《论〈春秋〉是作不是抄录是作经不是作史杜预以为周公作凡例陆淳驳之甚明》云："孟子言鲁之《春秋》，止有其事其文而无其义。其义是孔子创立，非鲁《春秋》所有，亦非出自周公。"③但这并不意味着鲁《春秋》本身没有"义"，"因为史官记录史事要遵循一定的书法规则，而这样的书法规则是在长期的史官传统中形成并发展的，必然与背后史官传统所蕴含的价值观念相符合，既然书法规

---

① 《四书章句集注》，第 272 页。
② 黄晖：《论衡校释》，中华书局 1990 年版，第 2 册，第 606 页。
③ 皮锡瑞：《经学通论》，中华书局 1954 年版，第 3 页。

则来源于这种价值观念，史'义'自然会通过史官的'文'体现出来"①。如皮锡瑞指出鲁《春秋》是史而孔子作《春秋》是经，"史是据事直书，不立褒贬，是非自见；经是必借褒贬是非，以定制立法，为百王不易之常经"②。照此而言，鲁《春秋》也具有"是非自见"的特点，其间必有史义可寻。

那么，孔子所增之"义"究竟如何体现？如万斯大《学〈春秋〉随笔》云："《春秋》之文则史也，其义则孔子取之。诸史无义，而《春秋》有义也。义有变有因，不修《春秋》曰：'雨星不及地尺而复'，君子修之曰：'星霣如雨'。诸侯之策曰：'孙林父、宁殖出其君'，《春秋》书之曰：'卫侯衎出奔'。此以变为义者也。晋史书曰'赵盾弑其君'，《春秋》亦曰：'赵盾弑其君'。齐史书曰：'崔杼弑其君'，《春秋》亦曰：'崔杼弑其君'。此以因为义者也。因与变相参，斯有美必著，无恶不显，三网以明，人道斯立，《春秋》之义遂与天地同功。"③可见，孔子是通过"因"和"变"两种方式体现其《春秋》之"义"。"因"是遵照史书的原有记载，如"赵盾弑其君""崔杼弑其君"，孔子一字未改载入《春秋》；"变"则是透过表层发掘潜在义，笔削原文，增创新义。正因为"因"与"变"的相互渗透，史家的好恶判断、褒善贬恶的价值观念才能得到充分体现，才能使《春秋》之义发挥巨大功效。虽然孟子划分《春秋》具有事、文、义三种性质，但相对于事、文的史实而言，史义则更多引起后世注意，因为其中的微言大义为后人对《春秋》的阐释提供了广阔空间。史家此种书写方式被后世称为"春秋书法"或"春秋笔法"并继承，如"太史公曰""赞曰"等都是史家之"义"的体现。

（二）《汉志》对"孔子作《春秋》"价值的认可

《汉书》云："古之王者世有史官……左史记言，右史记事，事为《春秋》，言为《尚书》，帝王靡不同之。"④"固以为唐虞三代，《诗》《书》所及，世有典籍"⑤。所谓"世有史官""帝王靡不同之""世有典籍"，可谓与班彪"世有史官""国自有史"（《后汉书·班彪传》）的说法如出一辙。但是，与班彪将孔子所作《春秋》摒除在外不同，班固充分肯定了其史学性质及其产生的影响。《汉志·春秋家》序云：

---

① 骆扬：《试论孟子说〈春秋〉——关于〈诗〉与〈春秋〉的关系及〈春秋〉的三重内涵》，《南京大学学报》（哲学·人文科学·社会科学版）2012 年第 4 期。

② 《经学通论》，第 2 页。

③ 阮元：《春秋左传补疏》，《皇清经解》卷三，凤凰出版社 2005 年版，第 7 册，第 8809 页。

④ 《汉书》卷三十《艺文志》，第 6 册，第 1715 页。

⑤ 《汉书》卷一百下《叙传下》，第 12 册，第 4235 页。

周室既微，载籍残缺，仲尼思存前圣之业，乃称曰："夏礼吾能言之，杞不足征也；殷礼吾能言之，宋不足征也。文献不足故也，足则吾能征之矣。"以鲁周公之国，礼文备物，史官有法，故与左丘明观其史记，据行事，仍人道，因兴以立功，就败以成罚，假日月以定历数，借朝聘以正礼乐。有所褒讳贬损，不可书见，口授弟子，弟子退而异言。丘明恐弟子各安其意，以失其真，故论本事而作传，明夫子不以空言说经也。《春秋》所贬损大人当世君臣，有威权势力，其事实皆形于传，是以隐其书而不宣，所以免时难也。及末世口说流行，故有《公羊》《穀梁》《邹》《夹》之《传》。四家之中，《公羊》《穀梁》立于学官，邹氏无师，夹氏未有书①。

将上述材料与《汉书·司马迁传赞》云："自古书契之作而有史官，其载籍博矣。至孔氏纂之，上继唐尧，下迄秦缪。唐虞以前虽有遗文，其语不经，故言黄帝、颛顼之事未可明也。及孔子因鲁史记而作《春秋》，而左丘明论辑其本事以为之传，又纂异同为《国语》。又有《世本》，录黄帝以来至春秋时帝王公侯卿大夫祖世所出。春秋之后，七国并争，秦兼诸侯，有《战国策》。汉兴伐秦定天下，有《楚汉春秋》。故司马迁据《左氏》《国语》，采《世本》《战国策》，述《楚汉春秋》，接其后事，讫于大汉。其言秦汉，详矣。"② 相参照，就会发现两则材料都认可孔子作《春秋》在史学、史官方面的意义。此外，与《史记·十二诸侯年表》序的说法相比较，《汉志·春秋家》序也与之类似，尤其是对《春秋》与《左传》编撰背景的阐发："是以孔子明王道，干七十余君，莫能用，故西观周室，论史记旧闻，兴于鲁而次《春秋》，上记隐，下至哀之获麟。约其辞文，去其烦重，以制义法，王道备，人事浃。七十子之徒口受其传指，为有所刺讥褒讳挹损之文辞不可以书见也。鲁君子左丘明惧弟子人人异端，各安其意，失其真，故因孔子史记具论其语，成《左氏春秋》。"③ 班固明言"孔子因鲁史记而作春秋"，此处"鲁史记"即鲁春秋，是"国自有史"前提下的诸侯史记；而司马迁则言孔子"论史记旧闻""因史记"作《春秋》，但对"史记"却未能确指。这也反映了二人对孔子取材史

① 《汉书》卷三十《艺文志》，第6册，第1715页。
② 《汉书》卷六十二《司马迁传》，第9册，第2737页。
③ 《史记》卷十四《十二诸侯年表》，第2册，第509页。

记、史文的范围和来源有理解上的差异。班固认为孔子作《春秋》重在褒讳贬损，若无"本事"，"不以空言说经"，乃至口授弟子而人人各异，所以《春秋》的性质是经；而《左传》"论本事而作传"旨在呈现历史事实，其性质为史。另外，《汉书》言孔子"纂《书》删《诗》，缀《礼》正《乐》，彖系大《易》，因史立法"①，又认为孔子"缀周之礼，因鲁《春秋》，举十二公事，绳之以文武之道，成一王法，至获麟而止"②，其中"因史立法""成一王法"即指作《春秋》。

由此可知，班固认为《春秋经》的本质是"法"而不是"史"，是"以制义法"，"以当王法""当一王之法"之"法"，孔子《春秋》是"经"是"法"，但与"史"也有关系，是"因史"而成。总之，不论孔子所"因"是鲁史抑或诸侯史，《春秋》之作必有据而成，更因孔子有"窃取其义"之为，所以相较一般诸侯史"其事则齐桓晋文，其文则史"所论，孔子作《春秋》大有深意。班固在阐释孔子作《春秋》的时代背景时，明显与《史记·孔子世家》论孔子与书传、礼记关系的相关文字类似。《汉志》云："周室既微，载籍残缺，……假日月以定历数，藉朝聘以正礼乐。"《孔子世家》云："孔子之时，周室微而礼乐废，《诗》《书》缺。追迹三代之礼，序《书传》，上纪唐虞之际，下至秦缪，编次其事。曰：'夏礼吾能言之，杞不足征也。殷礼吾能言之，宋不足征也。足，则吾能征之矣。'观殷夏所损益，曰：'后虽百世可知也，以一文一质。周监二代，郁郁乎文哉。吾从周。'故《书传》《礼记》自孔氏。"③可见，《汉志》言"载籍残缺""思存前圣之业""文献不足""史官有法"，与《孔子世家》言"诗书缺""追迹三代之礼""杞（宋）不足征"如出一辙。值得注意的是，《史记·孔子世家》里明确有孔子为何作《春秋》的阐释，云："子曰：'弗乎！弗乎！君子病殁世而名不称焉。吾道不行矣！吾何以自见于后世哉？'乃因史记作《春秋》。"但是，班固却没有沿袭此说，而是继承了同一文献里的它说。不仅如此，《史记》有择取《论语》《孟子》《三传》论述孔子《春秋》的多条事例，班固同样也不予采纳。另外，作为史家的班固，却没有在《汉志》中设立史目，并且还将《世本》《战国策》《楚汉春秋》《太史公书》这些史籍列入春秋家，既然入列为何《春秋家》序所载都是《春秋》经传之事，只字不提诸史

---

① 《汉书》卷一百下《叙传下》，第 12 册，第 4244 页。
② 《汉书》卷八十八《儒林传》，第 11 册，第 3589 页。
③ 《史记》卷四十七《孔子世家》，第 6 册，第 1935—1936 页。

籍等，出现了一系列的问题。这或许与刘歆《七略》中的见解有关；抑或与汉代的学术氛围有关，总之，班固折衷前人之见①，既承认古代史官和史学自成体系，也承认孔子在此体系中有相对地位，从而形成了自己的史学品格。

《汉志·春秋家》序云："周室既微，载籍残缺，仲尼思存前圣之业，乃称曰：'夏礼吾能言之，杞不足征也；殷礼吾能言之，宋不足征也。文献不足故也，足则吾能征之矣。'"②其表述类似于"王者之迹熄而诗亡，诗亡然后《春秋》作""世衰道微，邪说暴行有作，臣弑其君者有之，子弑其父者有之。孔子惧，作《春秋》"，都表现了孔子面对周室衰微而忧心忡忡乃至有所恐惧，同时也强调了"诗亡""文献不足""作《春秋》"与文章贤才③对于衰败局面的重要性。特别是，对于《春秋》而言，同孟子认为它是"天子之事"而能使"乱臣贼子惧"有着不可低估的作用一样，班固也认为《春秋》"有威权势力"且能直指当时的大人和君臣，显然《春秋》成为官方意识的代表，其威权势力也就表现在它拥有了官方的话语权。然而，孔子作为儒家的创始人，无疑代表着儒家的价值观念，掌控着儒家的话语权。言"孔子作《春秋》"就意味着儒家的价值观念与官方的意识间发生了联系，《春秋》也即成为儒家经典，故它是集儒家观念与官方权威于一体。孟子指出"孔子曰：'知我者其惟《春秋》乎！罪我者其惟《春秋》乎！'""孔子曰：'其义则丘窃取之'""孔子成《春秋》而乱臣贼子惧"等等，所谓"传孔子《春秋》之奥说，明太平大同之微言，发平等同民之公理，著隶天独立之伟义，以拯普天生民于卑下钳制之中，莫如孟子矣！"④"孟子者，去孔子不远，得《春秋》之传，应比后儒可信也。"⑤可见孟子深味孔子《春秋》之义。在上述材料中，班固提到《春秋》时说"隐其书而不宣，所以免时难""贬损大人、当世君臣""褒讳贬损"等，也表明他认为《春秋》具有"微言褒贬"之用。更重要的是，孟子和班

① 班固史学史观念深受司马迁和班彪的影响。如司马迁所言"厥协六经异传，整齐百家杂语"，是从文化史的高度思考"史学"问题，可以说其史学思想与整个文化道统相连；班彪的史学史观念倾向经、史分离，论史明显排除孔子所作《春秋》与《公羊传》《穀梁传》，作《后传》只是要接续《太史公书》斟酌损益而成一代之史。

② 《汉书》卷三十《艺文志》，第1715页。

③ 何晏注："郑曰：'献，犹贤也。我能不以其礼成之者。以此二国之君文章贤才不足故也。'"皇侃疏："文，文章也。献，贤也。言杞宋二君无文章贤才。故我不足与成之。"参见何晏注，黄侃疏《论语集解义疏》，商务印书馆1937年版，第33页。

④ 康有为：《孟子微》，《康有为全集》，中国人民大学出版社2007年版，第5集，第412页。

⑤ 《春秋笔削大义微言考》，《康有为全集》，第6集，第3页。

固都把这种为政治而作史、为伦理教化而修史的思想，看作《春秋》"微言大义"的核心意蕴①。此后，董仲舒通过对《春秋》"微言大义"的解读，构筑了"天人合一""君权神授"的学说，并向汉武帝进言倡导"罢黜百家，独尊儒术"，对整个汉代政治文化格局的形成产生重要影响。直至龚自珍、魏源，以《春秋》"微言大义"作为话语方式，抨击时政，发表政见，为新学术新思潮立言；乃至康有为，也运用此话语模式建构其维新变法理论的大厦。

三

论述"诗亡"而"作《春秋》"与《汉志》之间的联系，主要以下述材料为依据：

> 王者之迹熄而诗亡，诗亡然后《春秋》作②。
> 春秋之后，周道浸坏。聘问歌咏不行于列国。学《诗》之士，逸在布衣，而贤人失志之赋作矣。大儒孙卿及楚臣屈原离谗忧国，皆作赋以风，咸有恻隐古诗之义……竟为侈丽闳衍之词，没其风谕之义③。

如顾炎武《日知录》"周末风俗"云："如春秋时，犹尊礼重信，而七国则绝不言礼与信矣……春秋时，犹严祭祀、重聘享，而七国则无其事矣……春秋时，犹宴会赋诗，而七国则不闻矣……不待始皇之并天下，而文武之道尽矣。"④可见，"春秋之后，周道浸坏""文武之道尽"即对应"王者之迹熄"；而"聘问歌咏不行于列国""七国则无其事（严祭祀、重聘享）""七国则不闻（宴会赋诗）"即对应"诗亡"。春秋以后，作为文本的《诗三百》已基本形成，加之"礼崩乐坏"局面加剧，逐渐摆脱了合乐行礼的仪式要求，开始有了自身独立的发展空间。而且深受三代礼乐文化价值观念的影响，诗不但没有退出历史舞台，反而产生了新的运用方式。无论是赋诗言志、引诗为证、以诗为谏，还是随意性的联想类比、断章取义，抑或双方不言而喻的意会与互动，都是

---

① 曹顺庆：《"〈春秋〉笔法"与"微言大义"——儒家经典的解读模式及话语言说方式》，《北京大学学报》1997年第2期。
② 《孟子正义》卷十六，第572—574页。
③ 《汉书》卷三十《艺文志》，第6册，第1756页。
④ 顾炎武著，黄汝成集释，秦克诚点校：《日知录集解》卷十三，岳麓书社1994年版，第467页。

通过聘问歌咏《诗三百》的形式，婉转地表达各自的政教伦理意图，从而最终完成外交任务。但是，随着《诗三百》的普遍运用，引诗方式出现随意滥用的迹象，其神圣性与庄严感渐趋消退，称引诗的真正价值和意义也随之消解，不得不说这也是促使"诗亡"的一个原因。但对于坚信只有修复业已崩坏的宗周礼乐，才可以"祖述尧舜，宪章文武"的孔子而言，势必会重新选择其他方式继续发挥社会教化的功能，于是"《春秋》作"①。

综上，在"王者之迹熄而诗亡"的大背景下，孔子作了《春秋》；在"周道浸坏""聘问歌咏不行于列国"的形势下，"贤人失志之赋作"。"学《诗》之士""贤人"可与孔子相对照，而贤人所作"赋"与《春秋》"相类，如下：

其一，"学《诗》之士"（"贤人"）在周室衰微，礼乐废弛和"贤人失志之赋作"之间，起到了桥梁纽带的作用，如同孟子所言的孔子。在孔子之前，并没有以布衣身份著书立说之事②，如伏羲"画八卦，造书契"，周文王"演《易》"，周公旦"制《礼》"等古代典籍，多是圣人兼君主的"王者"所创。从孔子开始才形成儒家士人群体在现实中的实际身份，属于"游士"或"布衣之士"。所以，如果说孟子"诗亡然后《春秋》作"所阐释的历史逻辑具有树立"素王"人格的意义，那么可以说班固的阐述是为了建立"学《诗》之士""贤人"即所谓"游士"或"布衣之士"这一群体的历史地位，后者正是受到前者的感召而有所为。此外，因为"《诗》"与"王者之迹"相伴，而班固又将"《诗》"与"士"联系在一起，暗合"王者之迹"与"学《诗》之士"之间具有整合传承的关系，更是对"士"历史价值的充分肯定。所谓"贤人失志之赋作"主要指战国时文人贤士如屈原、荀卿等，在政治上失意后抒情言志的辞赋作品。战国时代的士，因为缺少宗族和田产两重羁绊③，所以不但轻去其乡，甚至宗国的观念也极为淡薄。也就是说，对于士而言，不会有"士族化"和"恒产化"的发生，也就不会使士在乡土生根，离开乡土的士当

---

① 很大程度上，选择《春秋》也是因为它与赋诗存在着若干相似处，以微言明大义，有功于礼乐文明，都有尊王攘夷、惩恶劝善的思想取向。参见俞志慧《君子儒与诗教——先秦儒家文学思想考论》，生活·读书·新知三联书店 2005 年版，第 128 页。

② 章学诚认为孔孟以前，"未尝得见其书也"，没有专门的私人著述出现，而是"官师守其典章，史臣录其职载"，文字记录由王官所执掌。亦可参见罗根泽《战国前无私家著作说》，《罗根泽说诸子》，上海古籍出版社 2001 年版，第 17—76 页。

③ 《士与中国文化》，第 52 页。

然就成了"游士"①。所以，生活的漂泊无依，缺乏归属感的人生境遇常与士人相伴，同时由于他们游离于社会秩序之外，与政治权威也多少会有相对立的局面。但是，战国时的士在面对"旧法世传之史"式微，"道术将为天下裂"时，仍希望凭借微薄之力割除时弊、匡救困危，使自己的国家在兼并中处于优胜。但是，在残酷的现实中，他们处处碰壁，满腔愤慨之情难以舒发，只能表现在作品中②。

其二，从"诗亡然后《春秋》作"与"学《诗》之士，逸在布衣，而贤人失志之赋作矣"两者相较，可以看出"诗"都在其中起到重要作用。张次仲《待轩诗记》云："夫《春秋》，史也；《诗》，文辞也。史所以纪事，世之有治不能无乱，则固不容存禹、汤而废桀、纣，录文、武而弃幽、厉也。至于文辞，则其淫哇不经者直删之而已……《诗》与《春秋》相表里，《春秋》以褒贬为赏罚；《诗》以美刺为劝惩，是二者圣人寓治世之权于经术中者也。"《诗》和《春秋》虽然作于不同的世道，赏罚劝惩的方式和方法也有所不同，但是两者都有深厚的寄托治世的愿望。如朱自清云："《诗序》主要的意念是美刺，风雅各篇序中明言'美'的二十八，明言'刺'的一百二十九，两共一百五十七，占风雅诗全数百分之五十九强。其中兴诗六十七，美诗六，刺诗六十一，占兴诗全数百分之五十八弱。美刺并不限于比兴，只一般的是诗的作用。所谓'诗言志'最初的意义是讽与颂，就是后来美刺的意思。"③可知，美刺是诗人的志向所在，贯穿于风雅颂诸篇中，与比兴互为表里，如《春秋》之微而显、志而晦、婉而成章即与《诗》的比兴相对应④。因此，"春秋笔法"从根本上说是"诗三百"比兴寄托手法与美刺褒贬精神在史书领域的拓展和延伸，就是由于《春秋》的出现使"诗"没有消亡⑤。如杨伯峻释"其义则丘窃取之"

---

① 余英时：《东汉政权之建立与士族大姓之关系》，《新亚学报》1956 年第 2 期。
② 建构一套话语系统来干预社会现实，这就是先秦士人话语建构工程所遵循的基本生成规则。这种话语生成规则不是什么人有意识地制定的，它的产生乃是士人阶层的特殊社会境遇决定的。是士人与社会政治权力之间既相对立，又不可分离的张力关系造成的。参见李春青《简论"诗亡"与"〈春秋〉作"之关系——从一个侧面看先秦儒家士人的话语建构工程》，《中国文化研究》2002 年春之卷。
③ 朱自清：《诗言志辨》，华东师范大学出版社 1996 年版，第 69 页。
④ 张高评：《春秋书法与左传学史》，五南图书出版股份有限公司 2002 年版，第 12 页。
⑤ 闻一多认为：在散文未产生之前，《诗》与《书》《春秋》《礼》没有分别，"诗即史"，"《春秋》何以能代《诗》而兴？因为《诗》也是一种《春秋》"，由此诗与《春秋》才能在意义上相连。参见闻一多《歌与诗》，《闻一多全集·文学史编》，湖北人民出版社 1994 年版，第 10 册，第 11 页。

指出"《诗》三百篇上寓褒善贬恶的大义，我在《春秋》上边借用了"① 即此意，所谓"史蕴诗心"。如皮锡瑞所言："夫以二百四十二年之事，止一万六千余字。计当时列国赴告，鲁史著录，必十倍于《春秋》所书，孔子笔削，不过十取其一。盖惟取其事之足以明义者，笔之于书，以为后立法。其余皆削去不录。或事见于前者，即不录于后，或事见于此者，即不录于彼。以故一年之中，寥寥数事，或大事而不载，或细事而详书，学者多以为疑。但知借事明义之旨，斯可以无疑矣。"② 在书与不书之间，在详书与略书之间以见"改立法制"和"诛讨乱贼"之"微言"和"大义"③，是《春秋》立书的根本。大义微言合论即所谓惩恶劝善之意，避开今文家附会《春秋》为汉代立法等不谈，《春秋》并非一般意义上的史书，而是"借事明义"的经书，这是确定无疑的。所以，"借事明义"正是对史蕴诗心的表现，也是委婉隐晦的"春秋笔法"或"春秋书法"的体现。所谓"明义"即具有政治教化目的，褒善贬恶，劝善惩恶，但是并不影响其"诗心"的寄托，《礼记·经解》云："属辞比事，《春秋》教也。"又云："属辞比事而不乱，则深于《春秋》者也。"④ 由此看来，《春秋》的"诗心"寄托主要表现在讲求对辞的运用和辞序的安排方面，如刘勰《文心雕龙·宗经》："春秋辨理，一字见义，五石六鹢，以详略成文；雉门两观，以先后显旨；其婉章志晦，谅以邃矣。"《史传》云："褒见一字，贵逾轩冕；贬在片言，诛深斧钺。"⑤ 又如焦竑《焦氏笔乘》卷四"诗亡辩"条曰："窃意《王制》有曰：'天子五年一巡狩，命太师陈诗以观民风。'自昭王胶楚泽之舟，穆王回徐方之驭，而巡狩绝迹，诸侯岂复有陈诗之事哉？民风之善恶既不得知，其见于《三百篇》者，又多东迁以后之诗，无乃得于乐工之所传诵而已。至夫子时，传诵者又不可得，益不足以尽著诸国民风之善恶，然后因鲁史以备载诸国之行事，不待褒贬而善恶自明，故《诗》与《春秋》，体异而用则同。"⑥ 焦氏指出《诗》与《春秋》体裁虽异，但功用却相同，都是作为一种价值尺度来褒善贬恶。由此看来，孟子所谓"《诗》亡然后《春秋》

① 杨伯峻译注：《孟子译注》，中华书局 1962 年版，上册，第 193 页。

② 《经学通论》，第 22 页。

③ 微言有二：……二者，于群化、政制，不主故常，示人以立本、造时、通变之宜，如《春秋》为万事致太平之道，必为据乱世专制之主所不能容……大义，随顺时主，明尊卑贵贱之等，张名分，以定民志。余以为孔子所修之六经无非微言。参见熊十力《论六经》，明文书局 1988 年版，第 4 页。

④ 郑玄注，孔颖达疏：《礼记正义》卷四十一，北京大学出版社 1999 年版，第 1368 页。

⑤ 《文心雕龙注》，第 33、284 页。

⑥ 焦竑：《焦氏笔乘》，上海古籍出版社 1986 年版，第 145 页。

作"更强调文化价值的衔接与转化①。

再看班固《汉志·诗赋略》序所论"学《诗》之士，逸在布衣，而贤人失志之赋作矣"，可知贤人失志所作"赋"中也有《诗》的影响，受"史蕴诗心"说的启发，此处也可以说"赋蕴诗心"。同"借事明义"的《春秋》重在明"义"相仿，班固所言"皆作赋以讽，咸有恻隐古诗之义""没其风谕之义"，也强调"赋"要有"义"，并通过"风谕"的方式传达，即是对《诗》美刺精神的继承。何谓"美刺"？《毛诗序》释"风""颂"曰："上以风化下，下以风刺上，主文而谲谏，言之者无罪，闻之者足以戒，故曰风"，"颂者，美盛德之形容"明白地说，"美"是"美盛德之形容"之美，即"颂美"；刺是"下以风刺上"即"讽谕"，郑玄进一步发展了美刺说，《诗谱序》曰："论功颂德，所以将顺其美；刺过讥失，所以匡救其恶。"② 所以，"美"与"刺"原本包括"颂美"和"讽谕"两个方面，但由于汉儒过分强调诗的实用性，以及汉初需要从多方面革除秦之弊端，使"讽谕"作用从一开始就受到极大重视。对于汉赋而言，也是如此，"汉儒简直把讽谏视为汉赋的命根子"③。一是从赋家的创作而言。扬雄《甘泉赋序》言："奏《甘泉赋》以风"，《羽猎赋序》言："聊因校猎赋以风。"班固《两都赋序》指出汉赋创作的目的是："或以抒下情而通讽谕，或以宣上德而尽忠孝"，作《两都赋》是为了"极众人之所眩曜，折以今之法度"，表明对迁都的看法及戒侈靡、守法度的政治见解。王褒《洞箫赋》述乐声有化人之效而赞其"感阴阳之和，而化风俗之伦"等等。乃至于汉赋创作的框架即如此，《汉书·司马相如传》引扬雄言云："靡丽之赋，劝百而讽一，犹骋郑卫之声，曲终而奏雅"。先是极力铺陈夸饰，百般赞扬，所谓"劝百"，后则指出之前做法的弊处，进行讽谏，所谓"讽一"即"曲终"所奏之"雅"，才是汉赋的讽谕所在。二是从汉人对赋的评论而言。《史记·司马相如传赞》曰："相如虽多虚辞滥说，然其要归引之节俭，此于诗之风谏何异？"《汉书·叙传》称相如赋"寓言淫丽，托风终始"；扬雄《自序传》言："赋者，将以风之"而发出"靡丽之赋，劝百而讽一，犹骋郑卫之声，曲终而奏雅"；崔骃《七依》言："赋者将以讽，吾恐其不免于劝也"；蔡邕《上封事陈政要七事》虽否定赋作，但还是称"其高者颇引经训风喻之言"等。从以上引述可知，汉人把"讽谕"作为衡量汉赋价值的标准，汉赋

①　《中国经学思想史》第 1 卷，第 465 页。

②　郭丹主编：《先秦两汉文论全编》，江苏教育出版社 2001 年版，第 778 页。

③　龚克昌：《汉赋研究》，山东文艺出版社 1990 年版，第 385 页。

虽"劝百",也不得不承认毕竟有"讽一"的作用。

　　总之,"诗亡"与"《春秋》作"关系论背后有着丰富的人文内蕴,所谓"观乎人文"即可"化成天下",旨在通过对"诗"的阐发以恢复"王者之迹",凭借孔子"作《春秋》"的精神以实现士人的政治理想,对后世产生深远影响。以《汉书·艺文志》为例,在"六艺略"诗家序和春秋家序以及"诗赋略"序中就得到充分体现。

（作者单位：北京师范大学文学院）

清代才女王贞仪独尊儒学思想探析

肖亚男

清代才女王贞仪（1769—1797），字德卿，祖籍安徽天长，生于南京，有《德风亭初集》十三卷①存世。在才女辈出的清代，王贞仪名气不算显赫。但《德风亭初集》有几个特点，足以使王贞仪显得特出。

首先，《德风亭初集》中文章的比重大于诗词。清代女性别集所收作品往往以诗词为主，美国学者曼素恩在研究十八世纪及其前后的中国妇女时，发现"差不多所有的女性作者都作诗填词"，她对胡文楷《历代妇女著作考》之条目进行考察统计，指出："在其作品可考的三三五六位女性作家中，可知的只有五十位有诗作之外的其他类型的作品。"②折算而言，中国古代有著作传世的妇女中，留下诗词之外的其他类型作品者，不到千分之十五。王贞仪就属于那千分之十五。《德风亭初集》收文九卷，诗词则分别为三卷和一卷。其文篇目达七十余篇，字数近七万字，所涉文体有序、传、记、书、辩、论、解、跋、祭文、铭、赋等十余种。就笔者目验的六百多种清代女性别集而言，《德风亭初集》所收文章卷帙之富、数量之多、体裁之丰，庶可傲视同侪；且其文笔形成了自己的特色。史学家钱仪吉称王贞仪"诗文皆质实，说事理，不为藻采"，且称赞其才学为"班惠姬之后，一人而已"③。

第二，《德风亭初集》中有数量不菲的文章专门论证天文、历法、气象、地理、算术等科学领域的具体问题，共计十六篇，三万余字，集中于卷一、卷五、卷六和卷七，以及卷四的《答大姊书》。此外还有一些篇章涉及医学的理论与实践，另一些篇章斥责风水迷信等。这些总计超过《德风亭初集》三分之一字数的文章，展示了王贞仪迥高于同时代普通人的科学素养和科学精神。事实上，著名史学家钱仪吉记载王贞仪撰写的科学著作达十种（惜均亡佚），这在古代妇女中属于凤毛麟角的现象。王贞仪的科学成就使她名列《畴人传三编》。

---

① 王贞仪撰，肖亚男整理：《德风亭初集》，中华书局2020年版。

② 曼素恩著，定宜庄等译：《缀珍录》，江苏人民出版社2002年版，第151页。

③ 钱仪吉：《术算简存序》，《德风亭初集》附录一，第260页。

　　第三，《德风亭初集》中有大量言论捍卫儒家先贤之道，反对其他学说，尤其排斥佛道。据笔者整理《清代闺秀集丛刊》及续编[①]所见，佛道思想对大部分清代才女而言，即便不成为个人精神的主要寄托，也是频频出现于诗词中的概念。一些研究者关注到这个问题，发表了相关论文[②]。王贞仪则力辟佛老，独尊儒学，这成为她异于同时代才女的第三个方面。本文希望阐明王贞仪独尊儒学的特点，并对其成因加以探析。

一、王贞仪独尊儒学的表现

（一）秉持正统史观

　　王贞仪《德风亭初集》中有一篇四千言的史学专论，即《读史偶序》。该文是王贞仪阅读正史及杂史之心得，集中体现了她的史学观点。开篇即言："上之所以为教，下之所以为学，经之外，厥维史。"[③]指出史籍具有类似经典的教化功能。那么史书是如何实施教化的呢？王贞仪阐释道："史者，一代因之以稽治乱之迹，万世准之以观人事之公。一有不当，后人皆能起而论断之。"[④]"史之有褒贬，谓作史者据直书事，而是非以判。"[⑤]即史书可以帮助我们考查一个朝代的治乱轨迹、每个时代的人事曲直。史书所记录的事实，自然而然地蕴含了是非褒贬。不合理不正当的行为，会受到后世读史人的评判。这种评判犹如明镜，对读史之人有垂训警示作用。所以王贞仪强调："儒士之读史，即莫非格物穷理之学，要尚其择精语详，岂泛焉涉猎以夸靡斗博……"[⑥]读史的过程即是明理的过程。

　　尔后，王贞仪强调史笔的重要性："笔者，史之主宰，其张名教，植纲常，严分位，皆默系之。""忠孝节义，奸佞淫邪，直榜样耳。成败善恶，理乱兴

---

①　肖亚男整理：《清代闺秀集丛刊》，国家图书馆出版社 2014 年版；《清代闺秀集丛刊续编》，国家图书馆出版社 2018 年版。

②　乔玉钰：《一生几许伤心事，不向空门何处消——明清才女的皈依佛道之风》，《古典文学知识》2006 年第 2 期；程君《论清代女诗人的佛道之风及其文学影响》，《北京理工大学学报》（社会科学版）2011 年第 6 期。

③　《德风亭初集》卷一，第 2 页。

④　《德风亭初集》卷一，第 2—3 页。

⑤　《德风亭初集》卷一，第 3 页。

⑥　《德风亭初集》卷一，第 9 页。

亡，直梗概耳。""一字之笔，关系存焉，邪正分焉，奸善见焉，是非出焉。"①
希望读者能够"观各家秉笔之意"，对得失了然于心。

另外，在该文中，王贞仪花了大量篇幅对《史记》以来的二十余种正史
和数十种史学杂著加以评述。总体而言，她推崇正史："不读正史，不知杂史
之庞错；不观杂史，且无以知正史之整严。唯正史则其宗也。"②在她看来，读
杂史的目的是验证正史的整密严明。

一般认为，儒家史学形成了三大基本理论：正统论、书法（笔法）论和
资治论③。司马光有言："教化，国家之急务也。"④教化关系到国家长治久安，
史学的教化功能即资治功能。王贞仪《读史偶序》中的史学观点，基本符合
这三大理论。因此，王贞仪的史学观是非常正统的儒家史观。

除从读者角度阐释自己的史学见解，王贞仪还通过撰史来践行自己的史
学观。《德风亭初集》中的五篇传记，显示了王贞仪对史家笔法的运用。五
篇传记依次为《姚母张太夫人传》《孙节妇传》《两贞女传》《昌邑两义士传》
《韩园公传》，为两位贞妇、两位烈女、两位管鲍之交的忠义之士以及一位有
古仁人君子风的老园丁立碑树传。除《昌邑两义士传》，其他四篇末尾均仿照
司马迁的"太史公曰"而作"女史氏曰"，对传主予以直接评论，颂其美德，
明其风范，达到砥砺习俗、有利教化的资治目的。

（二）秉持正统文学观

《德风亭初集》有多篇文章传达王贞仪的诗学观和文学观。总体来看，她
论诗不出"诗言志""诗道性情""温柔敦厚"等传统论点，同时无论诗与文
在她看来都要"载道"。

在《答许燕珍夫人》中，她针对许燕珍所言"法三百篇"以及"古不汉
魏非古，律不盛唐非律"，提出自己的观点："余则以为，三百篇者，三百篇
人之性情也；汉魏者，汉魏人之性情也；盛唐者，盛唐人之性情也。此所谓
诗以言志也。"⑤在《与夏生乐山论诗书》中，她再次强调："诗必出之以性情"，
并指出作诗需"唯读三百篇以端其性情。"⑥阅读《诗经》可使性情端正，那
什么样的性情可谓之端正呢？她在《陈宛玉女史吟香楼诗集序》中有所说明：

---

① 《德风亭初集》卷一，第 8—9 页。

② 《德风亭初集》卷一，第 7 页。

③ 中国孔子基金会编：《中国儒学百科全书》，中国大百科全书出版社 1997 年版，第 228 页。

④ 司马光等：《资治通鉴》卷六八《汉纪六十》，中华书局 2011 年版，第 2217 页。

⑤ 《德风亭初集》卷四，第 67 页

⑥ 《德风亭初集》卷四，第 85 页。

"《关雎》之美后妃,《葛覃》《卷耳》之作于后妃,其他诸侯之夫人、大夫之妻以及闾阎之闺阃咸有篇什,迄今读其诗,犹然想见其政教之隆兴,出乎风化之贞淳,并有以见性情之温柔敦厚焉。"① 即温柔敦厚也。"温柔敦厚"是儒家传统诗教,语出《礼记·经解》:"孔子曰:入其国,其教可知也。其为人也,温柔敦厚,诗教也……温柔敦厚而不愚,则深于《诗》者也。"② "诗言志"首见于儒家经典《今文尚书·尧典》,一般认为其大意是诗歌要表现作者的思想感情③。"诗道性情"是明末大儒王夫之在统合前人对"性"与"情"的不同观点基础上提出来的:"诗源情,理源性,斯二者,岂分辕反驾者哉?"④ "诗以道性情,道性之情也。"⑤ 清人论诗往往踵其论,王贞仪亦踵之。

诗文应该"载道",这样的表述在《德风亭初集》中数次出现。如《宛玉以古文近作寄质于予欣为点定并答以诗》:"载道统所尊,无分彼与此"⑥,《答方夫人第一书》:"盖文章一道,断不可无故而作……必有道以寓乎其中","其为文也,或忠烈,或节义,出吾生平学问见识以附之,使读之可歌可泣,起敬起畏。虽历久而不可磨灭,昭然在人口耳。于是其所为之文章亦遂附事而不朽,此所谓文以载道也"⑦。《答白夫人》:"夫人非君子之人,文非载道之文,果亦可不朽乎?"⑧ 在她看来,载道之诗文可随德行而不朽,不载道的诗文则反之。

王贞仪的诗文创作观点与其史学观一样,并无深刻的发明创见,全然遵循儒家传统概念与表述。有意思的是,讨论诗歌时她将"志"与"性情"理解为一物,又将"性情"限定为"温柔敦厚"。这些原本内蕴丰富的概念在王贞仪的诗学思想中融合为一,反映了一定程度上的简单化、抽象化的思维倾向与教化至上的写作宗旨,凸显出她对纲常伦理的终极追求。

(三)认同女德女训

毫无疑问,《德风亭初集》表现了王贞仪对妇女气节才智的颂扬,对女性能力和品质的自信,对女子全方面学习的重视和坚持,其《自箴》诗有言:

---

① 《德风亭初集》卷一,第 15 页。

② 汪涌豪,骆玉明主编:《中国诗学》,东方出版中心 2018 年版,第 277 页。

③ 《中国诗学》,东方出版中心 2018 年版,第 268 页。

④ 王夫之:《古诗评选》卷二,上海古籍出版社 2011 年,第 89 页。

⑤ 《明诗评选》卷五,上海古籍出版社 2011 年版,第 219 页。

⑥ 《德风亭初集》卷十二,第 218 页。

⑦ 《德风亭初集》卷四,第 79 页。

⑧ 《德风亭初集》卷四,第 68 页。

"人生学何穷，当知寸阴宝……男女非相殊，彝德各宜保"①，《题女中丈夫图》则直言自己"尝拟雄心胜丈夫"②。但是我们必须看到，《德风亭初集》也展示了王贞仪维护女德、认同女训的儒家立场。

首先，王贞仪高扬贞节思想，认同妇女守节和贞烈行为。她专门为两位未嫁而殉夫的女子立传，"钦其守志之烈"。针对有人质疑二贞女的行为逾于常礼，她引经据典指出，她们的贞烈"实合乎礼"③。其立场即便在当时也是极端化的。此外她还在《姚母张太夫人传》《孙节妇传》④《刘药畦夫人遗诗序》⑤《送白夫人归大兴序》⑥等文章中，对这些女性的守节行为着力揄扬，大加表彰。

第二，王贞仪承认女德为本，才智次之。"昔曹大家撰《女诫》，首之以四德三贞，次之以女工文字，其敬戒相承，合之太夫人所教者，二而一之已。"⑦

第三，王贞仪认同女性谨言慎行等日常行为规范。她赞美周夫人"庄静恭默"⑧、陈宛玉"性情庄静""毫不以才藻自矜"⑨、二妹静仪"平生慎言笑，守矩怀先型"⑩，也表示自己"虽喜耽翰墨，而从不轻易出以示人。不敢谓勤慎内修也，亦非自以为是也。其所以甘于隐秘者，唯守内言不出之训，以存女子之道耳"⑪。

以上大可证明王贞仪对女德的理解是符合儒家伦理范式的。

（四）力辟佛道二家

王贞仪大张旗鼓地反对佛教，常以严词厉斥信佛事佛者。在《答白夫人》信札中，有某男士托白夫人向王贞仪求序。王贞仪得知该人信佛，乃严正拒绝："今某某何如人，名列庠序，乃公然外圣贤之正道，而从事释氏，又公然不自知悔，一务乎空寂之语，而乐为名教中之罪人。呜呼，是尚得为圣贤

---

① 《德风亭初集》卷十，第163页。

② 《德风亭初集》卷十二，第235页。

③ 《德风亭初集》卷二《两贞女传》，第33—34页。

④ 《德风亭初集》卷二，第30页。

⑤ 《德风亭初集》卷一，第17页。

⑥ 《德风亭初集》卷一，第20页。

⑦ 《德风亭初集》卷四《上卜太夫人书》，第65页。

⑧ 《德风亭初集》卷一《周夫人诗集序》，第13页。

⑨ 《德风亭初集》卷一《陈宛玉女史吟香楼诗集序》，第15页。

⑩ 《德风亭初集》卷十二《见仲妹静仪遗字感赋》，第232页。

⑪ 《德风亭初集》卷四《答白夫人》，第68页。

之徒，而尊之齿之哉！""论其人品不足序之，论其所学不足序之。"① 另一女士方夫人请王贞仪为其抄写的《心经》作序，王贞仪亦严词以拒，尖锐指出："若夫佛经者，叛道离理者也""其言语荒唐，其词义空晦"，不值得自己为之写序，不愿"徒劳心费思于无益之笔墨"②。后来方夫人又来信"动之以报应之说、罪过之征"，王贞仪则再次"负怒而辟之"：

> 即如佛老之教，今世盛矣。其害惑人心，毁灭伦理者，老氏稍次之，而释氏为尤炽。天下之陷溺于佛氏之教者，上自名公巨卿，下及愚夫愚妇，庸蚩之辈，推而至于深山穷谷中人，皆敬信若狂，真有沦肌浃髓、牢不可破者。③

此段文字在批判佛教的同时，顺道批判了道家，指出二者皆为"毁灭伦理"者。其表伯某"近日虔于守斋，又将鬻产以营佛事，又亲书佛经若干部，施各寺院"④，王贞仪替父给表伯写信时，亦将佛道合称为"二氏"，阐述二教兴起的历史原由以及造成的后果：

> 自周、文、孔、孟而后，圣道不传，又暴于秦火之厄，汉魏晋宋以降，佛老之徒遂大炽于天下。当其时，学士大人嗜好虚无，喜谈清逸，以至二氏之教卓然与圣贤之道相鼎足，而小人之无忌惮者乃强合圣贤之道而三分为教，于是儒释道之名以起。其后承讹袭谬，忘其本原，争尚诡异，至于学士大夫之失其本心者且交口啧啧，夸佛事为广大，赞道门为玄妙，不亦懵乎？且夫佛老之道何如者，恃寂灭清净之论，息天地生育之理，失五伦之体，行不近人情之事，不耕凿，不勤劳，食人之粮，居人之庐，背圣贤之言，逆圣贤之行。其本不可为教，而强以为教；本不可为道，而强以为道……⑤

在《读史偶序》中，她又着重从社会心理角度分析佛道两家兴起的原由：

---

① 《德风亭初集》卷四《答白夫人》，第68页。

② 《德风亭初集》卷四《答方夫人第一书》，第79页。

③ 《德风亭初集》卷四《再答方夫人书》，第80页。

④ 《德风亭初集》卷四《答表伯某》，第71页。

⑤ 《德风亭初集》卷四《答表伯某》，第72页。

世俗好奇嗜异，阁束经史而喜博览二氏释道之言，以炫其高，沉溺既深甚，至流害道德。极之言语文字，尽成空寂之宗。[①]

王贞仪认定二家兴起的原因是儒教不传、人心不正，乃自觉担负起端正人心、弘扬圣贤之教的义务。前文所述她在史学、文学方面的尊儒言论，即为其弘教之实践。

二、王贞仪独尊儒学之成因

（一）儒学门第有典则

王贞仪在古体诗《勉弟辈》中，点明了自家的儒学传统："吾家有隐德，儒习常相持。"王贞仪祖上之业儒，根据文献可追溯到其曾祖王颖哲。颖哲"以家贫弃举子业，而青箱世守，不欲中废，仍以诗书教授于闾里"[②]。颖哲生四子，有一子名者辅，另一子名者相[③]。辅、相，均为辅佐之意，与"王者"结合，寓意非常明显，可见王颖哲对子辈期望之高。"王者辅"之名尤有典故——《春秋繁露》《尚书讲义》《毛诗说》等儒家典籍中均有"王者辅之"之文。者辅自幼随父读书，不负父望，勤学不怠，进入县学，三十余岁从天长学子中脱颖而出，被安徽学政孙嘉淦推举。晋京引见后，实授海丰知县，步入仕途。官至直隶宣化府知府。

王者辅即王贞仪祖父。从《德风亭初集》可看出，祖父对王贞仪影响巨大。在《德风亭初集自序》中她写道："稿而系以德风亭，则仍乎仪先人旧居之名，而不敢忘也。"[④]表明自己对先人的尊重与怀念。这里的"先人"，应主要指其祖父，因德风亭是祖父亲自设计、主持修建的园林的一部分[⑤]。"德风"二字典出《论语》："君子之德风，小人之德草，草上之风必偃。"王家的家风，于亭名可管窥之。

---

① 《德风亭初集》卷一，第3页。

② 《（嘉庆）备修天长县志稿》卷八，民国铅印本，北京师范大学图书馆藏，第二十三叶至二十六叶。

③ "今居天长者，皆其弟者相之后。"（《（嘉庆）备修天长县志稿》卷八，第二十六叶）。

④ 《德风亭自序》，《德风亭初集》，第2页。

⑤ "初，大父罢官归，择家园之隙地二十亩……东造桥，西制亭。"《德风亭初集》卷三《舫寄记》，第49页。

王者辅性情刚毅耿直，气象胜人①。一生屡遭诬陷、谪贬，而"读书谈笑，不改其乐"。晚年被发配到吉林荒寒之地，亦能活到米寿。其仕宦生涯虽然曲折，时间也不长，却颇有功绩，无论在知县还是知州、知府任上，均勤政廉政，安民惠民，主持修建的基础工程相当多，不乏至今犹存并被评为省市级文物保护单位者②。

祖父是王贞仪的科学启蒙老师："贞仪幼随侍先大父惺斋公，公细训以诸算法。"③一个"细"字，凸显出祖父对王贞仪的耐心、关注和厚望。祖父也是王贞仪的道德启蒙老师。《德风亭初集》里有一篇《舫寄记》，记祖父与来客交谈，王贞仪侍于旁，默然记下祖父与客人所谈内容。正是这种耳濡目染，使王贞仪受祖父影响之深，超过其他孙辈。她自述"禀性坚白，虽一女子，雅知克己，而一皆以道自守。凡目前之意，所抵牾者，辄必攻辩。执玉碎之见而暗瓦全之情，抱独醒之痴而悖啜醨之沉"④，似也折射出祖父的影子。

王贞仪的祖母董氏知书达理，能授王贞仪读写。"九岁，家祖母命之学诗。十二，教工文章。"董氏晚年曾作三次长途旅行⑤，其胆识、体力与意志力均非同凡响，不让须眉。祖母为王贞仪树立了自强坚韧的人格典型，而共同的性别属性、切近的生活接触，使王贞仪对祖母的效仿成为自然而然之事。

王贞仪的父亲王锡琛对王贞仪亦有影响。王贞仪之辟佛，就和他父亲密切相关。其表伯某佞佛，王锡琛反对，"命仪代裁尺一，以呈复之"⑥，可见父女二人观点完全一致。

（二）祖父友执多名儒

由于王者辅的著作基本亡佚，笔者对其交游情况的了解很不全面。从中国第一历史档案馆找到的档案资料可知，张廷玉、孙嘉淦是王者辅仕途中的提携者⑦。此二人是康乾盛世著名儒臣，前者贤良方正，后者直言敢谏，均享

---

① 关于王者辅的气象，卢文弨《赠别王明府丈者辅》有言："尝与我师论人豪，纷纷满前皆不数。迟之又久一指下，云是江南王者辅……我初一见萧寺中，容貌迥匪常人同……"，见《卢文弨全集》第十册，浙江大学出版社 2017 年版，第 56 页。

② 详见肖亚男：《王者辅事迹编年》，《国学学刊》2021 年第 3 期。

③ 《岁差日至辨疑》，《德风亭初集》卷五，第 95 页。

④ 《德风亭初集》卷四《上卜太夫人书》，第 63 页。

⑤ 详见《德风亭初集前言》。

⑥ 《答表伯某》，《德风亭初集》卷四，第 71 页。

⑦ 张廷玉：《题为遵议直督请以王者辅署理直隶南路同知事》，档号 02-01-03-03590-015；孙嘉淦《奏请以董怡曾调补保定府知府王者辅补授宣化府知府事》，档号 04-01-13-0109-028。

誉朝野。此外，笔者从别集资料发现，桑调元、蓝鼎元、陈宏谋等儒者和王
者辅交谊颇深。

桑调元（1695—1771），字弢甫，号五岳诗人等，浙江钱塘人。雍正十
一年进士，授工部屯田司主事。乾隆四年引疾归，历主九江濂溪、嘉兴鸳
湖、涑源书院讲席，精于史学与性理之学，为江南大儒。编有《大梁书院学
规》《道山书院学规》《江西瀛溪书院》与《涑源书院学规》等。另有诗文集
数十卷、《论语说》、《躬身实践录》、《桑孝子旌门录》等。桑调元与王者辅相
识于雍正五年，"同车上京华，倾写赤胸臆"①。从此结为至交。桑调元的弟子
兼女婿卢文弨有七言古诗《赠别王明府丈者辅》，转述了桑调元对王者辅的
评价："尝与我师论人豪，纷纷满前皆不数。迟之又久一指下，云是江南王者
辅。"②"我师"即桑调元。桑调元的别集中共有12首诗作是赠与王者辅的，写
于各个时期，包括王者辅第一次发配吉林期间，足见其相知之深、交情之挚。

通过桑调元《清苑奉怀旧令赵晓村皋兼寄近颜者辅》自注"晓村，汶上
人，乾隆初特恩起复为令，予因近颜与订交"③，可知王者辅还有一位知交为赵
皋。赵皋亦是一位个性突出的中下层官员。雍正十一年他在唐山县令任上拆
毁庙宇，改建义学，被劾褫职，乾隆初年起复为清苑县令。赵皋以拆毁庙宇、
兴办学校闻名，王者辅所到之处亦积极创办书院。

蓝鼎元（1680—1733），字玉霖，号鹿洲，福建漳浦人。康熙末年，蓝鼎
元赴台湾，担任其族兄、南澳总兵蓝廷珍的幕僚，对台湾地理情形有深入考
察，在《东征集》《平台纪略》中提出了诸多开发、治理台湾的创见，被誉为
"筹台之宗匠""经世之良才"，所提意见被朝廷采纳。蓝鼎元被认为是儒学
道南学派在清初的代表人物。他崇尚程朱之学，训导门人"学者不崇尚程朱，
则邹鲁之戾人也""诸生入吾门者，皆必以濂洛关闽为宗"④，对孔孟学说和程
朱理学之外的思想学派均视为异端，加以否定："古之异端有杨墨，而老庄申
韩之杂说，皆足为圣道之害"，尤其摒斥佛氏："诸生入吾门者……倘语言文
字之间染及佛经禅语，则余与诸同人且将鸣鼓而攻，以异类目之矣。"⑤。他提

① 桑调元：《弢甫集》卷八《赠别王近颜》，林旭文点校《桑调元集》，浙江古籍出版社2016年版，
第1册，第88页。

② 《卢文弨全集》第十册，第56页。

③ 桑调元：《弢甫集》卷八《赠别王近颜》，林旭文点校：《桑调元集》，浙江古籍出版社2016年版，
第1册，第88页。

④ 《棉阳学准》卷一，《鹿洲全集》，厦门大学出版社1995年版，上册，第463页。

⑤ 《棉阳学准》卷一，《鹿洲全集》，上册第464页。

倡女学，鉴于"齐家之道当自妇人始"，乃亲自"采辑经史、诸子百家及《列女传》《女诫》诸书，依《周礼》妇学之法"，编成一部"女学专书"①，即《女学》六卷。蓝鼎元与王者辅初见于雍正六年春，因二人均在粤东知县任上奋发有为，意气相投，遂成知己。不久两人均遭祸去官，乃得闲往来谈晏。《东征集》《平台纪略》存世最早版本均为雍正十年刻本，卷端均署"漳浦蓝鼎元玉霖著天长王者辅近颜评"，且卷前均有王者辅序。王者辅的《读书纪事》一书也由蓝鼎元校订。蓝鼎元还曾为王者辅撰《怪尹记》，记其所历仕途波折，相与勉励。

陈宏谋（1696—1771），字汝咨，临桂（今广西桂林市临桂区）人。原名弘谋，因避乾隆帝名讳而改宏谋。雍正进士。官至东阁大学士兼工部尚书，为乾隆朝名臣。陈宏谋是清代理学名臣。他治程朱理学，强调明体达用、知行合一。编纂《养正遗规》《教女遗规》《训俗遗规》《从政遗规》和《在官法戒录》，总称《五种遗规》，为时人所重。乾隆四年，陈宏谋致书王者辅有言："居尝谓天下之大，得百自了汉，不如得一热肠人。自了汉止知有己，不知有人，而斯世斯民何所依赖？热肠者，随时随地必期于世有益，有此热肠，然后可以言措施、言利济，于一己之得失反无足介意也。"② 当时陈宏谋在天津分巡河道任上，负责治理河道。王者辅该年从固安县知县升任顺天府南路同知。这封信札显示陈宏谋将王者辅视为同类——二人均属陈宏谋所言愿意做事、期于益世的"热肠人"，亦即纯正儒者。《清史稿》称"宏谋学尤醇，所至惓惓民生风俗，古所谓大儒之效也"③。

王者辅与这些名臣名儒的交谊，或许会通过他自己的讲述被王贞仪知悉，也可能通过董氏传递给王贞仪。可想而知，这些人的德行与勋业，会增强王贞仪的儒者认同，形塑和巩固其纯儒立场。

（三）足行万里书万卷

"足行万里书万卷，尝拟雄心胜丈夫"，是王贞仪去世前一年所作古体长诗《题女中丈夫图》④中的名句。阅读与游历结合，对王贞仪形成君子人格、秉持儒家立场有深刻影响。

较之很多才女，王贞仪开始接受文化熏陶的年龄较小。而她二十五岁才

---

① 《女学自序》，《鹿洲全集》，上册第 505 页。
② 转引自黄永有：《培远堂手札节要校注》，广西大学 2008 年硕士学位论文。
③ 《清史稿·列传》卷九十四《陈宏谋传》，民国十七年清史馆本，第十二叶下。
④ 《德风亭初集》卷十二，第 235 页。

赋于归，待字闺中的时间也相对较长。不同于婚后主中馈、操井臼、忧米价[1]，闺阁的生活更利于专心攻读。祖父祖母作为王贞仪的启蒙老师将她引上问学之路，而后则主要靠她读书自学，以前贤为师。《德风亭初集》中提及的书名超过两百种，可窥王贞仪阅读量之一斑。所涉书籍包括正经正史、子部各家、历朝别集，而她始终以经典、正史为经纬，对杂史杂家持批判性阅读。王贞仪认为："经史文章，圣贤之心法昭焉，而三纲五常之理所由寄，千万世之道统所由系。""未有能读圣贤之书之女子，而不能忠孝礼义廉耻名节之自尽者。"[2]长期阅读圣贤经典，夯实了王贞仪的儒者立场。

　　王贞仪还有丰富的游历经历，这也是大多数古代女性难以企及的。根据《德风亭初集》诗文内容，王贞仪至少到过江苏、山东、京畿、辽宁、吉林、河北、山西、陕西、四川、湖北、湖南、广东、江西、浙江这些省份，翻越过泰山、华山等名岳，横渡过黄河、长江、珠江等大川。她一生约有三次跨越多省的长途旅行：第一次是十一岁时随祖母董氏赴吉林探望流放中的祖父；第二次是十四岁时祖父去世，随家人奔丧吉林，扶榇回归金陵时，她已十六岁；第三次远行，是回到金陵不久，又侍祖母董氏北上，至京师逗留，西折关中，南过荆楚，至粤地居留数月。天南地北、跋山涉水的远游，不仅拓展了王贞仪的视野、增长了她的见识，更重要的是磨炼了她的意志，并使她对先儒君子念兹在兹的"天下"有了地理性的感受，以至于"天下"一词在《德风亭初集》中出现数十次，这在其他女性别集中是较难见到的。

三、余论

　　王贞仪独尊儒学的立场与表现，在清代才女中是颇为稀见的。这和她独特的家世背景及游学经历有关。但结合清中期的社会思想、文化环境而言，她身上也体现了时代共性。一方面，清政府统治稳固后，经济得到发展，自上而下大兴文教，形成地方文化、家族文化昌盛的局面。女性受教育比例和程度也随之提高，像王贞仪一样有别集流传的女子，据胡文楷搜罗整理，就有三千多位。她们中很多人接受的文化教育，和当时士阶层少年男子所受的并无二致（只是增加了女德内容）。另一方面，官方大力提倡程朱理学，儒家意识形态居于绝对正统地位。清代儒学普遍重视经世致用，高度强调纲常伦

---

① "农功经月断，米价逐时增。"（《德风亭初集》卷十二《甲寅初秋苦雨》，第231页）

② 《德风亭初集》卷三《虚室记》，第53—54页。

理的道德规范。在文字表达上，主张言之有物，反对晦涩玄虚。王贞仪的尊儒立场与表现，以及"其诗文皆质实，说事理，不为藻采"[①]的特点，都是清中期主流文化的正常表达。

王贞仪的特出之处或许只在于，她所受的教育和她所怀抱的"雄心"[②]，遮蔽了真实存在的性别鸿沟。她高度代入了男性精英角色，令自己的文章成为同时代主流士大夫思想的传声筒。

（作者单位：北京师范大学图书馆）

---

① 钱仪吉《术算简存序》，《德风亭初集》附录一，第 260 页。
② 《题女中丈夫图》有"尝拟雄心胜丈夫"句，参见《德风亭初集》卷十二，第 235 页。

后　记

2020 年 12 月初，我主持申报的国家社科基金重大项目"语录类文献整理与儒家话语体系建构及传承的研究"，在方向东、过常宝、姚爱斌、姜海军和傅荣贤等五位子课题负责人和项目组成员的共同努力下，幸运地得到了立项。2021 年 7 月 3 日，举办了开题报告会，10 月 15—16 日，举办了第一次线上研讨会，这本论文集就是在此基础上编辑而成的。

语录类文献和注疏类文献是儒家思想的两个重要组成部分，相比之下，语录类文献的问题指向更明确、更集中，更便于直接表述言说者或编纂者的观点，更有利于思想体系和话语体系的建构。因而，长于思辨、尊师重道的宋代儒学重归先秦的《论语》《孟子》，语录大兴。某种程度上甚至可以说，语录的特征决定了它必然成为宋儒建构新话语体系的不二之选。

那么，什么是"语录"？所谓语录，有广义和狭义之分。广义的语录指凡记录言说而形成的文本。狭义的语录，首先涉及什么是"语"。"语"的本质是讲述和讨论，是思想性，是问题指向。语录所录之语，当有讲述或讨论问题之义。从言说主体的角度看，具有权威性。就内容而言，具有一定的哲理性、思辨性和随机性。就形式而言，具有灵活性，长短不拘，独语或问答皆可。就生成的条件而言，是儒家教学活动的产物。从编纂生成的方式看，有记录型及摘录型，前者以《论语》为典范，后者以《近思录》为代表。语录最初的产生离不开教学活动，但在后世的发展中，产生了一些脱离教学活动，只仿问答形式而成的著述。从语言风格角度看，有典正精粹型和俚俗粗疏型两大类。相关的基本问题还有语录是不是一种文体，"语录体"有哪些含义，语录体与文学的关系，古代和现当代学者的语录观等。

这本论文集所收夏德靠、程得中、任竞泽、熊湘等几位老师的论文从不同角度探讨了上述问题，各有所见，相信会给读者以启发。将语录视为一种文体，从文章学角度考察，经典儒家语录类文本有哪些特征，结构特征的背后蕴含着什么逻辑思想，学术思想文化性质突出的儒家语录与文学创作、文学思潮有何关联？业师李炳海先生全面、细致地考察了《论语》以三为纪表述单元的结构类型，背后的思维及逻辑，侯文华、赵德波和万晴川三位老师的论文，分别考察了《孟子》《法言》的特征及语录体小说等问题，精义纷呈，加深并拓宽了对"语录体"的理解和认识。语录类文献提出及探讨的问题在传承和建构儒家话语体系方面起到什么作用，发挥了什么功能，是本课题的一个研究重心。过常宝老师重新审视"以意逆志"说，指出它是先秦新的话语方式；侯文学将《法言》的人物批评置于西汉儒学建构中加以考察；姜海军提出了"语录体经学"的概念；具体观点之外，这些文章提出的一些话题还有延展的空间。语录类文献包蕴丰富的文学理论、诗学观念，雷欣翰研究了《孔丛子》中孔子论《诗》的性质，安家琪详细探讨了《白沙先生诗教解》的诗学观念。《春秋繁露》虽非语录，但多有篇章采取了语录常见的问答形式以表述思想，韩维志梳理了董仲舒经义中的文论意蕴。书院是语录类文献产生及传播的重要空间，鲁小俊老师和许虹同学的《如聆謦咳——语录体与书院教学》一文从书院教学活动角度详细分析了语录类文本的形态类型、特点及功能，李光生论述了宋代书院与语录体的产生及特征，管宗昌从字义辨析入手分析了"学则体"，"书院与语录"这个议题仍大有可为。"语录"更多地与学术、思想、文化相关，不过，《尚书》的"王占曰"及后代的诏令类文书，载录君主之言，承载君主的意志，体现并建构意识形态，可视为一种广义的语录。谢炳军、刘顺和郭晨光三位老师分别探讨了甲骨卜辞、唐代"元、白制诰"和十六国诏令这类与神权、政权关系密切的文体，揭示其思想史的意义及政治功能。本书所收最后一组论文大多从思想内涵角度入手进行研究，翟奎凤抓住"明珠"与"火光"两个喻象，深入剖析了《朱子语类》中的明德论思想，方韬指出春秋中后期卿大夫当政与《左传》辞令书写的新变，李轶婷对孟子"王者之迹熄而诗亡，诗亡然后《春秋》作"命题钩玄索隐，各有创见。肖亚男让我们认识了一位深受儒家思想浸润的清代才女王贞仪，亦颇新人耳目。

儒家语录类文献蕴含着丰富的思想，是建构中华民族精神的重要支柱，就我们项目组而言，这本论文集只是一个开始，相信随着时间的前行，我们的研究在深度和广度上都能有所推进，这套丛刊将有更多的专著陆续出版。

由衷感谢全国哲学社会科学工作办公室和各位评审专家给予的研究机会，感谢恩师李炳海先生对项目选题的指点，还赐稿增辉，感谢我的博士后导师郭英德先生多年的教诲，感谢杜桂萍老师的鼓励和提携，感谢北京师范大学文学院院长王立军老师的大力支持，感谢参加开题报告并提出宝贵意见的詹福瑞、赵敏俐、左东岭、刘跃进、尚永亮、张毅和徐正英诸位先生，感谢伏俊琏老师对选题论证提出的修改意见，感谢项目组全体老师的协同合作，感谢博士生黄琳帮忙编辑最初的会议论文集，感谢兰润民、陈璐和陈自萍三位同学细心地整理论文集的注释格式，感谢责任编辑李伟楠认真负责的编校！本书所收论文，大多已经公开发表，特别感谢《文学遗产》《文艺研究》《北京师范大学学报（社会科学版）》《山西大学学报（哲学社会科学版）》《国际儒学》《中国文化研究》《励耘学刊（文学卷）》《诸子学刊》《中国诗歌研究》《四川师范大学学报（社会科学版）》《天府新论》《朱子学研究》等学术期刊为本项目论文提供的发表机会！如果没有诸多师长、同道的指引和扶持，没有学生的帮助，项目根本无法开展，我是一个多么幸运的人！前路漫漫，要做的事很多，要克服的困难也很多，相信只要黾勉同心，尽力而为，最终一定能够比较圆满地完成任务。

于雪棠

2023 年 9 月 20 日